민족비전 정신수련법

민족비전정신수련법

1판 2쇄 발행 | 2022년 3월 2일

엮은이 | 정재승
감　수 | 권태훈
주　간 | 정재승
교　정 | 홍영숙
디자인 | 디노디자인
펴낸이 | 배규호
펴낸곳 | 책미래

출판등록 | 제2010-000289호
주　소 | 서울시 마포구 공덕동 463 현대하이엘 1728호
전　화 | 02-3471-8080
팩　스 | 02-6008-1965
이메일 | liveblue@hanmail.net

ISBN 979-11-85134-61-1 93130

국립중앙도서관 출판시도서목록(CIP)

이 도서의 국립중앙도서관 출판예정도서목록(CIP)은 서지정보유통지원시스템 홈페이지(http://seoji.nl.go.kr)와 국가자료종합목록 구축시스템(http://kolis-net.nl.go.kr)에서 이용하실 수 있습니다.(CIP제어번호: CIP2020030120)

民族秘傳

민족비전 정신수련법

용호비결龍虎秘訣 원상법原象法 시해법尸解法 사시산四時算 선기수璇璣數 좌도방左道方

개정증보판

봉우 권태훈 감수 — 정재승 편저

책미래

알려두기

이 책은 봉우鳳宇 권태훈權泰勳 선생님(1900-1994)의 한민족 비전秘傳 정신수련법에 대한 가르침을 정리한 것이다. 가르침의 내용은 봉우 선생님의 구술口述·증언證言, 저작물, 역대歷代 고전적 경전들로 이루어져 있다.

개정판에는 봉우 선생님의 정신수련에 관한 글들을 대폭 증보增補하였다. 〈정신수양법에 대한 사견〉, 〈정신수양법에 대한 사견 추기追記〉, 〈정신수양법 서론〉, 〈정신수양법 본론 들어가는 글〉, 〈용호비결 뒤에 붙이는 글〉 5편과 〈도인법약초〉 등이다.

책 맨앞의 〈한민족 비전 정신수련법 계보〉는 편저자가 작성한 것이다.

개정증보판 서문

《민족비전民族祕傳 정신수련법》은 도 닦는 책이다. 아득한 옛적부터 한겨레의 조상님들께서 내려 주신 얼닦는 법들을 모아서 풀이해 놓은 책이다, 한겨레의 도맥을 현대에 이어 받으신 봉우 권태훈(1900~1994) 선생님의 저작과 구술을 바탕으로 하고 한민족 정신수련사에 내려오는 여러 수련법과 경전들을 덧붙이어 이루어졌으며, 그 구체적인 구성은 1950년대에 쓰인 봉우 선생님의 글 〈정신수양법精神修養法에 대한 사견私見〉과 1940년대 이미 쓰인《봉우수단기鳳宇修丹記》의 내용을 핵심으로 하였다.

봉우 선생님은 1980년대 중반 한국사회에 '단丹 열풍', '선도仙道 열풍'을 불러일으킨 분으로서 "한국사상과 문화의 근원은 단군사상이자 선도문화에 있다."고 갈파하였다.

서구문화에 경도되어 한국인의 뿌리가 무엇인지 갈팡질팡 정체성의 혼돈에 빠져 있던 대다수 한국인들은 봉우 선생님의 새로운 주장에 귀를 귀울이고 많은 관심을 쏟아부었는데, 이는 수많은 사람들이 잃어버린 우리의 고대역사와 강역을 연구하거나, 소위 단전호흡 도장 등에 다니며, 정신수련을 통해 자아의 회복을 추구하는 새로운 삶의 유형 및 사회적 유행을 만들어내는 것으로 나타났다.

이 책은 이 땅에 잠시 머물며 한민족 고유의 정신수련문화를 민중에게 전해 주신 한 노도인老道人의 한국인에 대한 지극한 애정의 선물이라 할 수 있다.

1990년 어느날, 엮은이는 봉우 선생님의 호출을 받아 서울 세검정 선생님 자택 사랑방에 있었다. 그 자리에서 엮은이는 선생님께 〈정신수양법에 대한 사견〉에 실린 한민족 정신수련법들에 대해 질문을 드리면서 선생님이 계실 때 수련법에 대한 총체적인 입문서 내지 해설서를 마련해야 할 것을 건의드렸고, 봉우 선생님은 이에 대해 적극적으로 수긍하시며 바로 이 책의 제작을 엮은이에게 지시하셨다. 그 이유는

"내가 어느 누구보다도 우리 민족, 백두산족의 정신수련법을 많이 알고 있는데, 지금 돌아갈 날이 얼마 안 남아 이대로 가면 후세 학인들에게 정말로 미안한 감이 든다. 앞서 간 선배 도인들도 자신들의 공부법을 후학들에게 알려 주지 않고 그냥 갔는데, 그 사실을 마땅치 않게 여기고 비판했던 나 또한 그리하면 안 되겠다 싶었다. [실제로 봉우 선생님은 4년 후 1994년 타계하셨다. 1990년 서둘러 엮은이를 불러내 책을 만들 것을 당부하셨고, 이후 제작과정에서 세부적 사항까지 도와주셨으며, 1992년 책이 나온 후 2년이 안 되어 돌아가셨다. 선생님은 당신이 돌아가실 때를 이미 아시고 계셨으며, 돌아가시기 전에 책을 내시려 하신 것 같았다. 《백두산족에게 고함》에 실린 〈65세 시詩〉를 보면 선생님의 환원시기가 정확히 예시되어 있다.]"

라는 요지의 말씀이었다. 봉우 선생님의 말씀을 받아들인 엮은이는 이후 3개월간 매일 밤 9시 이후 선생님 자택을 방문하며 정신수련법의 대강

大綱과 요지要旨에 대한 선생님의 강의와 구술口述 및 증언證言, 질의응답 등을 경청하였고, 그것을 녹음하여 그 자료들을 토대로 1년 반 만의 작업 끝에 책을 출간할 수 있었다. 돌이켜보면 이때가 엮은이에겐 가장 뜻깊고 행복한 시절이었다.

이 책의 의미는

첫째, 유일무이한 우리 한민족의 정신수련교과서라는 것이요,

둘째, 정신수련법을 통해 한민족에 내재된 고유사상, 문화를 알 수 있다는 것이요,

셋째, 시간이 흐를수록 정신수련법은 잊혀진 우리의 문화적 정체성을 다시금 회복하고 세계인류의 일원으로 당당히 일어서는 자신감의 뿌리가 되어준다는 것이다.

1992년 초판이 간행된 지 28년 만에 그간의 잘못 인쇄된 점들을 바로잡고, 누락된 내용들을 새로 실어 이번 개정증보판이 나오게 되었다. 참으로 감개무량한 일이다.

도를 통한 도인은 우주인이라고, 도인은 더 이상 지구인이 아니라 전 우주로 비상하는 우주인이라 하시며, 저 우주의 북극성을 비롯한 수많은 별들과 교통, 왕래하는 도가 높은 도인이 나오면 우리나라뿐 아니라 전 지구적 문제도 해결된다며 도를 많이 닦아야 우리 민족의 미래가 밝아진다 역설하셨던 봉우 선생님의 생전 말씀이 떠오른다.

선생님은 특히 도를 통한 과학도인들이 한국의 미래를 확장, 발전시키는 주역이 될 것이라 예언하셨다. 이 책으로 도 닦는 과학자들이 많이 나오기를 염원한다.

고백하건대 엮은이는 봉우 선생님의 가르침대로 정신수련을 하여 많은 영적 성장과 진화가 있었다. 하지만 도 닦음은 선생님 말씀대로 매우 쉽고 간단하지 않았으며, 결국 선생님 말씀하신 깨달음의 경지에 오르지도 못했다. 하지만 선생님께서는 진정한 도인이셨다. 늘 모든 걸 알고 계셨으며, 엮은이가 무엇이라도 여쭐라치면 여쭙기 전에 대답을 알려 주셨고, 엮은이의 그때그때 마음 상태를 그대로 읽어 내셨다. 심리적으로 무섭고 경악할 정도였다. 이는 엮은이만 경험한 바는 아니었다. 수련학인 모두가 공통으로 경험한 바이지만, 선생님께서는 학인들이 질문한 거의 모든 방면의 문제들에 대해 한 번도 대답 못하시는 것을 못 보았다. 이렇듯 영적 능력이 높은 분이 현실에 존재함이 정말 초현실적으로 받아들여졌다.

이러한 선생님의 도력에 대한 확신이 있었기에 가르쳐주신 정신수련법을 실행했고, 선생님께서 재촉하셨던 책 제작도 선생님 생전에 3권을 완수했던 것이다(89년에 2권, 《백두산족에게 고함》, 《천부경의 비밀과 백두산족 문화》 92년에 《민족비전 정신수련법》). 살아 있는 도인께서 주재하시는 책 제작의 도구로 그 과정에 참여하다니 이런 영광과 기쁨이 어데 있으랴! 봉우 선생님께서 돌아가신 후 이는 빼저린 추억이 되었다. 아무리 둘러보아도 선생님 같은 도인은 안 계셨던 것이다,

봉우 선생님은 생전에 이미 여러 학인제자들과 작별의 말씀을 나누셨다, "나는 공부하는 학인들과 늘 함께합니다." 엮은이는 이게 뭔 말인지 당시에는 알지 못했다. 그러나 환원하신 후 공부를 하매 자연 그 뜻을 깨닫게 되었다. 이는 선생님께서 평소 말씀하신 심법心法이리라.

선생님은 민족주의자셨다. 왜그러시냐 여쭤 보면 당신은 나이 열 살에

나라 잃은 백성이 되어 일본의 노예로 살았기에, 나라를 찾으려 총을 둘고 만주, 시베리아 벌판을 헤맸기에, 전사로서 일본군과 전투하며 목숨을 내놓았기에, 우리 불쌍한 이 민족을 구해 달라 하느님께 눈물로 간구해 봤기에 나는 민족주의자 간판을 떼낼 수 없다 하셨다. 그래도 우리 겨레 첫조상님의 가르침은 홍익인간弘益人間이요, 한겨레 정신수련법의 마지막 고지高地 또한 홍익인간이라 하셨다. 홍익인간이 무슨 뜻입니까 여쭈면 세계평화, 인류평화라 하셨다.

봉우 선생님의 한민족과 민족문화에 대한 절절한 사랑의 결정체인 이 책의 내용에 대해 많은 학인들이 실천적인 수련경험 과정을 통해 수련법의 실재實在와 진실을 확인해 가고 있다. 엮은이는 이 세상 어느 수련서보다도 독보적이고 뛰어난 이 책의 내용보다 이러한 책을 우리 모두에게 선물하신 봉우 선생님이 너무도 그립다.

이 책을 개정, 증보하는 데 많은 학인들의 도움이 있었다. 우선 30년 넘게 계룡산을 지키며 수련하시는 김명석 연정원 계룡산지부장님, 역시 30년 넘게 계룡산에서 《천부경天符經》을 연구한 안기석 동지, 봉우 선생님의 유지遺志를 이어받아 구봉龜峯 송익필宋翼弼선생님의 사상을 연구하는 〈구봉문화학술원〉 김창경 교수, 봉우 선생님께 정신수련법을 사사師事하여 뇌과학전문가로 활동 중인 박병운 박사, 선도소설 《단丹》과 《백두산족에게 고함》, 《천부경의 비밀과 백두산족 문화》 등을 출판하여 봉우 선생님을 세상에 널리 알린 출판사 정신세계사의 창립자이자 명상전문가 송순현 원장님, 민족정신수련법 중 하나인 〈사시산四時算〉을 현대에 계승한 김현수 학인, 연정법의 현대화에 앞장선 연정원 부산지부장 정승안 박사, 《용호비결》을 수련하여 독자연구서를 펴낸 신동철 학인, 봉우 선생님께서 수련하신 〈산차山借〉와 〈오수주五獸呪〉 등을 수련하여 현대에 계승하려 애쓰는 이상진 학인, 이번 책의 〈사시산〉그림파일을 제작해 주신 〈속보速步〉 연구가 김용휘 학인, 봉우 선생님께서 계승하신 〈전통체술傳統體術〉과 〈사시산〉을 열성으로 수련 중인 송인수 학인, 연정원 설립 이전부터 봉우 선생님께 가르침을 받고 수련해온 (주)케이알이앤씨 장성수 회장, 금융공학자 고강석 교수, 도 닦는 과학자들 대전의 최시종 박사, 김성일 박사, 이대우 박사, 봉우 선생님께서 우리 민족의 근원지라 하신 바이칼 호수와 북방시베리아 지역 전문가 봉우사상연구소 정재겸 연구위원, 이기욱 연구위원, 〈원상연구소〉를 운영하는 송치용 학인, 연정원 계룡산지부의 차상진 학인, 김태형 학인, 박성식 학인, 이호중 학인, 강진원 학인, 강지원 학인, 정진용 학인, 왕운용 학인, 이창숙 학인, 권희경 학인, 이백두 학인, 최종진 학인, 조계영 학인, 김양임 학인, 김재우 학인, 황성연 학인, 이태용 학인, 유병곤 학인, 김성욱 학인, 정순문 학인, 윤기훈 학인, 권동하 학인, 봉하전 학인, 김태범 학인, 박윤종 학인, 서동명 학인, 김희수 학인, 강승평 학인, 양희철 학인, 장일주 학인, 김광묵 학인 등(이상 무순無順)과 속리산 지역의 조성택 학인, 서재완 학인, 한양중 학인, 윤용근 학인 등과 지리산의 조우상 학인, 이천의 백순정 사장님, 서울 지역 연정원 회원 문장록 변호사님, 이사헌 선생님, 이영배 학인, 김용만 학인, 양우석 학인, 장진우 학인, 오병준 학인, 박승순 박사, 박용백 사장님, 이성환 원장님, 방용석 사장님, 정규성 사장님, 박형호 학인, 이병양 교수, 최병철 학인, 홍세기 학인, 홍순창 학인, 구기준 학인(이상 무순無順) 등 여러분들과 미처 기록 못 한 여러 학인분들의 무한한 공덕으로 한국의 선지자 봉우 선생님의《민족비전 정신수련법》개정 증보판이 새롭게 출간되었음을 밝힌다.

마지막으로 우리 모두에게 크나큰 우주의 정신세계로 진입할 지름길을 일러주신 봉우할아버님께 다시 한번 큰 감사를 올리며, 이 책에 담긴 모든 것을 겨레얼의 뿌리이신 대황조大皇祖 한배검님께 바친다.

단기檀紀 4353년(2020) 5월

엮은이 정재승鄭在乘 지죄근서知罪謹書

머리말(1992년 초판 서문)

겨레얼, 그 참모습을 찾아서

이 책의 모체는 《봉우수단기鳳宇修丹記》이다. 편저자가 지금부터 약 20여 년 전 처음으로 봉우 선생을 뵙게 된 것도 《봉우수단기》—그때에는 '용호비결龍虎祕訣'이란 제목이 붙은 얇은 등사판 책자였다— 덕분이었다. 그 안에 담겨진 내용은 용호비결을 필두로 한 정신수련법과 원상原象수련법 등에 관한 봉우 선생의 설명과 견해들이 대부분이었는데, 우리나라 정신수련법의 정종正宗으로서 조선조 중엽의 학자인 정북창鄭北窓 선생의 저서 《용호비결》을 책머리에 제시하였던 점이 무엇보다 두드러진 인상으로 남아 있다.

그후 계속 봉우 선생께 가르침을 구하며, 선생이 맥을 잇고 있는 우리 겨레의 고유한 정신수련법들에 대한 연구를 진행해 왔다. 편저자의 입장에서는, 기존에 소개되었던 《단丹》(1984, 정신세계사)과 같은 소설적 접근 형식보다는 유구한 역사적 정통성에 근거하여 여러 양상으로 분출되어 이어져 내려왔던 민족정신의 본래적 모습을 구체적으로 하나하나 들추어 가며 이 시대에 다시금 정리하여 하나의 큰 맥을 잡아 보자는, 당시 편저자의 분수로는 좀 허황된 생각이 앞섰던 것이다. 그리하여 먼저 봉우 선생의 육필 원고들을 정리하여 이 분이 평생 지향해 왔던 민족의 정신, 역사관,

미래를 보는 자세 등등을 책으로 엮어 본 것이《백두산족에게 고함》(1989)이란 수필집이었다. 역시 같은 해에 출간된《천부경의 비밀과 백두산족 문화》도 앞선 책에서 밝혀진 것처럼, 봉우 선생이 살아 있는 신선이라든가 도사라고 하는 박제화된 비현실적 위치에서가 아니라, 현실 속에서 끊임없이 인간의 근본을 추구하고 탄탄한 겨레얼의 토대 위에서 앞날을 생각하며 준비하는 학인學人의 입장에서 기획된 것이다.

생각해 보건대 편저자가 봉우 선생을 처음 만나뵌 20년 전이나 지금이나 뇌리에 불변색不變色으로 남아 있는 인상은 바로 "나는 민족주의자다."라고 하는 그분의 강렬한 신념이었다. 민족 자아에 대한 깊은 성찰과 확고한 의지 없이는 세계평화를 논하지 말라는 일관된 소신을 지닌 채 20세기의 거의 전 시기를 살아온 백발의 노학인老學人이 바라는 바는 단 하나, 우리 겨레가 본래의 참된 얼을 다시 찾아 제자리를 잡고 융성한 삶을 누리는 것뿐이다. 이렇듯 우리 겨레가 몸과 마음으로 반신불수 상태의 불인不仁함에서 벗어나 강건함을 회복한 뒤라야만이 홍익인간이라는 세계평화의 실현도 가능하며, 그 실현 과정에서 우리의 선구자적 역할도 기대할 수 있다는 것이다.

21세기를 내일 모레로 바라보는 이 시점에서 우리는 서구적 발전 개념의 입장에서는 많은 이득을 얻은 반면, 전통적 고유문화의 측면에서는 많은 자양분을 잃어 가고 있다. 특히 민족 자존의 상징인 민족혼을 떠올려 볼 때 아주 심각한 자아상실의 징후가 사회 곳곳에 만연되어 있음을 알 수 있다. 나라는 여전히 두 동강이 난 채로 있고, 대한제국 말엽처럼 국론은 사분오열되어 있으며, 미국, 일본, 중국, 러시아, 유럽 등 열강의 추세를 따라 눈앞의 실리에만 급급하는 정상배들이 활개를 치는 와중에 정작 많은 국민들은 길을 잃고 방황하고 있는 것이다.

민족의 앞날에 대한 수많은 희망적 관측과 장담에도 불구하고, 아직은 우리의 시야가 그리 밝지 못한 것이 사실이다. 지금은 오히려 다가올 앞날에 대비하여 과거에 파묻혀 있는 우리 선현들의 고유한 정신적 유산들을 더욱 심층적으로 발굴, 연구하고 그 정신사 속에 내재하는 면면한 민족혼의 흐름을 꿰뚫어 그 실체를 다시금 현재화된 얼개로서 구현시키는 작업이 절실히 요청된다 하겠다. 바로 이러한 시각에서 편저자는 우리 겨레의 고유한 정신 수련법의 모습들을 한마당에 담아내고자 하였다. 이것은 전통문화의 다른 어떤 부분보다도, 선인들이 자신의 얼을 닦는 자세, 심신을 도야하는 정신수련의 모습들 속에서 민족혼의 진면목이 확연히 드러남을 직시하였기 때문이다. 앞서 《봉우수단기》란 소책자에 실린 내용들과 함께 전체적으로 다양한 정신수련의 양태들을 추찰推察할 수 있는 계기를 만들고자 봉우 선생의 총괄적 견해와 각론各論적인 여러 방법론들을, 전승되어 온 자료나 구술 등을 통해 모두 원고에 담아 보았다. 특히 시해요결尸解要訣, 사시산四時算, 선기수璿璣數, 좌도방左道方, 정신수련 경전 등은 봉우 선생의 구술을 자료로 다시금 상세히 정리한 것임을 밝혀 둔다.

우리 민족의 정신수련법은 조식법調息法, 즉 숨결을 고르게 다듬는 방법을 그 근본으로 하여, 이를 바탕으로 온갖 수도修道, 수심修心의 방법론들이 개진되어 온 것이 특징이다. 여기에 실린 많은 수련법 가운데 그 주종主從을 가른다면 조식법을 수련의 가장 으뜸자리에 놓고 나머지는 모두 조식법에 종속된 방술方術의 차원에서 받아들여야 온당할 것이다. 즉 조식법이야말로 얼을 닦는 처음과 끝이요, 그 핵심을 이루는 정경대도正經大道라 할 수 있다. 이러한 정신수련법의 세계는 그간 세인의 이목에서 유리되고 소외되어, 마치 그늘진 불모지 같은 입장에 처해 왔던 것이 사실이다. 민족문화의 다른 어떤 측면보다도 비현실적이고, 비과학적이며 무용하다는 인식이 어느덧 고질적 딱지가 되어, 이 분야를 기웃거리는 탐구자는 항용 현실 감각이 매몰된 반역사적, 반민중적 신비주의자 따위로 자신을 보는 의혹에 찬 눈초리를 감수해야만 했다. 동북아 최초로 정신문명의 개벽을 담당했던 뿌리깊은 한민족이 수천 년을 두고 마음으로 갈고 닦아 간직해 내려왔던 유산들, 그 모든 선현의 얼들을 외세에 의해 타율적으로 굴절된 역사를 지닌 채 살고 있는 후손들이, 단지 미신이라는 굴레를 씌워 언급하기를 거부하고 있는 이 현실을 어떻게 받아들여야 할까? 사람들은 현 인류의 정신적 교사로서 공자, 석가, 예수, 마호메트 등을 손꼽는다. 그러나 정작 우리 겨레의 위대한 스승은 이들보다 훨씬 고대에 출현한 성인聖人 한배검이라는 사실을 아는 이들이 과연 얼마나 될 것인가? 외래사상들이 우리 고성古聖의 정신적 가르침에서 비롯되었다는 발상의 전환은 도무지 불가능한 것인가?

중세의 대표적 지식인이며 수양사修養士였던 고운孤雲 최치원崔致遠은 당시 외래사상으로서 유교, 불교, 도교의 삼교三敎를 언급하면서, 우리나라에는 이 3대 성인의 가르침을 이미 포함하고 있는 현묘玄妙한 도道가 내려오고 있음을 자신 있게 설파하였다. 그렇다면 공자, 석가, 노자의 가르침을 포함하고 있다는 그 현묘지도玄妙之道는 일개 범부凡夫가 깨달아 전했을 것인가? 두말할 것도 없이 그것은, 공자, 석가, 노자가 있기 훨씬 이전부터 우리가 독자적인 사상, 철학을 지녀 왔으며 그에 대한 가르침을 베풀었던 위대한 정신적 스승으로서의 성인이 존재하였음을 의미한다.

이 성인이 바로 단군성조檀君聖祖로 불리는 한배검이시다.

우리는 지금 너무도 우리 자신의 정신적 뿌리에 대해 무지하며, 그 깨달음에 대해 인색하다. 이 같은 우리의 민족적 자존과 긍지는 결정적으로 심대한 손상을 입은 채, 민족 자아와 그 근원에 대한 지독한 불감증을 앓게 되었던 것이다. 이런 몰각沒覺의 역사는 근대 대한제국의 멸망과 일본의 강점 및 국토와 민족의 양분이라는 치욕의 극한에 다다른 채 지금까지 지속되고 있다.

우리가 한배검의 자손으로서 배달문화의 정신적 뿌리를 다시금 밝히고자 한다면 무엇보다도 먼저 우리 자신의 얼을 닦는 길을 제시하고 있는 정신수련 분야에 대한 총체적 조명과 분석이 요구된다 할 것이다. 이 책을 통한 대승적大乘的 희원希願이 있다면 바로 이러한 겨레얼의 계승 및 그 현대적 복원復元이다. 편저자는 사실 학자적인 전문성도, 방대한 지식의 축적도 없이 현실적인 자리매김도 없는 이 분야의 정리에 나선 만큼, 안목이 어둡고 졸렬함을 면치 못할 것이다. 또한 이 글 자체가 전적으로 봉우 선생의 구술 및 자료들을 바탕으로 이루어졌다는 자료적인 한계성을 염두에 둘 때, 이 책 한 권으로 우리 겨레의 모든 정신수련법을 망라하였다고는 말할 수 없다. 다만 민족 정신수련법의 대강의 얼개와 그 정통성의 확보를 위한 중요한 사안事案들은 얼추 다루어졌다고 믿는다.

봉우 선생께 민족사상과 그 정신철학의 여러 면모를 배우며 본격적으로 정리 작업을 시작한 지 여섯 해 만에 겨우 얼을 닦는 본령本領들을 추스려 펴내게 되었다. 선생의 그릇은 넓고 큰데, 거기 담긴 무한한 자양분을 퍼담는 필자의 그릇은 무척이나 왜소하여, 사실 감당해 낸다는 것 자체가 무리였지만 인내심을 가지고 "끊임없이 추구하면 알게 될 것이고, 끊임없이 실천하면 깨닫게 되리라(거거거중지去去去中知 행행행리각行行行裏覺)."는 선생의 말씀에 힘입어 부족한 대로 최선을 다해 연구에 임해 왔다.

그동안 편저자가 봉우 선생께 배운 바는 무슨 신비한 도술道術이나 황홀한 비전祕傳 같은 것이 아니라, 우리 겨레의 심오하고도 정대正大한 얼이자 도(道)였다. 그것이 바로 '올'로 표상되는 《천부경天符經》이며, 홍익인간의 이념에 대한 가르침이었다. '홍익인간'이 거창한 체계를 지닌 난해한 그 무엇이 아니라, 자기 스스로 남의 입장에 서서 남을 먼저 사랑하고 위하라는 간단하고도 명쾌한 내용임을 가르쳐 주신 분도 내게는 봉우 선생이 처음이었다. 여기서 더 나아가 국조國祖 한배검의 《천부경》에 담긴 가르침 속에 이 뜻이 녹아들어 있다는 것도 배우게 되었으니, 이것만으로도 우리 민족사상의 근원을 체득하는 데는 모자람이 없다고 믿는다. 그만큼 큰 가르침을 받았음을 다시 한번 되새기며, 앞으로 보다 깊은 연구 자세로 깨달음을 향해 나아갈 것을 다짐해 둔다.

이 책을 엮는 데는 많은 어진 이들의 깊은 배려와 도움이 있었음을 밝혀 둔다. 먼저 사시산 노트를 후학에게 선뜻 제공해 주신 계룡산 신야莘野의 최종은崔鍾恩 선생께 깊이 감사드린다. 편저자의 여러 자질구레한 물음에 대해 언제나 반듯한 답변으로 대해 주신 선생은 강직하면서도 온유한 품성을 갖추신 은일지사隱逸之士이시다.

또한 원고 작업 중 시종일관 많은 도움을 주었던 한국전자통신연구소의 박병운 동학同學에게 뭐라 고마움을 전해야 할지 모르겠다. 그는 지난날 《천부경의 비밀과 백두산족 문화》를 펴낼 때에도 결정적 후원을 해주었는데 이번에 다시 더 큰 빚을 지게 되었다. 사시산과 선기수, 시해요결의 정리 작업은 그의 몫이었다고 할 만큼 도움을 입은 바 컸다. 그는 특히 우리의 전통 산법算法 가운데 가장 중요한 정신수련의 방책으로 내려온 사시산을 시종 봉우 선생께 가르침을 받아 가며 현대에 복원하고자 열과 성을 다해 연구해 왔다. 이 연구에 거는 기대 또한 적은 것이 아니다. 아울러 이미 해온 《천부경》 연구에 덧붙여, 그가 자신의 전공 영역인 물리학에 머물지 않고 이 방면으로도 깊은 연구 성과를 거둬 줄 것을 바라마지 않는다.

또한 원고를 총평해 주신 동국대 물리학과 김형배 교수, 충남대 경제학과 노응원 교수께 큰 도움을 받았음을 밝힌다. 이 분들은 내용에 관한 비판적 시각을 견지하면서도 편저자를 시종일관 격려와 이해로 포용해 주었다.

그리고 어려움에 처했을 때마다 따뜻한 격려의 말씀과 무주상無住相의 후원으로 도와주신 농수산부의 이석민 선배님, 학고재學古齋 미술관 대표 우찬규 선생, 문우서림 김영복 선생, 변호사 문장록 선생께도 깊은 감사를 드린다. 또한 계룡산 중턱에서의 원고작업 중 신세를 많이 진 조성택, 유병곤 두 도우道友들의 도움을 잊지 못한다. 그리고 계룡산 대자암大慈庵에 머물 때, 항상 자비로운 미소로 편저자의 미숙함을 용납해 주시고 격려해 주신 마곡사麻谷寺 조실祖室 영파靈波 정영瀞暎 큰스님께 머리 숙여 큰절을 올린다. 끝으로 계룡산과 양평 자하정사紫霞精舍 등 전국 각처에서 수련 중인 모든 학인들과 함께 출간의 기쁨을 나누고자 한다. 또한 정신세계사 송순현 사장님과 편집부 여러분들께도 큰 고마움을 전한다.

이 책에 잘못된 점과 모호한 부분이 있다면 그것은 전적으로 편저자의 모자람 때문이며, 잘된 점은 모두 봉우 선생의 공적으로 돌려져야 마땅하다. 이 책에 담긴 모두를 겨레얼의 시원始源이신 대황조大皇祖 한배검께 바친다.

단기 4325(1992)년 8월

온성후인溫城後人 정재승鄭在乘 지죄근서知罪謹書

〈한민족 비전 정신수련법 계보〉

- 우도右道(자동법自動法)
  - 조식호흡법調息呼吸法
    - –《용호비결龍虎秘訣》
  - 원상법原象法
    - –《원상결原象訣》
    - –〈원상법요原象法要〉
    - –〈원상혹문장原象或問章〉
- 좌도左道(피동법被動法)
  - 둔갑술遁甲術(환술幻術)
  - 오귀법五鬼法
  - 이보耳報
  - 치몽법致夢法
  - 축지縮地
  - 차력법借力法(신차神借)
    - –〈산차山借〉
- 좌우양도左右兩道 (피동반被動半 자동반自動半)
  - 산법算法
    - 사시산四時算
    - 초정산招丁算
    - 순적산旬積算
    - 승문산乘門算
    - 신척산神尺算
    - 선기수璿璣數
  - 기문둔갑법奇門遁甲法(72둔)
  - 시해법尸解法–〈시해요결尸解要訣〉
  - 신검神劍〈비홍검飛鴻劒〉
  - 신궁神弓
  - 신탄神彈

좌도방左道方

정신수련 경전精神修鍊 經典

부록

총설

總說

총설

우리 민족의 정신수련법

[정신수양법精神修養法에 대한 사견私見]

-봉우鳳宇 권태훈權泰勳

동서양 각국에서 고대부터 정신수양법이 있어 왔고, 타국에서는 각자의 문헌에 기록되어 있으니 재론再論할 필요가 없으며, 그 방식의 차이도 말하지 않기로 한다. 물론 동서양 각국에서 이 정신수양법이 시행된 연대도 각자의 차가 있고 또한 그 효능도 천차만별이나, 내가 말하고자 하는 것은 오천년 유구悠久한 세월을 두고 우리 선조들이 계계승승繼繼承承해서 성쇠를 거듭하며 전해 오던 우리 민족의 고유한 법法이다.

그러나 우리 본토本土는 도리어 신라 삼국통일 이후에는 불교사상의 보급으로 고유한 우리 수양법을 망각하게 되어, 이때부터 우리 민족은 약화되고 말았다. 여기서 사대사상이 전성해서 우리의 정신문화는 흔적도 찾지 못하게 되었다.

그러나 우국우족憂國憂族하는 선현先賢들이 당시 국가의 시책施策이야 무엇이라 하든지 개의치 않고 정신수양법을 이심전심以心傳心으로 계승하여 쇠퇴일로衰退一路로 천여 년을 경과했음에도 불구하고 그래도 그 심법心法이 전해 온 것만도 우리 민족에게 다행한 일이라고 보아야 옳다. 이것은 오로지 삼국통일 이후 국책國策으로 억압해서 발전을 못하게 하는 와

중에서도 전현(前賢)들이 희생적 정신으로 이 법을 전해 주신 까닭이다.

즉, 고려 오백 년의 국교國敎인 불교 전성시대를 지내고 이조 오백 년의 유교儒敎 전성시대를 지내고도, 그 이름조차 알지 못하는 곳에서 수십 년씩 공을 쌓아 당시 국가에서는 아무 소용이 없는 법을 습득習得해 가며 후인後人에게 전해 주신 그 공헌들이야말로 가장 위대하다고 본다.

조선조 말엽에 와서는 불교도 망하고 유교도 아주 땅에 떨어지고 말았다. 그러니 겨우 명맥만 전해 오던 이 정신수양법도 연명延命할 여지가 없는데, 더구나 국치國恥를 당하고서는 일제日帝의 압정壓政하에 감히 수양조차 못하던 것이 사실이었다.

그러나 그 강압 속에서도 각파各派의 수양사修養士들이 명맥命脈을 보존保存하고 있었다. 예를 들면 삼남三南에서는 지리산파와 대소태백산파와 속리산파와 계룡산파와 변산파邊山派가 있었고, 경기에서는 송악산과 삼각산과 설악산에 약간의 산일散逸이 있었고, 강원도에서는 금강산파와 오대산파의 소수가 있었으며, 황해도 구월산파와 평안도 묘향산파가 상당수가 있었고, 함경도에서는 백두산파가 좌우양파로 나뉘어 있었다.

우리가 소년시대에 아마 각파세력이 정립鼎立했던 것 같다. 내가 40~50세 될 때까지는 기성 잔존파殘存派들의 생존한 분들이 거의 백을 헤아렸는데, 을유광복 이후 남북이 분단되고 만주, 몽고와 중국에 왕래하던 분들의 소식이 묘연하고 6.25사변이 경과한 후로는 남은 별 몇 개가 명멸明滅할 뿐, 그후 계승해서 수련하는 인사들의 흔적이 보이지 않는다. 물론 관官에서 취체가 심한 관계도 있으나, 청년세대들이 정신수양 방면에는 현실적 가치를 부여하고 있지 않기 때문인것 같다.

물론 과학교육을 받은 사람으로 학부를 나오고 대학원에서 수학修學한 후에 다시 연구할 시간의 여유가 있어야 자신이 전공하는 과목이나 혹 정신철학 과목이라도 택해 볼 것인데, 우리나라 실정으로 보아서 학부나 대학원을 나오기가 무섭게 직업을 구하게 되고, 그 직장을 구하지 못한 인사人士는 실직군失職群으로 낙오감이 있어 보인다. 이런 상황에 무엇을 전공할 수 있겠는가. 이것이 우리나라의 현실이다. 대체로 경제력이 부족해서 여유적적餘裕滴滴하게 이것이고 저것이고 연구할 수 없는 관계이다.

이 정신수양법도 이파二派로, 삼파三派로 분열되어 있으니 끝에 가서는 다시 하나로 합해지는 이치로 성공하는 것은 일반이나, 그 수양법의 종류와 효능에는 차이가 있다.

그러나 정신을 통일해서 비상력非常力을 낼 수 있다는 점만은 거의 동일하다. 대체로 구분해서 피동법被動法과 자동법自動法의 2종류가 있고 그 밖에 피동반자동반被動半自動半으로 수양하는 법이 있다. 그래서 세 종류라 한다. 그 세 종류의 효능은 동일하지 않다. 피동법의 수양이라는 것은 둔갑법의 총칭으로써 그중 저열低劣한 십칠둔十七遁이니, 이보耳報니, 오귀법五鬼法이니 하는 등등까지 모두 피동법에 속하고 축지縮地니, 차력借力이니도 계급階級의 차는 있으나 여기에 속한다.

자동법이라는 것은 자기정신을 수련해서 비상력非常力을 얻는 법이다. 유가전현儒家前賢들의 일조활연관통一朝轄然貫通이라는 것이나, 불가佛家의 선법禪法이나 선가仙家의 수단법修丹法이나 모두 별 차이 없는 과정이다. 피동반·자동반이라는 것은 초정산招丁算이니, 순적산旬積算이니, 사시산四時算이니, 승문산乘門算이니, 기문둔갑奇門遁甲법이니, 신척산神尺算이니, 시해법尸解法이니 하는 등등과 신검神劍, 신탄神彈, 신궁神弓 등이 모두 이 법에 속한다.

그러나 내가 말하고자 하는 것은 다만 정신수양법 중 자동법에 국한하고, 그 자동법 중에서도 불가선법佛家禪法이나 유가儒家의 회광반조법廻光

返照法이 아니라 순수한 호흡법으로 정신을 일치시키고, 기혈氣血을 조화시키며, 신체를 건강하게 함으로써 수명을 연장시킬수 있는 자연적 효능을 가져오고 이에 따른 기억력의 증진은 물론, 사고력이 초비상적超非常的이 된다. 이것을 문언화文言化하자면 신통변화神通變化한 하늘을 놀라게 하고 땅을 움직이게 할 정도의 대현상이라고 할 것이다.

그러나 이 정신수련을 습득해 본 사람으로는 누구나 이 정도는 될 수 있다고 자신하는 것이다. 비록 연습의 단계가 있어서 각 개인의 실력차는 있을 수 있으나, 믿을 수 없고 행할 수 없는 어려운 일이 아니라 가장 쉽고 가장 간편한 법이다. 물론 동일한 정신수양법이라도 각 개인의 경험이 달라서 저술著述한 바에 약간의 차이는 있으나 대동소이하다는 것이다.

이상으로 정신수양법에 대한 나의 사견私見을 쓰는 것이요, 이것이 정론正論이요, 타인의 이론은 그르다는 것이 아니다. 다만 내가 선배들에게 직접 듣고, 직접 보고, 스스로 실제수련을 해보고, 또한 내가 내 아랫사람들을 훈련시켜 보고 난 후의 경험을 쓰는 것이다.

내가 청장년 시대나 오십대에서라도 이 수양법에 대하여 발언하고자 하였으나 그당시에는 선배들이 얼마든지 있었고 비록 후배라도 뛰어난 이들이 많았다. 그래서 내가 대무지전大舞之前이라 소무小舞야 불감참不敢叅(감히참석하지 않음)했던 것이요, 내 생각에야 감히 이심전심以心傳心의 경지를 누구에게 말할 수 있을까 해서 한 마디도 하지 않았던 것이나, 어언 선배들은 서산에 지는 해의 느낌이 있고 잔성殘星(남은 별)이 무기無幾(몇 없음)라, 내가 불초不肖함을 모르는 것은 아니나, 함구불언緘口不言할 수 없어서 죄됨을 알면서 선배들에게 들은 그대로 난초亂草해 보는것이니 후일 제군자諸君子들은 오늘날의 내 심정을 통찰하시고 외람함을 용서하시면 족하다. 이 정신수양법이 널리 퍼짐으로 인하여 황백전환기黃白轉換期가 하루라도 속히 올 것이요, 세계 평화의 배태胚胎(잉태)가 여기서 이루어질 것이라는 것을 예고하며 이 붓을 그친다.

[의의]

정신수련법은 글자 그대로 정신 곧 마음을 닦는 일체의 방법들을 뜻한다. 정신을 하나로 집중시켜서 비상한 힘과 참다운 지혜를 얻으며 후천後天에 가려진 선천先天의 본연지성本然之性을 회복하여 밝히는 이치는 동일하지만 그 도道를 얻는 데에는 여러 길들이 있다. 이는 아득한 고대로부터 유구한 세월을 두고 사람마다 제각기 다른 습성과 환경에 따라 자신에 맞는 길을 선택하여 정신수련을 해 왔던 때문이라고 볼 수 있다. 그 길을 크게 셋으로 나눌 수 있는데, 길을 떠나는 데 필요한 행장行裝의 유무에 따라, 또는 그 길이 지름길이냐 돌아가는 길이냐에 따라 우도右道(자동수련법)과 좌도左道(피동수련법) 및 피동반半 자동반의 수련법인 좌우양도左右兩道 등이 있다.

우도 수련법은 수련의 길을 떠나는 데 있어 아무런 준비물도 필요치 않은, 자신의 성력誠力만으로 헤쳐 나가 정상에 도달할 수 있는 방법으로서 우리 전래傳來의 조식법調息法, 원상법原象法 등이 이에 속한다. 즉 자신의 신념과 성력만으로 정신을 수련하는 방법인데, 호흡법 곧 조식법을 근본으로 한다. 이 조식법은 모든 정신수련법 가운데 가장 행하기 쉽고, 이치가 간단하여 예로부터 수도인修道人의 지름길로 통해 왔다. 이 법을 매일 조금씩만 행해도 신체의 기혈氣血을 조화시키고 심신을 건강하게 함으로써 수명의 연장을 가져올 수 있고, 적극적으로 수련하면 기억력의 획기적인 증진은 물론 인간 본연의 자리, 곧 도의 세계로 귀일歸一할 수 있는 것이다. 이것이 또한 역추공부逆推工夫로서의 호흡수련이 지향하는 목표이다. 인간의 생명줄인 호흡에 온갖 심력心力을 집중하여, 이 생명 이전의 근본 자리를 거슬러 올라가 다시금 발견하고 그 참생명의 뿌리로 되돌아가는 과정이 바로 득도得道요, 명명明明이요, 견성見性이요, 솔성率性이며, 귀근복명歸根復命의 도이며, 일무一無의 태극太極으로 돌아감이요, 적연부동寂然不動하여 감이수통천하지고感以遂通天下之故하며 정일집중精一執中하는 심법心法의 요체要諦인 것이다.

가장 가깝고도 쉬운 곳에 가장 깊고도 높은 정신세계로 진입할 수 있는 대승적 지름길이 있으니, 바로 조식법이다. 이 조식법을 토대로 하여 우리 자신의 본래면목本來面目, 원초原初의 형상을 탐구하는 관법觀法으로서의 원상법이 펼쳐진다. 이 책에서는 가장 대표적인 조식법의 원전(原典)으로서 북창北窓 정염鄭𥖝 선생의《용호비결龍虎秘訣》을 완역하여 전부 실었으며, 또한 원상수련법에 관한 봉우 선생의 모든 상세한 자료들을 수집 발굴하여 주해하였다.

좌도, 즉 피동수련법은 수행의 전제조건으로서 주문呪文과 부적符籍이라는 자신 이외의 준비물들이 필요하기 때문에 외형적으로 구분된다. 그러나 그 내용으로 들어가 보면, 수련 과정에 있어서 자동수련법과 별 차이가 없는 고차원의 정신수련법에서부터, 도깨비 장난 같은 저열한 신술神術의 세계까지 실로 다양한 길들이 전개된다. 어떻든 주문과 부적을 정신적 매개물로 삼아 정신 집중의 영역으로 들어선다는 사실만은 변함이 없다고 볼 수 있다. 전통적으로 널리 알려져 있는 각종 둔갑술遁甲術 및 환술幻術들과 오귀법五鬼法, 이보耳報, 축지縮地, 차력법借力法 등이 이에 속한다. 피동수련법이란 글자 그대로 타력他力이나, 자기 자신 이외의 외부적인 특정 대상물, 매개체 등을 동반하여 공부하는 형태의 모든 수행 방식들을 지칭한다.

일찍이 백두산겨레의 시조이시자 정신적 스승이셨던 대황조 한배검께서 우주와 만물의 근본 자리인 도를 깨우치는 형이상학을 온 겨레에게 가르치실 때, 조식법을 도에 도달하는 가장 정대正大한 지름길로서 제시하셨었다. 그런데 공자 시절에도 안자顔子와 증자曾子가 있었듯이, 동일한 조식법을 닦아도 어떤 이들은 손쉽게 터득하고 어떤 이들은 아무리 애써도 습득이 잘 안 되어 지지부진하는 현상들이 나타났다. 이러한 수도修道 학인學人들의 천차만별한 선천적 기질상의 여러 조건들을 극복하고, 조식법이 잘 안 되거나, 체질적으로 그것을 감내해 낼 흥미를 못 느끼는 사람들을 위한 여러 방편문方便門들이 제시되었으니 피동수련법이 그중 하나인 것이다. 피동법이 다양한 사람들의 기질만큼이나 많은 여러 형태의 수련법을 제시하고, 그중 각자 기질에 맞는 것을 선택하여 수련토록 하고, 인간세계의 온갖 일상적, 비상적 상황들에 대처할 수 있는 힘과 지혜를 제공하고 있는 것은 바로 이와 같은 배경에 근거한다. 즉 한 사람이라도 더 도의 세계로 귀일시키려는, 성인聖人의 인민에 대한 간절한 사랑이 이 피동문被動門에 담겨 있는 것이다.

정신력을 한 군데로 집중시켜서 비상한 능력과 지혜를 얻는다는 것은 자동법과 동일하나, 자동수련에 비해 성취 기간이 짧고 일반적으로 힘이 덜 든다는 것이 차이점이랄 수 있다. 또한 피동공부로는 대통大通이 어렵다는, 즉 자동공부로 이룰 수 있는 고도의 정신적 단계로 진입할 수 없다는 한계가 있다.

피동의 세계는 인간세계의 모든 일상사들과 깊은 연관을 맺고 있어서 그 수많은 일상사들만큼이나 많은 종류의 공부법들이 존재한다. 예를 들면, 노름판에서 돈을 많이 따게 하는 자질구레한 사적私的 기원祈願에서부터, 국가와 민족을 위해 쓸 체력이나 지력智力을 얻기 위한 대승적 희구에 이르기까지 다종다양한 형태의 수련법들이 있다.

또한 피동의 세계는 '주문과 부적의 세계'라고 할 수 있을 정도로 많은 주문들과 부적들이 등장하여 온갖 신술神術들을 빚어 낸다.

주문이란 한마디로 귀신들과 통하는 말이며, 부적은 그들 세계와의 통신문이라 할 수 있다. 인간세계에서 언어와 문자가 온갖 의사소통을 대신하듯이, 우리와 차원이 다를 뿐, 신들의 세상에서도 그들끼리 향유하는 독특한 말과 글의 체계와 질서가 엄연히 존재한다는 것이 수천 년 이상 내려온 우리 조상들의 피동세계에 대한 인식이다.

자동공부의 대요大要는 다리를 포개고 단정히 앉아서, 눈을 아래로 내리깔고 입을 다물며 온갖 세상사의 어지러움을 안으로 걷어들여, 일무一無의 태극太極으로 돌아가는 것일 뿐, 그 밖의 어떠한 수련상의 준비물도 필요치 않다. 굳이 얘기하자면, 먼저 수련자의 마음을 고요히 가라앉히는 정심靜心의 자세 정도를 요구할 따름이다.

그러나 피동공부법에는 일조활연관통一朝豁然貫通의 대통법大通法이 없고, 어느 일부분에 국한적으로 통용되는 방법들로 이루어져 있으며, 수련의 자세도 자동법과는 판이하다. 즉 신의 세계, 도의 세계에 존재하는 신력神力과 도력道力을 지닌 대상들에게 그 힘을 얻게 해 달라고 자신의 온갖 정성을 동원하여 빌고 소원하는 형국인 것이다. 그 정성을 쏟아붓는 도구로 사용되는 것이 바로 주문과 부적이다.

우리 선현들은 전통적으로 이 피동의 세계를 좌도라 지칭해 왔으며, 타력他力에 의존하지 않고 순수한 자력自力으로 자신의 정신력을 함양하고 고양발전시키는 자동수련법(우도)보다 한 단계 낮은 차원의 것으로 여겨왔다. 그러나 대도무문大道無門의 입장에서 득도에 이르는 하나의 방편 내지 길로서 제시되어 온 것은 사실이다. 즉 피동공부를 통해 득력得力한 사람들도 그것에 머무르는 것이 아니라, 꾸준히 위를 향해 오르다 보면 결국 똑같은 정상의 세계에서 만나게 됨이 필연적 이치라는 인식이 정신계 수련 인사들에게는 상식적인 견해로 통한다. 예를 들어 불교에서 득도를 위한 세 가지 방편문을 정해 놓고, 근기根機에 따라 최상승법문最上乘法門인 상근기上根機의 지름길로서 참선공부參禪工夫와 중하中下 근기를 위한 경학經學공부와 송경염불誦經念佛 수행을 하는 것처럼 백두산족 정신수련법 역시 도에 접근하는 다양한 문호를 열어 놓고 수많은 학인들을 교화敎化해 온 유구한 역사와 전통이 있음을 알 수 있다. 공자는 일찍이《중용》에서 다음과 같이 갈파했다. "혹 나면서 이를 알기도 하고, 혹 배워서 이를 알기도 하고, 혹 노력하여 알기도 하지만, 그것을 알았다는 점에 있어서는 하나니라. 혹 가만히 앉아서 이를 행하기도 하고, 혹 순조롭게 이를 행하기도 하고, 혹 애써 이를 행하기도 하지만 공을 이룩했다는 점에 있어서는 하나니라(或生而知之 或學而知之 或困而知之 及其知之 一也 或安而知之 或利而知之 或勉强而知之 及其成功 一也)." 즉, 각 개인의 기질과 능력의 차이에 따라 여러 가지로 수련 형태가 달라질 수 있지만 결국 득도라는 하나의 목표에 이른다는 이치에 의한 것이라고 할 수 있다.

좌우양도左右兩道는 피동반, 자동반의 수련법이라 할 수 있다. 외형적으로 주문과 부적의 피동법적 요소와 순수한 자력의 정신 집중이라는 자동법의 골자가 함께 어우러져 진행되는 특색을 보이고 있다. 주로 역수리易數理를 바탕으로 한 각종 산법算法과 추수推數의 과정을 통하여 존재의 근원을 파악하고, 그것의 미래를 예측하는 수련법들을 지칭하여 이 범주에 넣었다.

산법에는 사시산四時算을 비롯하여 초정산招丁算, 순적산旬積算, 승문산

乘門算, 보허문산步虛門算, 신척산神尺算 등이 있는데, 사시산四時算의 경우 그 산법의 시조인 구천응원뇌성보화천존九天應元雷聲普化天尊 — 고대 은상殷商의 문태사聞太師를 가리킨다 — 의 명자名字를 붉은 주사로 써넣은 둥근 수정패水晶牌를 단 위에 세워 놓고 분향焚香을 해 가며 산算을 놓는다. 그 수정패의 겉은 계피桂皮로 둘러쌌다고 한다. 수를 놓는 도구는 산대라고 하는 산목算木을 사용하는데, 원래는 자명죽自鳴竹을 쓰는 것이 원칙이나 구하기 힘들어 보통 대나무를 쓴다. 보통 서너 칸 되는 큰 방에서 산법을 행하는데, 아침부터 저녁까지 꼬박 걸리거나 며칠씩 계속 놓는 경우도 있다. 수식數式 계산을 통하여 실용적인 목적에 쓰일 값을 도출해 내는 것이 아니라, 완전히 정신 수련 과정의 일환으로서 행해진다. 신척산神尺算 같은 것은 소위 을척乙尺을 얻는 산법이라 전해지는데, 주문을 외는 힘 정도로는 얻을 수 없고, 대장大將의 재목이 될 수 있는 우도 수련의 득력자得力者라야 가능하다.

그 밖에 기문둔갑법奇門遁甲法의 72둔遁 종류가 있고, 시해법尸解法, 신검神劍 — 비홍검법飛鴻劍法이 이에 속한다 — , 신궁神弓(정신의 힘으로 활을 쏨)과 신탄神彈(정신의 힘으로 하는 일종의 팔매질) 등이 피동반 자동반 수련법에 속한다. 여기에서는 산법算法의 정화精華인 《사시산》과 시해법을 상세히 다룬 《시해요결尸解要訣》과 천문추수天文推數의 대표격인 《선기수璿璣數》를 소개하기로 하겠다.

이 밖에 《삼전사과三傳四果》라든지, 《대륙임금구결大六壬金句訣》, 《하락이수河洛理數》, 《태을수太乙數》, 《자미두수紫微斗數》 등은 주로 길흉을 점치는 점서(占書)의 부류에 속한다.

[연원]

지금으로부터 만 년 전도 훨씬 넘는 옛날, 만주 장춘長春을 중심으로 하여 백두산족의 문명권이 태동하였다. 이때 민족은 오족五族으로 이루어져 있었고, 고성古聖이신 대황조 한배검이 정치와 교화敎化를 통섭하는 제정일치의 사회를 이루었다.

이때부터 우리 겨레의 통치자 개념은 인민 가운데 가장 머리가 밝은 사람인 '성통공완자性通功完者' — 성인聖人 — 를 추대하여 받드는 전통을 갖게 되었으며, 이 전통은 삼국시대까지 지속되었다. 이로 보면 혈연적으로 왕위를 세습하는 것은 우리의 정통적 지도자상에 부합하지 않는 것이다.

대황조 한배검이 처음 백두산겨레를 다스릴 때, 먼저 금수禽獸와 별 차이 없이 생활하던 인민들의 의식주를 향상시키는 교육에 힘을 쏟았으며, 인민의 생활수준이 안정되자 이번에는 형이상학으로서의 도를 깨우치고 체득하도록 정신수련법을 가르쳤다. 여기서 맨 처음 나온 것이 조식법으로서, 인간 생명의 근원인 호흡을 고르게 함을 가장 기본적인 골자로 삼는 방법이었고, 그 다음에 추가된 것이 지감止感과 금촉禁觸으로서, 안으로 사악한 감정을 멈추고, 밖으로 사사邪邪로운 접촉을 금하는 윤리와 행동규범으로서의 정신수련법이었다.

이렇듯 우리 겨레의 첫 출발과 함께 비롯되어진 민족 고유의 정신수련법은 성현이 통치하는 국가사회의 전통 아래 가장 중시되어 온 사상적 근간이었다. 즉 사회적으로 입신하려는 젊은이들에게는 먼저 정신수련법을 통한 극기의 수도 과정이 반드시 요구되었으며, 정신수련은 사회의 통념으로 일반화되어 각계 각층의 모든 사람들에게 자연스레 수용되었던 것이다.

삼국시대의 조의선인皂衣先人, 국선國仙 및 화랑도花郎道 등과 같은 용어는 이 같은 사실의 반증이다. 이러한 전통은 백두산족의 세계관과 민족주의 사상을 내포하고 있어서, 역사적으로 국세의 부침에 아랑곳하지 않고 끈질긴 생명력을 지닌 채, 때로는 흥왕興旺하고 때로는 쇠잔한 대로 모람모람 그 명맥을 유지하여 왔다.

대체로 삼국 정립鼎立의 시대까지는 우리의 뿌리사상인 한배검의 홍익인간 이념과 정신수련법들이 왕성하게 전해 내려왔으나, 통일신라 이후 민족이 발해와 신라로 분단된 이후로는 외세(중국)의 사상적, 물리적 간섭과 침략으로 빚어진 민족사상의 분열 및 사대주의의 극성極盛 등으로 말미암아 대황조 이념에 토대를 둔 정신수련법들은 표면에서 자취를 감추게 되고, 아예 밑으로 숨어들거나 외래사상 — 유교, 불교, 도교 — 에 기대어 겨우 명맥을 보존하는 것이 고작이었다.

통일신라 말엽의 정신수련가이며, 학자, 정치가, 문인이었던 고운 최치원의 〈난랑비鸞郎碑 서문〉("國有玄妙之道曰風流 說敎之源 備詳仙史 實乃包含三敎 接化群生 且如入則孝於家出則忠於國 魯司寇之旨也 處無爲之事 行不言之敎 周柱史之宗也 諸惡莫作 諸善奉行 竺乾太子之化也."[1]: 《삼국사기》 권4 신라본기 진흥왕 37년)은 이 같은 정황 아래 있던 우리 정신수련법의 본질을 간명하게 드러내 주는 유일한 증좌이다. 즉 우리 민족 고유의 도체道體가 있음을 설명하면서 — 국유현묘지도國有玄妙之道 왈풍류曰風流(나라에 현묘한 도가 있었으니 풍류이다.) — 당시 중국과 인도 등 서역에서 물밀듯이 들어오던 각종 사상과 종교들의 종지宗旨를 빌려야만 하는 그 시대의 실정을 역설

1) 나라에 현묘한 도가 있었으니 풍류이다. 가르침의 근원은 〈선사(仙史)〉에 상세히 밝혀져 있다. 실로 유불선 삼교를 포함하였고 모든 생명을 접하여 교화하였다. 집안에서는 부모에 효도하고 나가서는 나라에 충성하였으니 공자의 종지요, 하는 일 없이 일하고 아무말 없이 교화하는 것은 노자의 종지이며, 모든 악행을 짓지 않고 모든 선행은 받들어 행함은 석가의 교화와 같으니라.

적으로 드러낸다 하겠다.

아무튼 역사의 부침 속에서도 우리의 고유한 정신수련법들은 조선조 말엽과, 일제 식민지시대까지 그 본질을 상실하지 않았으며 수많은 수양사修養士들의 피나는 극기 과정을 통해 전국 각지에 수양파의 계통을 형성하기에 이르렀던 것이다.

[정신수련법의 계보]

다음은 대한제국 멸망 전후의 시기에 정립되었던 각 수련파들의 계보이다.

백두산파

백두산은 민족의 성산聖山으로서 정신수련파의 조종祖宗이 되며, 가장 깊은 연원의 정신수련 역사를 지니고 있다. 백두산을 중심으로 왼쪽의 만주지역, 즉 장백산맥을 따라 좌파左派를, 오른쪽의 함경도 지역이 중심이 된 우파右派를 형성해 왔다. 고대로부터 수많은 성현, 달사達士, 영웅들의 배출지이며, 청태조 누르하치가 태어나서 성장, 수련한 곳도 이 백두산 바로 아래인 한생성汗生城이란 곳이다. 조선의 태조 이성계李成桂, 건국초 명장 퉁두란(이지란李之蘭: 1331~1402) 역시 이곳에서 출생, 수련하였다. 근세 조선 말엽, 당대의 명

의名醫이며 역학자易學者인 동무東武 이제마李濟馬(1838~1900) 선생 역시 명의이며, 당시 한성의 북촌北村 재상가에 대현大賢으로 통했던 강홍로康洪魯 선생 등이 백두산파에 속한다.

지리산파

지리산은 삼남三南 지방에서 가장 크고, 유서 깊은 명산으로서, 고대로부터 많은 정신수련사들의 중심지가 되어 왔다. 신라시대까지는 큰 공부자리로서 유명하였고 많은 성공자들을 배출하여 왔으나, 그 이후 지금까지는 거물급 성공자들이 나오지 못하고 있다. 간혹 성공자가 있어도 세상에 나오는 이들이 적다. 역사적으로 신라 말엽 최치원 선생이 이곳에서 수련한 대표적인 인물이며, 조선조의 거물급 선비요 학자였던 남명南冥 조식曺植(1501~1572) 선생, 그 제자 망우당忘憂堂 곽재우郭再祐(1552~1617), 정기룡鄭起龍(1562~1622) 장군, 손제자孫弟子인 김덕령金德齡(1567~1596) 장군 등을 꼽을 수 있다.

소백산파

역사적으로, 정신수련법 가운데 좌도공부의 중심지이다. 특히 조선조 말엽 전국에서 수천 명의 수련자들이 몰려들던 곳이었으며, 당시 128장사壯士들의 배출지로 유명했다. 차력借力, 축지법縮地法 등의 성공자들이 중심을 이루었으나 우도공부 방면으로의 성공자 배출은 아주 희소하였다. 예전에는 우도 수련자들도 많이 배출해 왔다고 한다. 소백산파의 대표적 수련 인물로는 조선중기의 명재상 동고東皐 이준경李浚慶 선생을 들 수 있다. 근대에 들어와 일제 식민지시대 경북 대구 지방에서 실존했던 김익수金益洙(1881~1950) 씨는 당대의 역사力士요 술객術客으로서 유명하였다.

그에 대한 일화들은 지금까지도 많은 이들에 의해 강원도와 경북 소백산을 중심으로 전해져 내려오고 있다.

태백산파

소백산파와 같은 부류로서 취급하나, 성공자 배출이 상대적으로 미미하다.

속리산파

옛날부터 많은 성공자를 배출한 명산이지만, 근대에 들어와서는 지지부진하다. 오히려 옆에 붙은 작은 청화산青華山에서 꾸준히 많은 성공자가 나왔다. 피동공부는 안 되고, 그나마 자동공부라야 성공이 가능한 산으로 알려져 있다. 동고 이준경 선생은 처음에 소백산에서 수련한 후, 이곳에서 끝마무리를 하였다 한다.

계룡산파

계룡산은 동자미東紫微 구성九星의 천상天象이 조응照應하는 원혈元穴이 있는 명산으로서 일찍이 나라의 중악中嶽으로 알려져 왔다. 국가적으로 중시되었을 뿐만 아니라 백제시대 이래 민중적 차원의 각종 전통신앙과 무속 및 풍수도참설風水圖讖說의 중심지였던 곳이다. 삼국시대 이래로 많은 정신수련자들을 배출해 왔으며, 조선 왕조 500년 이래 최고의 정신수련 고단자가 나온 곳으로서 특기할 만하다. 그가 바로 구봉龜峯 송익필宋翼弼(1534~1599) 선생으로서 수련의 경지가 성인에 도달하였다고 한다. 이 분이 주로 수련하여 성도成道한 곳은 계룡산 내의 수정봉水晶峯으로, 바로 아래 부처님의 진신사리眞身舍利를 도력道力으로 봉안奉安하였다는 천진보탑天眞寶塔이 자리하고 있다. 수정봉의 수정水晶이란 이름은 氵+ 晶 →

三甲 → 一中 → 冊 으로서 성인 성聖 자를 상징한다 하여 예부터 성인이 나올 자리로 전해져 왔다.

구봉 선생이 계룡산에 계실 당시, 지리산의 조식 선생이 자주 뵈러 왔으며, 제자로는 고청孤靑 서기徐起(1523~1591), 토정土亭 이지함李之菡, 중봉重峯 조헌趙憲(1544~1592), 기허당騎虛堂 영규대사靈圭大師 등이 있었는데 모두 여기서 수련하여 득도한 것으로 유명하다.

이들 가운데 조헌이 가장 말재末才였으며, 영규대사는 임진왜란에 대비해 차력을 전공하였다 한다. 그가 임진왜란 초기에 갑사甲寺에서 승병을 일으키고자 하였으나, 승려들이 죽음을 두려워하여 잘 호응을 안 하는지라, 수십 미터 되는 당간지주 꼭대기에 단숨에 뛰어올라 일장 호령을 하였더니 모두들 따랐다는 일화가 전한다. 그때 영규대사가 내려오면서 당간지주의 원통 세 개를 떼어내는 바람에 현재 세 개가 없어진 상태 그대로 남아 있다.

구봉 선생의 다른 제자로는 충무공 이순신 장군과 박엽朴燁 장군을 들 수 있고, 율곡 이이 선생과는 평생을 교유交遊하였다 하나, 율곡이 늘 스승처럼 모시던 사이였다. 《삼현수간三賢手簡》이란 책에는 송구봉宋龜峰, 이율곡, 성우계成牛溪 세 사람이 주고받은 친필 서한들이 담겨져 있는데, 율곡이 구봉 선생께 보낸 편지에는 당시의 시국을 걱정하며, 나라의 앞날에 대한 방책을 구하는 내용들이 보인다. 이 친필 서한집은 구봉 선생께서 작고하시기 바로 전에 아들에 의해 만들어진 것을 후일 우암尤菴 송시열宋時烈 선생이 보관하다가, 다시 사계沙溪 김장생金長生 선생의 집안에서 소장해 왔다.

다음은 구봉 선생과 퇴계 이황 선생에 얽힌 일화이다. 퇴계 선생의 장례 때 생긴 일로서, 출상하는 날인데 상여가 도무지 꼼짝도 안 하는 사건이 발생했다. 상여가 들리지 않으니, 반드시 고인故人을 만족시키지 못한 원인이 있을 것이라고는 생각들이 미쳤지만, 정확한 이유를 알아내지 못하던 차에 퇴계 선생의 한 제자가 다른 제자들이 밖에 내다 버린 송구봉 선생의 만사輓詞를 다시 주워다 세우니 비로소 상여가 움직이기 시작했다는 것이다. 퇴계의 제자들에 의해 내동댕이쳐졌던 만사의 내용은 이러하다.

공적과 명예는 삼대의 원로이고(功名事業三朝老),
도덕과 문장은 백세의 스승이로다(道德文章百世師).

변산파

전라북도의 절승지絶勝地인 변산반도를 중심으로 수련을 행해 왔다. 토착 주민들보다 경상도 지방에서 온 사람들이 많이 수련하여 성공자를 계속 배출해 왔다고 한다.

삼각산파

서울 근교의 명산으로서 백운대 뒤편으로 예부터 내려온 공부자리가 몇 군데 있다. 이율곡 선생이 초기에 이곳에서 수련하였다.

송악산파

고려의 수도였던 경기도 개성의 명산으로서 고려 때에는 많은 성공자를 배출하였으나, 이후로 큰 인물들이 잘 나오지 않고 있다.

설악산파

설악산은 예부터 많은 정신수련 학인들이 있었던 산이지만 중고단자中高段者들은 배출하지 못했고, 저단자低段者들의 성공이 여러 번 있었다.

금강산파

산은 국토 최대의 절경이나, 역대로 수많은 수련 학인들에 비해 큰 성공자는 없었다. 망군대望軍臺 쪽으로 공부자리가 좋다.

묘향산파

서북西北지방의 명산으로서, 좌도공부의 중심지이다. 산주山主(산신)가 넉넉하고 인자하여 학인들을 잘 보살펴 주었기 때문에 역대로 좌도左道 방면의 잔 공부로 성공한 수련자들이 많이 배출되었으나, 대인大人은 안 나왔다.

오대산파

산이 좋은 데 비해 성공자들이 적었다. 승려들의 득도가 많았다.

구월산파

구월산은 황해도의 명산으로서, 예부터 대황조 한배검의 유풍遺風이 드센 곳이다. 우도공부 수련자의 성공이 매우 많았으며, 적잖은 좌도공부 성공자를 배출하였다.

삼비팔주

위와 같이 전국 각지의 명산들을 중심으로 한 정신수련계 분포 외에, 구한말 출현한 삼비팔주三飛八走를 특기할 필요가 있다. 여기서 삼비三飛는 박학래朴鶴來, 박양래朴養來, 이홍몽李洪濛 세 사람을, 팔주八走는 주회인朱懷仁, 주기악周基岳, 김경두金景斗, 윤신거尹莘居, 이석렬李碩烈, 이화암李華庵, 이우석李友石, 강경도姜京度의 여덟 사람을 지칭한다. 이들의 숱한 기사奇

事와 경천동지驚天動地의 일화들은 소설《단丹》에 언급되어 있거니와, 봉우 선생의 증언처럼 하늘은 어째서 이런 뛰어난 인재들을 잠시 선보이기만 하고 곧 데려가 버렸는지 모를 정도로 당시 정신계의 중진들이 모여 있었다. 이들은 각기 개인적으로 지니기엔 너무도 아까운 초인적 정신력과 체력을 습득하고 있었으나, 거의 모두가 당대의 사회적 현실과 접맥되지 못한 채, 스러져 간 비운의 인물들이란 공통점을 가진다.

삼비팔주 열한 명은 하나의 모임을 형성할 정도로 정신적 공감대를 지니고 있었으며, 잦은 회합과 접촉을 해 왔는데 그중 주축을 이루는 세력은 충북 족비산足飛山(당시 족비산파는 족비산에서 좌도수련으로 성공한 팔무자생八戊子生으로서 성공자 여덟 명이 모두 무자년 태생의 동갑내기들이다. 이 밖에 세 사람이 더 있다. 이들은 동시대의 소백산파 128장사들보다 실력이 월등하게 뛰어났다고 한다. 족비산의 현재 지명은 충북 음성, 진천 쪽에 걸쳐 있는 두타산이다)에서 수련한 박양래, 주회인, 주기악, 윤신거, 이화암 등 다섯 사람이었고 모임의 좌장座長(우두머리)은 박학래가 맡았다. 박학래는 당시 백두산족 정신계의 우도방주右道方主(자동수련계의 총책임자, 우두머리)이신 일송一松 선생님의 손제자였으며, 박양래, 주회인, 주기악, 윤신거, 이석렬 등도 같은 손제자에 속했다.

박학래는 어디서 와서 누구에게 배웠는지가 불분명하고 늘 말이 없으며, 뚜렷한 행동도 보이지 않았으나, 삼비팔주 모두를 정신적으로 압도하는 우두머리 위치에 있는 특이한 존재였다. 단 한 번 조선 검법의 최고 정화精華라는 비홍검飛鴻劒을 실연해 보였기 때문에, 단지 우리 나라 전래의 검법 달인이 확실하다는 정도의 인식 외에는 아무도 그의 정체를 아는 이가 없었다. 삼비팔주에 속한 다른 사람들 가운데 관심觀心, 관물觀物을 밥 먹듯이 한다는 정신계 중단자中段者들이 여럿 있었지만, 그들도 박학래만은 관심觀心할 수 없었던 것이다. 즉 도력道力이 중단 이상인 고단자급의 인물로 추정된다.

박양래는 충북 진천鎭川 태생으로서 족비산파의 우두머리격이다. 족비산에 들어가 좌도공부에 진력하여 크게 성공한 후 잇따라 여덟 사람의 동갑내기들이 성공했다는 일화의 처음을 이루어 낸 장본인이며, 나중에 우도공부에도 장족의 발전을 하여 문무를 겸비한 도계道階 중단 이상의 실력을 길렀다. 경기도안성에서 조금 떨어진 양성 땅의 이인異人이라는 김좌숙金坐宿 — 늘 앉아서 잔다 하여 붙은 별명 — 선생에게 가르침을 받았는데, 나중에는 스승을 앞지를 정도가 되었다고 한다. 그는 삼비팔주 가운데에서도 가장 비운의 주인공으로서, 제갈량을 능가하는 실력을 지니고서도 시운時運을 타지 못한 잠룡潛龍이었다. 그는 시정市井의 은사隱士로 평생 가난을 달갑게 받아들이며 살다 죽었다.

이홍몽은 삼비팔주의 주류主流는 아니었으나, 정신계 중단급의 역량을 지닌 사람으로서 도계道界의 감찰 역할을 맡고 있었다. 삼비팔주 안에서 별로 인기가 없던 사람으로서 여러 사람에게 환영받지 못하면서도 모임에는 꼭 얼굴을 내밀었다고 한다. 한번은 박양래와 검을 들고 대결하다가 빈손의 박양래에게 검을 빼앗긴 적도 있었다고 한다.

주회인은 경기도 태생으로 천성이 호방하고 활달하였으며, 역시 족비산에서의 좌도수련에 성공하여 을척乙尺을 지니고, 축지, 이보耳報, 차력 또한 입신入神의 경지에 있었다. 그가 경복궁에 있는 일만 이천 근짜리 무쇠솥을 들어올렸다는 일화는 매우 유명하다. 문무겸전文武兼全의 인재로 도계 4단의 실력을 갖고 있었다.

주기악은 충북 진천 사람으로서 얌전한 성품의 소유자이며, 족비산파의 한 사람이다. 차력을 전공하였고, 나중에 우도로 정근精勤하여 도계道階

2~3단은 되었을 정도로 문무를 겸비한 선비이다.

김경두는 전라도 순창淳昌 사람으로 얼굴이 까마귀같이 시커멓다 하여 호가 오운烏雲이다. 삼비팔주 가운데 제일 나중에 합류한 사람으로서 차력이 전공이었다. 점술에도 밝았으며, 문학, 철학, 역사학에도 깊은 학문적 조예가 있었다. 해방 후 무주 덕유산에서 승려가 되었다고 한다.

윤신거는 경기도 수원 태생으로 족비산파의 한 사람이며, 차력을 약간 하고 산주汕住 박양래 밑에서 사시산을 전공하였다. 사시산법만은 산주의 수제자가 되었으며, 자신도 나중에 제자들을 양성하였다. 도계 초단은 족히 되었다고 한다.

이화암은 충북 청주 사람으로서 족비산파의 한 사람이며, 차력이 전공이다. 뒤에 자동수련도 겸하여 도계 1~2단은 되었다.

이석렬은 전라도 사람으로서 일송 선생의 손제자가 되며, 역시 차력이 전공이었다.

이우석은 전라도 태생인데 피동공부에 성공하여 신차神借에 능했고 을척을 지녔었다. 취물取物에도 능하였는데, 을척을 사사로이 쓰다가 신벌神罰을 받아 횡사하였다고 한다.

강경도는 경상도 사람으로서 축지가 전공이며, 우도수련도 하였으나, 계제가 있을 정도는 못되었다. 독립운동에 깊이 간여하였으며 자신의 축지술을 십분 활용한 것으로 알려져 있다. 삼비팔주 가운데 가장 용모가 뛰어났다고 한다.

이상이 삼비팔주에 대한 개략적인 설명이다. 물론 그들만이 당시 우리나라 도계의 모든 정황을 대변한다는 이야기는 결코 아니다. 앞서 언급했듯이 백두산파를 조종祖宗으로 하여, 우리 정신수련계는 오랜 세월을 두고 국토 전체로 퍼져 나갔고, 그 과정에서 수많은 유명, 무명의 도인들을 배출해 온 것이며, 삼비팔주 또한 이 범주 내에서 볼 때 뚜렷한 족적을 남긴 수련정사修練正士들로서 손색이 없기 때문에 뒷날 역사적 자료로 활용되리라 믿으며 기록하는 것이다.

용호비결

龍虎秘訣

용호비결龍虎秘訣

정북창 선생이 지은 전통 조식법의 원전

[해제]

《용호비결龍虎秘訣》은 중종 원년인 1507년에 태어나 명종 4년인 1549년에 세상을 떠난 조선시대의 학자 북창北窓 정렴鄭䃁 선생의 저서이다. 그의 본관은 온양溫陽이다. 호가 북창이라 '북창 선생'으로 사람들 입에 오르내렸다. 그는 조선시대의 대표적인 선인仙人, 이인異人, 도인道人으로서, 위로는 임금부터 아래로는 나무꾼까지 그를 알고 있을 정도로 유명하였다. 따라서 그만큼 북창 선생에 관해 민간에 유포된 설화가 많으며, 전설이 아닌 역사적 족적을 뚜렷하게 남긴 인물이다.
태어나면서부터 천부적인 학문적 능력을 타고나는 생이지지生而知之의 자질을 갖춘 이로서 나이 스물 이전에 이미 천문, 지리, 의약醫藥, 복서卜筮, 율려律呂, 산수算數, 외국어 등을 모두 배워 스스로 통달하였다. 17세 때 국자시國子試에 뽑히고는 다시 과거에 응하지 않았고, 경기도 양주 괘라리掛蘿里에 살 곳을 정하였다. 중종 때 장악원掌樂院 주부主簿, 관상감觀象監과 혜민서惠民署 교수教授가 되었고 뒤에 포천 현감이 되었다가 갑자기 벼슬을 버리고 숨어 살며 세상을 멀리한 지 10년 만인 나이 마흔네 살에 선화仙化하였다.

그는 언젠가 "성학聖學은 인륜을 중시한다. 고로 긴요하고 오묘한 곳을 말하지 않는다. 그러나 선불仙佛은 오로지 수심修心, 견성見性을 근본으로 삼는다. 그러므로 상달上達한 곳은 많고, 낮고 쉬운 것을 배움은 전혀 없다. 이것은 삼교三敎가 다른 까닭이고 선불仙佛은 대동소이하기 때문이다."라고 말했다.

그는 남과 더불어 말할 적에는 단 한마디라도 공자의 학문에서 벗어난 말을 하지 않았으며, 삼교三敎를 관통하였으나 그 깨달음은 선禪과 같고 그 행동은 노자老子와 같았으며, 사람을 가르치는 데는 한결같이 성인聖人으로 종을 삼았다고 한다.

역사적으로 정신수련에 관한 본격적인 저작들이 매우 희소한 우리 나라 정신계의 풍토에 비추어 볼 때, 정신수련 전문서로서의《용호비결》의 위상은 조선시대를 전후하여 가히 독보적이라고 할 수 있겠다. 정식으로 인쇄되어 전해지는 판본은 없고,《북창비결》,《북창결》,《용호결》 등과 같은 여러 제목의 필사본 형태로 세간에 널리 유포되어 왔다. 근대에 들어와서는 구한말의 석학이었던 무능거사無能居士 이능화李能和의《조선도교사朝鮮道教史》란 책 속에 수련사의 기록으로는 유일하게 그 전문이 수록되어 있다. 전문은 굵은 글씨로 된 저자의 본문과 그 사이에 잔 글씨로 쓰인 후대 학인들의 주석들로 이루어져 있다. 이 주석들이 누구에 의해 쓰였는지는 밝혀진 바 없으며, 다만 후세의 정신수련 학인에 의해 이루어졌으리라고 추정할 따름이다.

《용호비결》에서의 용호龍虎란 호흡 수련의 이치를 상징하는 수화상생水火相生의 뜻을 담고 있다. 우리나라 사람이 지은 정신수련에 관한 본격적인 안내서 및 교과서로서 이 책이 역대의 어느 책보다도 민간에 널리 전승되어 온 이유는 무엇보다도 내용이 간단하면서도 수도修道의 본질과 요체를 극명하게 드러내 주고 있기 때문이다. 봉우 권태훈 선생은 이 책의 의

미를 다음과 같이 서술하였다.

"《용호비결》은 호흡법의 가장 근본적인 가르침이다. 그러므로 다른 책에 기록된 무수한 말도 모두 《용호비결》의 내용에 미치지 못하는 까닭에, 호흡법을 연구하려는 사람은 반드시 《용호비결》을 집중적으로 읽어 볼 필요가 있다. 그리하여 호흡이 법대로 되었을 때, 《대학》의 내용을 순서대로 공부해 나가면 누구나 노력만큼의 성과를 볼 것이 틀림없고, 또한 좌도 수련의 주문이나 신술神術 같은 것으로 세월을 허송할 염려도 없는 것이다. 선천적으로 물려받은 기질의 청탁淸濁도 호흡법으로 변화시킬 수 있다."(《백두산족에게 고함》〈연정원 호흡요강 서문〉 중에서)

《용호비결》의 내용은 서론, 본론, 결론의 세 부분으로 나눌 수 있는데, 서론은 도입부로서, 저자가 살았던 16세기 당시 정신수련 학인들이 처한 상황을 단적으로 그려내면서, 그 난점을 극복하고 정경대도正經大道로 나아갈 수 있는 길을 제시하고 있다. 즉, 대도大道는 지극히 쉽고 간단하여 누구나 행하는 호흡 가운데에 있으니, 그 호흡을 고르고 길게 하여 기운을 안으로 모으는 폐기閉氣가 가장 중요한 비결일 뿐이라는, 당시로서는 매우 충격적이고 파격적인 정의를 내리고 있는 것이다. 이 말 한마디가 후일 얼마나 많은 정신수련 학인들의 방황하는 마음을 밝혀 주고, 혼란된 눈을 뜨게 해주었는지 측량할 수 없을 정도로, 《용호비결》이 우리 정신수련계에 끼친 영향은 심대하다.

북창 선생은 조식調息, 호흡법인 폐기를 수단修丹의 기본원리로 설명하면서 '단학丹學'이란 용어를 사용하고 있다. 또한 그는 단학의 비조鼻祖격으로《참동계參同契》란 도서道書를 인용하고 있는데, 보는 이의 관점에 따라서는《용호비결》을 도교 수련서의 일종으로 생각할 수도 있을 것이다. 그러나 북창 선생의 사상적 배경을 살펴보건대 그는 어느 한쪽에 치우치지 않고 당시 전해 오던 유교, 불교, 도교를 골고루 섭렵, 통달하였음을 알 수 있으며, 따라서 그는 수련 도교의 일파一派라는 국한된 의미의 내단內丹 수련가는 아니었다고 판단된다.

깨달음은 석가와 같았으며, 행동은 노자와 같았다고 평가되는 정북창은 최치원 선생이 묘파描破한 우리나라 고유의 현묘지도玄妙之道, 즉 풍류風流에 걸맞은 인물로서, 그야말로 접화군생接化群生, 포함삼교包含三教의 삶을 보여 준다. 이러한 풍류도風流道의 입장에서 보면, 우리 민족은 중국 도교의 '단학'이라는 용어가 성립하기 훨씬 이전의 아득한 상고시대, 다시 말해서 이미 민족의 고성古聖이신 대황조 한배검 시대부터 기틀을 다져 온 깊은 역사적 공감대를 형성하고 있었던 것이다. 따라서 정신수련의 정사正士라면 누구나 유불선 삼교에 대해 공평히 그 의미를 부여하되, 근원만은 하나에서 나왔다는 인식을 지니고 있었다는 점을 간과해서는 안 된다. 그 하나란 바로 우리 백두산겨레의 풍류사상이며, 한배검의 홍익인간 이념인 것이다.

《용호비결》의 본론은 정신수련의 전개과정을 폐기, 태식胎息, 주천화후周天火候의 세 단계로 구분하여 내단 수련이라는 것이 결국 조식 호흡법인 폐기를 전적으로 연마하여 점차 귀근복명歸根復命의 도道인 모태지식母胎之息으로 나아가게 되고, 최종적으로 주천화후를 통해 결태結胎됨으로써 성도成道의 일단락을 맺게 됨을 밝혀 주고 있다. 또한 이 성도의 결정체로서 생기는 것이 불가佛家의 사리舍利요, 선가仙家의 현주玄珠라 하여, 깨달음의 자취에서는 선불仙佛이 대동소이함을 정확하게 지적하고 있다는 것도 이 책의 탁견이라 하겠다.

결론에서는, 본론에서 개진된 세 가지 정신수련 과정마다 수련법이 달리 설정되는 것이 아니라는 것, 즉 조식 호흡법 하나만을 시종일관 관철하면 된다는 단순하면서도 가장 중요한 수련 요지를 강조하고 있다. 또한 공부의 성패는 오로지 자신의 정성에 달려 있음을 다시금 확인시켜 준다.

《용호비결》은 북창 정렴 선생의 원문으로 간주되는 문장과 후세 학인의 주로 간주되는 문장으로 이루어져 있다. 각각 분별하여 순서대로 해설하였다는 점을 미리 밝혀 둔다.

[용호비결 원문 및 주해]

修丹之道는 至簡至易로되 而今其爲書汗牛馬 充棟宇하고
且其言語太涉恍惚難了라 故로 古今學者 不知下手之方하야
欲得長生이라가 反致夭折者多矣오.

수단修丹의 도道는 지극히 간단하고 쉬운 것이지만, 이제 그에 관한 책이 소나 말에 가득 실어도 모자라고 집 한 채를 다 채울 정도로 많은 데다가, 또한 그를 표현한 말이 명확하지 않아서 황홀하니 참뜻을 알기가 어렵다. 그러므로 예나 지금이나 배우는 이가 처음 손댈 방법을 알지 못하여 장생을 얻으려다가 도리어 요절하는 사람이 많았다.

至於參同契一篇은 實丹學之鼻祖이나 顧亦參天地하고 比卦爻하야
有非初學之所能蠡測일새 今述其切於入門而易知者若干章하노라.
若能了悟則一言足矣리라 蓋下手之初는 閉氣而已니라.
[此所謂一言之訣 至簡至易之道 古人皆秘此而不出 不欲便言
故人未知下手之方 不知修丹於氣息之中
而外求於金石欲得長生 反致夭折哀哉][2]

《참동계》[3]라는 한 권의 책은 실로 단학의 시조라고 할 만한 책이지만 생

2) [ ]은 《용호비결》 원문에 붙인 후세 학인의 주(註).

3) 중국 후한(後漢) 시기의 철학자이며 회계(會稽, 지금의 절강성 동부지역)사람 위백양(魏伯陽)의 책. 수단(修丹)에 관한 책으로는 최초의 것으로 알려진 책으로 내용이 모두 역(易)의 괘효(卦爻)로 표현되어 있음.

각건대 이 또한 천지의 이치를 참고하여 괘와 효로 비유하여 설명하고 있어서 처음 배우는 사람은 조개껍질로 바닷물을 헤아리려는 것과 같아 능히 짐작하기 어려운 바가 있다. 이제 난해한 것은 다 빼고 입문에 간절하고도 쉬운 것을 몇 개의 장으로 나누어 기술하고자 한다. 만약 능히 깨달을 수 있다면 한마디 말로도 족할 것이다. 대개 처음의 시작은 폐기[4]뿐이다. [이것이 이른바 한마디의 비결이요, 지극히 간단하고 쉬운 도이다. 옛사람들을 누구나 이것을 숨겨서, 내놓으려 하지 않았고, 알기 쉬운 말로 하려고도 않았으므로 사람들은 처음 시작하는 방법을 알지 못하였다. 기운을 숨쉬는 가운데에서 단을 수련해야 함을 알지 못하고 밖으로 금석에서 단을 구하였기 때문에 장생을 얻으려 하다가 도리어 요절하였으니[5] 애석한 일이다.]

금 욕 폐 기 자　선 수 정 심　첩 족 단 좌　불 서 소 위 금 강 좌 야
今欲閉氣者는 先修靜心하고 疊足端坐하야 [佛書所謂金剛坐也]
수 렴 하 시　안 대 비 백　비 대 제 륜　공 부 정 신 전 재 어 차
垂簾下視하야 眼對鼻白하고 鼻對臍輪하며 [工夫精神全在於此
당 시 시 협 척 여 거 륜　입 식 면 면　출 식 미 미　상 사 신 기
當是時夾脊如車輪] 入息綿綿하고 出息微微하야 常使神氣로
상 주 어 제 하 일 촌 삼 분 지 중　불 수 긴 폐 불 출　지 어 불 가 인 내　유 가
相住於臍下一村三分之中이니 [不須緊閉不出 至於不可忍耐 惟加
의 하 송　약 여 소 변 시　소 위 취 허 뢰 손 풍　구 능 정 심　수 두 하 시　안 시 비
意下送 略如小便時 所謂吹噓賴巽風 苟能靜心 垂頭下視 眼視鼻

---

4) 예부터 폐기를 폐식(閉息)으로 오인하여 숨을 멈추는 식의 호흡공부를 하다가 몸에 부작용이 나타나는 등 잘못되는 사례가 많았다. '폐(閉)'가 '닫는다'는 말이 긴 하나 숨[息]이 아니라 기운을 닫는다는 것이다. 폐기는 숨을 멈추지 않고 기운이 단전에 머물게 하는 것이다. 많은 사람들이 이를 잘못 해석하므로, 봉우 선생은 머문다는 뜻을 가진 '유(留)'자를 써서 유기(留氣)라고 하였다. 배에 기운을 둔다고 하여 복기(伏氣)라고도 하며, 기운이 차곡차곡 아랫배에 쌓인다 하여 누기(累氣), 적기(積氣), 축기(蓄氣) 등과 같은 용어도 사용하는데 모두 같은 의미이다.

5) 연단(煉丹)하는 사람이 여러 가지 금속이나 약물로 단약을 만들어 오래 살고자 그것을 먹었다가 오히려 일찍 죽은 일이 많았음을 이르는 말이다.

백비대제륜 즉기부득불하 당기폐기지초 편각흉차번만 혹유자
白鼻對臍輪 則氣不得不下 當其閉氣之初 便覺胸次煩滿 或有刺
통자 혹유뇌명이하자 개희조야 개상부풍사 위정기소박 유입어
痛者 或有雷鳴而下者 皆喜兆也 蓋上部風邪 爲正氣所迫 流入於
공동처 득기전송지도 연후 기자평안 병자소산 차내초두도로
空洞處 得其傳送之道 然後 氣自平安 病自消散 此乃初頭道路
역가위편향증험 상환흉복자 우의진심 기효최묘
亦可謂片餉證驗 常患胸腹者 尤宜盡心 其效最妙]

이제 폐기를 하고자 하는 사람은 먼저 마음을 고요히 하고 다리를 포개어 단정히 앉아서 [이른바 불가의 금강좌[6]이다.] 눈썹을 발처럼 드리워 내려다보되 눈은 콧등을 대하고 코는 배꼽 언저리를 대하며 [단학공부의 정신은 온전히 이에 있는 것이다. 이때 등뼈는 마땅히 수레바퀴 모양[7]으로 둥글게 하라.] 들이쉬는 숨은 면면히 끊어지지 않게 하고 내쉬는 숨은 조금씩 아주 미미하게 하여[8] 항상 신과 기로 하여금 배꼽 아래 한 치 세 푼의 자리에 있는 단전[9]에 서로 머물게 하라. [숨을 꾹 참고 기를 내보내지 않을 필요는 없다. 참을 수 없을 정도에 이르러 다만 의식적으로 기를 아래로 보내되 대략 소변을 볼 때와 같이 하면 된다.[10] 이른바 내쉬는 숨은 손풍[11]에 힘입는다 하는 것이다.

6) 불가의 수련 자세로서 두 다리를 꼬고 앉은 가부좌(跏趺坐)를 말한다. 그러나 실제 수련 시에 반드시 가부좌를 하는 것은 아니다. 오래 앉아 있기에 편한 자세로 앉아서 수련하는 것이 가장 효과가 좋다.

7) 실제로 수레바퀴처럼 둥글게 하라는 것이 아니고, 척추를 곧추세우지 말고 척추의 자연스러운 곡선을 그대로 유지하여 앉도록 하라는 의미이다.

8) 드나드는 숨을 일부러 또는 억지로 가늘게 하는 것이 아니라 자연스러운 가운데 가늘게 호흡이 이루어지는 것을 말한다.

9) 기를 모으는 곳으로 바다와 같이 많은 기를 모을 수 있다고 하여 기해(氣海)라고도 한다.

10) 오줌을 누어야겠다는 생각과 더불어 아랫배에 힘이 들어가게 되는 것을 이야기한 것이다. 일부러 힘을 주어 기를 내리는 것이 아님을 명심해야 한다.

11) 손(巽)은 역괘(易卦) 중 팔괘의 하나인데 바람과 유순(柔順)함을 나타낸다.

진실로 마음을 고요히 하고 머리를 자연스럽게 숙여 아래를 보되 눈은 콧등을 보고[12] 코는 배꼽언저리를 대하게 하면[13] 기는 아래로 내려갈 수 밖에 없게 된다.

폐기의 초기에는 가슴이 번거롭게 꽉 차는 듯하거나 혹은 뱃속에서 찌르는 듯 아프기도 하고 우레 소리를 내며 무엇인가 내려가는 것을 느끼게 되는데 이러한 것들은 모두 제대로 되어 가고 있는 좋은 징조이다.

상부의 풍사[14]는 바른 기운의 핍박을 받게 되면 공동처[15]로 흘러 들어가게 되는 것이다. 그 보내는 길을 얻은 연후에야 기는 스스로 평안해지고 병도 저절로 사라지게 된다. 이것이 공부의 첫 길이요 또한 편향증험[16]이라고도 한다. 가슴앓이나 배앓이로 늘 고생하는 사람이 더욱 마음을 다하여 수련한다면 그 효과가 매우 신묘할 것이다.]

염념이위상 지어공부초숙 득기소위현빈일규 백규개
念念以爲常하야 至於工夫稍熟하야 得其所謂玄牝一竅면 白竅皆
통의 태식어규중 득차일규 즉수선지도자야
通矣니라. [胎息於竅中 得此一竅 則修仙之道者也]

항상 생각하고 수련함으로써 공부가 차츰 익숙하게 되어 이른바 현빈일규[17]를 얻게 되면 백 가지 구멍과도 모두 통하게 된다.[18] [태는 구멍 가운

12) 눈으로 코끝을 보라는 것이 아니고, 코끝을 볼 정도로 눈을 내리뜨라는 것이다.
13) 눈을 내리뜨고 머리를 약간 숙이고 호흡을 하면 코가 배꼽 부근을 대하는 것과 같이 된다.
14) 풍병, 울화병 등 몸을 해롭게 하는 기운.
15) 기해(氣海) 즉 단전을 뜻함.
16) 한 조각 새참을 먹는 것처럼 실제로 조식의 효능을 경험하는 것을 가리킨다.
17) 현빈은 단전의 다른 이름으로 곧 단전에 한 개의 구멍이 난다는 뜻.
18) 현빈일규 이후 정진하여 많은 진전이 있게 되면 기를 몸의 원하는 곳으로 마음대로 보낼 수 있다는 의미.

데에서 쉬는 것이니 이 한 구멍을 얻는 것이 곧 선도를 닦는다는 것이다.]

由是而胎息하고 由是而行周天火候하고 由是而結胎莫不權輿於此矣니라 或者 以爲傍門小術이라 하야 莫肯行之하나니 惜哉로다. 變化飛昇之術은 非愚所敢言이어니와 至於養神하야난 千方百藥이 莫之與比하야 行之彌月에 百疾이 普消하리니 可不爲之盡心乎아 夫風邪之患이 伏藏血脈之中하야 冥行暗走로대 不知爲殺身之斧斤하고 久矣에 傳經하야 深入膏肓하리니 然後에 尋醫服藥이면 亦已晩矣로다.[醫家治病於已病之後 道家治病於未病之前]

일규를 얻음으로 말미암아 태식을 하고, 나아가 주천화후도 하고 결태도 되는 것이니 일규를 얻는 데서 시작되지 않는 것이 없다. 어떤 사람은 방문[19]의 잔재주를 부리는 것이라 하여 행하려 들지 않으니 애석한 일이다. 변화하여 날고 솟구치는 술법은 감히 내가 말할 바가 못 되지만 양신[20]하는 데 있어서는 천 가지 방문[21]이나 백 가지 약이 있다 하더라도 이에 비할 수 없는 것이라, 이 공부를 한 달만 행하면 백 가지 질병이 모두 사라질 것이니 어찌 마음을 다하여 행하지 않겠는가?

대체로 풍사의 우환은 혈맥 속으로 숨어들어 드러나지 않게 몸속을 돌아다니는데도, 이것이 사람을 죽이는 무서운 흉기가 되는 줄도 모르고 있다가 그것이 오래 되어 경맥을 따라 깊이 고황[22]에 들게 되는데 그런 연

---

19) 옳지 않은 법. 즉 이단이라는 뜻.

20) 신(神)을 기름. 즉 정신수련.

21) 처방을 적은 글.

후에는 의사를 찾아 약을 써도 이미 때는 늦은 것이다. [의가는 병이 난 후에 병을 다스리지만 도가는 병이 나기 전에 미리 병을 다스린다.]

正氣與風邪난 如氷炭之不相容하야 正氣留則風邪自走하고 百脈이 自然流通하고 三宮이 自然升降하리니 疾病이 何由而作乎아 稍加精勤則必至於延命却期하고 得其糟粕이라도 亦未有不安怡令終者也리라 愛之欲其生이니 愚常以此로 爲諸君子贈은 亦相愛之道也라 觀乎此者 恕其狂僭이면 幸甚이로다.

정기와 풍사는 물과 불 같아서 서로 어울리지 못하므로 정기가 머물러 있으면 풍사는 저절로 달아나서 백 가지 맥이 자연스럽게 유통되고 삼궁[23]의 기운이 자연스럽게 오르내리게 될 것이니 질병이 무슨 까닭에 생기겠는가? 좀 더 정성을 다하여 부지런히 수련을 한다면 반드시 수명을 연장하여 죽을 기한을 물리치게 되겠지만 그 찌꺼기만 얻더라도 평안하게 천명을 마칠 수 있으리라.

사랑한다는 것은 그 대상이 살기를 바라는 것이니,[24] 내가 항상 이 책을 여러 군자들에게 전해 주는 것 또한 서로 사랑하는 도인 것이다. 이 책을 보고 나의 외람됨을 용서해 준다면 매우 다행한 일이다.

---

22) 고(膏)는 심장의 아랫부분, 황(肓)은 심장의 윗부분을 말하는 것으로 이곳에 병이 생기면 낫기 어렵다.

23) 상궁(上宮)은 이환궁(泥丸宮), 중궁(中宮)은 강궁(降宮), 하궁(下宮)은 기해궁(氣海宮)이다.

24) 《논어》 제12장 안연(顏淵) "…애지욕기생, 오지욕기사(愛之欲其生, 惡之欲其死: 사랑하면 그 살기를 바라고 미워하면 그 죽기를 바란다.)…"

謹按 古人云順則爲人하고 逆則爲仙이라 하니 蓋一生兩하고 兩生四하고 四生八하고 以至於六十四하야 分以爲萬事者난 人道也오 [順推工夫] 疊足端坐하고 垂簾塞兌하야 收拾萬事之紛擾하야 歸於一無之太極者난 仙道也라. [逆推工夫] 契에 所謂委志歸虛無하야 無念以爲常하고 [無者太極之本體也] 證驗以推移에 心專不縱橫이라함은 此修仙之第一義也라 但立志난 貴早니 鼎氣衰敗之後雖百倍其功이라도 難與於上仙之列也리라.

삼가 생각하건대 옛사람이 말하기를 순리로 하면 사람이 되고 역리로 하면 신선이 된다고 하니, 하나가 둘을 낳고 둘이 넷을 낳고, 넷이 여덟을 낳고, 그렇게 육십사에까지 이르게 되어 온갖 일로 나누어지게 되는 것은 인도이며 [순리로 밀고 가는 공부] 다리를 포개어 단정히 앉아서 눈썹을 드리우며 입은 다물고 만 가지 어지럽고 번거로운 일을 수습하여 아무것도 없는 태극의 경지로 돌아가는 것은 선도이다. [역리로 밀고 가는 공부] 《참동계》에 소위 뜻을 버리고 허무로 돌아가서 항상 무념의 상태가 되고 [무라는 것은 태극의 본체이다.] 스스로 증험하여 차츰 밀고 나아감에 마음이 하나되어 종횡으로 흔들리지 않는다는 것이 선도 수련의 첫째 뜻이다. 다만 수선修仙(선도를 수련함)하려는 사람은 그 뜻을 일찍 세우는 것이 귀한 것이다. 몸의 원기가 쇠약해진 후에는 비록 백 배의 공을 들인다 해도 상선上仙(높은 시선)의 반열에 들기는 어려울 것이다.

폐 기
閉氣

혹 왈 복 기 역 왈 누 기 황 정 경 왈 신 선 도 사 비 유 신 적 정 누 기 이 위 진
[或曰伏氣 亦曰累氣 黃庭經曰 神仙道士非有仙 積精累氣以爲眞
정 위 차 자 야
正謂此者也]

폐기

[복기 또는 누기라고도 한다. 《황정경》[25]에 "신선도사라 하여 달리 신이 한 술법이 있는 것이 아니다. 정과 기를 쌓아 가는 것을 참된 길로 하는 것이다."라고 한 것은 바로 이것을 이른 말이다.]

폐 기 자 이 안 위 기 치 기 지 승 강 좌 우 전 후 막 불 여 의
閉氣者난 以眼으로 爲旗幟하야 氣之升降에 左右前後를 莫不如意
지 소 지 욕 기 지 승 자 상 기 시 욕 기 지 하 자 하 기 시 폐 우 안 개
之所之로대. [欲氣之升者 上其視 欲氣之下者 下其視 閉右眼開
좌 안 이 상 기 시 즉 좌 기 선 승 폐 좌 안 개 우 안 이 상 기 시 즉 우 기 선 승
左眼以上其視 則左氣旋升 閉左眼開右眼以上其視 則右氣旋升
역 승 하 용 임 맥 어 전 상 용 독 맥 어 후 이 신 행 즉 기 행 신 주 즉 기 주
亦升下用任脈於前 上用督脈於後 而神行則氣行 神住則氣住
신 지 소 지 기 무 소 부 지 막 불 이 안 위 령 여 군 중 용 기 치 차 욕 상 시
神之所之 氣無所不至 莫不以眼爲令 如軍中用旗幟 且欲上視
불 수 개 안 지 전 정 상 시 역 득 야
不須開眼 只轉睛上視 亦得也]

폐기라는 것은 눈을 깃발로 삼아 기의 오르내림과 전후 좌우를 뜻하는 바대로 하지 않음이 없다. [기를 오르게 하려면 위를 보고 기를 내려가게

---

25) 태상노군(太上老君) 즉 노자가 지은 것으로 전해지는 《상청황정내경경(上淸黃庭內景經)》 36장이 있고 동진(東晋)의 위화존(魏華存)이 전하는 《상청황정외경경(上淸黃庭外景經)》 24장이 있다. 양생(養生)의 요결을 다룬 것들로서, 황(黃)은 중앙의 색(色)이고, 정(庭)은 사방(四方)의 가운데이며 뇌중(腦中)과 심중(心中)과 비중(脾中)을 가리키기 때문에 황정(黃庭)이라고 하는 것이다. 일련의 여러 도교 경전들을 총칭한다.

하려면 아래를 본다. 오른쪽 눈을 감고 왼쪽 눈을 뜬 채 위를 보면 좌측의 기가 돌아서 올라오고 왼쪽 눈을 감고 오른쪽 눈을 뜬 채 위를 보면 우측 기가 돌아서 올라온다. 기를 내리는 데는 몸 앞쪽의 임맥을 쓰고 기를 위로 올라가게 하려면 몸의 뒤쪽에 있는 독맥을 사용하는 것이다. 신이 가면 기도 가고 신이 머물면 기도 머무는 것이니, 신이 가는 곳이면 기가 가지 않는 곳이 없으므로 마치 군중에서 군을 지휘할 때 깃발을 사용하여 군을 움직이는 것과 같이 눈으로서 명령하지 않는 것이 없다. 또한 위를 보고자 할 때는 눈을 뜨지 않고 다만 눈동자만을 굴려 위를 보아도 된다.[26]]

연 세인 개상성하허 매환차기지승 이상하불교
然이나 世人은 皆上盛下虛하야 每患此氣之升 而上下不交하나니
고 무요차기지강 이재중궁 무기토 사비위 화창 혈맥
故 務要此氣之降 而在中宮하야 [戊己土] 使脾胃로 和暢하고 血脈
주류이이 차부단세인위연 수단지요 역욕수규중
으로 周流而已니라. [此不但世人爲然 守丹之要 亦欲守規中]

그러나 세상 사람들은 대개가 몸의 위쪽은 기가 성하고 아래쪽은 기가 허해서 아플 때는 상기가 되어 아래위가 서로 교류하지 못하므로 늘 기가 아래로 내려가 중궁[27]에 있도록 힘써서 비장과 위장이 화창하고 혈맥이 잘 순환하게 하여야 한다. [이것은 다만 세상의 일반 사람들만 그렇게 해야 하는 것이 아니라 단을 수련하여 지키는 요체도 역시 이와 같이 몸의 중궁을 지키는 데 있는 것이다.]

---

26) 눈으로 기를 움직이는 것은 폐기의 시초에 행하는 것이 아니다. 수련의 정도가 깊어 조식 수련이 1분 이상이 경과한 후라야 해볼 수 있는 것이다. 초심자가 섣불리 행하려 하지 말아야 한다.

27) 천간(天干)으로는 무기(戊己)에 오행(五行)의 토(土), 장부로는 비장, 위장에 해당된다.

能事血脈으로 周流하여 至於任督皆通則延命却期를 豈不可必가 故로 修丹之道난 必以閉氣로 爲下手之方하야 疊足端手하고 舒顔和色하고 垂簾下視하야 必使神氣로 相住於臍下丹田之中 則上部風邪는 如雲委霧降하야 滾滾瀉下하야 先走於胸腹하나니, [初則腹滿次則腹痛] 得其傳送然後에 身體平和하고 汗氣蒸潤하야 一身百脈이 周流大遍則一意沖融하야 眼前白雪이 紛紛而下하야 不知我之有形하고 形之有我하야 窈窈冥冥하고 恍恍惚惚하야 已在於太極未判之前矣리니 此所謂眞境界며 眞道路오 外此난 皆邪說妄行耳니라.

능히 혈맥으로 하여금 두루 돌게 하여 임맥[28]과 독맥[29]이 모두 통하게 되면 수명을 연장하고 죽음의 기한을 물리칠 수 있게 된다. 다시 말해 단을 수련하는 길은 반드시 폐기하는 것을 시작의 첫걸음으로 하여, 다리를 포개고 손을 단정히 하며 얼굴을 펴서 온화한 빛이 돌게 하고, 눈은 발을 드리운 듯 아래를 보아, 반드시 정신과 기운이 배꼽 아래 단전 가운데 머물게 하면 몸의 위쪽에 있는 풍사가 마치 구름이 걷히고 안개가 내리듯 흘러내려서 먼저 가슴에서 배로 내려가게 된다. [처음에는 배에 가득 차고 다음에는 배가 아프게 된다.] 이 길을 얻은 연후에는 몸이 화평해지고 땀이 촉촉히 나면서 온몸의 모든 맥이 두루 돌게 되니, 곧 마음이 텅 빈 듯하여 눈앞에 백설이 펄펄 내리는 듯 느껴지고 내가 육신에 깃들어 있는지 육

28) 기경팔맥(奇經八脈)의 하나. 몸의 앞 정중선에 분포된 경맥.

29) 기경팔맥의 하나로 온몸의 양경(陽經)을 통솔한다.

신이 내 속에 있는지조차 알 수 없으며, 매우 고요하고 아득하여 황홀한 경지가 되니, 자신은 이미 음과 양이 나누어지기 이전, 즉 태극이 갈리기 이전의 경지에 있는 것이다. 이것이 소위 참된 경계이며 진정한 정신수련의 길이다. 이 밖의 것은 모두 삿된 말이요. 망령된 행동이다.

胎息

[經曰 胎從伏氣中結 氣從有胎中息 氣入身來爲之生 神去離形爲之死 欲得長生 神氣相住 神行則氣行 神住則氣住 勤而行之 是眞道路]

태식

[《태식경》에 이르기를, 태는 복기하는 가운데 맺고, 기는 태가 있는 가운데에서 쉰다. 기가 몸 안에 들면 살게 되고 신이 형체에서 떠나면 죽게 되는 것이니 오래 살고자 하면 신과 기가 서로 같이 머물게 하라. 신이 움직이면 기도 같이 움직이고 신이 머무는 곳에는 기도 머문다. 부지런히 행하는 것이 바로 진정한 성도成道에의 길이다.]

閉氣稍熟하야 神氣稍定이어든 然後에 稍稍推氣하야 下至腹下毛際리니 細心推究此氣息所從出處하야 隨出隨入하야 使一呼二吸으로 常在其中 [此所謂玄牝一竅 修丹之道 在此而已] 而不出於口鼻之間이면 此난 所謂在母胎之息이니 所謂歸根復命之道也라. [亦曰返本還源 人在母之胎中 不以口鼻呼吸 只以臍帶 通於母之

임맥 임맥통어폐 폐통어비 모호역호 모흡역흡 지제대일락연후
任脈 任脈通於肺 肺通於鼻 母呼亦呼 母吸亦吸 至臍帶一落然後
호흡통어구비 급기지양실의 진기소삭어시호 질병생의 요절작
呼吸通於口鼻 及其持養失宜 眞氣消爍於是乎 疾病生矣 夭折作
의 약득차귀복지법 정진불이 즉벽곡등선 개재어차 고인유시왈
矣 若得此歸復之法 精進不已 則辟穀登仙 皆在於此 古人有詩曰
옥훼수용이 약고생불난 단지귀복법 금보적여산
屋毁修容易 藥枯生不難 但知歸復法 金寶積如山]

폐기하는 요령이 점점 익숙해져서 신기가 좀 안정된 후에는 차차 기를 배 밑에 털이 난 데까지 밀어 내려 이 기식이 어디에서부터 나왔는가를 세심하게 추구하면서 그 출입을 따라 한 호흡 한 호흡으로 하여금 항상 그 가운데 있게 하여 [이를 소위 현빈일규라 하는데 수단의 도는 이곳에 있을 뿐이다.] 입과 코 사이에서 나오지 않도록 하면 [항상 한 치의 나머지 기운이 입과 코 사이에 있도록 한다.] 이는 소위 모태 안에 있을 때의 호흡이니 이른바 귀근복명[30]하는 길이다. [또한 말하기를 근본으로 되돌리고 근원으로 돌아간다고 하는 것인데, 사람은 어머니와 태중에 있을 때는 입이나 코로 호흡하지 아니하고 탯줄이 어머니의 임맥에 연결되어 통하고 임맥은 폐로 통하며 폐는 코로 통하여 어머니가 숨을 내쉬면 또한 태아도 내쉬고 어머니가 숨을 들이쉬면 또한 태아도 숨을 들이쉬다가, 세상에 태어나 탯줄이 끊어진 후부터는 입과 코를 통해 호흡하게 되어 몸의 영양을 잃고 진기가 녹아 없어지니, 이로부터 질병이 생기고 요절하게 되는 것이다. 만약이 귀복하는 법을 얻어서 정진을 그치지 않는다면 벽곡[31]을 하고 등선登仙[32]한다는 것이 모두 이 법에 있는 것이다.

30) 호흡의 근본인 태식으로 돌아가 참생명을 회복함.

31) 음식을 전혀 입에 대지 않는 것을 말함.

32) 신선이 되어 하늘에 오름.

옛사람의 시에 "집은 낡아도 고치기 쉽고 약[33]은 말라도 살게 하는 것은 어렵지 않네. 다만 귀복법을 알기만 하면 금은보화를 산처럼 쌓으리."라고 하였다.]

고 능태식연후 차기유이화 화이정 저어무호흡지식
故로 能胎息然後에 此氣柔而和하고 和而定하야 至於無呼吸之息
경 운기정즉무호흡 석 갈선옹 매어성서
하리니 經에 云氣定則無呼吸이라 하니라. 昔에 葛仙翁이 每於盛暑
입심연중 십일내출 기이폐기태식야
에 入深淵中하야 十日乃出하니 其以閉氣胎息也랄가 하노라.

그러므로 태식이 능해진 후에야 이 기가 부드럽고도 온화해지고 안정이 되어 마침내 호흡이 없는 듯한 숨을 쉬게 되는 것이다. 경에 말하기를 기가 안정되면 호흡이 없어진다 하였다. 옛적에 갈선옹[34]이 매년 한더위에는 깊은 연못에 들어가 열흘 만에 나왔다고 하였는데, 그것은 폐기로써 태식을 한 까닭인가 한다.

주천화후
周天火候

화유내외지속 초즉기혈구허 고폐기미구 화후이발 제복지간
[火有內外遲速 初則氣血俱虛 故閉氣未久 火候易發 臍腹之間
구이불산 즉필유온온지기 출어기간 당차지시 혈기점실 화기
久而不散 則必有溫溫之氣 出於其間 當此之時 血氣漸實 火氣
역지 우유문무진퇴지법 불가불심야
亦遲 又有文武進退之法 不可不審也]

33) 여기서는 기력, 기운을 말함.

34) 중국 삼국시대 오(吳)의 도인(道人). 강소(江蘇) 사람. 본명은 갈현(葛玄)으로 뒤에 《포박자(抱朴子)》로 유명한 갈홍(葛洪)의 증조부이다. 혼자 힘으로 학문에 통달했으나, 벼슬을 즐겨하지 않고 탄금(彈琴)에 전심, 노장(老莊)의 글을 암송하며 명리를 떠난 생활을 했다. 아버지의 사후장생불사를 희구하여, 적성산(赤城山), 나부산(羅浮山), 천태산(天太山) 등 여러 명산을 돌아다니며 수행하였다. AD.244년에 득선(得仙)했다 한다.

주천화후

[화에는 안과 밖, 느리고 빠름이 있다. 수련의 초기에는 기와 혈이 모두 허하므로 폐기를 시작한 지 오래지 않아 화후가 일어나기 쉽지만 배꼽과 배 사이에 기가 한동안 흩어지지 아니하면 반드시 따뜻한 기운이 그 사이에서 나오게 되는 것이다. 이렇게 될 때에 기혈이 점점 실해지고 화기가 더 더진다. 또한 화에는 문무진퇴의 법[35]이 있으니 잘 살펴 수련하지 않으면 안 된다.]

주 천 화 후 자 불 가 왈 열 기 편 신 야 신 기 상 주 어 제 복 지 간 당 차 시
周天火候者不過曰熱氣遍身也니 神氣相住於臍腹之間일새 當此時
약 능 가 의 취 허 차 시 유 문 무 화 후 근 양 법 도 우 유 진 퇴 지
하야 若能加意吹噓하면 [此時有文武火候 斤兩法度 又有進退之
법 최 불 가 부 심 약 어 신 심 정 정 지 후 진 화 여 법 즉 방 광 여 화 열 양 신
法 最不可不審 若於身心靜定之後 進火如法 則膀胱如火熱 兩腎
여 탕 전 이 자 요 이 하 청 상 이 상 약 불 능 경 진 화 후 즉 편 신 화 열 반
如湯煎 而自腰以下 淸爽異常 若不能輕進火候 則遍身火熱 反
유 화 상 어 신
有火傷於身]

주천화후라는 것은 열기가 온몸을 도는 것을 말하는 것에 불과하다. 신과 기가 서로 배꼽과 배 사이에 머물러 있을 때 뜻을 더해 호흡하는 것이 능해지면 [이때에 문무화후와 근양법도[36]가 있으며 또한 진퇴의 법이 있으니 아주 조심스럽게 살펴 가며 수련하지 않으면 안 된다. 몸과 마음을 고요히 안정시킨 연후에 법대로 잘 진화하면 방광이 불같이 뜨거워지고 좌우의 두 신장이 끓는 물에 삶는 것같이 뜨거워서, 허리로부터 아래쪽이

35) 문화(文火: 약한 불)와 무화(武火: 센 불) 그리고 진화(進火: 불기운을 나아가게 함), 퇴화(退火: 불기운을 물러나게 함)의 법.

36) 기를 굵게 근중(斤重: 근의 무게 600g)으로 보내는 법과 가늘게 양중(兩重: 냥의 무게 37.5g)으로 보내는 법.

평상시와는 달리 시원하게 느껴진다. 만약 화후를 가볍게 하지 못하면 곧 뜨거운 불기운이 온몸에 퍼져 도리어 몸에 화상을 입게 되는 것이다.]

則溫溫之氣 從微至著하고 自下達上하야 [熱氣所至漸漸開豁上達] 如花之漸開하리니 所謂華池生蓮花也니라. [神水華地云者 致虛極守靜篤之時也 此最緊要處也]

따뜻한 기운이 미미한 상태에서 차츰 뚜렷해지고 아래에서 위로 올라가는 것이 [열기가 이르는 곳이 점점 환하게 열리면서 올라간다.] 마치 꽃봉오리가 점점 피어나는 것 같아서 소위 빛나는 연못에 연꽃이 피어난다고 하는 것이다. [신수화지라고 하는 것은 마음을 비워 아무것도 없는 상태에 이르게 하고 아주 흔들림이 없는 고요한 경지를 돈독히 유지할 때에 쓰는 말이니 바로 이곳이 무엇보다도 가장 중요한 지점이라 할 수 있다.]

保守稍久 熱漸生盛하야 [此所謂花開漸苞露漸濃 此時逆水上 甘津在口爲醴泉 所謂玉漿金液也]

이와 같은 상태를 오래 간직하고 있으면 열기가 점차 왕성해져서 [이것이 소위 꽃봉오리는 점점 피어나고 감로는 점점 무르익어 간다고 하는 것이다. 이때에 수기가 위로 거슬러 올라와 달콤한 침이 입 안에 고여 예천醴泉이 되는 것이니 소위 옥장금액이라 하는 것이다.]

腹中大開하야 如同無物하야 須臾에 熱氣卽遍身하리니 此所謂周天火候也라 苟能運火如法則不至於不可忍耐니라. 臍腹之下一寸

三分은 卽所謂下丹田이니 與上丹田으로 [泥丸宮] 相應如響이면 所謂玉爐 [丹田異名] 火溫溫하고 頂上 [泥丸] 飛紫霞也라 上下灌注하여 如環無端하리니 苟能使此火로 溫養不失하야 [一日之間子午卯酉 必須進火使溫溫之氣 無一息不進火 常使晝夜 如一日至十月然後胎可成也]

뱃속이 크게 열려 아무것도 없이 텅 빈 것처럼 되면 삽시간에 열기가 온몸에 두루 퍼지게 되는데 이것이 이른바 주천화후라 하는 것이다. 법도대로만 운화를 한다면 참을 수 없는 지경에까지는 이르지 않을 것이다. 배꼽 아래 한 치 세 푼의 자리가 곧 하단전인데 상단전 [이환궁]과 더불어 소리가 울리듯 서로 응하면 이른바 옥로 [단전의 다른 이름]의 불은 따뜻하고 정상 이환에 붉은 노을이 난다고 하는 것이다. 상하단전이 물을 대듯 어울려 끝이 없는 고리 모양으로 등근 형상을 이룰 것이니 진실로 이 단전의 불기운을 따뜻하게 길러 잃지 아니하면 [하루 사이에 자오묘유[37]로 진화를 해야 하며 따뜻한 기로 하여금 한숨이라도 진화하지 않아서는 안 되는 것이다. 항상 밤낮으로 하루같이 수련하여 열 달이 된 후에야 태가 이루어지는 것이다.]

清明之氣 上結於泥丸宮이면 仙家所謂玄珠오 佛家所謂舍利니 有必然之理오 至於成道與否난 在人誠如何耳니라. 但早達爲貴오

---

37) 글자 그대로 하면 하루 사이에 자시, 묘시, 오시, 유시, 이렇게 네 번 진화를 하라는 것이나 실제로 그렇게 네 번에 걸쳐 8시간을 수련하라는 것이 아니라 쉬지 말고 열심히 수련하라는 의미이다.

抑又聞之하니 所謂以火煉藥하고 以丹成道난 不過以神御氣하고 以氣留形하야 不須相離니라. 術則易知로대 道難遇하고 終然遇了로대 不專行이라 所以로 千人萬人이 學호대 畢竟은 終無一二成이니라. 故로 凡學者난 以誠爲貴니라.

청명한 기가 위로 올라와 이환궁에 응결한 것이 선가에서 말하는 현주요. 불가에서 말하는 사리가 되는 것이니 이것에는 필연적인 이치가 있다. 성도하느냐 못 하느냐에 이르러서는 각자의 정성 여하에 달려 있는 것이며 다만 일찍 달성하는 것이 귀한 것이다.

문득 듣자 하니 이른바 화로써 약을 고며 단으로써 성도한다는 말은 신으로써 기를 제어하고 기로써 신을 형체에 머물게 하여 모름지기 서로 떨어지지 않게 하는 것을 말한 것에 불과한 것이다.

술은 알기 쉬우나 도는 만나기조차 어렵고 비록 우연히 만났다 하더라도 전심 전력으로 행하지 아니하는 까닭에 천 명, 만 명이 배워도 끝내는 한두 사람의 성공자도 없는 것이다. 그러므로 배우는 사람은 정성을 가장 귀하게 여겨야 할 것이다.

又詩曰 正氣常盈腔裏 何妨燕處超然 達摩는 得胎息法 故로 能面壁觀心하니라 黃庭經에 曰 人皆飽食五穀精이나 我獨飽此陰陽氣라 하니 以此二詩로 觀之則辟穀은 專由胎息이니 苟能辟穀하고 獨飽此陰陽氣 則地戶閉하고 天門이 開하리니 豈不可平路登仙乎

또 시에 말하기를 "정기가 항상 몸속에 가득하면 한가한 곳에서 초연하게 지낸들 거리낄 것이 무엇이 있겠는가?" 하였다. 달마 선사도 태식법을 얻었으므로 능히 면벽하여 관심할 수 있었던 것이다.

《황정경》에 말하기를 "사람들은 모두 오곡의 정기로 배를 불리나 나는 홀로 이 음양의 기운으로 배를 불리네!" 하였다.

이 두 시를 가지고 보건대 벽곡은 오로지 태식에 의한 것이라 할 수 있으니 진실로 능히 벽곡을 하여 홀로 음양의 기운을 포식할 수 있다면 땅의 문은 닫히고 하늘의 문이 열릴 것이니 어찌 평지에서 신선이 되어 하늘에 오르지 못하겠는가?

右三條(우삼조)는 雖各立名(수각입명)이나 非今日(비금일)에 行一條(행일조)하고 明日(명일)에 又行一條(우행일조)라 其工夫(기공부)난 專在於閉氣中(전재어폐기중)이니라. 但工夫(단공부)는 有淺深(유천심)하고 等級(등급)이 有高下(유고하)하니 雖變化飛昇之術(수변화비승지술)이라 皆不外此三者(개불외차삼자)오 唯其誠耳(유기성이)니라.

앞의[38] 세 조목[39]은, 비록 각각 이름을 붙이기는 하였으나 오늘 한 조목을 행하고 내일에 또 한 조목을 행하는 것이 아니라 그 공부는 오로지 폐기하는 중에 있는 것임을 명심하여야 한다. 다만 공부에는 깊고 얕음이 있고, 등급에는 높고 낮음이 있는 것이니 비록 변화하여 하늘을 나는 술법이라 할지라도 모두 이 세 가지에서 벗어나는 것이 아니며 오직 배우는 이의 정성에 달려 있을 뿐이다.

---

38) 원문은 우삼조(右三條)이나 그것은 세로쓰기의 경우이므로 가로쓰기에서는 '우'대신 '앞'이라고 해석하였다.

39) 폐기, 태식, 주천화후.

《용호비결》에 관한 봉우 선생님 글들

- 제결미題訣尾 1
- 제결미題訣尾2
- 사의私意 1
- 사의私意 2

제결미題訣尾 1

수 단 지 서 재 오 거 이 유 위 부 족 고 후 학 수 욕 문 진 불 가 득 기 정 경 이 소
修丹之書 載五車而猶爲不足 故後學雖欲問津 不可得其正經 理所
고 연 아 연 이 여 역 다 열 수 단 지 서 기 정 온 이 간 이 일 목 소 연 자 당 이
固然也 然而余亦多閱 修丹之書 其精蘊易簡 而一目昭然者 當以
정 공 용 호 결 추 이 백 미 고 여 위 동 고 동 호 자 난 초 이 전 우 후 지 군 자
鄭公龍虎訣 推而白眉 故余爲同苦同好者 亂草而傳于後之君子
서 량 여 금 일 지 회 즉 족 의
恕諒余今日之 懷則足矣

세 남 한 원 년 무 자 후 학 봉 우 권 태 훈 경 제
歲南韓元年 戊子 後學 鳳宇 權泰勳 敬題

[해석]

수단에 관한 책이 다섯 수레에 실어도 오히려 부족할 정도로 많은 고로 후학들이 그 책들 중에서 공부하는 길을 알고자 하여도 바른길을 얻지 못하는 것은 당연한 이치이다.

나 역시 수단에 관한 글을 많이 열람하였으나 그 내용이 정밀하고도 깊으며 쉽고도 간단하여 한눈에 환하게 알 수 있는 것은 마땅히 정공鄭公의 《용호결》이 가장 뛰어나다 할 것이므로 동고자同苦者와 동호자同好者를 위하는 마음에서 난초亂草하여 뒷날의 군자君子에게 전傳하고자 하니 나의 오늘의 이 심회心懷를 양해하여 준다면 그것으로 족하게 생각하리라.

남한원년南漢元年(남한 단독정부가 수립된 해) 무자戊子(1948년) 후학後學 권태훈 삼가 적다.

제결미題訣尾 2

차서여대학중용 상위표리 고망론우차 도자 상생지위야 덕자
此書與大學中庸 相爲表裡 故妄論于此 道者 相生之謂也 德者
상생상극 왕래불궁지위야 선천후천 어사비의 희노애락 저우
相生相克 往來不窮之謂也 先天后天 於斯備矣 喜怒哀樂 貯于
충이불발자 상생지도 희노애락 발우표이중절자 상생상극지
衷而不發者 相生之道 喜怒哀樂 發于表而中節者 相生相克之
덕야 어인어물 불가무시생 불가무시 상생상극 왕래불궁지리
德也 於人於物 不可無是生 不可無是 相生相克 往來不窮之理
욕명명 필종용호유결 작지불이 즉부지불식지간 이재활연 관통
欲明明 必從龍虎遺訣 作之不已 則不知不識之間 已在豁然 貫通
지경의 하우호거성지원 하환호재질지청탁 성문전수심법 불외
之境矣 何憂乎去聖之遠 何患乎才質之淸濁 聖門傳授心法 不外
호용학 즉이기심법 정초우영대 용호결입주상량우기상 천군
乎庸學 則以其心法 定礎于靈坮 龍虎訣立柱上樑于其上 天君
태연 백체종령 전성후성 계계승승 차안자소위순하인야 여하
泰然 百體從令 前聖後聖 繼繼承承 此顏子所謂舜何人也 余何
인야 유위자역 약사시지위야부
人也 有爲者亦 若是者之謂也夫

남한 무자추 구월 전기난초중 도덕해일편우용호결말미 이대
南韓 戊子秋 九月 轉記亂草中 道德解一篇于龍虎訣末尾 以待
후일 동고자석려건
後日 同苦者釋慮件
무진 십월십일서 우유신정사 경신일민 봉우 지죄근서
戊辰 十月十日書 于有莘精舍 耕莘逸民 鳳宇 知罪謹書

[해석]

《용호비결》은 《대학》, 《중용中庸》과 더불어 서로 안과 밖을 이루는 것이다. 그러므로 망령되어 이를 논하건대 도는 상생相生하는 것을 이르는 말이며, 덕은 상생하고 상극하여 오고 감에 끝이 없는 것을 이르는 것이니, 선천先天과 후천後天이 여기에 다 갖추어져 있다.

　희노애락이 속에 감추어져 드러나지 않는 것이 상생의 도이며, 희노애

락이 겉으로 드러나되 절도에 맞는 것은 상생상극의 덕이다. 사람이나 물건에 있어서 상생하는 이치가 없을 수 없고, 상생상극하여 끝없이 오가는 이치가 없을 수 없다. 본래 밝았던 것을 다시 밝히고자 하거든《용호결》의 가르침에 따라서 쉬지 않고 노력하면 알지 못하는 사이에 이미 활연관통豁然貫通하는 경지에 있을 것이다.

어찌 성인이 가신 지 오래됨을 근심하며 어찌 재질의 청탁을 걱정하리오. 성문聖門(성인의 문화)의 전수심법傳授心法(심법을 전해 줌)이《중용》과《대학》에서 벗어나지 않은 즉《대학》과《중용》의 심법으로 마음에 주춧돌을 놓고 그 위에《용호결》로 기둥을 세우고 대들보를 올리면 마음이 편안하고 온 몸이 다 말을 잘 듣게 될 것이다.

성인과 성인이 대대로 이어받아 왔으니 안자顔子(공자의 심법제자)가 "순舜임금은 어떤 사람이며 나는 어떤 사람이냐?"라고 한 말(《맹자》 등문공 장구 상편)과 같이 분발하고 노력하는 사람이란 또한 이와 같은 사람을 이르는 말이다.

무진戊辰(1928년) 10월 10일 유신정사有莘精舍에서 경신일민耕莘逸民 봉우鳳宇 삼가 적다.

남한 무자戊子(1948년) 가을 9월 어지러이 옮겨 적던 중 도덕해道德解 1편을《용호결》 말미에 붙여 후일의 동고자가 문제를 해결해 주기를 기다린다.

사의私意 1 – 《용호비결》의 역사적 의의

자고욕구삼신산불사약자 필래심아방자 비일비재 도서운 자고
自古欲求三神山不死藥者 必來尋我邦者 非一非再 道書云 自古
선인굴택 다재어삼신산중 연기성선자 부지기수운의 신사언야
仙人窟宅 多在於三神山中 鍊氣成仙者 不知其數云矣 信斯言也.
아방자고성선자필다 이자나계 모당지풍시취 지어고려김부식
我邦自古成仙者必多 而自羅季 慕唐之風始吹 至於高麗金富軾
진멸자고유래지서적 자차이전지고서 불가득견자 실김씨지화야
盡滅自古遺來之書籍 自此以前之古書 不可得見者 實金氏之禍也.
고유역산천승지 즉종종유전선적처 비비유지 단구구상전자 일
故遊歷山川勝地 則種種遺傳仙蹟處 比比有之 但口口相傳者 一
무가증적서류 가탄가탄 차무내모당지화야 이고사필재 소위중국
無可證的書類 可歎可歎 此無乃慕唐之禍也. 而古史必載 所謂中國
자아방수봉지구 우유제압중국지고사역력 고사대지심 불감존
自我邦受封之句 又有制壓中國之古史歷歷. 故事大之心 不敢存
차사 이진멸자야 고단기지사 근근불멸이자 이여외별무상세
此史 而盡滅者也. 故檀箕之史 僅僅不滅二字 而餘外別無詳細
기소유래명의 고려중엽 불도대성 여사대파 공압아방전래지구
其所由來明矣. 高麗中葉 佛道大盛 與事大派 共壓我邦傳來之口
구상전지유적 욕민멸기형적자현연 전지사책 당차대난이유존자
口相傳之遺蹟 欲泯滅其形蹟者顯然 傳之史册 當此大難而猶存者
천무기일 만무기일 왕왕산야 촌부지구전 습기잔흔 가탄가탄
千無其一 萬無其一. 往往山野 村夫之口傳 拾其殘痕 可歎可歎
이지어아조 유도대창 익불신아방 전래지고성유적 단사소고불
而至於我朝 儒道大昌 益不信我邦 傳來之古聖遺蹟 但思小固不
가이적대 욕보국안민 막약선사대국 고혹유괘안어대국인자 진
可以敵大 欲輔國安民 莫若善事大國 故或有掛眼於大國人者 盡
멸삭제 심어고려 후생하처득견 고래유결호 연이북창정공 아조
滅削除 甚於高麗 後生何處得見 古來遺訣乎 然而北窓鄭公 我朝
중엽유일 이심득고인지온오 우기영위민멸 정술기온오 어삼편
中葉遺逸 而深得古人之蘊奧 憂其永爲泯滅 精述其蘊奧 於三篇
지중 이대후일학자 기공대의부 차외괘우세인안목자 진재불언
之中 以待後日學者 其功大矣夫. 此外掛于世人眼目者 盡在不言
중 학자상찰 즉가지정공불언중지묘결의
中 學者詳察 則可知鄭公不言中之妙訣矣.

세남한원년무자 후학 봉우 권태훈 경제
歲南韓元年戊子 後學 鳳宇 權泰勳 敬題

[해석]

옛부터 삼신산三神山의 불사약不死藥을 구하고자 하는 사람은 반드시 우리나라를 찾아왔으며, 그 수가 하나 둘이 아니었다. 도서道書에 말하기를 옛부터 선인仙人의 굴집窟宅이 삼신산 속에는 많이 있어서 연기(鍊氣: 기운을 연마함)공부로 신선이 된 사람의 수를 알 수 없을 정도라고 하였다. 우리나라는 옛부터 신선이 된 사람이 많았는데, 신라의 말기부터 당나라를 숭모하는 바람이 불기 시작하더니 고려의 김부식에 이르러서는 예로부터 전해 내려오는 서적을 모두 없애 버렸으니 이로부터 이전의 고서를 얻어 볼 수 없게 된 것은 실로 김씨가 저지른 화禍 때문이다. 그러한 연고로 산천의 경치 좋은 곳을 유람하노라면 여러 가지 전해 내려오는 신선의 자취가 있는 곳을 드물지 않게 볼 수 있으나, 다만 입에서 입으로 전해 오는 것이 있을 뿐 입증할 만한 서책이 하나도 없으니, 이는 참으로 한탄스러운 일로서 이는 오직 당나라를 숭모하는 사상 때문에 생긴 화이다.

고사에는 이른바 중국이 우리나라로부터 제후로 봉함을 받은 구절이 반드시 실려 있고 또한 우리나라가 중국을 제압한 기록이 역력한데도, 사대하는 마음에 감히 역사책에 이런 구절을 남겨둘 수 없다고 하여 모두 없애 버린 것이다. 단군檀君과 기자箕子의 역사에 겨우 단檀, 기箕의 두 자만 없어지지 않았을 뿐 그 밖에 상세한 것은 별로 찾아볼 수 없는 것도 바로 이런 까닭임이 분명하며 고려 중엽에 불도가 크게 성하여 사대파와 더불어 우리나라에 입으로 전해 내려온 전래의 유적들의 형적을 모두 없애려 든 것 또한 명백한 일이다. 전해 오는 역사책들이 이와 같은 큰 난리를 당하여 남아 있는 것은 천에 하나, 만에 하나도 없고 이따금 산야의 촌부들이 입으로 전하는 그 유적의 남은 흔적을 얻어 들을 수 있는 정도이니 매우 한탄스러운 일이다.

조선에 이르러서는 유교가 크게 번창하여 더욱 우리나라에 전해지는 옛 성인의 유적을 믿지 않게 되었으며 단지 소국이 대국을 적대하는 것이 불가하니 나라를 지키고 백성을 편안하게 하려면 대국을 잘 섬기도록 해야 한다고 생각하였으므로 혹시 대국사람의 눈에 걸리는 것이있으면 모두 없애 버리고 책에서 삭제하는 일이 고려 때보다도 심하였으니 후생들이 어느곳에서 옛적부터 전해 온 비결을 얻어 볼 수 있겠는가? 그러나 오직 한 분 북창 정렴 선생은 조선 중엽에 깊이 고인의 도리를 깨달아 영원히 이것이 없어질 것을 염려한 나머지《용호비결》삼편(三篇: 폐기, 태식, 주천화후의 세편)에 그 비결을 자세히 기술하여 후일의 학자에게 전하였으니 그 공로가 크다고 하겠다.

이 밖에 세인의 안목에 걸리는 것들도, 말하지 않은 가운데 모두 들어 있으니, 학자들이 자세히 살핀 즉 정공鄭公의 불언중不言中의 묘결妙訣을 알 수 있을 것이다.

남한원년南漢元年 무자戊子(1948년) 후학後學 권태훈 삼가 적다.

사의私意 2 - 《용호비결》과 《대학장구大學章句》

여팔세 수학우고무정정선생문하 여독대학지도재명 명덕재신
余八歲 授學于故茂亭鄭先生門下 余讀大學之道在明 明德在新
민재지어지선구 문우선생왈 도덕수불가분 연고성인항언 도여
民在止於至善句 問于先生曰 道德雖不可分 然古聖人恒言 道與
덕즉비일건 가지야 불가혼동 역가지야 하고대학지도 재명명덕
德則非一件 可知也. 不可混同 亦可知也 何故大學之道 在明明德
재친민 재지어지선 덕불과도지일분문 즉고성지병칭도덕 미지
在親民 在止於至善 德不過道之一分門 則古聖之幷稱道德 未知
기유야 선생왈 소자년유 불능심구 고성지훈 필잠심 다독구구
其由也. 先生曰 小子年幼 不能深究 古聖之訓 必潛心 多讀久久
가지기유 불가차석강론야 여기후 수불잠심다독 이상존의재중의
可知其由 不可此席講論也 余其後 雖不潛心多讀 而常存疑在中矣
기후십삼세시 재독사서삼경 추동육삭 이대학장구 항시존의중
其後十三歲時 再讀四書三經 秋冬六朔 而大學章句 恒時存疑中
적무정선생 왕림시문 고고기존의처의 역시전일일반지교 별무
適茂亭先生 枉臨紫門 故告其存疑處矣 亦是前日一般之教 別無
타론 고부득이 존의불석자유년 이기후여풍풍우우 극광어언반생
他論 故不得已 存疑不釋者有年 而其後余風風雨雨 隙光於焉半生
이우개고인용호결 잠심수련자유년 일단수비관통 이미미유득
而偶開古人龍虎訣 潛心修鍊者有年 一旦雖非貫通 而微微有得
재개대학존의처 자소고인지수훈 여시지정지밀 이후학범간과
再開大學存疑處 自笑古人之垂訓 如是至精至密 而後學汎汎看過
이위심상장구해지 불역오호 차장구 대관어사문 고여불필재론
以爲尋常章句解之 不亦誤李 此章句 大關於斯文 故余不必再論
이위동의동고지인 략략수자 이석기의자야 지죄지죄 명명자 일월
而爲同疑同苦之人 略略數字 而釋其疑者也 知罪知罪 明明者 日月
소장 천지굴신 음양호흡지위야 위도명기명 위덕신기신 민지어
消長 天地屈伸 陰陽呼吸之謂也 爲道明其明 爲德新其新 民止於
지선 즉서기근 어대학지본지 부실고성지훈의
至善 則庶幾近 於大學之本旨 不失古聖之訓矣

세무진 오월오일 권태훈서우신야난초재어잡서중
歲戊辰 五月五日 權泰勳書于莘野亂草在於雜書中
무자 구월 전기우차결말
戊子 九月 轉記于此訣末

[해석]

내 나이 8세에 정무정鄭茂亭 선생 문하에서 수학하였는데 내가《대학大學》의 '대학지도재명명덕재신민재지어지선大學之道在明明德在新民在止於至善'이라는 구절을 읽고 선생님에게 여쭈었다. "도道와 덕德은 비록 나눌 수 없으나 옛 성현들이 늘 하신 말씀에서 도와 덕은 한 가지 사항이 아님을 알 수 있으며 혼동해서는 안 된다는 것도 알 수 있었습니다. 그런데 무슨 까닭으로 대학지도大學之道가 명명덕明明德에도 있고, 신민新民에도 있고, 지어지선止於至善에도 있습니까? 덕이란 도의 일부류에 불과한데 옛 성현들이 도와 도덕을 아울러 말하고 있으니 그 이유를 알 수가 없습니다."

선생님이 말씀하시기를 "너의 나이가 어려서 옛 성인의 가르침을 깊이 연구할 수가 없으니 반드시 마음을 가라앉히고 오래도록 많이 읽으면 그 이유를 알 수 있을 것이다. 그러니 이 자리에서 강론하는 것은 옳지 않다." 고 하시었다. 나는 그 후 비록 마음을 가라앉히고 많이 읽지는 않았으나 항상 마음속에 의심을 두고 있었다. 그 후 13세 때에 다시 사서삼경四書三經을 가을, 겨울의 6개월에 걸쳐 읽었는데,《대학》의 그 구절에 항시 의심을 두고 있던 중, 마침 무정 선생님이 우리집에 왕림하셨으므로 의심 둔 곳을 다시 한번 말씀드렸더니 역시 전일前日과 같은 가르침뿐이고 별로 다른 말씀이 없으셨다. 그래서 부득이 의심을 풀지 못한 채 해를 넘기었다.

그 후 반평생의 세월이 흘러갔는데 우연히 북창 선생의《용호결》을 얻어 보고 잠심潛心(마음을 집중함)하여 수련한 지 1년 여에 비록 하루아침에 활연관통한 것은 아니지만 조금은 얻은 것이 있어서 다시《대학》의 의심나는 곳을 펼쳐보고는 혼자서 웃고 말았다. 고인이 후세에 전하는 교훈이 이와같이 지극히 정밀한데 후학들이 범범하게 보아 넘겨 대수롭지 않은 평범한 장구章句로 생각하여 해석하니 어찌 틀리지 않겠는가? 이 장구는 유학의 큰 관문이므로 내가 재론할 필요는 없겠으나 여기에 대해 같은 의심을 둔 사람들과 그것을 풀려 애쓰는 이들을 위하여 죄인줄 알지만 간략하게 몇 자 적어 의심나는 것을 풀어 볼까 한다.

명명明明이란 것은 해와 달이 차고 기우는 것과 하늘과 땅이 펴졌다 오므라들었다 하는 것과 음양의 호흡을 밝히는 것을 말함이니, 도는 본래 밝았던 것을 밝히는 것이고, 덕은 그 새로운 것을 더욱 새롭게 하는 것이고, 민은 지극한 선에 머무는 것이라 하겠다. 이렇게 해야 거의 대학의 본래의 뜻에 가까워서 옛 성인의 가르침을 잃지 않을 것이다.

무진戊辰(1928)년 5월 5일 권태훈이 신야莘野(상신리)에서 잡서 중에 초고하여 적다.

무자戊子(1948)년 9월 앞서 적은 것을《용호비결》의 끝에 옮겨 적다.

호흡법

呼吸法

- 호흡법 서문
- 호흡법 소서小敍
- 연정 16법

호흡법

도에 이르는 기초공부이자 대통공부인 호흡의 원리와 방법

[해제]

호흡법은 모든 백두산족 정신수련법의 기초를 이룬다. 호흡, 즉 조식調息은 다른 여러 가지 공부들을 뒷받침해 주는 토대인 동시에 하나의 자기 완결적인 대통大通 공부이다. 앞서 우리는 《용호비결》의 의의, 조식법이 우리 겨레의 정신수련법에서 차지하는 비중을 확인한 바 있다.

여기에서는 성도成道와 천인합일天人合一의 요체로서, 조상들로부터 면면히 계승되어 온 호흡법을 상세히 논하고 밝게 드러내고자 한다. 먼저 봉우 선생이 호흡수련의 의의, 호흡수련에 임하는 학인들의 자세 등을 언급한 '호흡법 서문'(1948년)과 '호흡법 소서'(1954년)를 실었다. 그리고 봉우 선생께서 구전심수口傳心授로 이어받아 1928년에 후학들을 위해 다시 간결하게 정리해 놓으신 〈오행연기법五行鍊氣法〉을 전부 실었다.

오행연기법은 연정 16법이라고도 불리는 방법으로서, 조선시대 중엽의 단학 거인 정북창 선생의 저서 《용호비결》의 도맥을 계승하고 있다.

정신을 연구하는 법은 대개 16가지로 나눌 수 있고, 정신수련을 통해 도달할 수 있는 정신 능력의 단계는 9계제로 설명할 수 있으나, 이 9계제는 처음 배우는 이들이 쉽게 이해할 수 없는 것이므로 먼저 16가지 연정법을 공부하는 것이 좋을 것이다(9계제에 대해서는 〈구계법론〉 참조).

[호흡법 서문]

자비흡기이입폐 자폐호기이출비 시상인지호흡야 강명왈흉호흡
自鼻吸氣而入肺 自肺呼氣而出鼻 是常人之呼吸也 强名曰胸呼吸.

유자비흡기 이즉지하복 충만후 서서자복호기 이즉지비공 시호
有自鼻吸氣 而卽至下腹 充滿後 徐徐自腹呼氣 而卽至鼻孔 是呼

흡법수련인지방식 강명왈복호흡법 거세호흡가지상법 수유종
吸法修練人之方式. 强名曰腹呼吸法 擧世呼吸家之常法 雖有種

종유별 이불외호 비흉즉복 비복즉흉 흉법즉거세개연 불필갱론
種類別 而不外乎. 非胸則腹 非腹則胸 胸法則擧世皆然 不必更論

복법즉자고급금 동서제철 상술기오지자 무려수백인 각진기미
腹法則自古及今 東西諸哲 詳述其奧旨者 無慮數百人 各盡其美

각술기소경력 즉가위비의진의 하환호초학지난 연이수유팔달대
各述其所經歷 則可謂備矣盡矣 何患乎初學之難. 然而雖有八達大

도혼구무인 즉행로자불능문진 방황도로 차내상사 고초학자수
道昏衢無人 則行路者不能問津 彷徨道路 此乃常事 故初學者雖

유팔달대도혼구무가문진처즉 불여산계곡경 반숙노인 차행차휴
有八達大道昏衢無可問津處則 不如山蹊曲逕 伴熟路人 且行且休

구구불휴 즉규보지적 가이지천리만리 중유등산 섭수행로지고
久久不休 則跬步之積 可以至千里萬里. 中有登山 涉水行路之苦

역유천산만수지경 상재안중목적지점근 여하혼구방황불능촌진
亦有千山萬水之景 常在眼中目的地漸近 如何昏衢彷徨不能寸進

호 초학자지혜각 여혼구야흑 선성기의 능명선천지명 즉여혼
乎. 初學者之慧覺 如昏衢夜黑. 先誠己意 能明先天之明 則如昏

구병촉 수왈희미 가지방향 고여욕술소경력 위초학자혼구지병촉
衢秉燭 雖曰稀微 可知方向. 故余欲述所經歷 爲初學者昏衢之秉燭

물위방황어도로 도소료세월 불능진보 중도개로 수유등산섭수
勿爲彷徨於道路 徒消了歲月 不能進步 中途改路 雖有登山涉水

지고 심유진일보지소식 고여수불민 불사불민 위동호자동고자
之苦 必有進一步之消息 故余雖不敏 不辭不敏 爲同好者同苦者

약간기술우하 차법비흉비복 비복비흉 겸용흉법복법 자범상이
略干記述于下. 此法非胸非腹 非腹非胸 兼用胸法腹法. 自凡常而

점입성철 비일초즉입여래경야 기법지이지간 수유부우부 동치
漸入聖哲 非一超卽入如來境也. 其法至易至簡 雖愚夫愚婦 童穉

노쇠 문즉이회 행즉자연노숙 여반숙노인 행팔달대로야 소무
老衰 聞則理會 行則自然路熟 如伴熟路人 行八達大路也. 少無

정체 즉지진두의 극치일법 상술우하
停滯 卽至津頭矣 極致一法 詳述于下

무자추 구월 계룡산 연정원 경신일민 봉우 지죄근기
戊子秋 九月 鷄龍山 硏精院 耕莘逸民 鳳宇 知罪謹記

코로 숨을 들이쉬면 폐로 들어가고 폐로부터 숨을 내쉬면 코로 나가는 것이 보통사람의 호흡이다. 이것에 굳이 이름을 붙인다면 흉호흡胸呼吸이라 한다. 또 코로 들이쉰 숨이 아랫배에까지 이르고, 가득 찬 후에 천천히 배로부터 내쉰 숨이 코에 이르는 호흡이 있으니, 이것은 호흡법을 수련하는 사람의 방식으로 굳이 이름하여 복호흡腹呼吸이라고 한다.

비록 호흡가의 상법常法에는 여러 가지의 유형이 있으나 결국은 흉법 아니면 복법이다. 흉법은 온 세상 사람들이 다하는 호흡법이니 다시 말할 필요가 없으려니와 복법에 대하여는 동서고금의 여러 철인들 중에서 그 깊은 뜻을 말한 이가 무려 수백 명이나 되며, 각각 좋은 점과 스스로 경험한 내력을 기술해 놓았으니 복법의 요령에 관해서도 갖출 것은 다 갖추었다 할 것이다.

어찌 처음 배우는 어려움을 걱정하랴마는, 그러나 비록 팔달대도八達大道가 있다 하더라도 어두운 거리에 사람조차 없으면 길 가는 사람이 갈 길을 물어 볼 데가 없어서 길 가운데서 방황하게 될 것이니, 이는 곧 늘 겪는 일로서, 처음 배우는 이가 비록 팔달대도가 있어도 어두운 거리에 물어 볼 곳이 없다는 것은 오히려 산골의 꼬불꼬불한 길일지라도 길에 익숙한 사람을 동반하여 가고 가고 또 가서 쉬지 않고 가면 한 걸음 한 걸음 쌓여 천 리 만 리도 갈 수 있는 것만 같지 못하다. 중도에 산에 오르고 물을 건너며, 길 걷는 고통도 있고 또한 구경할 만한 경치가 많이 있지만 항상 목적지가 안중에 있으니 어찌 어두운 거리에서 방황하여 촌보도 전진하지 못하는 것과 같겠는가?

초학자의 혜각은 마치 어두운 거리나 캄캄한 밤과 같은 것이다. 그러니 먼저 자기의 뜻을 성실히 하고 선천적으로 밝았던 머리를 능히 밝힐 수 있다면 어두운 거리에 촛불을 든 것과 같을 것이니 비록 불빛은 희미하나 방향은 알 수 있을 것이다. 따라서 내가 경험한 내력을 적어서 초학자를 위하여 어두운 거리에 촛불을 들고자 하니 길에서 방황하여 헛되이 세월만 보내지 말고 앞으로 나아갈 수는 없더라도 중도에서 가던 길을 바꾸지 아니하면, 비록 산에 오르고 물을 건너는 고통이 있을지라도 반드시 일보 전진하는 소식이 있을 것이므로 내가 비록 불민하나 동호자同好者 동고자同苦者를 위하여 다음 장에 그 대강을 기술하고자 한다.

이 법은 흉법도 아니고 복법도 아니어서 흉법과 복법을 겸용한 것으로 평범한 사람이 공부를 시작하여 점차 성인이나 철인의 경지에 들어가는 법이요, 단번에 석가여래釋迦如來의 경지로 뛰어넘는 법은 아니다. 이 법은 지극히 쉽고도 간단하여 비록 어리석은 남자와 여자, 어린이, 노인일지라도 들으면 이해할 수 있고 행하면 공부에 익숙해져서 마치 길에 익숙한 사람을 동반하고 팔달대로를 가는 것과 같다. 조금도 지체하지 말고 나아가면 마침내 목적지에 도달할 것이다. 지극한 경지에 이르는 한 가지 수련법은 다음에 자세히 기술하고자 한다.

무자戊子(1948년) 가을 9월 계룡산 연정원研精院 경신일민耕莘逸民(산골에서 밭가는 숨은 선비) 봉우 권태훈은 죄인줄 알면서 삼가 쓰다.

[호흡법 소서小敍]

호흡법은 동서고금을 막론하고 수천만언數千萬言으로 설명되어 왔다. 그 저서만으로도 오거서五車書가 넘는 데다가 책마다 각기 다른 말을 적어 놓아 그중에 진전眞傳하는 심법이 있다 하더라도 뒤에 배우는 자가 어느 것이 옳은 말이며 어느 것이 진법眞法인지 알 수가 없다. 초학들이 그 저서들 중에 어느 것이 시是이며 어느 것이 비非라고 판단할 수 없는 관계로 나는 다른 저서와는 달리 호학好學하는 동지들의 편의를 돕기 위하여 전고典故를 버리고 내가 경험한 바를 그대로 기술하고자 한다.

이 우주에 거주하는 인류나 동물은 호흡을 계속함으로써 그들의 생명을 지속시키고, 호흡을 정지함으로써 생명의 종결을 고한다. 이렇게 볼 때 호흡은 우주사宇宙史 이전부터 있었고 이 우주가 종식될 때까지 계속되는 것이라고 할 수 있다. 이 우주 공간에 충만해 있는 기운을 호흡함으로써 생명이 지속되며, 호흡이 종지終止됨으로써 생명도 정지된다. 삶이나 죽음이냐 하는 문제는 이 호흡이 계속되느냐 정지되느냐의 여부에 따라 아주 간단하게 판단된다.

우리가 생을 지속하자면 천지간에 충만한 기운을 호흡하는 한 길밖에 없으니, 호흡을 영위하지 않는 사람이 있을 리 없다. 그러나 이 호흡을 자연 그대로 변함없이 계속한다고 해도 인간의 수명은 최고 100년이요, 60년만 되어도 보통은 지난다고 하여 통계평균이 60년이 못 되는 것은 고대나 현대나 마찬가지이다.

이 정도의 수명밖에 누리지 못하는 인간의 생애를 생양장쇠노사生養長衰老死로 분별하여, 인간이 생의 낙을 알고 일생 동안 완전한 인간미를 가진 채 인간답게 사는 기간이 얼마인가를 보면, 20년 내외에 그치고 만다. 인간의 수명이라는 것도 너무나 짧은 것이다.

그래서 전인前人들은 인간의 수명이 그토록 짧은 원인을 연구한 결과 우리의 삶과 죽음이 모두 호흡에 관계된 것임을 알게 되었다. 또한 수많은 학자들은, 그렇다면 호흡을 어떻게 해야 수명을 연장시킬 수 있을 것인가에 대하여 무수한 연구를 진행해 왔다.

그 결과, 지구는 하루 밤낮인 24시간 만에 한 번 자전하며, 365번의 자전 만에 한 번의 대공전大公轉을 한다는 것, 해왕성海王星의 자전이나 대공전은 지구와 달라 지구의 10년, 100년이 다른 별무리들의 1년이 되며, 그것은 다른 별들의 자전 시간이 길고 또 대공전의 궤도가 장원長遠한 까닭임을 알게 되었다. 인간 세상에서의 50년이 천상에서의 하루라느니, 100년이 천상에서의 하루라느니 하는 고인들의 말이나, 천상의 사람들이 바둑 두는 것을 보는 사이에 도끼 자루가 썩었다는 고사故事 등은 이러한 이치에 바탕을 두고 있는 것이다.

이런 사실을 발견한 고인들은, 지구의 자전과 대공전의 시간이 얼마 안 되기 때문에 자연히 수명도 짧을 수밖에 없다는 것을 알게 되었다. 따라서 수명을 연장하자면 해왕성이나 천왕성의 자전이나 공전을 본받아야 한다는 것이다. 우리의 수명을 늘리기 위해서는 우주 대자연의 호흡과 같은 불휴不休의 호흡을 해야 하며, 지구의 주기週期에 보조를 맞추어 호흡을 하게 되면, 길어야 100년이라는 평균치를 넘어서지 못할 것이다. 비유컨대 지구에 거주하면서 해왕성이나 천왕성의 자전과 공전을 배운다면 인류는 초인적인 수명을 얻을 수 있는 것이다. 지구에 거주하는 인간의 일생을 유년, 소년, 청년, 장년, 쇠년, 노년으로 구분할 때 청장년이라는 기간은 극히 짧아 지력이나 체력의 차가 최고에서 최저까지 얼마 되지 않는다. 그것은 인간이 배우고 연구하는 시간이 짧아서 그런 것이므로, 우리가 해왕성이나 천왕성의 자전과 공전을 본받아 현 지구의 인류로서는 불가능한 장수를 하게 되면 자연히 배우고 연구하고 사용할 수 있는 시간도 늘어서 현 세계 인류의 지력이나 체력을 자연스럽게 압도하게 될 것이다.

우리는 어떻게 해왕성이나 천왕성의 자전이나 공전을 배울 것인가? 그것은 지극히 간단하고 명료한 일이다. 먼저 우리가 지구에 거주하며 지구의 자전과 공전에 자연적으로 보조를 맞추게 되는 것을 살펴보면 다음과 같다.

우리 인류는 대개 3초에 한 번 호흡을 하므로 20회의 호흡이면 1분이 되고, 1,200회면 1시간, 28,800회면 1일이 되어 지구의 자전과 보조를 같이 하게 된다. 이 호흡 864,000회면 1개월, 2,592,000회면 지구 대공전 춘하추동 일서一序가 되고, 동서남북의 일방一方이 되며, 이 호흡이 10,368,000회를 약간 넘어서서, 그러니까 월月의 대소관계를 감안하면 보통 10,512,000회의 호흡이 합해서 지구의 대공전인 1년이 되는 것이다.

인류의 생로병사가 일기一期를 최장 100년으로 보고, 그 이내에서 천차만별, 선천적으로 지구의 자전과 공전의 원리대로 품수稟受[40]한 호흡의 수數가 부족한 사람은 요夭를 면치 못하고 품수한 호흡의 수가 많은 사람은 수壽를 누리게 된다. 그러므로 인류의 생로병사는 후천적으로 좌우되지만 대체로는 선천적으로 품수한 기질이 수명을 좌우하는 것이다. 이 기질이라는 것을 환언하면, 일생 동안 총호흡수를 얼마만큼 받았다는 것을 의미하는 품기稟氣라는 말이 된다.

천지개벽 초에는 인류와 동물이 모두 장수하였으며 인간도 보통 몇 백 년은 살았다고 한다. 그런 인간이 천지 대자연과 배치되는 일이 점점 많아지다 보니 그 품기가 점점 감축되어 상고시대보다 수명이 짧아졌다가, 근대에 와서는 후천적인 조양調養[41]으로 인하여 수명이 조금씩 늘고 있다. 이상에서 말한 것은 지구의 자전이나 공전의 원인을 본받은 경우고, 내가 말하고자 하는 원론은 다음과 같다.

---

40) 여기서는 숙명적으로 타고난다는 뜻.

41) 음식, 거처, 동작을 알맞게 함.

지구에서 현재 최고의 수치라고 통계학이 말하는 100세 이상의 사람은 품기로 환언하면 호흡수를 받은 것이 10억 이상일 것이요, 80~90세를 사는 사람은 8~9억 이상의 호흡을 할 수 있는 품기를 가진 것이 분명하다. 이 품기를 가지고 해왕성이나 천왕성의 자전을 본받아, 호흡을 천천히 해서 1분에 1호흡을 하든지 2분에 1호흡을 하든지 3분에 1호흡을 하게 되면, 선천적으로 품기한 호흡수가 후천적으로 연기鍊氣[42]가 되는 것이다. 천천히 호흡하고 그 수대로 생명이 계속된다면 천정명수天定命數[43]가 60년이라고 했을 때 1분 호흡으로도 1,200세를 지속할 수 있으며, 비례로 보아서 3분 호흡을 하는 사람은 3,600세의 장수를 누릴 수 있는 것이다. 이 호흡에 따라 육체의 신진대사가 이루어져 1,200세나 3,600세라는 긴 세월을 지낼 수 있을 것인가 아닌가는 전문적인 해설을 요하나, 여기에서는 호흡의 이론을 우선한 것이다. 이것은 천문학계에서도 반대하지 못할 것이며, 호흡이 가능한가 아닌가를 연구할지언정 의학계에서도 절대로 불가능하다고는 하지 못할 것이다. 구시대에 이러한 호흡법을 습득한 사람을 선인仙人이라고 하는 것이다.

호흡이 점진적으로 연장되면 10분 호흡, 1시간 호흡도 될 수 있고, 1일 1호흡도 될 수 있다는 이론적 계산이 가능해진다. 1일 1호흡을 환산해 보면 28,800세에 해당한다. 이것이 그들의 계급이라고 본다. 그리고 이것이 해왕성이나 천왕성의 공전을 본받은 호흡법의 효능이다. 대체로 우리의 호흡을 이와 같이 길게 연장하는 것이 가능한가 불가능한가는, 여러 가지로 생각도 해보고 연구도 해보고 실제로 경험도 해보아야 확실히 알 수 있을 것이다. 100가지 이론보다도 한 번의 실제 경험으로 이 호흡법이 절대

42) 호흡으로 기를 연마함.

43) 하늘이 정해 준 수명.

가능성이 있다는 것을 알게 되는 것이다. 이 호흡법이 전 지구에 보급된다면 인류의 수명 통계가 현 수준을 돌파하여 신기록을 낼 수 있다고 본다.

이 호흡법에 대한 상세한 설명은 전문적 지식을 요하는 관계로 피하고, 대요만을 적는다. 이 법을 실제로 훈련하고자 하는 사람은 유시유종有始有終의 미를 거둘 만한 비상한 결심을 가지고 백난천고百難千苦를 인내해 가며 완전한 신호흡법을 체득할 것을 맹세한 사람이라야 한다. 여기에 이 법의 수련을 시작할 수 있는 제일 난조건第一難條件이 있다. 이상의 조건을 구비하게 되면 비로소 정실안좌靜室安坐(고요한 방에 편안히 앉아서)해서, 이 호흡을 성공시키고자 하는 것 말고는 다른 일을 심두心頭에 두지 말고 글자 그대로 무념무상無念無想하고 정좌내번靜坐耐煩[44]하는 공부를 20일 정도 실시한다.

그런 후에 고르게 호흡하기를 연습하되, 참기 쉽게 짧은 시간 동안 자주 조식調息을 하고, 조식이 좀 되는 것 같으면 가끔씩 호흡하는 시간을 연장시킨다. 병이 날 정도까지는 가지 말고 재미를 붙여가며 불휴불식不休不息으로 2개월 정도만 수련하면, 아무리 하우下愚(어리석은 이)라고 할지라도 조식이 되어 부지불식간에 1호흡의 시간이 20초 정도에 이르게 되는 것이다.

그런 후에 비로소 폐기閉氣를 시작해야 한다. 폐기는 호흡법의 중요 관절이라는 것을 알아야 한다. 조식은 호기呼氣와 흡기吸氣 시간을 같게 하며, 매호흡의 길이 또한 같게 하는 것으로, 3초 호흡에서 20초 호흡만 해도 조식은 어느 정도 된 것이다. 20초 호흡을 하자면 세세흡입細細吸入하고 세세호출細細呼出하게 되는데, 이것을 문자로 입식면면入息綿綿, 출식미미

44) 고요히 앉아 번거로움을 참고 견딤.

出息微微라고 한다. 이것을 변화시켜 폐기공부를 시작하는 것이다.

20초 호흡[45]을 하는 자가 7초 동안 흡입하고, 6초 동안 유기留氣하고, 7초 정도 호출해서 폐기를 시작하게 되면 처음에는 속이 좀 불편할 것이나 구구수련久久修鍊하면 흡입 13초, 유기 10초, 호출 13초 정도까지는 얼마든지 된다. 이 정도가 폐기를 시작한 지 3개월이 지났을 때의 현상일 것이다.

그 유기를 항상 아랫배 중심에다 하게 되면 부지중에 일규一竅가 좌左로 통해서 그 기의 행로가 점점 좌로 확실하게 정해지면, 또 그 다음 좌에서 명문命門까지 다시 인상引上되고, 그 인상하였던 기가 우右로 인하引下하여 제우부臍右部[46]까지 오고, 그 다음은 아랫배로 인하해서 다시 그 기를 비간鼻間으로 인상호출引上呼出하게 된다. 이것이 폐기법의 시종始終으로, 이 정도가 되자면 각자의 성불성誠不誠도 있으나 보통은 3~4개월이 걸린다. 초학이 여기까지 이르자면 적어도 8~9삭朔(달)은 되어야 하는 것이다. 이 정도면 폐기는 충분한 것이다. 폐기를 더 이상 하지 말라는 것이 아니라, 법은 자각할 수 있다는 것이다. 이 폐기의 요결은 호지흡지呼之吸之에 상유일편잔존지기常留一片殘存之氣[47]하라는 것이다. 그 다음 정진을 반 년만 한다면, 주천화후周天火候를 완성하리라고 본다. 그 자리에 가게 되면 참기가 몹시 곤란하다. 방계곡경傍磎曲逕[48]에 기화요초奇花瑤草가 선경仙境과 같아서 자칫하면 중도개로中途改路(중간에 길을 바꿈)하기 쉽다는 말이다. 정로正路로만 나가면 정좌시 1분 호흡까지는 갈 것이요, 평시

45) 20초 호흡을 하는 사람이 폐기를 하는 요령은 14초 호흡 정도로 낮추어 7초 들이쉬고 7초 내쉬는 것이다. 그렇게 되면 6초는 자연적으로 유기되는 것이다.

46) 우협(右脇). 오른쪽 옆구리.

47) 호흡수련 시 쉴 수 있는 호흡을 다 쉬지 말고 항상 약간의 여유를 두라는 의미.

48) 시냇물을 따라 생긴 꼬불꼬불한 산길.

에도 30초는 별 문제없이 참아낼 수 있으리라고 믿는다. 시간적으로 보아서 초학에서 여기까지 1년 반 내지 2년을 요한다. 호흡이 이 정도만 되면 주천화후를 마음대로 보낼 수 있는 것이다.

그래서 비로소 결태結胎가 이루어진다. 사람은 10삭 만에 생산하나 이 호흡의 결태는 좀 시일이 연장되는 것이다. 이 결태는 10삭이 지나도 무방하다. 초학자로 불휴의 노력을 다해서 전문적으로 했다면 3년에서 5년 정도면 습득할 수 있을 것이다. 여기서 정상삼화頂上三火[49]가 명명明明할 것이요, 신중단태身中丹胎[50]가 일신日新할 것이다. 이것이 호흡법의 요강要綱이며, 또 해왕성이나 천왕성의 자전이나 공전하는 방식을 그대로 배우는 것이다. 여기서 성공한다면 기수제천其壽齊天[51]할 것이다.

고인들이 9년 공완功完을 말하였는데 초학자가 진정한 사수師授(스승의 가르침)를 만나서 전문적으로 타상타념他想他念 없이 한다면 6년 만에 그 자리에 갈 것이라고 확언하는 것이다. 6년을 전문적 호흡을 한 사람이라면 1일 1식息(호흡)쯤은 입정入靜[52]해서는 말할 수 있으리라 자신한다. 호흡법에 대해서는 전술한 바 있으므로 이 정도에서 붓을 놓는다.

단기檀紀 4287년(1954년) 갑오년甲午年 8월 14일 후학後學 권태훈權泰勳 지죄근서知罪謹書

---

49) 정신수련의 경지가 높아지면 머리 위에 뜨는 훤한 빛으로, 세 갈래로 나타나므로 삼화라 한다.

50) 단전에 기운을 쌓아서 생긴 결태.

51) 명이 하늘과 함께 할 정도로 길어서 장생 불사함.

52) 임의적으로 육체에서 정신을 분리할 수 있는 경지.

[오행연기법五行鍊氣法 (연정研精 16법)]

연정 제1법

〈원문〉

정 실 단 좌 잠 심 수 련 사 무 념 무 상
靜室端坐 潛心修鍊 使無念無想

〈번역〉

고요한 방에 단정히 앉아 마음을 가라앉히고 수련을 하되 다른 생각 없이 번뇌를 이겨내고 괴로움을 참아내야 한다.

〈해설〉

제1법의 요지는 묵좌식상默坐息想이다. 호흡법을 실제로 연수하고자 하는 사람은 먼저 유종有終의 미美를 거둘 비상한 결심을 하고, 어떠한 어려움

정좌 중인 봉우 선생님(1984년 서울 세검정 자택)

도 극복하고 호흡법을 완전히 체득하겠다는 굳은 결의가 선행되어야 한다. 처음 배우는 사람이 호흡수련을 시작하자면 제일 먼저 마음의 안정을 이루는 것을 연습해야 한다. 즉 묵좌식상이 그것이다. 평소에는 생각이 많지 않던 사람도 막상 무슨 공부를 해보자면 아무 소용없는 별별 생각이 다 나서 정신의 안정을 방해한다. 고로 이 방해점을 먼저 제거하지 않고서는 귀중한 시간을 허비할 우려가 있으므로 본격적인 호흡수련을 시작하기 전에 평상시의 호흡대로 그저 고요히 앉아 모든 생각을 쉬는 연습을 약 일주일간 먼저 해보라는 것이다. 여기서 망상이 얼마나 일어나며 얼마나 줄어드는지 실제로 경험해 보는 것이 연정 호흡법 입문의 제1차 관건이다.

취침 전과 이른 아침에 각각 1시간 이상씩 하되 이 단계의 총 정좌 기간은 20일이면 충분하다. 정신수련에 필요한 좌법坐法 및 자세는 여러 가지로 이야기될 수가 있으나, 가장 중요한 원칙은 편하게 앉으라는 것이다. 우선 다리를 포개고 단정히 앉는다. 이때 가부좌니 반가부좌니 하는 방식에 얽매이지 말고 그냥 자연스럽게 앉되, 허리를 너무 곧게 세우지 않는다. 즉 허리에 힘을 주지 않는 것이 중요하다. 눈은 절대 감지 말고 아래를 응시하는 정도에서 아래로 내리깐다. 고개를 약간 숙이되 정면을 바라보듯 똑바로 세우지 않는다. 또한 손을 무릎 위에 자연스럽게 놓거나 깍지를 끼듯 서로 맞잡거나 하등의 상관이 없다.

어느 자세로 앉든지 초학자는 앉은 지 얼마 안 되어서 다리가 저려 오거나, 허리가 아프다든지 하는 증상 때문에 처음의 자세를 유지하지 못하는 경우가 대부분이다. 이때 아픈 것을 너무 무리하게 오래 참지 말고, 다리를 바꿔 앉거나 간단한 운동으로 몸을 풀면서 다시 앉는 것을 계속하면 자기도 모르는 사이에 한 시간, 두 시간씩 앉아 있어도 편안하게 적응이 되는 것이다. 가장 중요한 것은 좌법의 형식이 아니라 실행자의 정성이다.

연정 제2법

〈원문〉

서서흡기 충만흉폐 서서이호 호지흡지 자연무체
徐徐吸氣 充滿胸肺 徐徐而呼 呼之吸之 自然無滯

〈번역〉

서서히 기운을 들이마시되 기운을 가슴[胸肺]에 충만하도록 하고 역시 천천히 기운을 내쉬되, 들이쉬고 내쉬는 것을 자연스럽게 하여 걸림이 없도록 순하게 하라. 이때 입은 다물고 코로만 호흡하여야 한다.

〈해설〉

제2법의 요지는 자연 호흡이다. 보통 사람의 호흡이 혹은 길고 혹은 짧은 경우가 있으나, 각자가 평상시에 호흡하는 시간대로 하되 다만 여기서 가슴에 충만하도록 숨이 들이 마신다고 하여, 너무 무리하게 시간을 연장시켜 빡빡한 상태로 숨을 몰아쉬지 말고 순탄하게 호흡할 일이요, 시간은 1일 2시간 이상씩 총 정좌 기간 30일이면 족하다.

연정 제3법

〈원문〉

서서호흡 시간균일 소무장단
徐徐呼吸 時間均一 少無長短

〈번역〉

서서히 호흡하되 시간이 균일하게 하여 조금도 길고 짧음이 없도록 하라.

〈해설〉

제3법은 조식법을 연습하는 것인데, 조식법의 요지는 면면히 들이마시고(入息綿綿) 미미하게 내쉬되(出息微微), 입출식 시간을 균일하게 하여 호흡하라는 것이다. 이 법을 연습하자면 마음만으로 호흡 시간을 균일하게 하기란 극히 곤란하니, 시계를 가지고 시간을 재어 가며 호흡하되 조금씩 시간을 연장시키도록 한다. 이것이 좀 숙달되면 마음속으로 숫자를 세어 가며 호흡하도록 한다. 즉 입식 2초, 출식 2초, 1호흡 4초를 하는 사람이 2초씩 늘려 입식 3초, 출식 3초, 1호흡 6초로 늘려 해보고 이것이 무리없이 무난해지면 다시 1초씩 늘려가는 방식으로 연습하는 것이다. 이때 주의할 점은 2초 동안 들이쉬면 숨을 체내에 머물게 하지 말고 그대로 2초 동안에 체외로 내보내라는 것이다. 지식止息은 백두산족 고유의 호흡법이 아니므로 제일 경계하는 바이다.

하루 4시간씩 1개월(총 정좌시간 120시간 이상)을 경과해야 한다. 하루 1시간씩 하면 4개월 이상이 소요된다. 이 단계의 완성으로 수련 시 1호흡 10초 내외에 진입할 수 있다.

연정 제4법

〈원문〉

면면호흡 추지하복 소무강인지태 시간초장
綿綿呼吸 推至下腹 少無强忍之態 時間秒長

〈번역〉

가늘고 고르게 면면한 호흡을 하면서 기운을 아랫배까지 밀되 조금도 억지로 하려 하지 말고 조식시의 1호흡 시간보다 줄여서 호흡함으로써 그 여유분의 기운으로 자연스럽게 이루어지도록 한다.

〈해설〉

제4법의 요지는 유기留氣이다. 자신의 호흡 시간에 맞게 조식을 하되 한 호흡 한 호흡이 균일해지고 시간이 점점 길어지거든 호흡을 아주 가늘게 해서 가슴이 충만하도록 기운을 들이마시되, 그 여력餘力으로 하복부(배꼽 밑 단전)까지 기운을 조금 밀어 보면 알게 모르게 호흡이 연장된다. 이때 하복부로 내려가는 기운을 절대로 무리하게 밀거나 참지 말 것이며, 들이쉬고 내쉼에 있어 항상 한 조각의 기운을 남겨 두는 식으로 여유 있게 할 일이다. 이것이 곧 유기留氣이다. 예를 들어 20초의 조식을 하는 사람이면 입식10초, 출식 10초인데 유기 호흡을 할 때부터는 정신을 단전에 두고 입식 7초, 출식 7초의 비율로 호흡 시간을 의식적으로 줄여서, 아주 부드럽고 안팎으로 여유 있는 호흡의 질質을 유도하는 것이 유기의 요령이다. 이렇게 호흡하면 몸 속의 기운이 신체 상부에서 하복부로 내려가서 단전을 중심으로 모이게 되며, 호흡시간도 팽팽한 호흡보다 한결 빠르게 늘어난다. 여기서 단전의 위치는 손가락 셋을 배꼽 아래에 밀착한 지점이다.

다시 강조하거니와 무리하게 하복부에 힘을 주면 소화불량, 위하수 등의 이상이 생겨 불편하니, 마치 소변볼 때 아랫배에 힘쓰듯이 미미하게 하여야 하며 몸이 허약한 사람들은 특히 주의를 요한다. 그러나 주의해서 한다면 허약체질자에게는 백 가지 보약이 하루 1시간의 호흡만 못할 것이며, 그 효능은 표현할 수 없을 정도로 크게 나타날 것임을 밝혀 둔다. 유기 호흡으로 하루 4시간씩 1개월 수련이면 1호흡 20초 전후에는 도달할 것이다. 여기서 정신이 조금 안정되면서 부지중에 정신적 유쾌함을 맛볼 수 있을 것이다.

기가 단전에 내려가기 시작하면 뱃속에서 우레 소리를 내며 내려감을 느낄 때가 있다. 또는 단전에 기운이 모이기 시작하면 마치 창자에 찌르는 듯한 통증이 있는 경우도 있는데 이런 증상들은 모두 호흡 진행상의 좋은 징조이니 크게 신경쓸 필요가 없다. 한편 기운이 단전에까지 내려오는 기색은 보이지 않고, 오히려 명치 끝이 아파오고 상복부가 딱딱하게 힘이 들어가는 등 여러 가지 징후들을 느끼게 되는 것은 대개 호흡의 요령에 잘못된 곳이 있는 것이므로 즉시 호흡수련을 중지하고 믿을 만한 분을 찾아가 상세히 그동안의 경과를 설명하고 충분한 지도를 받은 후 수련을 계속하도록 한다.

연정 제5법

〈원문〉

하복지충기 초초좌추 부지불식간 사유좌행지형 점지무난좌추
下腹之充氣 稍稍左推 不知不識間 似有左行之形 漸至無難左推

〈번역〉

아랫배에 가득 찬 기운을 조금씩 왼쪽으로 밀면 부지불식간에 왼쪽으로 움직이는 형체가 있음을 느끼게 되며 점차 무난하게 왼쪽으로 밀 수 있게 된다.

〈해설〉

제5법의 요지는 추기법推氣法이다. 이것이 통일규通一竅(혹은 현빈일규玄牝一竅)라는 것인데, 호흡하는 기운이 폐에 충만해지면 하복부로 내려보낸 다음, 그 기운이 다시 하복부에 가득 차면 이것을 좌협(왼쪽 갈비뼈) 아래

로 보내는 것이 제5법이다. 이것은 장시간 수련해야 아랫배에 충만하였던 기운이 서서히 좌협 아래로 움직이는 것을 본인이 느낄 수 있게 된다. 이것이 추기법推氣法의 시작이고, 이 좌추공부左推工夫가 성공한다면 비로소 호흡법에 입문했다고 볼 수 있다. 단전으로 기운을 밀어 보낸 후 그 아랫배에 기운이 충만해짐을 기다려 다시 왼쪽으로 기운이 밀려 나가기 시작한다면, 이는 호흡법의 최악의 관문을 통과하게 되는 것이다. 여기까지 진척되기까지는 사람에 따라 시간이 동일하지 않으며 빠르게 되는 사람은 예외로 하고 보통 (하루 4시간씩) 2개월 이상이 소요된다.

이 단계에 오면 정신이 아주 쇄락灑落(상쾌하고 시원)해지며 호흡이 부지중에 아주 가늘어지고 완전 조식이 되어 시간도 전보다 10초에서 12초로 연장된다(수련 시 1호흡 30초 전후 가능).

이때부터는 정좌 시에 간간이 현상顯狀(정신 현상이 나타남)이 조금씩 될 듯한데, 여기에 절대로 뜻을 두지 말고 호흡에만 전심 전력을 쏟아야 한다. 주의할 점은 단전이 팽만하지 않은 상태에서 억지로 기를 밀어 보낸다거나 팽만한 경우라도 무리하게 힘을 주어 압박한다면 기가 어느 곳으로 향할지 알지 못하니, 항상 여유 있는 호흡을 통하여 유기留氣를 하여야 단전의 기운이 점점 쌓여 마치 빈 그릇에 물이 차서 자연스럽게 넘쳐흘러 나가듯이 뚫려 나가게 된다는 것을 잊어서는 안 된다.

연정 제6법

〈원문〉

충분좌추후 인지좌상지명문 노경분명
充分左推後 引之左上至命門 路逕分明

〈번역〉

충분히 왼쪽으로 기운을 밀어 보낸 후에 그 좌협左脇 아래에 기운이 충만해지거든 그 기운을 다시 명문命門(가슴 아래 명치 부분. 여기에서는 등 뒤의 경혈 이름이 아니다)으로 끌어올리되, 기운이 다니는 길을 분명하게 하라.

〈해설〉

이것은 제5법을 완전히 습득한 후에 비로소 그 왼쪽으로 밀려간 기운을 다시 좌상부左上部로 밀어서 명문에 이르도록 추기推氣하는 것인데 기운이 다니는 부위만 조금 다를 뿐 그 호흡법은 제5법과 동일하다. 다만 추기는 마음으로만 하는 것이 아니라 그 다니는 길을 자신이 아주 확연히 알 수 있도록 분명히 해야 하는 것이다. 보통사람의 경력으로 보아 1일 4시간씩 1개월 이상 소요된다. 이는 전공하는 학인들의 연습 시간이 아니라 직장인으로서 아침, 저녁 시간을 이용하는 경우를 표준으로 삼았을 경우이다. 하루 종일을 수련에 쏟아붓는 전공 학인의 경우라면 시작에서 여기까지 전심 전력하여 2개월이면 충분하다고 본다.

연정 제7법

〈원문〉

인기자육이 우추지제협간우부 점점노숙 소무호흡지고
引氣自六而 右推至臍脇間右部 漸漸路熟 少無呼吸之苦

〈번역〉

명문命門에서 충만하게 모인 기운을 이번에는 우협右脇(오른쪽 갈비뼈) 아랫부분으로 밀어 내려서 그 기운이 다니는 길을 점점 숙달되게 하여, 호흡하는 데 조금도 고통스러움이 없도록 하라.

〈해설〉

이것은 하복부에 충만시켰던 호흡을 좌협부로 추기推氣해서 그 기운을 명문까지 추기인상推氣引上하고, 또 명문에서 추기인하推氣引下하여 우협부右脇部(배꼽에서 우측으로 평행선을 연결하여 오른쪽 갈비뼈 아래와 맞닿는 부분)까지 오게끔 하라는 것이다.

이 법 역시 추기법推氣法의 일부로서 이 추기법을 추진하고 성공시키는 원동력은 전적으로 조식에 있으니, 모든 학인들은 조식법이야말로 수련상의 백난百難을 극복하는 비결이 됨을 한시도 잊어서는 안 될 것이다. 추기 기간은 역시 하루 4시간씩 1개월이면 충분하다. 여기까지 수련이 된다면 추기되는 노정路程이 아주 분명하게 되고, 호흡 시간도 1호흡에 40초 이상이 되어야 하나. 호흡을 참는 데 조금도 고통이 없고 순순順順하게 조식이 되는 것이 보통이다. 공부의 진척이 아주 빠른 학인이라면 시작에서 이 단계까지 2개월에 진행되는 경우도 없지 않다.

연정 제8법

〈원문〉

자칠이인기 하복부흡인지제 좌인지좌협하 좌추상지명문
自七而引氣 下腹部吸入至臍 左引至左脇下 左推上至命門

우인하지우협하 인우이갱추하지하복
右引下至右脇下 引右而更推下至下腹

〈번역〉

우협부右脇部에서 충만해진 기운을 단전 아랫부분으로 내려보낸다. 호흡은 기운을 들이마시되 좌협 아래로 밀어 보내고, 그 기운을 다시 명문으로 끌어올려서 또다시 오른쪽으로 밀어 내리되 우협 아래로 보낸후, 여기서 다시 단전 아래 부위 쪽으로 기운을 밀어 보내는 것이다.

〈해설〉

여기까지가 연정研精 호흡법의 수련 요지이다. 이것을 비록 8법으로 나누었으나, 제1법에서 제8법까지 어느 관절에서 반드시 경계境界를 나눌 수 있는 것이 아니라 연습하기 편리하도록 형식상으로 나누어 놓은 것인데, 이는 처음 배우는 이들을 위한 부득이한 고충임을 살펴 주면 더 바랄 나위가 없겠다.

제8법은 호흡의 시간을 연장하기 위한 방식으로 제일 먼저 기운을 흡입하여 폐엽肺葉을 충만시키고, 그 여력으로 하복부 단전으로 깊은 호흡을 하여 이것이 충분히 되거든 의식적으로 그 충만된 기운을 왼쪽 복부로 보낸다. 그리고 이것이 여의如意할 때에 비로소 그 추기推氣의 행선지를 명문으로 끌어올리고, 다시 이것이 충분하다고 볼 때 우복부右腹部로 추기시켜 호흡 시간을 상당히 연장되게 한 다음 흡입된 기운을 단전 아래 부위로 추기시키는 것이 이 수련법의 원리 원칙이다.

초학자로서 이 자리에 오기까지는 최소한 5~6개월이 되어야 한다. 그리고 위에 적은 8법 외에 더욱 높은 수련의 향상을 위하여 다시 8법을 덧붙여 학인들의 편의를 도모하고자 한다. 덧붙인 후後8법 역시 조식법으로 일관된 호흡 수련법이며 기초 수련 습득자들의 진보적 재훈련으로서 자기의 실력을 양성시키는 요결要訣이다. 이 16법을 완전 습득함으로써 연정研精 학인의 자격을 자타가 공인하게 되는 것이다.

연정 제8-1법

〈원문〉

추인법 불탈정규 수간간 혹좌혹우 혹상혹하예야
推引法 不脫定規 雖間間 或左或右 或上或下例也

〈번역〉

추인법推引法은 정규正規를 벗어나지 않되, 호흡의 추기推氣가 비록 간간이 혹좌或左, 혹우或右, 혹상或上, 혹하或下 하나 이것은 상례常例요, 병病은 아니다.

〈해설〉

앞서 서술한 연정 제8법에서 습득한 것을 재훈련하는 과정인데 그 추기推氣하는 것이 마음대로 되지 않고, 그 방향이 정해진 경로를 벗어나 상하좌우로 어지러이 진행되는 일은 연습 중에 흔히 일어나는 일이요, 병적인 현상은 결코 아니다. 다만 학인으로서는 가일층 성의를 다해야 하며 낙망해서는 안 된다. 학인들 중에는 이 자리에 와서 중도개로中途改路하거나 포기하는 사람이 가장 많다. 이것은 정신계에서 학인들의 성불성誠不誠을 시험하는 일종의 단계라고 보아야 옳다. 더욱 힘을 써서 일슬지공一膝之功을 가하면 이 경계를 벗어날 수 있는 것이다.

수련 기간은 전공자라면 일주일이면 충분하나, 틈틈이 하는 학인이라면 이것도 1개월 정도는 경과해야 하는 것이다. 그리고 간혹 이 경계를 밟지 않고 순조로이 나가는 학인들도 종종 보았으나 그것은 예외이며, 이 경계를 밟는 것이 보통의 경우이다. 이 자리에 오자면 호흡 시간이 최소한 정좌시靜坐時 1호흡 50초는 되어야 한다. 선천적으로 폐가 큰 사람이라면 55

초도 가능할 것이다.

이 경계에서 정신일치精神一致로 혜광慧光(지혜의 빛: 예지력)이 앞을 인도 할 수 있는 것이나, 효능을 먼저 말할 필요가 없고 수련 방식만을 적어 놓은 것이다.

연정 제8-2법

〈원문〉

추 인 점 지 기 규 혹 상 혹 하 혹 좌 혹 우 지 방 향 점 식
推引漸至其規 或上或下 或左或右之方向漸息

〈번역〉

추인推引이 점차 그 정규正規에 이르고 혹좌혹우或左或右, 혹상혹하或上或下의 방향이 점차 사라지리라.

〈해설〉

이것은 정신이 점진적으로 안정되어 가는 현상을 말하는 것이다. 제8-1법과 동일하나 그 급수가 좀 진전되어 호흡이 정규를 벗어나는 정도가 점차 줄어들게 되는 것이다. 역시 제8-1과 대동소이大同小異하다.

연정 제8-3법

〈원문〉

추 인 이 여 법 이 좌 우 상 하 지 왕 래 점 점 불 현
推引而如法 而左右上下之往來 漸漸不現

〈번역〉

추인推引이 법도에 맞아서 상하 좌우로의 왕래가 점점 나타나지 않으리라.

〈해설〉

학인들이 이 경계에 오는 데는 다만 호흡법에 조식이 잘 되고 유기가 잘 이루어지면 족하다. 먼저 기술한 8법은 호흡법의 원리요, 지금 서술해 나가는 8법은 호흡을 배워 점차적으로 순수해져 가는 경로를 의미하는 것이다. 기간은 제8-1법과 동일하다.

연정 제8-4법

〈원문〉

추 인 향 위 확 정 흡 기 시 간 초 장
推引向位確定 吸氣時間稍長

〈번역〉

추인推引의 향하는 위치가 확정되고 흡기吸氣 시간이 점점 길어지리라.

〈해설〉

이것은 풍정파식風定波息(바람이 멎고 파도가 가라앉음)이라 해서 정신통일이 뜻대로 된다는 것이다. 수련 기간은 역시 다른 법과 동일한데, 호흡 시간이 길어져서 정좌했을 때 1호흡 60초 이상은 될 수 있다. 이 경계에서 오는 현상이 많으나, 이것은 학인들 자신이 직접 체험하길 바라며 다음으로 미룬다.

연정 제8-5법

추지인지 면면부절 비간호기 소무정체
推之引之 綿綿不絕 鼻間呼氣 小無停滯

〈번역〉

추인推引을 면면부절綿綿不絕(가늘면서도 끊어지지 않음)하고 비간鼻間(코 사이)에 호흡이 조금이라도 머물러 있지 않으리라.

〈해설〉

이 정도에 다다르면 정좌 시에는 거의 무아無我가 되어 회광반조迴光返照(투시)가 얼마든지 된다. 그러나 이것을 신기하게 여겨서 호흡수련에 털끝만큼이라도 정체停滯가 있다면 백 번 공을 쌓아도 소용없게 되는 것이니, 이곳에 도달한 학인들은 가일층 전심 전력으로 호흡수련에 임해야 하는 것이다. 이 경계가 가장 애로가 많은 자리이다.

연정 제8-6법

〈원문〉

추인지기폭점후 흡기지시간점장
推引之氣幅漸厚 吸氣之時間漸長

〈번역〉

추인推引하는 기氣의 폭이 점차 두터워지고 흡기吸氣 시간도 점차 길어지리라.

연정 제8-7법

〈원문〉

추 인 방 향 불 유 규 구 자 연 합 법 소 무 강 추 강 인 지 태
推引方向 不踰規矩 自然合法 少無强推强引之態

〈번역〉

추인推引 방향이 정규正規를 벗어남이 없이 자연으로 법法에 부합하되 조금도 억지로 밀고 당기는 형세가 없으리라.

〈해설〉

여기 와서 호흡법 초계단初階段 합격이 되는 것인데, 이 정도로 그치면 불퇴전不退轉하는 것이 아니라, 호흡 시간이 줄어지면 역시 그 단계가 강등되는 법이라 더욱 주의하고 여기서 진보되어야 한다. 이 경계에 오면 정좌하고 있을 때나 행주좌와行住坐臥, 어묵동정語默動靜의 하시何時를 막론하고 자연적으로 추인법推引法이 행해지고, 유의무의有意無意에 관계없이 강행하지 않아도 쉽게 이루어지게 된다. 이 단계에서는 일정 수련 기간이 없고 장기적 불휴태세不休態勢로서 공부에 임해야만 할 것이다. 정진하면 정신계의 초등학교 졸업 대우를 받을 수 있다.

연정 제8-8법

〈원문〉

추 지 인 지 좌 우 상 하 임 의 행 지
推之引之左右上下任意行之

〈번역〉

좌우 상하의 추인을 뜻대로 행하리라.

〈해설〉

이 경계는 정신계의 국민학교 졸업자가 온고이지신溫故而知新하는 현상으로서 상급 학교에 아직 진입은 안 했으나 국민학교 졸업으로는 우수한 자의 정신 단련 방식을 의미한다. 여기까지를 보통사람들의 수련 도정으로 기록해 보는 것이요, 그 다음은 누구든지 수련할 수 있고 각자의 정성 여하로 진보의 느리고 빠름이 있다고 본다.

연정 16법 결어結語

〈원문〉

이상 위초학자술경험수조우상 봉우지죄 근서 이상 참간원상결
以上 爲初學者述經驗數條于上 鳳宇知罪 謹書. 以上 參看原象訣
구구수련 즉불필문진우타 이자성명 조전광후 점진태식 하환
久久修鍊 則不必問津于他 以自誠明 照前光後 漸進胎息 何患
호거성지원 하우우수련지난호 출비상력 성심성의 자강불식
乎去聖之遠 何憂于修鍊之難乎 出非常力 誠心誠意 自强不息
즉불지불식지간 엄연법계일중진의 여외상세 갱대동호동고
則不知不識之間 儼然法界一重鎭矣 餘外詳細 更待同好同苦
면고 구개법론 대후일갱기공어제군자
面告 九階法論 待後日更記供於諸君子

〈번역〉

이상의 연정 16법을 집필하는 방식은 타인의 예를 버리고 내가 직접 경험한 바에 국한시켜 정북창 선생의 《용호비결》을 주主로 삼아 기록한 것임

을 밝혀 둔다. 연정 16법을 습득한 후, 원상결原象訣을 참고로 보면서 오래 수련하면 남에게 물어 볼 일이 없어질 것이요, 스스로의 정성으로 앞뒤를 환히 밝히면 점차로 태식胎息(어머니 뱃속에서의 호흡)으로 들어가게 되리니, 어찌 앞서간 성현이 멀리 있음을 걱정할 것이며 또한 수련의 어려움을 탓할 것인가. 오로지 장부丈夫의 비상한 힘을 내어 성심 성의로 자강불식 하노라면 부지불식간에 엄연히 법계法界의 한 중진重鎭이 되리라. 이 밖의 상세한 것은 동호동고자同好同苦者를 다시 기다려서 얼굴을 맞대고 알려 줄 것이요, 아홉 가지 계제에 관한 법론法論은 뒷날 다시 서술하기로 한다.[53]

53) 구계법론'은 1954년 원상법요 뒤에 서술하셨고, '연정16법'은 1920년대 말에 작성하셨다.

수련문답
修鍊問答

수련문답

정신수련의 제문제에 대한 봉우 선생과 학인들의 대화

[해제]

여기 실을 내용은 정신수련의 초학자들과 수련 도중에 있는 사람들이 제기할 수 있는 기본적인 의문 사항들과 그에 대한 봉우 선생의 답변이다. 정신수련의 구체적인 문제들을 대화를 통해 정리한 기록인 셈이다. 정신수련의 세계 역시 이론과 실천의 세계인데, 이론이란 아무래도 정신수련의 원리와 정수를 정리한 공식과 같은 것이어서 실제 수련 시에 일어나는 천태만상의 정오正誤를 따라잡아 바로잡는 데는 무력할 수도 있다. 또한 이러한 분야를 공부하는 사람들일수록 정성이 깊고 끈질기지만 그 목적지가 실은 고산高山이기 때문에, 한낱 범부가 무슨 신선이 되랴 하는 식의 낭패감에 빠질 수도 있다. 그리고 사실상 초학자에겐 스승도 하나의 준령峻嶺이다. 따라서 고산 준령 앞에서 어린아이 걸음마에 대해 물어 보는 것을 부끄럽게 생각할 수도 있다.

이 문답들 속에는 '걸음마'에 대한 질문에서부터 '용비호주龍飛虎走(용과 범이 날고 뜀)'의 경지에 대한 질문에 이르기까지, 학인들의 다양한 의문 사항들에 대한 봉우 선생의 대답이 실려 있다. 따라서 학인들은 이론의 전적典籍만으로는 해결되지 않는 미묘한 문제들에 대한 중요한 시사를 이 대화를 통해 얻을 수 있을 것이다.
이 대화의 텍스트는 원래 연정研精 원우들이 돌려 읽던 회람본이다.

문 백두산족 정신수련법의 기원이 대황조 한배검께로부터 비롯된다고 하셨습니다. 그런데 세인들은 대황조와 단군을 보통 같은 분으로 혼동하곤 합니다. 좀 더 상세한 얘기를 해주십시오.
답 이 지구가 생긴 이후, 몇 번인지는 모르지만 개벽開闢이 여러 번 있었고 맨 마지막으로 일어난 최근의 개벽 이래 인류에게, 우리 민족에게 가장 먼저 나타난 스승이 바로 대황조大皇祖, 우리말로 한배검이라고 합니다. 이 분은, 무식하고 짐승과 다름없이 지내던 사람들을 교화敎化, 이화理化, 치화致化시켜 사람답게 만들어, 사상 최초로 홍익인간 이념을 이 땅 위에 개화시키신 겁니다. 그후 사람들이 늘어나고 이 부락 저 부락이 모여서 나라가 된 뒤에, 머리 밝은 이를 추대하여 임금을 삼기 시작했는데, 이 임금의 명칭이 바로 단군檀君, 즉 밝은 임금의 대명사인 것입니다.
대황조란 말은 내가 지어낸 말은 아닙니다. 예전에는 많이 사용했던 말이고, 웬만한 사람이라면 단군과의 차이점도 상식적으로 알고 있었습니다. 육당 최남선의 《백두산근참기白頭山覲參記》나, 독립지사이자 당대의 석학 백암白巖 박은식 선생의 글에서도 찾아볼 수 있습니다. 그러던 것이 요즘 우리의 뿌리에 관해 너무도 무관심하다 보니 어느덧 망각하여 혼동이 생긴 듯합니다.

문 호흡하는 도중에 몸이 나른해지는 것 같으며 기운이 빠지는 것 같은 생각이 들고, 한참 있으면 졸음이 옵니다. 어째서 그렇습니까?
답 조식이 잘 되는 사람은 나른한 기운이 일어나질 않습니다. 숨이 고르게 조식이 되면 몸이 나른해지고 피곤할 까닭이 없고, 피로하더라도 호흡이 돌아가는 것에 집중하면 피로를 느낄 사이가 없어요. 소주천小周天(연정 16법)이 덜 돌아가니까 그래요. 조식이 조금 덜 되면 나른한 기운이 일어납니다. 숨을 순하게 쉬면 괜찮은데, 호흡이 한 30초 되는 사람이 억지로 40초로 끌어올리면 피로해서 고단한 일이 생기지요.

문 50초 호흡을 하고 있습니다. 수련 중에 백열등같이 환한 광채가 보일 때도 있었고 때로는 그 벽열등같이 환한 광채 가운데 또 다른 광채가 있는 것처럼 느껴질 때도 있었고, 그 광채의 흰 빛 가운데 검은 반점이 언뜻언뜻 보이는 현상이 있었습니다. 그게 바른 현상입니까?
답 그런 현상뿐 아니라 별의별 것이 다 나옵니다. 잘못 본 것은 아닙니다. 이상하게 생각하지 말고 그냥 나오는가 보다, 나는 내 호흡이나 하겠다는 식으로 생각해야지 그걸 자꾸 들여다보면 또 다른 것이 나옵니다. 내 호흡이 50초면, 50초에서 1분 되기를 기다려서 호흡하는 데 전력을 다하고 거기서 무엇이 나오든지 그냥 지나치는 걸로 해야지, 나오는 것에 집중을 하면 50초 호흡이 도리어 1초라도 줄어들기 쉽고, 잡것만 자꾸 보입니다. 그러니까 그런 것이 보이건 말건 자기의 호흡만 그대로 진행하면 괜찮습니다.

문 호흡 수련하는 시간은 하루 중 언제쯤이 좋겠습니까?
답 호흡가呼吸家에서 밤 시간이 좋으니 낮 시간이 좋으니 하는 소리들을 하지만, 호흡하는 시간은 24시간 중 어느 시간이고 틈이 나는 시간, 아무 때라도 괜찮습니다. 밤 시간은 나쁘고 새벽 시간이 좋다느니, 뭐 이런 소리들을 하는데 그것 다 떠나서 자기가 충분히 쉬는 시간에 하는 것이 좋습니다.

문 생활인의 입장에서 집에서 30분이고 1시간이고 단학수련을 실천하고자 할 때에 가장 유념해야 할 점은 무엇입니까?

답 생활인은 긴 시간 동안 수련할 수가 없죠. 그저 길게 하고 곱게 하고 고르게 하는 세 가지를 연습한다 해도 시간이 짧으니까 많이 늘지 못합니다. 그러니까 한 시간, 두 시간 하는 식으로 시간을 정해 놓고 하지 말고 그냥 틈틈이 하십시오. 시간이 있으면 30분도 하고 1시간도 하고, 그렇게 자꾸 해보면 부지중에 늘게 됩니다. 그렇게 늘어서 40초, 50초가 되면 잠잘 때를 이용해서 할 수도 있습니다.

문 안경이나 시계를 몸에 그대로 두고 수련하면 안 됩니까?

답 상관없습니다. 수련자 본인의 호흡이 문제지 그런 것은 상관없습니다.

문 눈을 반쯤 뜨고 있기가 매우 어려운 것 같습니다. 차라리 눈을 감고 있으면 정신도 집중되고 편안한 것 같은데, 완전히 감으면 안 되는지요?

답 눈을 감고 수련할 경우, 잡념이 많이 생기고 졸음이 오는 등 좋지 않습니다. 눈을 일부러 반쯤 뜨는 것이 아니라 눈에 힘을 빼고 시선을 코 끝의 연장선 지점을 향하게 되면 편안한 가운데 저절로 반개半開한 상태가 되는 것입니다. 시선이 닿는 곳에 "무엇이 있는가" 하고 응시하거나 주시하는 것이 아니라 다만 대하고 있을 뿐 의식(생각)은 호흡에 두어야 한다는 것을 잊지 말아야 합니다. 그렇지 않으면 눈에 힘이 들어가서 상기되어 충혈이 되거나 눈물이 나거나 또는 눈이 아파 오는 경우가 있음을 알아야 합니다. 수많은 불상을 보아도 눈을 감고 있는 불상은 없습니다. 그것들은 호흡수련의 상이기 때문입니다. 즉 불가의 수련도 그 근본은 호흡에 있음을 알아야 합니다.

문 호흡 수련 시 코로만 숨을 쉬어야 합니까?

답 호흡의 첫째는 색태塞兌입니다. 태를 닫으라는 것이죠. '태'자는 서방西方이라는 '태'자인데 여기서는 입을 말합니다. 그래서 입을 닫고 숨을 쉬라, 입을 딱 붙이고 코로 숨을 쉬면서 코 밑에 밀가루나 홍모鴻毛(기러기 털) 같은 얇은 것을 붙이고도 그것이 움직이지 않게 숨을 쉬라고 그랬습니다. 입을 닫고 코로만 호흡하십시오.

문 호흡수련 시 혀를 입천장에다 붙이는 것이 옳습니까?

답 그것은 자연스럽게 하는 게 옳습니다. 혀를 본디 위에 붙이는 것이 아니고 자연스럽게 두면 가운데에 그냥 있게 됩니다.

문 호흡을 할 때 눈을 감아도 되겠습니까?

답 눈을 감지 말고 반개半開해서 안관비眼觀鼻하고 비관심鼻觀心하라는 것입니다. 안관비라고 하는 것은 사팔뜨기처럼 코를 보라는 것이 아니고 코가 보일 정도로 눈을 내리뜨라는 것입니다. 비관심하라는 것은 코로 배꼽을 보라는 것입니다. 어떤 사람들은 이 말을 곧이곧대로 들어 고개를 푹 숙이고 수련하는 사람도 있지만, 그것이 아니고 가볍게 고개를 숙이라는 뜻입니다. 자연스럽게 그냥 두면 고개가 앞으로 약간 숙여집니다.

문 수련 시 입 안에 침이 고일 때는 어떻게 합니까?

답 침이 고이는 것은 자연스러운 것입니다. 침이 고이면 뱉지 말고 자연스럽게 그냥 삼키면 됩니다. 숨을 들이쉬는 중이든 내쉬는 중이든 관계없습니다.

문 앉아서 공부를 하다 보면 허리가 아픈데 무슨 좋은 방법이 없겠습니까?

답 웬만큼은 참아내며 공부해야 하나, 호흡에 신경이 써지지 않을 정도로 아프면, 무리하지 말고 몸을 풀어 준 뒤에 다시 앉습니다. 앉을 때 가부좌를 틀거나 허리를 쭉 펴지 않습니다. 그냥 자연스럽게 앉으면 몸이 꼿꼿해지질 않고 앞으로 조금 숙여집니다. 그렇게 하면 허리가 안 아프죠. 허리를 꼿꼿이 세우면 허리가 안 아플 도리가 없습니다.

문 호흡수련 시 입출식의 길이를 똑같이 하고 매 호흡의 길이를 같게 하려면 어떤 방법으로 하는 것이 좋겠습니까?

답 들이마시는 것이나 내보내는 것이나 똑같이 들어오고 나가고 하는 건데, 더 들여마시고 덜 내보내셔도 안 되고, 적게 들여마시고 길게 내보내셔도 안 됩니다. 들어오고 나가는 시간과 양이 똑같아야 합니다. 처음엔 수를 셉니다. 그렇지 않으면 시계를 놓고 가만히 보면서 해도 좋습니다. 또 시계 소리 같은 것을 들으면서 해도 괜찮습니다. 20초 호흡까지 나아가면 10초 마시고 10초 내보내는 것을 대충 다 알게 됩니다. 그러니까 20초 정도가 될 때까지는 수를 세든지 시계를 보든지 하고, 20초가 넘어가면 자연히 그냥 알게 되니까 수를 세거나 시계를 보지 않아도 됩니다. 그때가 되면 아직 숨을 들이쉴 여지가 있더라도 억지로 들여보내지 말고 그대로 연습하십시오.

문 호흡수련 시 열심히 하려고 했으나 정신통일이 잘 되지 않습니다. 자꾸 잡념이 들어오는데 어떻게 하면 정신통일을 해서 호흡에 정진할 수 있을까요?

답 천 년 전이나 천 년 뒤나, 호흡을 처음으로 수련하는 데 정신통일이 잘 되는 사람이라면 이미 공부에 성공한 사람입니다. 정신통일이 빨리 되면 공부하는 데 무슨 힘이 들겠습니까? 공부할 때는 이 생각 저 생각, 별의별 생각이 다 납니다. 생각을 하지 않으려 해도 자꾸 하게 되죠. 그것이 차츰차츰 사라져야겠지요. 졸지에 생각이 딱 끊어진다는 것은 안 될 말입니다. 잡념은 차츰 없어지는 것입니다. 예전 사람들 중에도 공부할 때 잡념이 없는 사람은 하나도 없었습니다. 잡념은 하루 아침에 당장 없어지는 것이 아닙니다. 먼지가 많은 방을 쓸어 가는 것처럼 자꾸 쓸어 나가다가 조금 남으면 또 쓸고, 또 쓸어가는 식으로 잡념을 스스로 조금씩 조금씩 없애 나가야 합니다. 잡념 없애는 방법이 당장 있는 것도 아닙니다. 그저 공부에만 집중하게 되면 하나둘씩 잡념이 없어지고 공부가 앞으로 더 나아가게 됩니다.

문 잠에 쫓겨서 항상 고생하고 있습니다. 호흡수련만 하면 저절로 잠이 들어 버립니다. 요즘에는 아침수련 때 거의 앉아서 자는 형편입니다. 무슨 대책이 없을까요?

답 호흡에 재미를 붙이면 잠이 안 옵니다. 호흡하는 데 아직 재미를 못 붙인 탓에 피곤하니까 잠이 자꾸 옵니다. 호흡에 조금이라도 재미를 붙이게 되어 어떤 현상이 일어나고, 무슨 일인가가 이루어지게 되면 그것을 보기 위해서 몇 시간씩 잠을 안 자고 수련하게 되는데, 그렇게 잠을 안 자고 가만히 앉아 있어도 피로를 느끼지 못합니다. 아무 재미없이 들락날락 숨만 쉬어 대니 잠이 올 수밖에요. 재미를 붙이면 잠이 올 새가 없습니다. 호흡의 급수가 좀 높은 분들, 40초나 50초, 1분이 넘는 호흡을 하는 사람치고 졸려서 하지 못하는 사람은 없습니다. 호흡이 늘어 40초, 50초, 1분에 가까워지면 자지 않아도 피로하지 않습니다. 호흡 시간이 짧은 사람들은 피로해지기 마련이고, 그러니까 잠이 오는 거죠. 그런데 잠이 올 때 와선臥禪을 한답시고 드러누워 버리면 아예 더 자게 됩니다. 그러니까 잠이 오면 몸을 푸는 운동을 좀 하고 다시 수련하는 것이 좋습니다.

문 숨을 들이마셨다가 내쉴 적에, 관념상으로는 숨을 쉬는 것 같으면서도 1초 정도 숨이 잠깐 멈춰지는 것 같은 느낌이 듭니다. 괜찮은지요?
답 실제로는 멈춰지지 않았으니까, 멈춰졌다 생각한다 해도 상관은 없습니다. 하지만 일부러 호흡을 멈추진 마십시오. 고의로 호흡을 멈추는 것이 아니라, 들이마셨다 내보냈다 하는 것이 약간 더디게 이루어지는 것은 큰 문제가 아닙니다. 요즘 호흡 멈추는 것을 수련하는 곳이 많습니다. 그러나 호흡을 멈추는 것은 단학 호흡법이 아닙니다. 단학 공부에서 제일 꺼리는 것이 폐식閉息입니다. 숨을 들이마신 뒤 내쉬지 않고 있는 것을 폐식이라고 하는데, 조식하는 가운데 폐식을 하면 공부를 모두 망치게 됩니다. 폐식하면 조식은 그냥 버려지는 것입니다. 폐식은 기합술 하는 사람들이나 하는 호흡입니다. 그것은 머리 밝아지는 것과는 아무런 관계가 없습니다. 호흡을 들이마신 뒤, 참고 참아서 아랫배가 불룩하게 나오게 하는데, 일본 씨름을 하는 사람들 하는 게 전부 그런 겁니다. 자빠진 채로 호흡을 1분도 참고, 2분도 참고 하면서 배에다 큰 절구통을 올려놓고 떡을 찧어도 그대로 있는 묘기를 보이곤 하는데, 그것은 그런 사람들이나 하는 호흡이지 우리 호흡이 아닙니다. 남이 무슨 소리를 해도 폐식은 마십시오. 폐식하면 조식은 아주 버리게 됩니다.

문 조식과 지식止息을 병행해도 됩니까?
답 조식 한 가지만 해야지, 같이 하면 안 됩니다.

문 숨을 오래 쉬다 보면 숨을 쉬고 있는 것인지 멈춘 것인지를 모를 때가 많은데, 바른 것입니까?

답 그것은 조식을 한 것이 아닙니다. 조식이라는 것은 무념무상無念無想이 아니라 무타념무타상無他念無他想, 즉 "다른 생각을 하지 말고 다른 염을 하지 마라. 호흡하는 염 그대로 해야 된다."인데, 그것도 하지 않은 채 들어가는지 나가는지도 모르고 있다면 어떻게 그게 조식이 되겠습니까?

문 숨을 가늘게 쉬려고 하니까 잘 안 됩니다.

답 처음부터 그것이 잘 되지는 않습니다. 10초 호흡하던 것을 20초 호흡으로 늘리기 위해서는 들이마시고 내쉬는 것을 5초씩 늘려야 하는데, 아무리 장담한다 해도 그렇게 하려면 1주일, 2주일 가지고는 되지 않습니다. 한 달은 되어야 20초 호흡이 됩니다. 한 달 만에 20초 호흡이 고루 이루어지게 되면 그 사람은 호흡을 아주 잘 한 사람입니다. 20초를 넘어 30초, 40초 호흡을 이루려면 아무래도 한 반 년은 걸립니다. 10초 호흡하던 사람이 1분 호흡을 이루려면 갈 길이 까마득히 멀지만, 급하게 생각하지 말고 쉬지 않고 꾸준히 하다 보면 그렇게 먼 것도 아닙니다. 잠깐 잠깐만에 늘게 되지요. 호흡이 길어지고, 들이마시고 내쉴 때 고르게 되어야 심파心波가 출렁거리지 않고 쭉 고르게 됩니다. 들이마시는 것이 10초 동안이라면 나가는 것도 10초 동안이어야 하는데, 들어왔다 나갈 때 출렁거리면, 거기 무엇이 비치겠습니까? 물가에 가보면 잔잔한 물은 저 건너에 있는 산도 비추고 얼굴도 비추지만 출렁출렁 하는 파문이 있는 물이 무엇을 비출 수 있겠습니까? 그래서 심파가 고르게 되어야 한다고 이야기하는 것입니다. 파동이 생기지 않도록 가만히, 곱게, 가늘게, 길게 숨을 쉬어야 합니다. 그렇게 되면 머리가 좋아져서, 책을 한 번만 봐도 사진을 찍은 것처럼 머릿속에 박혀 버리는 것입니다.

문 호흡을 가늘게 해야 한다고 하는데 수련자가 호흡을 의도적으로 가늘게 쉬어야 한다는 것입니까, 아니면 쉬어지는 대로의 굵기에 맡겨야 한다는 것입니까?
답 처음 하는 사람은 가늘고 굵고를 따지지 말고 자기 하는 호흡대로 그냥 하면 됩니다. 일부러 가늘게 쉬는 것이 아니라 그 호흡하는 길이가 늘어나면 자연스럽게 가늘어지는 것입니다.

문 처음에 호흡을 좀 무리하게 하니까 머리가 멍하고 아픈데, 너무 강하게 해서 그렇습니까?
답 강하게 하면 안 됩니다. 순하게 하십시오. 가늘게, 약하게, 길게 해야 합니다. 같은 호흡량을 가지고 가늘게 하면 길어질 것 아닙니까? 길게, 고르게 하면 자연히 호흡은 길어지고 심파는 고요해집니다.

문 수련을 하다 보면 어떤 때는 머리가 맑고 어떤 때는 머리가 조이는 느낌이 드는데 왜 그렇습니까?
답 머리가 맑을 때는 조식이 잘 될 때이고, 머리가 아플 때는 조식이 조금 덜 될 때입니다.

문 횡경막 부분이 조금 뻐근한 것 같고 설사를 하는 경우도 있습니다. 제가 생각하기엔 기가 체한 것 같은데 어떻게 하는 것이 좋을까요?
답 호흡을 억지로 하면, 억지로 아랫배에다가 기운을 내리밀면 기체氣滯가 됩니다. 그것은 조식이 안 되어서 그렇습니다. 조식을 해서 들이마시고 내쉬는 것을 고르게만 하면 뻐근해지질 않는데 너무 밀면 뻐근해집니다. 조식을 하십시오.

문 호흡하다가 막혀서 잘 안 될 때는 어떻게 하는 것이 좋을까요?
답 다시 조식을 잘 하면서 반성을 해 보십시오. 다시 고쳐서 잘 하면 바른 길로 앞으로 나아갈 수 있습니다.

문 정신력을 많이 소모하는 일을 하고 있습니다. 호흡수련에 아무런 지장이 없겠습니까?
답 힘겨운 정신노동을 한다 해도 호흡에 지장은 없습니다.

문 혈압이 높은 사람이나 낮은 사람이 호흡 수련을 해도 괜찮습니까?
답 상관이 없습니다. 혈압이 높고 낮고 간에 호흡이 고르게 되면 혈압이 정상으로 돌아가므로 혈압이 장난을 칠 겨를이 없습니다.

문 저는 신장이식 환자인데 호흡수련을 할 경우 이상이 발생할까 걱정입니다. 아무 이상이 없을까요?
답 신장이식 수술을 했어도 현재 신장을 가지고 있지 않습니까? 생명을 가지고 있는 사람이니 호흡을 해서 안될 게 없습니다. 수련에 아무 지장이 없습니다.

문 들이마실 때 아랫배가 들어가고 내쉴 때 아랫배가 나오는 식으로 호흡이 진행되고 있습니다. 이것이 버릇이 되어 무의식중에 자꾸 이러한 역호흡을 하게 되는데 이것이 옳은 것인지요? 물론 조식과 폐기는 똑같이 행하고 있습니다.
답 역호흡을 하면 호흡이 좀 빨리 길어집니다. 1분 호흡을 순호흡으로 진행해 두 달, 석 달을 해야 호흡이 길어질 사람이 역호흡을 하면 한 달 반

정도면 1분 호흡에 도달합니다. 하지만 그렇게 빠르기는 하지만, 호흡은 길어져도 정신이 밝아지질 않아요. 왜냐? 숨을 들이마실 때 아랫배가 닫아 내리고 내쉴 때 아랫배를 밑으로 내밀고 하는데 정신을 파는 바람에 머리가 더디게 밝아지는 것입니다. 역호흡은 단지 호흡을 빨리 길어지게 해야겠다는 욕심의 소산입니다. 또 역호흡은 많은 힘을 쓸 때에나 필요한 것입니다. 힘을 쓴다든지 때려부수고 파괴한다든지, 뭐 이런 데 필요하지만 정신을 연구하거나 능력(초능력이라고나 할까요)을 계발하기 위해서는 순호흡만 하는 것이 좋습니다. 역호흡의 효과는 호흡이 빨리 길어진다는 것 한 가지뿐입니다.

문 조식 수련을 하는 사람이 격한 운동을 해도 상관이 없는지요?
답 격한 운동이든 연한 운동이든, 어떤 운동이고 다 해도 상관이 없습니다.

문 달리기 운동과 호흡 공부와는 어떤 연관이 있습니까?
답 마라톤이나 중장거리 이상의 거리를 뛸 적에, 일반인들은 숨이 답답해서 1초에 한 번 더 숨을 쉽니다. 그런데 40초 호흡을 하는 사람이면 한 호흡에 10초 이상이 됩니다. 뛰는 동안에 계속 10초 이상 되는 호흡을 하므로 뛸 때 목이 탈 까닭이 없습니다. 그냥 유유하게 갑니다. 그것은 시험해보면 대번에 알 수 있습니다. 40초 호흡이 제대로 되는 사람에게 중장거리를 뛰게 하면 그는 절대 헐떡거리지 않습니다. 1분 호흡 정도 되면 마라톤 코스 42.195킬로미터를 숨이 가빠서 못 가는 일은 없습니다. 현대과학이 아무리 과학적, 과학적 하고 떠들어도 이 숨쉬는 과학 하나를 빼먹고 있습니다. 그런데 숨이 가쁘지 않다고 무조건 잘 뛰는 것은 아닙니다. 다리 힘도 좋아야 하는데, 다리 힘 좋게 하는 방법으로는 우리 겨레가 예전부터 해온 체련體鍊이 있습니다. 체련을 하면 백 리가 아니라 천 리를 뛰어도 다리가 아파서 못 뛰지는 않습니다.

문 어린아이에게도 정신수련이 가능한지 알고 싶습니다. 그리고 만약 정신수련을 시킨다면 몇 살 정도부터 가능합니까? 또한 어린아이가 수련을 하면 어떤 효과가 있습니까?
답 사람에 따라 차이가 있지만 여섯 살 정도부터는 가능합니다. 어린아이에게 호흡 공부를 시키면 머리가 명석해지고 기억력이 나아지며 몸에 잔병이 없어집니다.

문 어린아이들에게 호흡 공부를 시키면 초능력이 생깁니까?
답 아이들의 초능력, 초능력 하는데, 다른 것이 초능력이 아니라 일찍부터 머리 좋은 것이 초능력 아니겠습니까? 뭐, 하늘을 날아야 합니까? 머리를 좋게 하려면 아이들, 아예 여섯 살이나 열 살 안팎의 고런 것들에게 한 3년만 시켜 보세요. 그래 놓고, 그놈의 머리에서 국민학교 졸업할 나이에 중학교나 고등학교 과학 과정을 배울 수 있나 없나를 한번 보십시오. 보면 알게 되는 거죠. 보면 알고, 다른 사람이 1년에 배울 것을 한 달에 다 배웁니다. 그게 초능력 아닙니까?

문 주문呪文수련을 수년간 했습니다. 이제부터 조식수련을 하고자 하는데 괜찮겠습니까?
답 아무 상관없습니다. 단지 둘을 같이 하지 말고, 조식수련만 하도록 하십시오.

문 수련하는 사람이 개고기나 돼지고기, 계란같이 먹어서는 안 될 무슨 음식이 있습니까?

답 특별히 먹지 말아야 할 음식은 없습니다. 자기 숨 가지고 자기가 쉬는데 개고기면 어떻고, 쇠고기면 어떻습니까? 아무 음식이나 괜찮습니다.

문 전생前生에 관련되어 공부에 한계가 있습니까?

답 생이지지生而知之지나 학이지지學而知之나 곤이지지困而知之나 알게 되면 아는 것은 다 똑같습니다. 그러니까 나면서부터 아는 것이나 배워서 아는 것이나 또 어렵게 어렵게 해서 아는 것이나 다 같다는 얘기지요. 힘들게 알아도 아는 것은 아는 것이지 모르는 것이 아닙니다. 공부, 어떤 사람만 해서 잘 되는 것 아닙니다. 전생에 관계된 것은 없습니다. 누구나 노력한 만큼 얻을 수 있습니다.

문 정신수련과 운명론에 대해서, 예를 들면 태어날 때 "너는 정신수련을 이만큼 해라." "너는 2계까지다." "너는 3계까지다."라는 것이 노력과 관계없이 정해진 것인지에 대해서 말씀해 주십시오.

답 그런 거짓말을 누가 하죠? 상을 준다 해도 점잖은 사람은 그런 말을 하지 않죠. 좀 덜 된 사람이 그런 거짓말을 합니다. 공자께서 말씀하시기를 "생이지지生而知之, 학이지지學而知之, 곤이지지困而知之, 급기지지及其知之하는 것은 일야一也니라." 선천적으로 재주를 못 타고난 사람도 재주를 조금 낫게 타고난 사람보다 노력을 더 하면 됩니다. 다른 사람 1시간 하는데 나는 2시간 하면 됩니다. 공부를 많이 하면 많이 한 만큼 대가가 나오는데 왜 못한단 말인가요? 대인大人은 조명造命입니다. 다 큰 사람은 운명이 어떻든지 운명을 다시 만들어서 착한 일을 하고, 보탬이 되고, 도움이 되도록 합니다. 그러니까 머리, 재주가 더 있는 사람, 조금 덜한 사람, 더한 사람- 이렇게 기질의 청탁淸濁은 있지만 선천적으로 뭘 타고난다든지 선천적으로 공부 못할 사람이라고 낙인 찍힌다든지 하는 일은 없습니다.

문 여자들은 남자와 신체 부위도 틀리고(다르고) 출산에 관계되어 기능도 조금 틀립니다(다릅니다). 남자와 달리 호흡 방법이 다르다든지 특별히 주의해야 할 사항 같은 것은 없습니까?
답 여자나 남자나 호흡하는 것은 똑같습니다. 똑같이 하면 됩니다.

문 선현 가운데 여성 수련인이 있으면 소개해 주십시오.
답 정신수련 하는 여성들도 여러 분이죠. 한두 분이 아닙니다. 흔히들 소설 주인공처럼 알고 계시는 이, 이시백李始白[54)]의 부인 박씨라고 계십니다. 병자호란 적에 용골대 동생의 목을 벤 분입니다. 피난도 가지 않고 그냥 서울에 있다가 놈들이 와서 무례한 짓을 하니까 놈을 베었습니다. 자기 손으로 안 베었어요. 누가 베었는지도 모르고 딱 매달아 놨는데 그 놈 형도 덤비질 못했어요. 박씨뿐 아니예요. 그런 이들이 여럿입니다. 부인이니까, 남존여비 때문에 남자들 이름도 밝히질 않았죠. 여자들 이름이 밝혀지면 자손들에게 피해가 될까봐 아무개가 단학했다는 소리를 하지 않아서 그렇지, 단학을 한 부인들도 여럿입니다. 고씨네 조상인 어떤 부인도 단학으로 남편에게 임진난을 대비한 공부도 시키고, 미리 경학을 연구하라고 시킨 일이 있습니다. 한두 분이 아니에요. 기록은 없지만 부인들이 전해 내려온 여성들의 단학에도 여러 종류가 있습니다. 그 분들이 독학을 했냐구요? 독

54) 1581~1660. 조선시대 이조판서, 우의정, 영의정 등을 역임한 문신.

학이 아닙니다. 모두 스승에게 배운 것이죠. 박씨 부인의 아버지도 단학을 공부하시던 분이죠. 박씨 부인 아버지하고 이시백 아버지하고 친했죠. "내 딸을 대감 아들한테 맡기고 싶은데." 하니까 "나하고 사돈을 맺어 내 못난 자식을 사위 삼는다면 고맙긴 고맙지만, 참아낼지 모르겠네."라고 했죠. 결국 장가를 들었어요. 정승의 아들이 강원도 산골에 있는 여자, 도인의 딸한테 장가를 든 거죠. 그런데 색시가 아주 얼굴이 추하고 못났어요. 그래서 소박을 주었습니다. 소박, 소박하다가 나라의 일이 있을 때면 "영감, 들어오시오."해서 하나씩 가르쳐 주었습니다. 이것은 어떻고 저것은 어떻고 하는 식으로 하나씩 해 나갔죠. 한 번 지고 두 번 지고 번번이 지게 되니까 나중에 가서는 '부인님'하고 불렀지 절대 소박을 주지 못했습니다. 병자호란 때에도 아주 드러나게 그런 일이 있었습니다.

문 하루 중 호흡 수련 시간 말고 평상시 시간 동안 고른 호흡이 되도록 해야 합니까? 아니면 전혀 신경 안 써도 되는 것입니까?

답 될 수 있으면 평상시에도 공부하는 것을 놓치지 않는 것이 좋습니다. 그저 하루 한 시간만 하고 나머지 시간은 자기 마음대로 한다면 그 한 시간 한 것을 유지하기 어렵습니다. 늘 하라는 것은 아니지만 될 수 있으면 조금씩이라도 더 하는 것이 좋습니다. 학교 다니는 학생이라고 해서 학교 공부를 하루종일 할 수는 없지만, 그래도 공부를 좀 많이 하는 사람이 성적이 좋고, 공부를 적게 하는 사람은 성적이 나쁜 것처럼 호흡수련도 많이 하면 그만큼 효과가 납니다.

문 수련 시 20초 호흡이 된다면 일상생활 중에도 그것이 자연스럽게 된다는 것입니까?

답 해보면 당장 압니다. 20초 호흡이 넉넉히 되는 사람이라면 일상생활에서도 20초 호흡이 됩니다. 그것에 염念을 두어서 하려고 할 때 그렇게 되는 것이지 아무 생각 없이 생활하는데 수련 시에 되던 길이와 같은 정도의 길이로 호흡이 되는 것은 아닙니다.

문 미움이나 분노와 같은 감정이 수련에 큰 장애가 된다고 하는데, 그런 감정을 버리지 못하면 호흡수련은 불가능한 것이지요?

답 좋아할 것을 다 좋아하고 미운 것을 다 미워하면 공부에 방해가 됩니다. 그런 감정들을 졸지에 없애지는 못하니까 자꾸 그러한 감정들을 줄여 나가야 합니다. 처음부터 싹 없어지는 것이 아니니까 자꾸 감정을 줄여서 호흡시에는 그런 잡생각을 하는 시간이 많지 않도록 해야 합니다.

문 조식, 즉 단전호흡을 할 때 정상적인 호흡량을 가지고 가늘게 하는 것입니까? 아니면 정상 호흡량보다 더 많이 길게 들이쉬라는 것입니까?

답 보통 10초 호흡을 가지고는 1분을 끌 수 있지만, 30분이나 20분은 불가능합니다. 조식으로 1분 호흡이 되는 사람이면 한 호흡에 5분, 길게는 30분까지 하는데, 보통 10초 하는 호흡량을 가지고는 그렇게 끌지 못합니다. 아무래도 많은 양이 들어가야 합니다.

문 세게 당겼다 놓았다 해야 고무줄이 늘어나듯이, 숨도 한껏 마셨다 한껏 뱉었다 해야 폐활량이 늘어나리라고 생각됩니다. 적게 마시고, 적게 뱉으면서도 숨이 길어진다는 이유를 잘 모르겠습니다.

답 폐로 숨쉬는 것만 아는 사람이 그런 소리를 합니다. 호흡을 2분 동안 하나 1일 1식一日一息을 하나 폐에 기운이 들어왔다 나갔다 하는 것은 마찬

가지입니다. 하지만 단전으로 숨쉬는 것은 그런 것과는 상관이 없습니다.

문 기가 쌓여서 호흡이 길어지는 것입니까? 아니면 호흡이 길어지면 기가 많이 쌓이는 것입니까?
답 덮어놓고 쌓이는 것이 아니라 호흡이 길어지면 자연히 쌓입니다. 그렇다고 지식으로 10분 호흡, 20분 호흡을 하면 기가 쌓인다는 말은 아닙니다. 지식은 정신에 관계없고 단지 격파와 같이 힘쓰는 데 소용됩니다.

문 내쉬고 들이쉬는 데 배에 힘이 들어갑니다. 맞는 것인지요?
답 숨을 들이쉬면 들어간 것만큼 배에 힘이 들고, 내쉬면 나가는 것만큼 힘이 줄어듭니다. 들락날락하는 건데, 당연한 거죠.

문 조식만 계속하여 숨을 늘려 가도 폐기는 자연히 이루어지는 것입니까? 아니면 의식적으로 마음을 써야만 기가 뱃속에 모이는 것입니까?
답 의식적으로 마음을 모아야 합니다. 아무 생각 없이 한다면 20초 숨쉬는 것을 무엇 때문에 줄여 가지고 7초, 7초 해서 14초 호흡을 하라고 하겠습니까? 그것은 조식을 하기 위해서 그러는 것입니다.

문 유기留氣를 양적 측면에서 보았을 때, 10이 들어왔으면 7을 내보내고 3을 남기는 것이 옳은 것입니까?
답 수량으로 따진다면, 10을 마셨으면 10이 나가는 게 본식입니다. 남겨놓는 것은 본식이 아닙니다. 들어왔다 나가고, 또 들어왔다 나가고 하는 것이 오래 반복되면 자기도 모르게 아랫배에 축기蓄氣가 됩니다. 기가 무성무취無聲無臭(소리도 없고 냄새도 없음)한 것이라서 그렇지 부지불식간에 모이는 것입니다. 들이마신 뒤 일부를 남겨놓는다, 찌꺼기를 남긴다는 것은 안 될 말입니다. 어쨌든 들락날락 하는 사이에 찌꺼기든 뭐든 남습니다. 그러니까 10이 들어왔다면 10이 다 나가도록 합니다.

문 폐기를 할 때 단전에 힘을 주어 기를 아래로 미는 것입니까, 아니면 아래로 밀어 내린다고 생각만 하는 것인지요?

답 생각만 하는 것입니다. 힘으로 쭉 밀어 내리다 보면 단전에 가서 알아서 그치는 것이 아니라 더 내려가기가 쉽습니다. 그리고, 들이마시기 전에 호흡을 "훅"하고 내쉬어서 숨을 다 내뿜어 버리면 속에 아무것도 없을 게 아닙니까? 이때 입을 닫고 코를 손으로 막아 놓은 뒤 배를 내밀어 보십시오. 배를 내밀 수도 있고 들이밀 수도 있습니다. 그러니까 숨을 안 쉬고도 가만히 내밀면 나가고, 들이밀면 들어오고 할 수가 있는 것이니까, 숨을 들이마시면서 억지로 하려고 하진 말라 이겁니다. 고르게 쉬기만 하면 자연이 그것이 차오르고, 오래 쉬면 그것이 빙 돌게 되며, 호흡이 1분이나 2분이 되면 아랫배에 힘은 자연 나아집니다.

문 단전보다 더 밑까지 기운이 내려간 것 같습니다. 어떻게 하면 좋을까요?

답 아래로, 배꼽 밑 단전까지만 밀어야 하는데, 너무 밀어 내리면 배꼽 밑에 머물지 않고 밑으로 그냥 빠져나가, 남자의 경우 불알 두 쪽이 불에 타는 것 같아 펄펄 뛰게 됩니다. 그렇게 해서 고장이 나는 것인데, 그것은 기운을 너무 밀어 내려서 그런 것입니다. 그런 일이 생기면 다시 숨을 가만히 쉬어 배꼽 있는 곳까지만 보낸 뒤 그곳에서부터 슬슬 밀어 올리면 아무 일 없습니다. 밑으로 억지로 떠다밀면 안 됩니다.

문 기氣와 식息을 어떻게 달리 이해해야 합니까?

답 기라는 것은 대기大氣, 천지에 붙어 있는 것은 다 기입니다. 그 가운데 우리가 받아들여 자기 뱃속에 담고 뱉고 하는 것을 식息이라고 합니다. 그러니까 식은 국한된 어느 부분에 들어가는 것을 말합니다. 기라는 것은 대기의 지극한 기운, 이 우주 전체의 기운을 말하는데, 무언가를 돌리는 것은 이 기를 가지고 돌리는 것입니다. 누가 기를 돌리는 것이 아니라 기가 스스로 돌아가는 것이죠.

문 기를 모으는 곳은 어디입니까?

답 숨을 오래 쉰다고 해서 자꾸 밑으로 내리면 잘 돌지 않고 응체凝體가 됩니다. 어떤 사람들은 아주 밑으로 내려가야 한다고 주장하는데, 그것은 법이 아닙니다. 기해氣海라고 하는 곳이 바로 배꼽 밑입니다. 기운을 모으는 바다라고 해서 기해라고 합니다. 요즘의 과학 같으면 "숨을 쉬어서 들이켜고 모으는 곳은 허파지, 왜 거기냐?"라고 하겠지요. 하지만 옛 어른들이 괜히 기해라고 한 것은 아닙니다. 그곳이 기를 모으는 자리입니다. 억지로 많이 모을 필요는 없고 유유하게 모으면 됩니다.

문 기가 단전에 모이는데, 그 기는 외부에서 들어오는 기입니까, 내부의 몸에서 모이는 기입니까?

답 그것은 금방 알아낼 수 있습니다. 코를 막고 숨을 들이쉰다면 숨이 안 들어갈 테니까 당연히 밖에서 들어간 기입니다. 기는 그 속에서 돕니다.

문 기를 다른 사람한테 옮길 수도 있습니까?

답 어떤 곳에서는 기를 뽑아 남에게 준다고 하지만, 여기서는 그렇게 하지 않습니다. 기는 누군가에게 빌려 주고 얻어 오는 것이 아닙니다. 스스로 길게 쉬어서 1일 1식一日一息하는 것인데, 아주 오래하는 사람은 하루에 한 번을 쉬거든요. 그러니까 그렇게 길게는 쉴망정 그 숨을 누구에게 주거나 받는 것은 아닙니다.

문 수련 중 뱃속에 콩알만한 것이 생기기도 하고 없어지기도 합니다. 무슨 현상인지요?
답 기운을 순하게 하면 아무것도 안 생기는데, 기운을 순하게 밀지 않고 억지로 밀면 덩어리도 생기는 것 같기도 하고, 무엇인가 나오는 것 같은 느낌이 들기도 합니다. 밀어 넣으려 하는 곳에 무슨 덩어리가 생긴 것 같기도 하고, 또 기가 딴 길로 빠지는 것도 같고 별의별 일이 다 생깁니다. 기운을 순하게 하지 않고 억지로 밀기 때문입니다. 그런 일이 생기면 다시 돌려서 처음부터 다시 시작해서 찬찬히, 고르게 하면 괜찮습니다.

문 수련 시 방귀를 뀌면 기가 같이 빠져나가게 됩니까?
답 수련해서 생긴 기와 뱃속의 잡기는 다릅니다. 빠져나가도 아무 상관이 없습니다.

문 호흡수련 시 단전에 무슨 형체 같은 것을 느끼게 됩니다. 어떤 사람은 "달걀 같은 것이 있다." 어떤 사람은 "딱딱한 것이 있는 것 같다. 콩알만한 것이 있다."라고 말하는데, 그런 것이 느껴지는 것이 좋습니까?
답 거기다 힘을 쓰니까 모이지, 힘 안 쓰면 모이지 않아요. 아무것도 못 느껴도 되고, 무슨 덩어리가 생기는 것을 느껴도 괜찮아요. 공부를 그냥 멋없이 하기가 심심하니까 모아서 돌리라고 하는 것인데, 그것은 바로 호흡을 길게 하라는 것입니다. 돌리라고 주장하는 것이 아니라 호흡을 길게 하라고 주장하는 것입니다. 호흡을 길게 하기 위해서 돌리는 겁니다. 그러니까 아주 곱게, 길게 하는 사람은 상관이 없어요. 무슨 덩어리나 핵 같은 것이 생길까 봐 돌리라고 한 것이지, 돌리는 것이 필수라는 말은 아닙니다.

문 수련할 때 단전이 뜨뜻하게 느껴지는 것과 그런 것을 못 느끼는 것에는 어떤 차이가 있습니까?

답 억지로 모으면 뜨뜻해지죠. 억지로 안 모으면 더운지 찬지 몰라요. 그렇지만 차지는 않습니다. 얼음과 눈이 쌓여 있는 곳에 몇 시간씩 앉아 있다가 일어나 보면 손도 얼지 않고 배도 얼지 않고, 아무데도 언 데가 없어요. 그러니까 곱게 들어오고 곱게 나가서 아무것도 안 느껴지는 것이 가장 좋은 것입니다. 처음부터 그렇게 되라고 하면 자꾸 다른 짓을 하니까 돌리라고 말하는 겁니다. 그냥 오르락내리락, 1분이나 2분 정도 해도 괜찮아요.

문 호흡을 하다 보면 몸이 흔들리는 진동이 있습니다. 올바른 현상인지요?

답 혹 그런 수가 있습니다. 호흡이 순조로우면 진동이 안 되는데, 호흡이 걸리면 진동이 됩니다. 체기滯氣가 되면, 다시 말해 기가 체하면 몸이 흔들립니다. 조식이 조금 덜 될 때 그런 현상이 생깁니다. 머리를 흔드는 이도 있고 별 사람이 다 있습니다. 그럴 때는 다시 호흡을 고르면 됩니다.

문 호흡할 때는 모르겠는데, 호흡을 하고 난 다음에는 입 안의 혓바닥 부분과 단전 부분에 공기가 남아 있는 느낌이 듭니다.

답 보통 생기는 현상입니다. 남게 됩니다. 많이 남지는 않아도 남았다는 느낌이 들죠.

문 수련할 때, 또는 수련할 때말고도 머리나 목 등 단전 이외의 부분에서 뜨거운 기운이 느껴집니다. 어떻게 하면 좋을까요?
답 호흡을 억지로 해서 그렇습니다. 다시 조식을 잘 하면 앞으로 나아갈 수 있습니다.

문 집 뒤에 자그마한 동산이 있습니다. 새벽 한두시 경에 수련을 가끔 하는데, 호흡이 잘 되는 날도 있지만 어떨 때는 주위에 어떤 이상현상이 생기지 않겠느냐는 무서운 생각이 들기도 합니다.
답 밤에 동산에 혼자 있으면 도깨비나 짐승이 나올까 봐 무서울 수도 있죠. 아무렇지도 않다는 사람은 별로 없을 겁니다. 하지만 공부가 웬만큼 된 사람이라면 아무리 깊은 산에 하루이틀, 몇 달을 혼자 들어가 있더라도 아무 일 없습니다. 물에서 수수련水修鍊을 해보면 물구렁이가 다가오다가 내뺍니다. 호흡 공부를 내가 잘하네, 네가 잘하네 하지만, 수수련을 시켜 보면 대번에 압니다. 호흡이 1분이나 되는 사람이면 구렁이가 근처에도 못 오고 다섯 칸, 여섯 칸 밖에서 달아나 버립니다. 10초, 20초 하는 사람이면 구렁이가 석 자나 넉 자쯤 오다가 내뺍니다. 구렁이에겐 무슨 전기 촉각 같은 게 있는 모양입니다. 딱 버티고 앉아서 공부하고 있으면 도깨비고 짐승이고 못 덤빕니다. 산에 가서 오래 있으면 재미는 있습니다. 추울 적에 여러 명이 쭉 앉아 있다 보면 훈훈한 기운을 느낍니다. 범이 와서 사람들 사이로 슬슬 다니다가 자는 사람이 있으면 꼬리로 스르르 스치고 갑니다. 그러면 사람이 깜짝 놀라서 깨죠. 깨면 범은 벌써 저만치 갔으니까 무엇이 그랬는지 모릅니다. 산에 있을 적에 고등학교 2학년 학생이 하나 있었습니다. 저녁마다 공부하는 곳엘 가면 날마다 범을 보았죠. 어느 날, 그날 따라 범이 안 보이니까 "오늘 우리집 고양이가 안 따라 오네요." 하고 말했죠. 숲

길로 따로 오던 범이 어흥 하고 소리를 내니까 그 다음부터는 그런 소리를 못합디다. 어쨌든 그런 조그만 애들도 겁을 안 내요. 범이 늘 가까이 와도 해를 끼치지 않으니까.

문 흔히들 산에 가서 공부를 한다고 하면 계룡산을 연상합니다. 특별히 계룡산에서 공부하는 것이 좋은 이유가 있습니까?

답 제가 계룡산 기슭에 살았으니까 거기서 공부한 것이에요. 공부하는 장소야 계룡산이든 북한산이든 자기 내키는 곳에서 하면 됩니다. 특별히 어떤 산이 좋다고 하는 것은 없습니다. 어떤 산의 공부 자리가 좋다, 어디가 좋다고들 이야기합니다만 이곳저곳에서 공부를 많이 해본 제 경험으로는, 감옥에 7개월 들어가 있을 적에 가장 공부가 잘 됐습니다. 유치장 간수들은 왜 앉아 있느냐는 소리는 안 합니다. 또 물어 봐도 그냥 정좌한다고 하면 됩디다. 거기서 공부가 제일 잘 됐습니다. 그러니 좋은 공부 자리는 사실 없다고 보면 됩니다. 어디서든 열심히 하면 됩니다. 단, 좌도左道의 주문呪文을 공부할 장소는 신중히 선택해야 합니다.

문 호흡 공부는 꼭 전심으로 수련을 하여야만 합니까?

답 정신수련을 전공하고 싶은 사람도 있을 테지만 아무나 보고 전공하라는 말은 못합니다. 학생은 학교를 다니면서 하루 한 시간이고 두 시간이고 하면 되고, 공무원이나 회사원들은 공무, 사무 보고 남는 시간, 노는 시간을 이용해서 하면 됩니다. 전공을 않고 자기 살림을 하고 있으면서도, 말하자면 다른 데 가서 마작을 하든지, 바둑을 하든지 하는, 노는 시간을 이용해 공부를 할 수가 있습니다. 살림하면서 공부하기는 좀 힘듭니다. 그럼 아주 못 하느냐? 살림도 하고 벼슬도 하고 다 했습니다. 퇴계 선생님이 단학계의 고단자라는 소리를 하면 그 자손들이나 제자들이 "우리 선생님이 그런 짓을 하셨을 리 없다."며, 무슨 못된 짓이라도 되는 것처럼 딱 잡아뗍니다. 하지만 퇴계, 그 양반은 단학의 고단자입니다. 자식 두고 살림하고 벼슬까지 다 했습니다.

선조 때 영의정으로 있던 동고東皐 이준경李浚慶 선생 역시 고단자입니다. 점필재 김종직 선생도 고단자이고, 매월당梅月堂(김시습金時習), 서화담徐花潭(서경덕徐敬德), 정북창鄭北窓(정렴鄭磏), 이하성李夏成[55], 송구봉, 이율곡, 이토정, 도황명—송구봉만은 못해도 그도 고단자예요—, 서고청徐孤靑(서기徐起), 정다산丁茶山(정약용). 다 고단자예요. 학계에서는 정다산이 단학을 했다는 것을 부인합니다. 그가 실학파지 무슨 단학가냐고 하겠지만 그는 분명 단학을 한 분입니다. 소설《단丹》에 써 놓은 삼비팔주三飛八走에 속한 사람들은 다 실제 인물들입니다. 아주 오래 된 사람들도 아니고 저보다 열두 살 정도 더 먹은 사람들이지요.

문 부부관계를 하면 그동안 쌓은 공부가 수포로 돌아간다고 하는데 그 진위여부를 알려 주십시오.

답 공부를 하게 되면 성교는 15일 정도 연기됩니다. 30초 호흡하던 사람이 성교를 하면 25초 정도로 줄어듭니다. 그랬다가 한 보름 정도 지나야 제자리로 옵니다. 예전의 도인들 중에 자손 없는 도인은 없습니다. 자손이 있는 걸 보면 결혼 생활은 큰 문제가 아니라는 것을 알 수 있습니다. 문제는 "남색濫色하느냐, 안 하느냐" 하는 것입니다. 자손을 둘 정도로 성교하는 것은 아무 상관이 없습니다. 남발만 하지 않으면 괜찮습니다. 그리고, 호흡 수련

---

55) 조선전기 천안 목천지역에 우거한 문신.

에 있어서 자위행위는 성교와 마찬가지로 나쁩니다. 하지만 몽정은 호흡 수련과 관계가 없습니다. 몸에서 정액 나가는 것은 똑같지만 그것은 자연적으로 나간 것이지, 자신이 내보낸 것이 아닙니다. 호흡하는 사람이 몽정을 했다고 해서 호흡이 줄지는 않습니다.

문 수련 시 호흡이 조식으로 1분이나 되는 사람이라면 평상시에는 어느 정도 호흡을 하게 됩니까?
답 1분 호흡이 된다면 보통 평상시 40초 호흡은 됩니다.

문 30초 호흡을 하는 사람이 앉자마자 30초 호흡을 하는 것은 아니겠지요?
답 앉자마자 되는 것은 아니죠.

문 호흡이 40초 정도 됩니다. 수련 시에 파란 불꽃이 보이는데 제대로 되고 있는 것인지요?
답 정신을 모아서 공부하는 것이라면, 앞에 나오는 것이 푸른 불이건 붉은 불이건 상관이 없습니다. 어떤 때는 나오고 어떤 때에는 나오지 않고 하는 것은 일시적인 것입니다. 열 번을 앉든지 스무 번을 앉든지, 앉을 때마다 늘 나타나는 것은 회광도전回光導前(빛을 돌이켜 앞을 인도함)입니다. 이제 진짜 광선이 나오기 시작하는 것입니다.

문 공부하다가 제 얼굴이 보이든지 다른 무엇이 보이든지, 그것을 자랑하지 말고 공부만 해야 합니까? 자랑을 하면 큰일이 납니까?
답 자랑할 것 없어요. 그런데 젊은 사람들은 그런 현상이 신기한지 자꾸 떠듭니다. 가만히 있으면서 그 다음 것을 보고 그 다음 것을 또 보고 그러세요.

문 초계의 경지는 어떤 것입니까?
답 초계가 급하지 않고 호흡이 급합니다. 조식하는 호흡으로 1분만 충분히 된다면 책을 펼친 뒤 금방 덮어도 바로 기억이 됩니다. 한번 슬쩍 보고 덮어도 200자면 200자 모두가 사진 찍히듯 한번에 딱 들어와 버립니다. 그 정도 되면 이제 공부가 진전을 보이기 시작하는 것입니다. 그것이 안 되면 공부가 덜 됐다고 알면 됩니다. 실력이 조금 늘면 한 대여섯 장 봅니다. 찬찬히 대여섯 장 본 뒤 덮어 놓고서 가만히 앉아 있으면 마치 눈 뜨고 보는 것처럼 보입니다. 그 정도면 초계라고 할 수 있겠지요. 그게 안 되면 초계가 아닙니다.

문 《단丹》에, 미리 시험문제를 끌어다 보면 신벌神罰을 받는다고 했는데 실제로 그렇습니까?
답 저는 그런 말을 하지 않았는데. 작가가 그렇게 썼나 모르겠습니다. 공부하는 사람 중 어떤 사람이 욕심이 없겠습니까? 무슨 도적질을 한다든지 나쁜 일을 한다면 모르지만, 시험 보는 사람이 자기가 공부를 덜 했더라도 미리 시험문제를 보고 싶은 것은 당연한 일입니다. 무슨 큰 죄가 되는 것은 아닙니다. 내 공부는 하지 않고, 별난 정신력으로 그걸 보려고 하는 것은, 공부하는게 조금 모자라는 것이지만 신벌 받을 것까지는 없어요. 신도 그 정도는 용서해 줍니다.

문 수련자가 수련에 도움을 얻기 위해서 약을 복용해 가면서 수련하는 것에 대해서는 어떻게 생각하십니까? 약을 복용한다면 약을 어떻게 복용하는 지에 대해 말씀해 주십시오.

답 약 먹고 공부하라는 말은 정신수련법 사전에 없어요. 그런데 어떤 책을 보면 약 먹으라는 소리가 가끔 나와요. 무엇을 먹어라, 무엇도 먹어라-이런 소리를 하며 그걸 먹으면 정신만 좋아지는 것이 아니라 남자들 양기도 좋아지고 힘도 나고 뭐가 어떻게 된다는 말들을 합니다. 어떤 이가 선인仙人이 어쩌고저쩌고 하면서 "정신수련이란 별 것이 아니라 남자들 양기가 좋아지는 첩경, '그짓'하는 법"이라고 했는데, 나중에 보니 그는 무슨 박사더군요. 박사가 뭘 압니까? 본디 허약한 이가 힘든 수행을 하다가 참기 힘들면 보약을 먹는 경우도 있습니다. 정신수련 때문에 먹는 것이 아니고 보약을 먹어서 기운을 풍족하게 하여 수기水氣가 돌면 좀 나아지니까 보약을 먹는 것이지요. 그런 약을 먹으면 덜 고생하고, 수기가 돌면 맑은 정신이 좀 돌아옵니다. 예전엔 피를 맑게 하는 약이 있었습니다. 정신수련을 위해 그런 건 좀 먹었어요. 피가 탁하면 잘 돌지 못하고, 피가 깨끗하고 맑으면 잘 돌아가니까 그런 약은 먹었죠. 지금은 그런 약을 못 먹어요. 자기가 지어서는 먹어도 남이 지어 줄 수는 없어. 왜 그러냐? 한의학 하는 사람들이 조금이라도 독극성을 가진 약이나 극약 등을 조제해서 쓰면 당장 고발을 당해 영업정지 처분을 당하고 벌금을 물게 됩니다. 그러니까 요즘은 그것 약을 안 지어요. 예전에는 청혈제라고 해서 머리가 맑아지고 피가 맑아지는 약을 썼습니다. 탁했던 피도 청혈제를 먹으면 맑아집니다. 그런데 몇 번 그런 경우를 보게 되면, 더욱이 돈이 없어 못해 본 사람이 여러 번 보게 되면 "약을 사먹었더니 속에 들었던 다른 것이 금으로 변해 신선이 됐다."는 소리들을 하는데, 그건 보통 거짓말이 아니라 새빨간 거짓말입니다.

문 금냉법金冷法에 관하여 말씀해 주시기 바랍니다.

답 금냉법은 내가 처음 도장道場에 들어갔을 때 경험했습니다. 젊었을 때 유도도 하고 검도도 했었는데, 중국 가서 배우면 좀 낫겠거니 하고 중국 도장에 들어갔어요. 제일 먼저 청소부터 시킵디다. 그래 놓고선 금냉법을 시켜요. 그런데 그것도 하루 이틀이 아니라 한 달, 두 달, 석 달 동안이나 시키고 정작 무술은 하나도 안 가르쳐 주는 거예요. 화가 나겠어요, 안 나겠어요? 그렇게 100일을 지낸 뒤에 무술 시합을 시키더군요. 그 전에 유도를 할 적에는 다섯 사람을 붙들고 3분씩만 계속해도 땀이 나고 숨이 찼는데, 그때는 한 스무 명과 시합을 해도 땀이 안 나는 거예요. 속으로 "아 금냉법 때문이구나!" 했습니다. 이제 여기 나와서 운동하려는 사람에게는 꼭 그것을 시킵니다. 참는 힘을 늘려 줘요. 숨도 안 차게 됩니다. 그러니까 호흡을 오랜 시간 앉아 해도 괜찮은 것이죠.

문 호흡을 수련하는 사람은 꼭 금냉법을 해야 합니까?

답 나는 금냉법을 반드시 시키지는 않습니다. "기껏 불알이나 물로 닦으라고 한다."는 소리를 할 테니까 안 시키는 거죠. 꼭 할 사람은 "한번 해보기나 하라."고 내가 권고하죠. 내가 해봤으니까요. 금냉법은 수련하는 데 도움이 됩니다. 동지 섣달, 눈 내리는 추운 바깥에 밤을 새우며 앉아 있어도 거뜬해요. 하기 싫어서 안으로 들어오게 되지, 추위나 피로 같은 이유 때문에 안으로 들어오게 되진 않아요. 그렇게 하니 당연히 공부가 늘게 되는 겁니다. 가끔 젊은 사람들이 무슨 보약을 먹겠다고 하면, 나는 그러지 말고 금냉법 한번 해보라는 소리를 합니다.

문 어떻게 하는지 일러 주시겠습니까?

답 맨손으로는 안 돼요. 무명실 장갑을 손에 끼고 합니다. 왜 무명실 장갑이냐? 무명실을 찬물에다 집어넣으면 찬 것이 보온이 되는데, 요새 인조견 같은 것은 미끈거려서 안 됩니다. 맨손은 더워서 안 되구요. 장갑 낀 손을 물에 담구었다가 고환 뒤, 외신外腎(성기) 뿌리 있는 곳, 그러니까 항문 있는 곳까지 쑥 집어넣습니다. 긁지는 말고 선뜻한 느낌이 들 정도로만 하면 돼요. 물을 끼얹는 식이긴 하지만 사실 끼얹는 것이 아니라 배꼽까지 올리는 것입니다. 슬쩍슬쩍 하지 않고 잔뜩 문지르면 피부가 홀딱 벗겨집니다. 처음에 나는 시키는 대로 1시간식 꼭꼭 했는데, 해 보니까 30분만 해도 되더군요. 그러니까 아침에 30분, 저녁에 30분 이렇게 두 번 하면 됩니다. 쭈그리고 앉아서 30분 동안 쉬지 않고 계속합니다. 손이 얕게 들어가면 안 되고 깊이 들어가야 하며 선뜻선뜻한 느낌이 들게만 하면 됩니다.

보통 물, 차가운 자연수면 됩니다. 얼음을 타서 너무 차게 해도 안 돼요. 의사님들은 차게 하면 못쓴다고 하는데, 못쓰긴 뭘 못씁니까? 양기도 좋아지고, 정신도 좋아져서 뇌신경이 아주 좋아지는데 말이에요. 대하증이나 냉, 자궁병이 있는 여자들도 금냉법 두 달, 석 달이면 깨끗하게 나아요. 제가 지금 아흔줄인데 안경 안 쓰고 잔 글씨까지 다 봅니다. 금냉법 덕분이지요. 나는 나이가 쉰이나 예순 정도 된 사람, 일찍 양기가 부족해진 사람, 그래서 내외간에 가까이 하지 못하는 그런 사람들한테 심심하면 그것을 권합니다. 두서너 달이면 효과가나요. 속된 말로, 만약 짝이 없으면 짝을 구하기 위해 쫓아다니느라 야단이 날 겁니다. 이루 말할 수 없이 양기가 좋아지는 것입니다.

원상법

原象法

원상법原象法

우주, 인간, 사물의 원초적 형상을 꿰뚫어보는 고도의 투시법

[해제]

이 법은 글자 그대로 우주 만유萬有의 원초적 형상을 자신의 정신력으로 꿰뚫어보는 것을 골자로 한다. 따라서 우도右道 즉 자동수련법 가운데 조식법을 기반으로 충분한 수양을 쌓은 득력자得力者가 한 차원 높은 정신계로 진보하고자 할 때 원상수련이 필요하다. 보통 조식수련의 호흡 길이가 1분 이상 되는 사람이면 원상수련에 임할 수 있는데 보다 확연한 성과를 거두기 위해서는 2분 이상이 필요하다.

원상법에 사용되는 〈원상문原象文〉 혹은 〈원상결原象訣〉은 200자도 안 되는 짧은 한문인데, 외양外樣은 공자가 편찬한 《주역》〈계사전繫辭傳〉을 바탕으로 한 역경요지易經要旨이다. 이것은 또한 정신수련법의 정요精要이기도 하다. 혹자는 이 문장을 마치 주문呪文처럼 입으로 소리내며 한없이 읽어 대지만, 원상법은 주문 수련하는 좌도가 아니고 호흡법을 토대로 하여 수련하는 우도이므로 주력呪力을 발동시키는 것이 아니라 자기 본연本然의 자발적인 투시력透視力을 기르고 강화하여 자아와 우주의 근본자리인 성性을 보고, 밝히고, 깨달아 체득하는 것을 궁극적 목표로 하고 있다. 즉 원상수련은 정신의 투철한 대오각성大悟覺醒과 본래면목本來面目의 확인 및 회귀를 지향한다. 이러한 과정을 통하여 수련자의 정신세계는 깊이

함양되어지고, 고양되어서 한층 더 높은 정신력의 계단을 딛게 되는 것이다.

원상법이 언제 어떻게 전해졌는지는 분명하지 않으나, 공자가 〈계사전〉을 지은 이래, 심법心法을 전하는 직절문直截門56)으로서 심종 수련사들에게 계승되어 온 것만은 틀림없다.

다음은 봉우 선생의 원상법 해설문이다.

[봉우 선생의 원상법 해설문]

유가儒家에서 왕왕 이 형이상학을 전공하던 선배들이 공부자孔夫子가 지은 《역경易經》 〈계사전繫辭傳〉의 '천하지지신天下之至神'이란 것을 택하여 반조反照니 회광回光이니 하며, 《대학》의 '격물치지格物致知'와 서로 안팎을 이루는 공부로서 전해 왔던 것이다. 공자 문하에서 이 원상법을 전공한 사람이 안자顔子이고, 일용사물학日用事物學을 전공한 사람이 증자曾子이다. 그런데 안자가 불행히도 일찍 죽어 그 전수심법傳授心法을 다시 공부자孔夫子(공자님)의 묵시默示에서 구하게 되어 심법에 대한 상세한 내용을 구할 길 없게 된 것은 유감스러운 일이 아닐 수 없다. 공부자가 이를 염려하여, 불언중不言中에 가능한 한 후인들이 알기 쉽게 이에 대한 암시를 한 것이 바로 원상법이다. 유교에도 교종敎宗과 심종心宗이 있는데 이 원상수련법은 심종心宗에 속한다. 비록 유불선儒佛仙에 분파는 있으나, 이 심종에서는 귀착점이 두 곳이 아니요 한 곳이라는 것을 명시하고 있다. 즉 중간에 만 가지 형상으로 흩어져도 끝에 가서는 다시 한 가지 이치로 합해지는(中散爲萬象 末復合爲一理) 불변의 철칙이 존재하는 것이다.

---

56) 지름길. 곧바로 가는 문.

우리는 공자 이전부터 이 물심物心 양종兩宗을 우주의 인류에게 전해 주시고, 몸소 시범하신 대황조 한배검 님이 《천부성경天符聖經》에 하신 "일一이 삼三이요, 삼三이 일一이며, 이 모든 근본이 무無에서 나오고 또한 태양의 앙명昻明을 주체로 한다."는 말씀의 참뜻을 알아야 한다. 일이 삼이라 함은 무에서 일이 나왔고 일과 대등한 것이 삼, 즉 일 이상의 수라는 뜻이며, 삼이 일이라는 것도 우주 만상의 근본은 귀착점이 하나요, 둘이 아니라는 뜻이다. 태양의 밝음을 주체로 한다는 것은, 우주 만물이 암흑 속에서는 동動인지 정靜인지, 유有인지 무無인지를 알 수 없기 때문에 태양의 밝음을 근본으로 해야만 비로소 우주에 만물이 있는 줄을 알게 되고 생양수장生養收藏의 원리도 알게 되기 때문이다. 우리 선조들은 이러한 한배검님의 교훈을 유구한 세월 동안 전통으로 이어받아 왔다.

구한말 정신수련계의 대가인 우도방주右道方主 일송一松 선생께서 이 원상법을 여러 제자들에게 전해 준 것으로 보아, 이미 오래전부터 우리의 고유한 정신수련 체계 속에 편입되어 있었던 듯하다.

여기서는 〈원상결〉을 우리말로 옮겨 그 내용을 살펴보고, 원상수련의 단계적 과정을 서술한 〈원상수련 법식法式〉 및 〈원상법요原象法要〉, 이를 통해 밟아 올라갈 수 있는 수련의 계제階梯를 풀이한 〈구계법론九階法論〉, 원상수련 과정을 스승과 제자의 입장에서 문답 형식으로 상세히 그려 낸 〈원상혹문장原象或問章〉, 역시 수련 과정상 경험하게 되는 정신 능력의 종류를 여섯 가지로 나누어 수련의 진척도에 따라 서술한 〈육통해六通解〉를 원문과 주해를 통해 차례로 소개한다. 원문 해석 및 주해에 들어가기 전에 〈원상결〉 전수에 얽힌 봉우 선생의 구술을 그대로 인용했다. 주로 선생이 경험한 일화들인데, 원상법의 전수에 관한 여러 가지 중요한 회고담을 담고 있다.

[봉우 선생의 원상법 전수일화]

내 나이 20세 되던 기미년(1919년)에 서울에서 조일운趙一雲이라는 사람을 만났다. 그는 외양이 점잖고 풍신이 번듯하니 잘생겼는데, 당시 서울에서 대술객大術客 노릇을 하고 있었으며 박양래 선생과도 친교가 있는 사이였다. 그는 소위 '이전彛典'이라는 술수術數에 능통하였다. 그것을 행하는 광경을 옆에서 지켜보니, 정경대도正經大道의 심법心法을 체달體達한 사람 같지는 않았다. 즉, '이전'을 놓는다고 하면서 분향을 하고, 무슨 글을 주문 외듯이 읽고 하는데 바로 그것이 원상주原象呪라는 것이었다. 그는 그것을 읽고 또다른 한 편의 글을 길게 내리 뽑았는데, 그것은 다섯 단어로 이루어진 것이었다. 즉 지승地昇, 천강天降, 용좌龍左, 용우龍右, 용잠龍潛이란 말을 길게 소리내면서, 눈은 딱 감고 양손에는 쇠로 된 막대기 같은 것을 하나씩 쥐고 있었다. 그것은 사각이었고 길이는 30센티미터쯤이었다. 사면으로 위쪽엔 주역 팔괘八卦를 둘러 새겼고, 아래에는 구멍을 뚫어 한글 자모를 달아 놓은 독특한 모양의 막대기였다. 그는 주문을 외듯이 '원상결'과 지승, 천강 등과 같은 단어들을 읊조리다가는, 한 손 한 손 교대로 막대기를 던지며, 던져진 형상에서 한글 자모를 하나씩 모아 얻어진 문구로 점을 치는 것이었다.

원상주의 내용을 잘 살펴보니, 내가 보기에는 그런 식으로 길흉화복점이나 치라고 만들어 놓은 것은 아닌 것 같은데, 그는 뭔가 잘못 쓰고 있는 것 같아 보였다. 옆에서 좀 놀려 주려 했으나, 박양래 선생이 기미를 눈치채고는 막 옆구리를 치며 말리는 바람에 그 자리에서는 아무 소리도 안 하였다. 나중에 그에게 '이전' 놓는 법을 누구에게 배웠는지 물어 보았더니, 전라남도 나주羅州에 사는 최도은崔道隱 선생에게 사사師事하였다고 했다.

제자들이 수천 명이나 된다고 하면서, 그는 여전히 이 원상주를 외면 상재上才는 7일, 중재中才는 이칠일二七日(14일)이면 통령한다는 얘기를 늘어놓고 있었다.

아무튼 '원상'이라는 말을 이 조일운이라는 술객에게 우연히 얻어 들은 지 몇 년 뒤에 마침 전라도 지방을 여행하다가 나주 쪽을 지나게 되었다. 전부터 들은 얘기도 있고 하여 최도은 선생 댁을 찾아갔다. 그 집은 아주 넓었는데, 나그네들을 치르는 곳으로 근처에 널리 알려져 있었다. 아랫사랑으로 안내되었는데 벌써 십수 명이 묶고 있었다. 얘기를 들어 보니 저녁은 물론 아침밥까지 주고, 아침에 떠날 때에는 주인이 나와서 노자까지 준다는 얘기였다. 참 후한 인심이었다.

저녁밥을 먹고 나니, 중년의 집주인이 사랑에 나와서 인사를 하며 손님이 여럿이라 음식이 변변치 못하다고 하며 "계룡산에서 오신 권 선생님, 이 자리에 계십니까?" 하고 묻는 것이었다. 나는 그때 20대 초반의 나이라 주위 사람 이목도 있고 하여, "선생님은 아니고 권태훈은 여기 있소."라고 응답하였더니, 주인은 자기 가친家親이 선생님을 좀 뵙고자 한다며 나가자고 하였다. 나는 춘부장 뵐 일이 없다며 사양하였으나, 그는 가 보시면 안다며 나를 잡아끌었다. 집안으로 들어서니, 한 삼백 평은 될 듯한 큰 연못과 연못 가운데에 언덕을 만들어 지어 놓은 정자가 보였다. 연못가에는 오동나무와 오류선생五柳先生 도연명陶淵明을 상기시키는 많은 버드나무가 심어져 있었고 연못에는 연꽃이 가득히 피어 있었다. 이는 또한 애련설愛蓮說로 유명한 중국 송대宋代의 철인哲人 주염계周廉溪 선생을 떠올리게 했다. 나는 이 집에 무슨 괴짜가 하나 살고 있구나 하는 생각이 들었다. 정자로 가기 위해 주인이, 나를 태운 조그만 쪽배의 노를 저어 언덕에 대었다. 가까이 가 보니 정자 마루 위에 노인 한 분이 딱 서 있는데, 그가 바로 최도

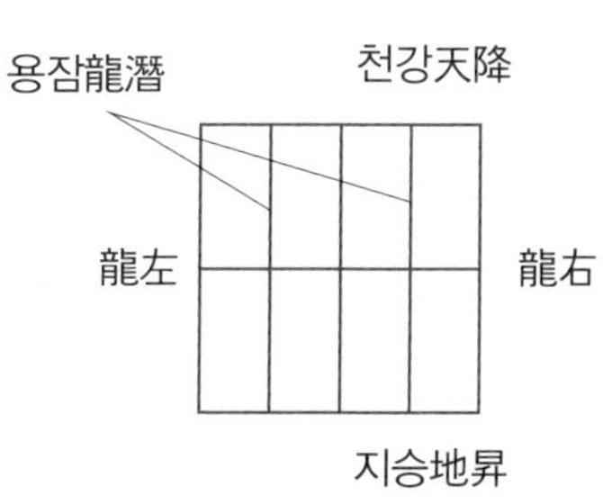

〈최도은의 이전 놓은 그림〉

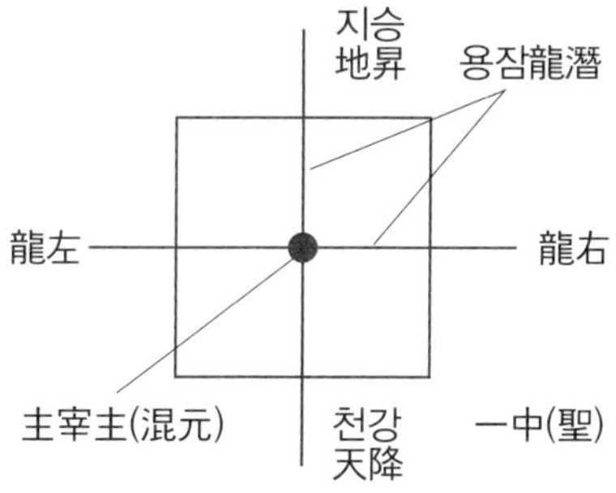

〈봉우 선생님의 이전 놓은 그림〉

은 선생이었다. 그는 자기가 맞으러 나가야 하는데 이렇게 아들을 시켜 모시게 되어 죄송하다고 하며 겸손한 예를 표하였다. 그러고는 나에게 자리를 권하고 나서 '이전' 책을 내놓는 것이었다. 그는 산대[算木]를 쥐고 '지승'이라 읊조리며 방바닥에 ⊥ 모양으로 놓았다. 그 다음은 '천강'이라 하며 아까 '지승'을 놓은 ⊥ 모양 위에 ㅜ 모양으로 놓았다. 工 모양이 된 것이다. 여기에 '용좌'하며 좌측에 ├ 모양으로 산대 2개를 놓았다. 다음은 '용우'하며 지승, 천강의 工 모양 오른쪽으로 ┤모양을 만들었다. 즉 밭 전田자의 형태가 된 것이다. 여기에 마지막으로 '용잠' 하며 '田'자 가운데 위에 산대를 하나씩 걸쳐 놓는 것이었다. 곧 위 왼쪽의 그림 같은 형상이 되었다. 그는 이 모양을 가리키며, "이것이 '이전' 놓는 법입니다."라고 말했다. 나는 "이건 제 생각이지만" 하고 운을 뗀 후에 "저는 수를 잘 모릅니다만 선생님께서 해 놓으신 것은 얼른 보기에 좀 설게 보이는군요."라고 말한 후 내 나름의 해석을 밝혔다. 즉 '지승'은 땅 기운이 위로 오르는 것이니 '田'자의 밖을 향해 ⊥ 모양으로 놓고, '천강' 역시 밖으로 ㅜ 모양으로 놓아 ╪ 모양으로 놓은 후 '용좌', '용우'도 밖을 향해 ┤├ 모양으로 놓은 후(⊡), 마지막 '용잠'은 그 가운데에 십자十字로 겹쳐 놓아야 ⊞ 모양이 되어 일중一中을 드러낸다(오른쪽 그림). 이 모양 한가운데에는 점이 하나 찍혀져 있는데 이것은 주재주主宰主로서 태극이 갈리기 이전의 혼원일기混元一氣 자리라 할 것이다. 또한 일중이라 함은 정일집중精一執中을 뜻하는데, 이 말은 곧 요 임금께서 순 임금께 "유정유일惟精惟一 이오사 윤집궐중允執厥中하라(오직 정精하고 오직 일一하여 모름지기 그 가운데를 잡으라)."고 전해 주신, 성문聖門 만고불역萬古不易의 심법을 나타낸다. 성인 성聖 자도 이 일중一中의 합자인 ⊞ 모양에서 비롯된 것 같다. '聖'자를 보면, 귀[耳]와 입[口] 밑에 있는 임금 왕 자의 획수가 넷이다. ⊞ 모양을 보면 '田' 자가 '口' 자를 넷 지니고 있고 '田' 자 사방으로 뿌다귀가 하나씩 나 있으니 귀가 넷 아닌가? 이래서 일중一中은 ⊞으로 성인聖人을 상징한다고 본다.

내가 이야기를 마치자, 묵묵히 듣고 있던 그가 불끈 하고 일어나 "선생님, 바로 보셨습니다." 하고 말하는 것이 아닌가? 그러더니 "저의 큰 선생님께서 작은 선생님께, 언제든 권 아무개가 오면 이걸 전해 주라고 분부하셨는데, 권 선생께서는 미리 다 알고 계시니."라고 말하였다.

그의 큰 선생님이란 일송 선생님을 말하는 것이었고, 작은 선생님은 그를 직접 가르친 스승인 최소은崔小隱이었다. 그는 나의 해석을 다 듣고 나니 최소은 선생이 자신에게 '이전'의 뜻을 다 가르쳐 주지 않으신 듯하다고 하였다. 나는 그의 스승인 일송 선생님의 제자 최소은을 찾아갔다. 그는 충남 공주군 사곡면 최씨 마을에 살고 있었는데, 제자 최도은이 나주 근방에서 대도인大道人으로 대접받고 있음에 비해, 너무나 대조적으로 살고 있었다. 근처에서 그에 대해 수소문해 보니, 일정한 직업도 없는 천하의 주정꾼이자 건달로서 여편네 품앗이로 연명하는 자라고 평하는 것이었다. 최씨 마을 사람들은 그를 아주 개떡같이 여기고 있는 것이었다. 내가 찾아갔을 때 그는 동네 시냇가에서 낚시를 하고 있었다. 나는 "소은장小隱丈, 여기서 강태공 노릇 하십니까?" 하고 웃으며 말을 건넸다. 그는 나를 돌아보더니 대뜸 정색을 하며 대번에 알아보는 것이었다. 그와 많은 얘기들을 나누었는데, 그는 일송 선생님의 열 몇 번째 제자라 하였다. 그는 내가 일송 선생의 세 번째 제자라는 이야기도 해주었는데, 처음 듣는 얘기였다. 내 나이 십대에 일송 선생님을 따라 구월산에 가서 공부할 때는 선생의 제자가 전국에 그렇게 많이 있다는 사실을 도무지 몰랐던 것이다. 일송 선생님의 제자 또 한 사람이 전남 보성寶城 땅 솔머리라는 곳에서 훈장질이나 하며 지내는데, 따로 키우는 제자는 없고 성은 안安 씨라고만 하였다. 공부는 최도은보다 뛰어났고 그림과 글씨를 잘 했는데, 후일 곱게 죽었다고 한다. 이야기 끝에 최소은은 자신의 정체를 이 마을 누구에게도 발설하지 말라고 부탁했다. 지금 이대로 주정꾼, 미친놈 대접을 받아 가며 거리낌 없이 나름대로 초야에 묻혀 살겠다는 것이었다. 이상이 내가 원상법을 전해 받게 된 전말이다.

원상결
原象訣

[원상결 원문 및 주해]

수건복곤 천지정위 이감목리 일월명광 구태수간 산택통기
首乾腹坤 天地定位 耳坎目離 日月明光 口兌手艮 山澤通氣

고손족진 뇌풍동작 실시 건곤지조화 이품기어인야 대재 인호
股巽足震 雷風動作 實是 乾坤之造化 而稟氣於人也 大哉 人乎

지성위도 가이전지 일리존존 백체전전 시위합덕 묘용지전기야
至誠爲道 可以前知 一理存存 百體全全 是爲合德 妙用之專機也

기정즉변 기동즉화 동정지간 변화무궁 시이 부질이속 불행이지
機靜則變 機動則化 動靜之間 變化無窮 是以 不疾而速 不行而至

치심상지정령 감이수통 천하지고 오황상제 강충우하민 소소
致心上之精靈 感以遂通 天下之故 於皇上帝 降衷于下民 昭昭

감응 강아영지 수아○○ 천하지능사필 천지기영유 소의뢰의
感應 降我靈旨 授我○○ 天下之能事畢 天地其永有 所依賴矣

이황어인호 이황어귀신호 삼령재신 수지즉시 염자재자 일석
以況於人乎 以況於鬼神乎 三靈在身 修之則是 念玆在玆 日夕

건건 지기지신 감응대화
乾乾 至氣之神 感應大化

사람의 머리는 하늘이요, 사람의 배는 곧 땅이다(首乾腹坤). 하늘과 땅이 이로써 그 자리를 정하였도다(天地定位). 귀는 감坎이요, 눈은 이離인데, 이는 해와 달의 밝은 빛과 같고(耳坎目離 日月明光), 입은 태兌요, 손은 간艮이라, 이는 산과 물이 서로 기운을 통하는 것과 같으며(口兌手艮 山澤通氣), 팔은 손巽, 다리는 진震으로 우레와 바람이 움직이는 것과 같으니(股巽足震 雷風動作), 이는 실로 하늘과 땅의 조화造化가 사람의 몸에 그대로 깃들여 있음이다(實是 乾坤之造化 而稟氣於人也).[57]

위대하도다 사람이여!(大哉人乎) 지극한 정성으로 도道를 이루면(至誠爲道), 앞일을 알 수 있으니(可以前知) 한 가지 이치를 잘 보존하면(一理存存)

57) 우주만상을 설명하는 기본 개념인 역(易)의 팔괘(乾·坤·震·坎·離·兌·艮·巽)가 사람의 몸에 그대로 부합됨을 밝히고 있다.

온몸이 온전해지는 것이다(百體全全). 이것이 바로 덕德에 계합契合하여 묘한 쓰임을 나타내는 전일專一한 기틀이라(是爲合德 妙用之專機也). 그 기틀이란 고요하면 곧 변하고(機靜則變), 움직이면 곧 만들어져서(機動則化), 움직이고 고요한 그 가운데에서 변화가 끝이 없게 된다(動靜之間 變化無窮). 이로써 내닫지 않아도 빠르고 움직이지 않아도 도달하게 되는 것이니(是以 不疾而速 不行而至), 마음 위의 정일精一한 영靈을 이루어 느껴서 천하의 연고를 모두 통달할 수 있는 것이다(致心上之精靈 感以遂通 天下之故).

아아! 상제上帝(하느님)께서는, 낮은 백성들에게 올바름을 내리시어[58] 밝고 밝게 감응하사 제게 영지靈旨를 내려 주시고 제게 소원하는 바 ○○을 내려 주시어 세상의 모든 일을 마칠 수 있도록 하소서. (於皇上帝 降衷于下民 昭昭感應 降我靈旨 授我○○ 天下之能事畢)

하늘과 땅의 영원함도 의탁하고 힘입을 바가 있는데, 하물며 사람에게 있어서랴, 또한 귀신에 있어서랴(天地其永有所依賴矣 以況於人乎 以況於鬼神乎). 세 영靈이 몸 안에 깃들여 있으니, 이를 닦으면 되는 것이다(三靈在身 修之則是). 이것을 집념集念하여 잘 살펴서 아침 저녁으로 늘 그치지 않으니(念玆在玆 日夕乾乾), 지극한 기운의 신神은 감응하사 큰 조화를 이루소서(至氣之神 感應大化).

58) 《서경(書經)》, 《상서(商書)》 제3장 탕고(湯誥) 첫머리. "…惟皇上帝 降衷于下民…"

원상수련법식

原象修鍊法式

봉우 권태훈 저(著)

[원상수련 법식]

- 봉우 선생의 비전秘傳을 정리하였다.

단학의 근본인 호흡법을 습득해서 조식調息이 1분에서 2분이 될 때에 비로소 제2단계로서의 원상수련을 시작해야 한다.

이것은 현대인들이 보통 얘기하는 염사念寫[59] 혹은 투시透視와 초기 수련 과정은 유사하나, 궁극적으로 정신적 깨달음을 지향한다는 측면에서 서로 차원을 달리한다. 호흡수련 학인들의 입장에서, 1분 조식이 되면 급한 마음에 원상법을 곧 시작해 볼 생각을 가진 사람들이 많으나, 그 법의 효과는 조식이 2분 정도가 된 후에 시작함이 확실하다고 본다. 그 이유는 조식 1분 정도의 학인이 이 단계의 수련을 하자면 그 성력誠力 여하에 따라 차이는 있으나, 평균적으로 정신계 2단段[60]까지 올라가기까지 6~7개월을 경과해야 습득할 수 있기 때문이며, 또한 그 정신력의 배양도 충분치 못한 것으로 나타나기 때문이다.

수지사

수지사手指寫를 하기 위해서는 먼저 〈원상결〉을 한번 자세히 속으로 읽어

---

59) 염사(念寫, thoughtography): 심령 현상의 하나. 노출광선을 주지 않고서 마음으로 사념하는 것만으로 사진필름에 감광 효과가 나타나게 하는 것. 1890년 프랑스의 심령사진사 다르주가 이런 종류의 염사에 성공했다는 보고가 있다.

60) 〈구계법론(九階法論)〉 참조. 2분 조식이 되는 사람이 이 단계 수련을 시작한다면 자질 여하에 따라, 일정치 않으나 보통 두세 달 집중 수련으로 도계 2단에 승진, 1분 조식하는 사람의 2~3배 이상 되는 정신력 증강 효과를 볼 수 있다. 같은 법이라도 호흡이 긴 사람과 짧은 사람과의 차이가 아주 크다. 따라서 가능하면 2분 이상이 된 뒤에 2계 승단 공부를 해야 한다. 물론 1분 이하인 사람도 해볼 수는 있으나, 그것은 지름길을 두고 먼 길을 돌아가는 우매한 짓이다.

본다. 그 다음 단정히 앉아서 일체의 잡념을 버리고 고른 호흡만을 약 30분간 행한다.

눈을 감은 채 원상결 가장 앞머리에 있는 머리 '首'자를 왼손 손바닥 위에 오른손 손가락으로 서서히 쓴다.

이렇게 눈을 감고 손가락으로 손바닥 위에 온 마음을 집중하여 쓰노라면 어느덧 뇌리 속에 손바닥 위의 글자 한 획 한 획이 완연히 존재함을 보게 된다. 여러 문자는 필요없고 '首'자 한 자만 충분히 현상顯象되어 보인다면, 하루 또는 이틀에서 보름에 이르는 기간 동안만 자신있게 정좌묵상正坐默想하여 계속하여 집념集念하면 그 글자에서 자연히 광채가 나게 되고, 한번 손바닥에 쓴 글자가 오래도록 없어지지 않고 계속 보이게 된다. 이 법대로 해 나간다면 〈원상결〉의 글자들이 모두 환하게 보일 것이다.

심사

심사心寫란 〈원상결〉의 문자를 손으로 쓰는 일을 중지하고 마음으로 쓰는 것을 연습하는 것이다. 이렇게 하면 역시 손으로 쓸 때와 같이 글자가 완연하게 보이게 된다. 그 글자는 붓으로 쓴 것과도 같이, 오래 보아도 얼른 없어지지 않는다. 또한 감고 있는 눈 속에서 뚜렷하게 보이게 된다.

〈원상결〉의 문자를 한 자 한 자씩 써 나가면 쓴 글자가 처음부터 끝까지 점점 확실하게 보이게 되는데, 여기까지는 시일이 좀 걸린다. 마음으로 쓰는 연습이 충분해져서, 묵좌식상默坐息想한 상태에서 쓴 글자만 주시하고 있으면 글씨가 보이던 자막字幕이 사라지고 무엇인지 알 수 없는, 환상 같은 현상顯狀이 나오기 시작한다.

그러나 학인들은 그 현상을 주시하지 말고 조식만 쉬지 않고 꾸준히 유지하면 된다. 사람에 따라 장기간 계속되는 경우도 있으나 보통 며칠 그러다가 곧 그치게 된다. 이어서 점차로 정확한 현상이 나오기 시작하는데, 먼저 보이는 것들은 대개 실체를 파악하기 어려운 잡동사니인 경우가 많다. 이렇듯 정확한 상이 보이기까지 약 한 달 정도면 충분하다.

이상은 모두 심사心寫의 수련 과정에 충실하다 보면 자연적으로 이루어지게 되는 것이요, 학인의 마음과는 상관없는 것이다. 이 과정을 마친 뒤 학인이 의도적으로 보고 싶은 것을 생각하면 그 현상이 마음의 생각대로 보일 때도 있고, 반대로 아무것이나 보일 때도 있다. 계속 시도하는 가운데 좀 시일이 지나야 학인들이 원하는 바가 잘 보이게 된다. 그 보이는 정도는 학인의 조식 시간 장단에 따라 상대적이다. 호흡이 긴 사람은 잘 보이고 짧은 사람은 덜 보이게 되는 것이다.

회광반조 – 초각(初覺)

위의 과정을 통해 마음속의 이런 것 저런 것이 생각대로 보이기 시작하면 그 다음에는 회광반조廻光返照(빛을 돌이켜 다시 비추어 봄)의 과정을 밟는다.

이것은 수련 학인이 현재로부터 과거로 돌아가 회상回想하는 것인데, 오늘에서 어제 또는 그제로, 또한 이번 달에서 지난 달로 더듬어 올라가며 생각하는 방식이다. 처음 시작할 때는 주마간산走馬看山식의, 비행기 타고 산천 구경하는 감이 있으나 점점 단순해지면 자세히 보이게 된다. 회상수련에 있어서, 본인의 처음 출생까지는 잘 보이지만, 그 출생 이전의 현상으로 넘어가는 것이 큰 과제로 남게 된다. 출생 이전의 현상은 사람에 따라서 잘 안 보이는 경우도 있으나, 다시 일보 전진해 나가면 대개는 보이게 되는 것이 당연한 원리이다. 그렇게 되면 과거 삼생三生이 어디서 왔는지 잘 알게 된다. 이것을 정신수련 학인의 초각初覺(첫 깨달음)이라고 한다.

초각의 계제에 이르면 사람뿐 아니라 동식물이 생양수장生養收藏하는 과정이나 인체 해부의 과정이, 상세하지는 않지만 대체적으로는 잘 보이게 된다. 즉 A라는 동물이나 식물이 현재 놓여 있는 상태에서, 과거의 어디로부터 시작되어 지금에 이르렀으며 앞으로 미래에는 어떻게 전개되어 나갈 것인가 하는 삼세三世의 과정을, 구체적이지는 못하지만 대강은 알 수 있는 단계인 것이다. 이러한 원리는 비단 생물의 경우에만 국한된 것이 아니라 무생물의 경우에도 적용된다. 예를 들어 담뱃갑에 관해 회광반조를 하면, 담뱃갑을 이루고 있는 여러 재료들이 어떻게 형성되었는지 그 과거의 제조 과정을 순서에 따라 되돌아볼 수 있고 그 재료의 원래 모습(원상)에 도달하게 되는 것이다. 또한 그 물건에 대한 현재 이후의 변화 과정도 살펴볼 수 있다. 이렇듯 원상수련법의 회광반조를 통해, 인간의 장벽인 시공을 초월하여 자아의 본디 모습을 확인하는 정신력이 배양되는 것이다. 이 단계에 이르러서야 비로소 진정한 정신세계로의 첫걸음을 내딛었다고 본다.

초각 단계를 지나 재각계再覺階(도계 2단)에 도달해서야 모든 과정이 차츰 상세하고 명확하게 보이게 되지만, 초각계에서도 일용사물日用事物에 필요한 의문 사항들은 거의 해결된다. 다만, 수련 학인의 정신 계제가 약할 때에는 될 수 있는 한 단순하게 질문하는 것이 요령이다. 또한 호흡이 길지 못한 상황에서 여러 가지를 보려고 무리하지 말 것이며, 되도록이면 단순한 것을 생각하도록 한다.

회광반조 초단에만 도달해도 사람에 따라 별별 것이 다 보이게 된다. 고대의 유명한 인물 중 한 사람이라고 자칭하면서 누군가가 등장해, '내가 누구'라고 말하며 별별 소리를 다 하는 예가 많다. 반조 중에 그런 인물들이 나타나더라도 학인들은 신경을 쓰지 말고 그냥 영화를 보고 있거니 하면 된다. 그렇게 생각하지 않고, 나오는 인물들이 혹시 무슨 고대의 명인名人들이 아닌가 하고 착각하게 되면, 그럴듯한 인물이 나와서 고인古人으로 가장하니 주의해야 한다. 그 밖에도 참으로 기괴한 일들이 허다하지만, 그런 것들은 모두 학인들의 심리를 정신계精神界에서 시험해 보는 것이니 역시 주의해야 한다.

회광 중에 간혹 정신계 의사醫師들이 신체를 해부하는 예가 있으나, 그냥 구경만 하면서 마음을 움직이지 말고 호흡을 꾸준히 유지해 나가야 한다. 또한 회광하는 도중에 호흡 시간이 짧아지면 안 된다.

이상은 초단 계제에서의 회광이므로, 그 이상의 것을 추구하지 말고 기본적인 연습에 치중해야 한다. 참고로, 회광하는 가운데 나오는 인물들은 거의 정신正神들이지만 학인들이 부주의할 경우에는 사마邪魔가 들어올 때도 간혹 있다. 쉬지 말고 호흡에 집중하면 삿된 것들은 곧 나간다. 가장 주의해야 할 사항은, 회광 시에 나타나는 인물들과 될 수 있으면 필요 이상의 대화를 나누지 않아야 한다는 것이다. 초단에서는 구경만 하는 것이 좋다. 그 밖에도 필설난기筆舌難記[61)]할 현상들이 많으나 학인들의 심신心神만 안정되면 아무 일도 없을 것이다. 회광반조 시에 자유자재로 문답問答을 나누는 일과 같은 것은 재계나 삼계三階에서의 일이므로 여기서는 그 설명을 생략한다. 더 자세한 원상수련의 노정기路程記는 〈원상혹문장原象或問章〉에 실려 있다(이상 《원상수련법식》은 연정원 중급특강회원들을 위해 1990년 봉우 선생님께서 새로이 지으신 글이다. - 편집자 주).

61) 글이나 말로 설명하기 어려움

원상법요

原象法要

봉우 권태훈 저(著)

[원상법요 원문 및 주해]

天地는 陰陽之知요 日月은 光明之至요 五行은 萬物之至요 呼吸은 生死之至요 聖人은 人倫之至요 規矩는 方圓之至요 法算은 聰明之至요 原象은 明明之至니라.

천지는 음양의 지극함이요, 일월은 광명의 지극함이요, 오행은 만물의 지극함이요, 호흡은 생사의 지극함이요, 성인은 인륜의 지극함이며[62], 규구는 방원의 지극함이요[63], 법산은 총명의 지극함이요[64], 원상은 명명의 지극함이라[65].

故로 欲明明於道者는 必先須呼吸於靜室하고 默坐息想하야 求放心於天地萬物之中하고 漸至天君泰亨[66]하야 百體從令하거든 立志

---

62) 하늘은 양이고 땅은 음으로 이보다 더 큰 음양은 없으므로 지극하나 또한 해와 달보다 밝고 더 큰 광명체는 없으므로 지극하다. 또한 만물은 오행의 이치로 생하고 소멸하며 오행의 상생, 상극의 원리를 벗어나는 일이 없으므로 지극하다. 살아 있는 것은 모두 호흡하고, 호흡이 멎으면 생명도 끝나므로 호흡을 생사의 지극함이라 한다. 성인은 인륜에 지극히 밝은 분이며, 인륜이 땅에 떨어지고 어두워지면 이를 다시 밝히고 가르치는 분이 성인이므로 지극하다.

63) 규구(規矩)는 도안을 하기 위한 도구, 규구준승(規矩準繩: 컴퍼스, 자, 수준기, 먹물)이라고도 한다. 방원(方圓)은 네모와 동그라미. 네모, 동그라미와 같은 모든 도형은 규구준승에 의하여 그려진다. 컴퍼스, 자, 수준기, 먹물 없이 어떻게 도형을 올바로 그리겠는가. 따라서 지극하다.

64) 법산(法算)은 수학적 연산. 총명하지 않고서는 법산을 하기 어려우며 총명하기 위해서는 법산을 배우고 익혀야 하므로 지극하다.

65) 인간은 원래 선천에서 밝은 존재이다. 그러나 후천에서 때가 끼고 구름이 끼어 그러한 밝음이 드러나지 않게 되었다. 명명(明明)은 선천의 밝음을 후천에 다시 밝히는 것. 현생의 욕심에 의하여 가리워진 인간 본연의 '밝음'을 원상수련에 의하여 되찾을 수 있으므로 원상은 명명의 지극함이다.

於明明하고 無他念無他想하고 輕閉雙眼하고 回光於原象文字하면 暗中微光이 導前에 現無數之象하되 忽生忽滅하야 恍惚難測이라가 寂然久坐則又至現象雖多而少正確하고 現象者無非雜同散異리라.

그러므로 도에 있어 선천에 밝았던 것을 다시 밝히고자 하는 사람은 먼저 반드시 고요한 방에서 호흡하고 잠잠히 앉아 생각을 쉬고서 천지 만물 가운데 흩어져 있는 마음을 모아야 한다. 점점 마음이 편안해져서 온몸이 마음을 좇게되면 선천에 밝았던 머리를 다시 밝힐 뜻을 세워, 다른 것은 일체 생각지 말고 눈을 가볍게 닫은 채 원상문자에 빛을 돌려야 한다. 그러면 어두운 가운데 희미한 광선이 앞에 비추어 무수한 모양이 나타나되 홀연히 나타나고 홀연히 사라져서 황홀하고 헤아리기 어려우리라. 고요하게 오래 앉아 있으면 다시 현상이 되는데, 많은 것들 중에 정확하게 보이는 것은 적고, 온갖 것들이 뒤섞여서 보이게 된다.

然而忍耐苦勞하고 益堅其志하면 現象이 雖多나 漸至單純하리라. 再進一步하면 有意的或現或否하리라. 銳意推進하면 或豫知天時陰晴하고 人之去來하며 或能隔壁見物하고 隔物透視하나 或成或否하야 心不自由리라.

그러나 힘들고 고통스러운 것을 참으며 그 뜻을 더욱 견고히 하면, 나타

66) 천군(天君)은 임금을 이르는 말로 여기서는 '마음'. 태형(泰亨)은 흔들리지 않고 굳건하여 편안한 모습. 임금이 편안하면 백성들이 모두 편안한 것처럼 마음이 편안하면 온몸이 두루 다 안정되어 원하는 바대로 될 수 있음을 비유로 표현한 것이다.

나는 상이 비록 많다고 하지만 점차 단순해진다. 다시 앞으로 한 걸음 나아가면 자신의 의사대로 나타나기도 하고 나타나지 않기도 한다. 성심성의껏 밀고 나아가면 때때로 다음날 날씨와 사람이 오고갈 것을 미리 알 수 있으며 가로막힌 벽을 꿰뚫고 물체를 보기도 하고 가려진 물건을 꿰뚫어 보기도 하지만, 때로는 되고 때로는 안 되는 적도 있어 마음대로 되질 않는다.

更進一步하면 無心中未來事物이 昭昭於眼前이나 都是無心中現象이요 有意的難現하리니 際此時하야 更加一膝之功하면 心神往來가 或有意而作하고 或無心中出하야 (透視方式) 或專意於甲이나 甲은 不現하고 乙이 代現하는 例가 間間而出하리라.

다시 한 걸음 앞으로 나아가면 무심중에 앞날의 사물들이 눈앞에 뚜렷이 나타나지만 모두가 무심중에 나타나는 현상일 뿐 의식적으로 보려고 하면 잘 나타나지 않을 것이다. 이럴 때에 더욱더 힘을 내어 공을 들이면 심신의 왕래가 자유로워져서 혹 뜻대로 나타나기도 하고 혹은 무심중에 나타나기도 하여 (투시방식), 혹 갑을 보려고 마음을 기울여도 갑은 나타나지 않고 을이 대신 나타나는 일도 간간이 있을 것이다.

際此時하야는 專心專力이라야 欲透視則百無一失하리라. 更進一步하야 回光返照於過去象하면 或現或否라가 漸至單純하고 出入玄路에 口不可狀者와 筆不可記者가 連出이나 漸至入胎出胎하야 大關節故로 容易難見이나 於人에 或有闕此而越階者하여 或有過去三

生을 恍然而覺者하니라. 以上初階僅尋門路 得此以後라야 方許研精院友하나니라.

이런 때 온 마음과 힘을 기울여야만, 투시하고자 할 때 백에 한 번이라도 실패함 없이 이루어지는 것이다. 다시 한 걸음 앞으로 나아가 자신이 살아온 과거상을 회광반조해 보면 나타나기도 하고 나타나지 않기도 하다가 점점 단순해지고, 현로[67]를 출입하는 데 있어서는 말로 할 수 없는 것과 글로도 적을 수 없는 것들이 연속적으로 나타난다. 하지만 점차 입태출태[68]하는 데 이르러서는 이 공부의 중요한 마디가 되므로 누구나 쉽게 볼 수는 없다. 그러나 사람에 따라서는 관절을 지나지 않고 계제를 넘어가는 사람도 있으며 혹은 과거의 삼생을 환하게 보고 깨닫는 사람도 있다. 위에서 말한 대로 되어야 겨우 초계에 들어서는 길을 찾은 것이다. 위에서 말한 것들을 얻은 이후라야 연정원우가 됨을 허락하게 된다.

67) 정신계로 통하는 길.

68) 어머니 뱃속에 들어가고 나옴.

구계법론

九階法論

봉우 권태훈 저(著)

《구계법론》

이제 학인이 밟아 올라가야 할 아홉 가지 수련의 단계를 하나하나 살펴보기로 한다.

[초계에서 재계]

- **금수련金修鍊**: 초계자가 다시 한 걸음 내딛는 것이다.
- **목시재木試才**: 자격시험과 같으니 준비를 요한다.
- **수수패水受牌**: 자격증명서를 작성하는 것과 같다.
- **화입적火入籍**: 자격증명서를 나누어 주는 것과 같다.
- **토승급土升級**: 본격적인 시험을 치르는 것으로, 고등고시와 같은 것이다.
- **용재록龍再錄**: 본고사에 합격하는 것과 같다.
- **호역삼생虎逆三生**: 자신의 과거 삼생을 볼 수 있으니, 직책을 임명받는 것과 같은 것이다.
- **풍관삼생風觀三生**: 타인의 삼생三生을 알 수 있는데, 삼생을 주로 보는 것이 아니라 타인에게 관심술觀心術을 행할 수 있는 것이다. 정치·외교·군사상 필요하다. 제갈량諸葛亮이 동오東吳에서 설전군웅說戰群雄[69] 한 것이나, 주유周瑜를 농락한 것이 모두 이 관심술인 것이다.
- **운대현雲大玄**: 만유萬有의 원리와 현세의 은밀한 비밀을 볼 수 있다. 예를 들어 미국에서 제작된 최신형 폭격기의 설계도를 알아본다든가, 원

69) 말로 여러 영웅과 싸운다는 뜻. 《삼국지》에서 제갈량이 오나라의 인물들과 설전을 벌인 것을 뜻함.

자탄, 수소탄 등의 설계도를 정신력으로 알아보는 것인데, 완성품만이 아니라 연구개발 중인 것도 볼 수 있다.

여기까지가 재계再階로서, 점차 현로玄路로 나아가면 원신元神이 다시 태어나고, 비로소 문에 들어간 것이다(以上再階漸進玄路元神更生始入其門).

사회에 나가 인간적인 차원에서 사용하고자 하는 데는 이 정도면 족하다. 따라서 수련을 많이 하여 확고한 불퇴전不退轉의 정신력을 배양함이 효과적이라고 본다. 이 이상의 단계로 가면 '철학 전공'이 되어, 사회인으로서는 별 취미를 못 느끼게 된다.

[재계에서 삼계]

- **춘春·원신배양元神培養**: 육신 외에 원신元神을 배양하여 영혼과 육신이 분리되어도 원신은 분산되지 않도록 배양하는 것이다. 봄에 온갖 싹이 돋는 것과 같으므로, 이를 봄에 예속시켜 배양한다.
- **하夏·화개엽무花開葉茂**: 새로 발아發芽된 원신元神이 아직 완전히 성숙하지는 못했으나, 꽃이 피고 잎이 무성해짐에 따라 점차 자라나게 된다는 뜻이다. 종자가 발아한 것이 봄이요, 장양長養하는 것은 여름의 화개엽무花開葉茂에 속하나 아직 원신은 되지 못하였다.
- **추秋·성실成實**: 완전한 장성기長成期에 도달함.
- **동冬·원상原象**: 갱생更生된 원신元神이 영육靈肉 등신대等身大의 원상原象으로 영육합일체靈肉合一體가 되고 영혼과 육신이 분리되어도 없어지지 않는 원신이 되었다는 것을 뜻한다.

위와 같은 단계가 삼계三階로서, 뜰에 도달한 것이다(以上三階達其庭).

[삼계에서 사계]

- 천天: 갱생된 원신元神을 다시 하늘의 경청기輕淸氣로 배양함.
- 지地: 갱생된 원신은 경청기輕淸氣만으로는 영육을 합하기 곤란하니, 땅의 중탁기重濁氣로 중후重厚하게 배양한다.
- 인人: 청탁기淸濁氣만으로는 원신의 완전한 배양은 불가능하니, 비음비양非陰非陽이며 시음시양是陰是陽이요, 비청비탁非淸非濁이며 시청시탁是淸是濁인 음양배합체陰陽配合體로 원신을 배양한다.

이상이 사계四階로서, 집에 오른 것이다(以上四階升其堂). 고인古人들의 경우를 보면, 이 계제에서 충분한 수련을 한 후, 아예 안빈낙도安貧樂道하는 현군자賢君子로 처세한 분도 있고 아예 은자 생활을 하며 숨어 지낸 사람들도 있으며, 은자로 지내다가 성주聖主나 영주英主를 만나서 출세한 분들도 있었다.

[사계에서 오계]

- 정精: 사계에서 원신元神을 배양하여 완전한 삼화三火를 얻고, 추진, 또 추진하여 육신을 떠난 원신만으로의 정精을 기르는 것이다.
- 기氣: 위와 같은 의미이다.
- 신神: 위와 같은 의미이다.

이상이 오계五階로서, 방에 들어간 것이다(以上五階入其室). 다른 말로 원광호신圓光護身의 단계이다. 이 오계가 인간 사회에서는 가장 중진重

鎭이 된다. 유불선이나 영웅 호걸들 가운데 이 계제 도달해 성공한 사람이 가장 많고, 고대에도 좌성지재佐聖之才(성인을 보좌하는 인재)가 이 단계에서 가장 많이 나왔다. 삼대유신三代遺臣(하夏, 은殷, 주周나라의 명신名臣들) 중에서 몇 명을 제외하고는 거의 이 단계에 도달한 사람들이다.

[오계에서 육계]

- 음陰: 설명을 피한다.
- 양陽: 설명을 피한다.

이상이 육계六階로서, 자리에 앉은 것이다(以上六階着其席 이상육계착기석). 다른 말로 **광화보조光華普照**의 단계라고 한다.

[육계에서 칠계]

- 심心: 설명을 피함.

이상이 칠계七階로서, 비로소 걸림이 없는 경지에 이르른 것이다(以上七階始用萬能 이상칠계시용만능). 다른 말로 **대광명大光明**의 단계라고 한다.

[칠계와 팔계]

[팔계와 구계]

말이나 글로는 도저히 표현할 수 없는 정신의 궁극적 경지(이상 2계는 필설난기筆舌難記)

원상혹문장

原象或門章

봉우 권태훈 저(著)

[원상혹문장 원문 및 주해]

첫 번째 만남[70]

〈원문〉

혹문 차주어물물자왈 유인전차주왈 상재칠일 중재이칠일 하재
或問 此呪於勿勿子曰 有人傳此呪曰 上才七日 中才二七日 下才
삼칠일 낭송집염 즉무불통령 진무가지보운 이여수수년간 구불
三七日 朗誦集念 則無不通靈 眞無價之寶云 而余雖數年間 口不
절송 소무신기발동 여지성부족이연야 억혹차주비진이연여 의운
絶誦 少無神機發動 余之誠不足而然耶 抑或此呪非眞而然歟 疑雲
불개 원선생명교
不開 願先生明敎

〈번역문〉

누군가가 물물자에게 원상주原象呪에 대해 물었다. "어떤 사람이 이 주문을 전해 주면서, '상재는 칠일, 중재는 이칠일, 하재는 삼칠일 동안[71] 낭송하여 생각을 모으니 통령[72]하지 못하는 사람이 없었다. 참으로 값을 매길 수 없는 보배이다.'라고 말했습니다. 하여 제가 비록 수년간 입에서 낭송을 끊은 적이 없는데, 조금도 신기가 발동하지 않으니 저의 성의가 부족해서 그런 것입니까, 그렇지 않으면 이 주문이 참된 것이 아니어서 그런 것입니까? 의심이 풀리지 않으니 원컨대 선생께서는 밝은 가르침을 주시기 바랍

---

70) 〈원상혹문장〉은 원상수련에 관해 물물자(勿勿子: 봉우 권태훈 선생의 당호堂號)와 한 학인이 여러 차례 만나서 나눈 대화 내용이다. 만날 때마다 제기되는 일정한 주제를 독자들이 파악하기 쉽도록 각각의 만남을 분별해 두었다. 첫 번째 만남에서 봉우 선생은 원상이 심법임을 역설한다.

71) 상재(上才)는 재질이 뛰어난 사람. 중재(中才)는 재질이 뛰어나지도 처지지도 않는 사람. 하재(下才)는 남보다 진전이 더딘 사람을 일컫는다. 칠일(七日)은 그대로 7일을, 이칠일(二七日)은 14일, 삼칠일(三七日)은 21일을 의미.

72) 정신이 신령(神靈)과 서로 통함.

니다."

〈원문〉

물물자소응왈 군문맹인지지로 방황기간 불역의호 세간다유차등
勿勿子笑應曰 君聞盲人之指路 彷徨其間 不亦宜乎 世間多有此等
맹인지지로 맹인자심노경 전의어심로장두 인혹희견차장 견동즉
盲人之指路 盲人自尋路逕 專依於尋路杖頭 人或戲牽此杖 牽東則
지동 견서즉지서 동서남북총불유기자 감능지도 타인노정
之東 牽西則之西 東西南北總不由己者 敢能指導 他人路程

〈번역문〉

물물자가 웃으며 대답하였다. "그대는 맹인의 길 안내를 듣고 그동안 방황하고 있었으니 또한 당연한 일이 아니겠는가? 세간에는 이와 같은 맹인 길잡이가 많이 있다. 맹인이란 자신이 길을 찾을 때도 오로지 지팡이에 의지하는 것인데, 사람들이 장난으로 이 지팡이를 끌어 동쪽으로 끌면 동쪽으로 끌려가고, 서쪽으로 끌면 서쪽으로 끌려가 동서남북 모두 자기의 뜻대로 가는 것이 아니면서 감히 남에게 길을 가리켜 주고 있는 것이다."

〈원문〉

불지자맹 거연대담노정자 비비유지 차배실구두선야 외간호풍신
不知自盲 居然大談路程者 比比有之 此輩實口頭禪也 外看好風神
내찰무일물 연연섭세자 하처무지 군역신봉 구두지선 수년고행
內察無一物 然然涉世者 何處無之 君亦信奉 口頭之禪 數年苦行
역가애재
亦可哀哉

〈번역문〉

"자기 자신이 맹인인 줄도 모르고 아주 수월하게 큰소리로 노정을 말하는 사람이 허다하게 있으니 이들은 실상 입으로만 수도하는 무리들이다. 겉

으로 보기에는 허우대가 훌륭해 보이나 속을 들여다보면 아무것도 없으면서 그럭저럭 세상을 살아가는 사람들이니 어느 곳엔들 이런 사람이 없겠는가? 그대 또한 구두선[73)]하는 사람의 말을 믿고 수년 동안 고행하였으니 또한 애석한 일이구나!"

〈원문〉

순대성 요이심법전지 우역성인 순역이심법전지 소재경전 성성
舜大聖 堯以心法傳之 禹亦聖人 舜亦以心法傳之 昭載經傳 聖聖

상계 역유심법 이황어범우자호 군당심구전주지인 전심여부가야
相繼 亦有心法 以況於凡愚者乎 君當深究傳呪之人 傳心與否可也

〈번역문〉

"순 임금은 대성이지만 요 임금이 심법으로 전하셨고 우 임금 역시 성인이지만 순 임금이 심법으로 전하셨으니 이 같은 사실은 경전에 분명하게 기록되어 있다. 성인과 성인이 서로 계승해 가는데도 심법이 있었는데, 하물며 어리석은 범인에 있어서랴! 그대는 이 주문을 전해 준 사람이 심법으로 전해 주었는가 그렇지 않은가를 깊이 생각해 보는 것이 당연한 일이다."

〈원문〉

차주내공부자 역경계사전중 정발기신기처 이성주자야 역경지
此呪乃孔夫子 易經繫辭傳中 精拔其神機處 而成呪者也 易經之

온오 전재어차주 즉군당정처일실 숙독계사전 즉가지차주지진부
蘊奥 全在於此呪 則君當靜處一室 熟讀繫辭傳 則可知此呪之眞不

진 여비일칠 이칠 삼칠지가통영야부 혹문물물자지어 유유이퇴
眞 與非一七 二七 三七之可通靈也夫 或聞勿勿子之語 悠悠而退

---

73) 실제로 수련해서 얻은 것이 없음에도 불구하고, 듣고 본 것만으로 마치 자신이 다 깨달은 것처럼 떠들어 대는 것.

〈번역문〉

"이 주문은 공부자의《역경》〈계사전〉 중에서 신기처만을 가려 뽑아 만든 것이다.《역경》의 심오한 도리가 온전히 이 주문에 있으니 그대는 마땅히 조용한 방에서 계사전을 숙독해 보면 이 주문의 참과 거짓을 알 수 있을 뿐더러 칠일, 이칠일, 삼칠일에 가히 통령할 수 있는 것이 아니라는 것도 알게 될 것이다." 그 사람은 물물자의 말씀을 듣고 나서 유유히 물러갔다.

두 번째 만남[74]

〈원문〉

반재후 혹재등물물자지당 문왈 선문선생지어 숙독역경계사전
半載後 或再登勿勿子之堂 問曰 先聞先生之語 熟讀易經繫辭傳
정실수양자반재 이유일득지견 이의운불소 원선생명교
靜室修養者半載 而有一得之見 而疑雲不掃 願先生明敎

〈번역문〉

반 년 후에 그 사람이 물물자의 집을 다시 찾아와 말했다. "저번에 하신 선생님의 말씀을 듣고《역경》〈계사전〉을 숙독熟讀(깊이 뜻을 새기며 읽음)하며 조용한 방에서 반 년 동안 수행하는 동안 조그만치 얻은 것은 있었으나, 그래도 의심이 풀리지 않으니 밝은 가르침을 주시길 바랍니다."

〈원문〉

물물자정금위좌이언왈 대재선생 학불염고성지대덕 이선생능
勿勿子整襟危坐而言曰 大哉先生 學不厭古聖之大德 而先生能
지 대재선생 상진반재소경력 이감조후인지미로자 역일교불권
之 大哉先生 詳陳半載所經歷 以鑑照後人之迷路者 亦一敎不倦

74) 두 번째 만남에서는 초각을 향한 회광반조에 대해 언급하고 있다.

지 도 야 부
之道也夫

〈번역문〉

물물자는 옷깃을 여미고 똑바로 앉아 말했다. "훌륭하도다, 그대여! 배움에 싫증을 내지 않음은 옛 성현의 큰 덕이라 하겠는데 그대는 이를 실천하였으니 참으로 훌륭하도다. 그대는 반 년간의 내력을 자세히 진술하여 길을 잃고 헤매는 후세 사람들의 길을 비추어 주어야 한다. 그것 또한 가르침에 게으름을 피우지 않는 하나의 길이 아니겠는가?"

〈원문〉

혹 정 좌 호 흡 수 시 회 조 반 년 간 소 경 서 서 개 구 왈 선 자 승 선 생 지 교
或正坐呼吸數時 回照半年間所經 徐徐開口曰 先者承先生之敎
독 처 정 실 숙 독 계 사 전 자 지 일 월 무 심 중 각 득 역 무 사 야 무 위 야
獨處靜室 熟讀繫辭傳者 至一月 無心中覺得 易無思耶 無爲耶
적 연 부 동 감 이 수 통 천 하 지 고 구
寂然不動 感以遂通天下之故句

〈번역문〉

그는 수 시간 동안 바르게 앉아 호흡하며 반 년간 지내온 일을 돌이켜본 뒤에 천천히 입을 열어 말했다. "먼저 선생님의 가르치심을 받고 고요한 방에 홀로 거하며 〈계사전〉을 숙독한 지 한 달 만에 무심중 '역은 생각함도 없고 하는 것도 없이 고요히 움직이지 않다가 감동해서 드디어 천하의 연고를 다 알아낸다.'는 구절을 깨달았습니다."

〈원문〉

익 려 불 굴 지 정 신 무 타 념 무 타 상 이 전 심 차 주 호 흡 약 존 약 망 면 면 부
益勵不屈之精神 無他念無他想 而專心此呪 呼吸若存若亡 綿綿不

절자 기지일월 심파점조차장 우연미미형광도전 암중세계 일루
絶者 幾至一月 心波漸調且長 偶然微微螢光導前 暗中世界 一縷
광선야
光線也

〈번역문〉

더욱 불굴의 정신으로 힘써 다른 생각은 모두 없애고 이 주문에만 마음을 기울이니, 호흡이 있는 듯 없는 듯 면면히 끊어지지 않고 되기를 약 한 달 만에 심파가 점점 고르고 숨이 길어지더니 우연히 미미한 형광이 앞으로 이끌려 오는데, 마치 어두운 세계의 한 줄기 광선 같았습니다.

〈원문〉

익면불휴 차광점여명등원조 암중소조 혹견이지혹부지 황홀난
益勉不休 此光漸如明燈遠照 暗中所照 或見而知或不知 恍惚難
측의 구구불휴 등광점근 암중세계 소조지물 잡동산이 여주야
測矣 久久不休 燈光漸近 暗中世界 所照之物 雜同散異 如走夜
시장 단견물형 불능확견자구의
市場 但見物形 不能確見者久矣

〈번역문〉

더욱 쉬지 않고 힘쓰니 이 빛이 점차 밝은 등과 같이 되어 멀리 어둠 속을 비추는데, 비추어지는 것들이 혹 보고 알 만한 것도 있고 모르는 것도 있어 황홀한 나머지 헤아리기 어려웠습니다. 오래오래 쉬지 않고 정진하니 불빛이 점점 가까워지면서 어두운 세계에 비추어지는 물건들은 온통 한데 뒤섞여 마치 야시장을 달리면서 구경하는 것처럼 다만 물건의 형체만 보이고 무슨 물건인지 확실하게 볼 수 없는 경지가 오래 계속되었습니다.

〈원문〉

정양불휴 즉등광여주 현상자여입백화점중 물물가변현상수다
精養不休 則燈光如晝 現象者如入百貨店中 物物可辨現象雖多
점지단순
漸至單純

〈번역문〉

"쉬지 않고 정을 기르니 불빛이 대낮같이 환해지면서, 현상되는 것들이 백화점에 들어가 물건 하나하나를 보는 것처럼 뚜렷하게 잘 보였습니다. 그러더니 잡다한 현상들이 점점 단순해졌습니다."

〈원문〉

우여시익면불휴 현상여전 유의관각 혹현혹부 정신지지속왕래
又如是益勉不休 現象如前 有意觀覺 或顯或否 精神之遲速往來
불능자유
不能自由

〈번역문〉

"다시 이렇게 쉬지 않고 더욱 힘썼더니 현상되는 것은 전과 같았으나 의식적으로 보고자 하면 혹은 나타나기도 하고 나타나지 않기도 하며, 정신의 왕래도 더디기도 하고 빠르기도 하여 자유롭지 못했습니다."

〈원문〉

여시구자의 무심중천시인사 간간예시 지어차경 망침폐식 인고
如是久者矣 無心中天時人事 間間豫視 至於此境 忘寢廢食 忍苦
수행 예시지사 여합부절 전의어전지 즉무사부지 자시신통자
修行 豫示之事 如合符節 專意於前知 則無事不知 自恃神通者
부과여차 단심신왕래 혹유의이작 혹무심중출의
不過如此 但心神往來 或有意而作 或無心中出矣

〈번역문〉

“이 상태가 오래 계속되더니 무심중에 천시와 인사가 가끔씩 미리 보였습니다. 그 경지에 이르러서는 침식을 잊고 고통을 참아 가며 수행을 하니 미리 보이는 일들이 꼭꼭 들어맞아서 앞에 일어날 일을 알려고 전념만 하면 모르는 일이 없게 되니, 스스로 신통이라는 것이 바로 이런 것이로구나 하고 믿게 되었습니다. 다만 심신의 왕래가 혹은 생각하는 대로 되기도 하고 혹은 무심중에 나오기도 하였습니다.”

〈원문〉

기지수삭 이간간욕집념 이암중세계 무일물가조 울울심회난서자
幾至數朔 而間間欲集念 而暗中世界 無一物可照 鬱鬱心懷難舒者
종종부지 여시반복 혹조혹부조 불여초조지확실 심초의건 불능
種種不止 如是反復 或照或不照 不如初照之確實 心焦意乾 不能
구주 내문선생 차경계진부 물비소시 파제자의혹지심여하
久住 來問先生 此境界眞否 勿秘昭示 破弟子疑惑之心如何

〈번역문〉

“이와 같은 상태로 거의 몇 달이 지나니 집념해 보아도 어두운 세계에 한 물건도 비추어지는 것이 없어 답답한 심회를 펼 수 없는 경우가 종종 그치지 않았습니다. 이와 같이 반복되다가 혹 현상이 비치기도 하고 비치지 않기도 하는데, 처음 비칠 때와 같이 확실하지 않으니 자연 마음은 초조해지고 의지는 메말라서 오래 앉아 있을 수 없어 이 경계가 참된 것인지 아닌지를 선생님께 찾아와 질문하오니 속시원히 밝혀 제자의 의혹을 풀어 주심이 어떻겠습니까?”

〈원문〉

물 물 자 단 좌 미 소 이 답 왈 군 지 성 력 가 위 출 중 반 재 지 경 로 기 지 상
勿勿子 端坐微笑而答曰 君之誠力 可謂出衆 半載之經路 幾至常
인 수 년 지 역 여 시 불 이 즉 능 지 백 척 간 두 갱 진 일 보 의 어 심 여 어 거
人數年之域 如是不已 則能至百尺竿頭 更進一步矣 御心如御車
어 거 수 종 전 거 지 철 즉 필 무 복 철 지 회
御車須從前車之轍 則必無覆轍之悔

〈번역문〉

물물자가 단정히 앉아 미소하며 말했다. "그대의 성력이 과연 출중하구나! 반 년간의 경로가 거의 보통 사람이 수년간 공부한 경지에 이르렀으니 이와 같이 쉬지 않고 공부하면 백척간두에 이르러 다시 일보 전진할 수 있을 것이다. 마음을 제어하는 것은 마치 수레를 모는 것과 같아서 수레를 모는 법이 모름지기 앞서간 수레의 자국을 따라가면 수레를 뒤엎는 후회는 절대 없을 것이다."

〈원문〉

군 지 집 념 지 어 예 고 여 합 부 절 시 선 어 고 인 지 철 야 지 어 사 경 어 자
君之集念 至於豫告 如合符節 是善御古人之轍也 至於斯境 御自
불 관 고 인 지 철 적 심 취 어 산 수 지 경 좌 고 우 첨 마 자 마 인 자 인 고 철
不觀 古人之轍跡 心醉於山水之景 左顧右瞻 馬自馬 人自人 古轍
이 묘 연 어 실 기 도 자 야
已杳然 御失其道者也

〈번역문〉

"그대의 집념集念(정신집중)이 앞일을 미리 말할 수 있는 경지에 이르러 꼭꼭 들어맞을 때는 고인의 수레 자국을 따라 잘 몰아간 것이다. 그러나 이 경지에 이르른 사람이 옛사람의 수레 자국은 보지 않고 산수의 경치에 심취하여 이쪽저쪽 구경하다 보면 말은 말대로 사람은 사람대로 가니 옛 수레

자국은 이미 아득히 간 데 없고 따라가던 길마저 잃어버리게 되는 것이다.”

〈원문〉

군 지 어 전 의 어 전 지 시 즉 호 흡 집 관 병 진 이 점 지 전 지 중 군 단 욕 전 의
君至於專意於前知時 則呼吸集觀幷進 而漸至前知中 君但欲專意
어 전 지 차 사 색 만 상 이 호 흡 부 조 부 장 념 주 치 지 도 외 고 서 취 어 경 락
於前知 次思索萬想 而呼吸不調不長 念呪置之度外 故是醉於境樂
이 망 반 자 야
而忘返者也

〈번역문〉

“그대가 전지[75]에 전념할 때 호흡과 직관을 병행하여 점점 전지前知(투시)가 가능하게 되었을 때 다만 전지에만 전념하고, 또한 여러 가지 생각에 깊이 빠져들어 호흡이 고르지도 길지도 못하며, 주문 생각은 도외시한 까닭이니 이는 경계의 즐거움에 취하여 돌아가는 것을 잊은 것과 같다.”

〈원문〉

수 련 정 진 여 관 통 죽 절 일 통 일 절 유 경 역 일 공 간 우 통 일 절 유 경 역
修鍊精進 如貫通竹節 一通一節 有境亦一空間 又通一節有境亦
일 공 간 자 여 시 불 이 즉 차 절 가 통 피 절 양 단 십 이 절 활 연 관 통 지 어
一空間者 如是不已 則此節可通彼節 兩端十二節 豁然貫通 至於
중 간 낙 공 처 불 직 진 약 인 순 횡 행 소 통 자 비 죽 절 이 시 죽 간 야
中間落空處 不直進 若因循橫行所通者 非竹節而是竹幹也

〈번역문〉

“수련 정진은 대나무 마디를 관통하는 것과 같아서 한 마디를 통하면 경계가 있고 또 하나의 공간이 나오고, 다시 한 마디를 통하면 경계와 또 하나의 공간이 나오는 것이다. 그러므로 이와 같이 계속하면 이 마디가 저 마

75) 닥쳐올 일을 아는 것.

디로 통할 수 있고 나아가서 열두 마디를 활연히 관통할 수 있을 것이다. 중간의 낙공처[76]에 이르러 똑바로 나아가지 않고 만일 머뭇거리다가 옆으로 뚫고 나가면 대나무 마디를 관통하는 것이 아니라 대나무 줄기를 뚫게 되는 것이다."

〈원문〉

일차낙공 즉갱무전진지망자 시어자부답고인지철적 탐간풍경
一次落空 則更無前進之望者 是御者不踏古人之轍跡 耽看風景

오입형개중 진퇴유곡자야 당퇴기보상찰고인지철적 갱어전진
誤入荊芥中 進退維谷者也 當退幾步詳察古人之轍跡 更御前進

즉피죽양단십이절 무난가통의 혹청필 점연이퇴 반재부등
則彼竹兩端十二節 無難可通矣 或聽畢 漸然而退 半載不登

물물자지당의
勿勿子之堂矣

〈번역문〉

"대나무 밖으로 한번 잘못 뚫고 나가게 되면 다시는 전진할 가망이 없다. 이는 수레를 모는 사람이 옛사람의 수레 자국을 밟지 않고 풍경을 구경하는 데 빠져서 가시밭으로 잘못 들어가 오도가도 못하게 된 것과 같으니, 마땅히 몇 걸음 뒤로 물러서서 자세히 옛사람의 수레 자국을 살피고 다시 수레를 몰아 전진하면 그 대나무 열두 마디를 무난히 뚫고 나갈 수 있을 것이다." 그 사람은 물물자의 설명을 다 듣고 슬며시 물러가더니, 반 년간이나 물물자의 집에 올라 오지 않았다.

76) 대나무의 빈 속

세 번째 만남[77]

〈원문〉

일일물물자 독좌어정사 폐문양정의 혹만안희색 즉등물물자지당
一日勿勿子 獨坐於精舍 閉門養精矣 或滿顔喜色 卽登勿勿子之堂
투신납배왈 선생지교 지의진의 사제자무난통차십이절 삼생황
投身納拜曰 先生之教 至矣盡矣 使弟子無難通此十二節 三生恍
연각지 득차로 입차문재
然覺之 得此路 入此門哉

〈번역문〉

하루는 물물자가 정사에 홀로 앉아 문을 닫고 정양하고 있는데, 그 사람이 기쁜 빛을 얼굴 가득히 담고 곧장 물물자의 집에 올라와서 몸을 던져 절하면서 말했다. "선생님의 가르치심이 참으로 지극하고 빠짐이 없었습니다. 제자로 하여금 무난히 열두 마디를 뚫고 나가 삼생을 환히 깨닫도록 해주셨습니다. 이 길을 얻어야 이 문으로 들어갈 수 있는 것이 아니겠습니까?"

〈원문〉

물물자소응왈 별래무양 상술소경 사후래초심자 부득재오 시군
勿勿子笑應曰 別來無恙 詳述所經 使後來初心者 不得再誤 是君
지공여
之功歟

〈번역문〉

물물자가 웃으며 대답하였다. "헤어진 후 별 탈은 없었는가? 지난 일을 자세히 말하여 뒤따라 오는 초심자들이 그릇되는 일이 없도록 해준다면 이는 그대의 공이 아니겠는가?"

77) 여기서는 마침내 초각을 이룬 상태에 관해 언급하고 있다.

〈원문〉

혹서서개구왈 선승선생지교 재정행리 배도이진수월 근지전지
或徐徐開口曰 先承先生之教 再整行李 倍道而進數月 僅至前知
지경 우일월 이점지전지단순 유의필현고회상반조 반생지과거
之境 又一月 而漸至前知單純 有意必現故回想返照 半生之過去
혹현혹불자일월 이정신출입현로 반조점지단순 단순점변 위소
或現或否者一月 而精神出入玄路 返照漸至單純 單純漸變 爲昭
명의 일단삼생사 황연이각 시지십이관절지난통 입사출생지비
明矣 一旦三生事 恍然而覺 始知十二關節之難通 入死出生之非
우연야
偶然也

〈번역문〉

그 사람은 천천히 이렇게 대답하였다. "지난 번 선생님의 가르치심을 받고 다시 행장을 정리하고 길을 재촉하여 나아가기 몇 달 만에 겨우 앞일을 아는 경지에 이르렀습니다. 다시 한 달 만에 전지가 점점 단순해져서, 유의만 하면 반드시 나타나기에 반생 동안의 과거를 회광반조해 보았습니다. 그랬더니 혹은 나타나기도 하고 나타나지 않기도 하는 일이 한 달 동안 계속되었습니다. 그러다가 정신이 현로를 출입하면서부터는 현상되는 것들이 점점 변하여 밝고 뚜렷해졌습니다. 그리고 하루 아침에 삼생을 환히 깨닫고 나니 비로소 열두 마디를 뚫고 나가는 것이 어렵다는 것과 죽고 사는 일이 결코 우연이 아님을 깨달았습니다."

〈원문〉

물물자묵상양구응왈 이상십이관절 심문로지초계 군수여맹구
勿勿子默想良久應曰 以上十二關節 尋門路之初階 君須如盲龜
지목 지사불사 즉삼화점원 광사북극 유일가기재 혹흔연납두
執木 至死不捨 則三火漸圓 光射北極 有日可期哉 或欣然納頭
편배 사물물자지당
便拜 辭勿勿子之堂

〈번역문〉

물물자는 한참 동안 말없이 생각에 잠겼다가 다시 대답하였다. "이상과 같이 열두 마디를 뚫고 나가는 것은 문에 들어가는 길을 찾는 첫 계단에 불과하다. 그대는 모름지기 눈 먼 거북이 나무조각에 매달리듯 죽어도 놓치지 않는다면[78] 삼화[79]가 점차 원만해지고 마침내 그 빛이 북극에 닿을 날을 가히 기약할 수 있을 것이다." 그 사람은 매우 기뻐하며 머리를 숙여 절을 하고 물물자의 집에서 물러나왔다.

네 번째 만남[80]

〈원문〉

수삭후 혹재동물물자지당 비진소경어물물자왈 재심정사 불선불로
數朔後 或再勿勿子之堂 備陳所經於勿勿子曰 再尋精舍 不扇不爐
망침폐식 식료과거현재미래지망상 일기주공자일삭 즉피경중
忘寢廢食 息了過去現在未來之忘想 一氣做工者一朔 則彼境中
황백청자색수건 장가오륙척자 권수이래 도전도후 현무궁무진
黃白青紫色手巾 長可五六尺者 卷首而來 導前後導 現無窮無盡
지기이상 사학인 심불자유 시득천고만신 불가내지종종상
之奇異狀 使學人 心不自由 試得千苦萬辛 不可耐之種種狀

〈번역문〉

수개월 후에 그 사람이 다시 물물자의 집을 찾아와서 그동안의 지난 내력을 빠짐없이 말하였다. "재차 정사를 찾아 가서 부채와 화로를 멀리하고 먹고 자는 것도 모두 잊은 채 과거, 현재, 미래의 망상을 떨쳐 버리고 단숨

78) 옳은 길에 들어섰으니 절대로 그 길을 버리지 말고 전진하라는 뜻.

79) 도가 계제에 오르면 머릿속의 이환궁에서 환한 광채가 나오는데, 이 광채가 세 가닥으로 나온다 하여 삼화라고 한다.

80) 여기서는 수련 시에 생기는 수많은 마(魔)의 장애(道高一寸 魔高一尺: 도가 한 마디 높아지면 마(장애물)는 한 자 높아짐)에 대해 언급하고 있다.

에 한 달 동안 공부해 나갔습니다. 그랬더니 저쪽 경계 중에서 황색, 백색, 청색, 자색을 띤 5~6척 길이의 수건을 머리에 동인 사람들이 와서 저를 앞뒤에서 인도하는데, 한없이 많은 기이한 현상들이 나타나 학인으로 하여금 마음이 자유롭지 못하게 하였고, 온갖 괴로움과 참을 수 없는 여러 가지 모양의 시험을 당하였습니다."

〈원문〉

우인입무하유지향 춘소일각 경천금락 이망반자 비일비재 어차처
又引入無何有之鄕 春霄一刻 輕千金樂 而忘返者 非一非再 於此處
학인우난어천고만신이
學人尤難於千苦萬辛耳

〈번역문〉

"또한 선경으로 끌려 들어가서는, 봄 밤의 잠깐 동안 천금도 아깝지 않을 정도의 즐거움에 취하여 돌아올 줄 모르게 하는 경계가 한둘이 아니었습니다. 이곳에서 학인은 여러 가지 고통을 더욱 견디기 어려웠습니다."

〈원문〉

왕래어고락지중 시무한경계 홀연광명천지 현일처명산 산상무
往來於苦樂之中 試無限境界 忽然光明天地 現一處名山 山上無
수도인 괘일부방목 고자세열람 즉자고유명무명 무수명인달사
數道人 掛一部榜目 故仔細閱覽 則自古有名無名 無數名人達士
지명자 이최하단 제자명자역참기중의
之名字 而最下端 弟子名字亦參其中矣

〈번역문〉

"이와 같이 고통스럽고 즐거운 한가운데를 왕래하면서 끝없는 여러 경계의 시험을 받고 있을 때, 홀연히 광명한 천지에 한 명산이 나타나고, 그 산

위에 무수한 도인이 나타나서 한 폭의 방목榜目을 걸어 놓았습니다. 자세히 훑어 보니 유명 무명의 무수한 옛 명인들과 달사들 이름이 적혀 있고, 맨 밑에는 제 이름도 적혀 있었습니다.”

〈원문〉

일위도인 인여이입우별실 재전방목시 간득여명자 이철패양각자
一位道人 引余而入于別室 再展榜目時 看得余名字 以鐵牌陽刻者
수여일선 고선지즉신여비행 불속불지 천리만리 순식어지 능입
授余一扇 故扇之則身如飛行 不速不遲 千里萬里 瞬息而至 能入
타인지비실 능열기비장도서 일목요연 우능왕래 명산대천 팔황
他人之秘室 能閱其秘藏圖書 一目瞭然 又能往來 名山大川 八荒
무격 고자사차시고인활연관통처 고우경료수삭 별무경계
無隔 故自思此是古人豁然貫通處 故又經了數朔 別無境界
내문선생 원안승교
來問先生 願安承教

〈번역문〉

“도인 한 분이 저를 별실로 인도해 들어가 방목을 다시 펼쳐 보일 때 철패에 양각된 저의 이름을 보았으며, 또 저에게 부채 하나를 주기에 부쳐 보았더니 몸이 날아가는 것 같고 더디지도 빠르지도 않으면서 천 리나 만 리를 순식간에 갈 수 있었습니다. 다른 사람의 밀실에 들어가, 비장된 책들을 열람하면 한눈에 환하게 알 수도 있었습니다. 또한 명산 대천을 왕래할 수 있었는데, 전 세계 어느 곳인들 거칠 것이 없었으므로 스스로 생각에 이것이 고인이 활연관통한 곳이라 생각했습니다. 그래서 다시 수개월을 지내 보았으나 더 이상 별다른 경계가 나타나지 않아 선생님께 묻사오니 가르쳐 주시기 바랍니다.”

〈원문〉

물물자소왈 도고일촌 마고일척 고인지언불무 군지경과경계 차시
勿勿子笑曰 道高一寸 魔高一尺 古人之言不誣 君之經過境界 此是
이계 수패시현상 비활연관통처야 군막방행어차변 도송료시일
二階 受牌時現象 非豁然貫通處也 君莫傍行於此邊 徒送了時日
갱진일보 즉점입가경 혹황연약유각오의
更進一步 則漸入佳境 或恍然若有覺悟矣

〈번역문〉

물물자가 웃으면서 말하였다. "'도의 높이가 한 치쯤 자라면 마의 높이는 한 자쯤 자란다.'는 고인의 말씀이 근거 없는 말씀이 아니니라. 그대가 지나온 경계는 2계요, 패를 받을 때의 현상은 활연관통처가 아니다. 그대는 그 근처에서 옆길로 빠져 헛되이 시일만 보내지 말고 다시 한걸음 앞으로 나아가면 점점 아름다운 경지에 들어갈 것이다." 이에 그 사람은 환히 무엇인가 깨달음이 있는 것 같았다.

〈원문〉

혹퇴물물자지당 수삭면벽 이불하당중 고물물자기기경로 이대
或退勿勿子之堂 數朔面壁 而不下堂中 故勿勿子記其經路 以待
후일동고자 암실등운이
後日同苦者 暗室燈云耳

〈번역문〉

그 사람은 물물자의 집에서 물러나와 수개월간 면벽하면서 정사에서 내려오지 않는 중이므로, 물물자는 그 경로를 기록하여 후일의 동고자를 기다려 캄캄한 방의 등불로 삼고자 하였다.

다섯 번째 만남[81)]

〈원문〉

물물자유람 명산대천 성시지간 종적조동모서 춘북추남 비상고해
勿勿子遊覽 名山大川 城市之間 踪跡朝東暮西 春北秋南 備嘗苦海

진미 재입산문 수정자열 우열세경년 문설작망 물물자기거누항
眞味 再入山門 守靜自悅 又閱歲經年 門設雀網 勿勿子起居陋巷

불개기낙의 적유고리 만발화락부정 동라불소 주권수족 망세지
不改其樂矣 適有古梨 滿發花落敷庭 童懶不掃 主倦睡足 忘世之

갑자 몽괴안지건곤 문외청방 폐보내객 물물자 안기추창 내객비
甲子 夢槐安之乾坤 門外青狵 吠報來客 勿勿子 晏起推窓 來客非

별인 수년전 왕래어물물자지당 수년면맥 불하당지혹야 흔연환접
別人 數年前 往來於勿勿子之堂 數年面壁 不下堂之或也 欣然歡接

심광체반 미목청수 가지기간소식
心廣體胖 眉目清秀 可知其間消息

〈번역문〉

물물자는 명산 대천과 성 안의 저자 사이를 유람하여, 아침에는 동쪽, 저녁에는 서쪽, 봄에는 북쪽, 가을에는 남쪽으로 발길을 옮기면서 고해 진미를 맛보았다. 재차 산문에 들어와 고요함을 지켜 스스로 즐거워하면서 세월을 보내고 있었다. 찾아오는 사람이 없어 문전이 쓸쓸하였으나 물물자는 그런 시골 구석에 살면서도 그 즐거움을 고치려 하지 않았다. 마침 뜰앞에 오래된 배나무가 한 그루 있었고, 만발한 꽃이 떨어져 뜰에 흩어져 있었으나 동자는 게을러서 쓸지 않고 주인 또한 싫증이 나서 졸음을 즐기면서 세월 가는 것을 잊고 괴안국[82)]의 꿈을 꾸고 있었다. 그러던 차에 문 밖의 삽

81) 여기서는 "去去去中知 行行行裏覺"이라는 불변의 수도(修道) 원칙에 관해 언급하고 있다.

82) 당나라 때 순우분(淳于棼)이라는 사람이 느티나무[槐]의 남쪽 가지[南柯] 밑에서 잠이 들었다가 꿈속에서 괴안국에 이르러 그 나라 임금의 딸을 맞아 아내를 삼고 남가군(南柯郡)의 태수가 되어 수십 년 동안 영화를 누렸다는 고사에 나오는 꿈속의 나라. 괴안국의 꿈을 괴안몽(槐安夢), 또는 남가일몽(南柯一夢)이라고도 함.

살개가 짖어 대며 손님이 찾아온 것을 알려 주기에 물물자가 천천히 일어나 창문을 열어 보니 찾아온 손님은 다른 사람이 아니고 수년 전까지 물물자의 집을 왕래하다가 면벽하고 내려오지 않던 바로 그 사람이었다. 매우 기뻐서 반갑게 맞이하고 보니 신색이 훤하니, 몸은 살찌고 미목이 청수하여 그동안의 소식은 묻지 않아도 알 만하였다.

〈원문〉

혹납두편배 묵좌여우 서서개구왈 시지수인장고 불가경이이입
或納頭便拜 默坐如愚 徐徐開口曰 始知數仞墻高 不可輕易而入
유거유원 점각차보지둔전수년 불규원이근심문로 역부지정사
愈去愈遠 漸覺此步之迍邅數年 不窺園而僅尋門路 亦不知正邪
고재조선생시문하
故再造先生之門下

〈번역문〉

그 사람이 머리 숙여 절을 하고 묵묵히 어리석은 사람처럼 앉아 있다가 천천히 입을 열어 말하였다. "비로소 몇 길 담장 높이도 손쉽게 넘어들어 갈 수 없다는 것을 알았으며, 가면 갈수록 길이 멀어지는 것 같아서 발걸음이 수년 동안 둔전거리고 있었던 것도 차츰 알게 되었습니다. 정원 안을 들여다보지 못하고 겨우 문에 들어가는 길을 찾았으나 역시 바른 것과 삿된 것을 분간할 수가 없어서 다시 선생님의 문하를 찾아왔습니다."

〈원문〉

물물자미소왈 차중소식 거거거중지 행행행리각 외무별단소식이
勿勿子微笑曰 此中消息、去去去中知 行行行裡覺 外無別段消息耳

〈번역문〉

물물자가 미소를 띠며 말하였다. "이 경계에서 들려줄 만한 소식은 '다만 가고 가고 가는 가운데 알게 되고, 행하고 행하고 행하는 속에서 깨닫는다.'는 것뿐 그 밖에 별다른 소식은 없느니라."

〈원문〉

혹왈 소경상고우선생의 묵좌명목 무념무상 즉미미호흡 면면부절
或曰 所經詳告于先生矣 默坐瞑目 無念無想 則微微呼吸 綿綿不絶
약존약망 부지중폐기어하원 하원부지중팽창 점지난인 홀연일로
若存若亡 不知中閉氣於下元 下元不知中膨漲 漸至難忍 忽然一路
통어좌복 하원상연여시구구 즉좌복팽창난인 홀우통어명문제
通於左腹 下元爽然如是久久 則左腹膨漲難忍 忽又通於命門際
역여전공 내추기서서즉기인하우우복 우서서인기추지 즉기결우
亦如前功 乃推氣徐徐則氣引下于右腹 又徐徐引氣推之 則氣結于
하단전
下丹田

〈번역문〉

그 사람이 말하였다. "지난 내력을 선생님께 자세히 보고하겠습니다. 눈을 감고 묵묵히 앉아서 무념무상하게 되어, 미미하게 이루어지는 호흡이 면면히 끊이지 않고, 숨이 있는 듯 없는 듯했습니다. 그러더니 부지중에 하단전에 폐기가 되고 하단전은 부지중에 팽창되어 점점 참기 어려운 지경에 이르렀습니다. 홀연히 한 길이 왼쪽 배로 통하면서 하단전이 시원해졌습니다. 이와 같이 오래 계속하니 왼쪽 배가 팽창하여 참기 어려워지더니 홀연히 또 명문 근처로 통하였습니다. 또 지난번과 같이 천천히 기를 밀었더니 기는 밀려 오른쪽 배로 내려가고 또 천천히 기를 끌어다가 밀었더니 하단전에 가서 뭉쳤습니다."

〈원문〉

구구탄토 주이부시 묵좌회광반조 기지종비공중입 주이부시지로
久久呑吐 周而復始 默坐回光返照 氣之從鼻孔中入 周而復始之路
소재안중 기신지장부 정동정편 역여목견 부지불식간 과거삼생
昭在眼中 己身之臟腑 靜動正偏 亦如目見 不知不識間 過去三生
왕래 무흔무적 능관타인지삼생 왕래현로중진흔접 제마굴복
往來 無痕無蹟 能觀他人之三生 往來玄路衆眞欣接 諸魔屈伏
입산이호표불감근 초입생지 지신선고 자이위도통의
入山而虎豹不敢近 初入生地 地神先告 自以謂道通矣

〈번역문〉

"오래도록 숨을 삼키고 토하기를 되풀이하며 묵묵히 앉아 회광반조해 보니 기가 콧구멍으로 들어가 돌아나오고 다시 되풀이되는 경로가 눈으로 분명하게 보이며, 몸 속의 장부의 동정과 바른 것과 치우친 것도 환히 보이더니 알지 못하는 사이에 과거 삼생을 흔적도 없이 왕래하고. 타인의 삼생까지도 능히 볼 수 있었습니다. 오고가는 현로에서 여러 진인[83]들이 기쁘게 맞아 주었고 마귀들은 굴복하였으며, 산에 들어가면 호랑이와 표범이 감히 근접하지 못했습니다. 처음으로 낯선 땅에 가면 지신이 먼저 와서 고하니 스스로 도통이라 생각했습니다."

〈원문〉

일조배사어현문 중도우지비시 타가지말예 시자가지최장기야
一朝拜師於玄門 衆道友之比試 他家之末藝 是自家之最長技也
번번비시 일무소승 중장절차탁마 부지불식간 춘우자묘 부지장
番番比試 一無所勝 衆丈切嗟琢磨 不知不識間 春雨滋苗 不知長
이점장 허구여차 재입금비 명자고괘어방말 상관방목 즉자고유
而漸長 許久如此 再入金秘 名字高掛於榜末 詳觀榜目 則自古有
명무명지현철소소재목
名無名之賢哲昭昭在目

83) 도의 계제가 매우 높은 사람.

〈번역문〉

“하루 아침에 현문에 들어가 스승을 뵙고 여러 도우들과 실력을 겨루는 시합을 하는데, 저쪽의 변변치 않은 재주가 나의 가장 능한 재주와 같아서 여러 번의 비교 시합에서 한 번도 이겨 보지 못하였습니다. 그래서 현문의 여러 장로들로부터 지도를 받게 되었는데, 알지 못하는 사이에 봄비에 새싹이 자라듯, 자라는 줄 모르게 점점 성장하였습니다. 이와 같이 오랫동안 실력을 연마하고 재차 금비金秘[84]에 들어가니 제 이름이 방목의 끝에 적혀서 높이 걸려 있기에 자세히 보니 유명 무명의 옛 현인들과 철인들의 이름을 환하게 볼 수 있었습니다.”

〈원문〉

기후관만물지생양수장 춘하추동지순환 무단호흡어기 기임의
其後觀萬物之生養收藏 春夏秋冬之循環 無斷呼吸御氣 氣任意
행지 이가관타인지심 역관조수지심 이시시입어미혼진 칠야무
行之 而可觀他人之心 亦觀鳥獸之心 而時時入於迷魂陣 柒夜無
광 구구묵상 즉회광반조 고제자지혹자심 재등선생지당 문소경
光 久久默想 則回光返照 故弟子之或滋深 再登先生之堂 問所經
지사정
之邪正

〈번역문〉

“그 후에는 만물의 생양수장[85]과 춘하추동이 중단없이 순환하는 현상을 볼 수 있었고, 끊임없이 호흡으로 기를 제어하면 기가 뜻하는 대로 가게 되어 가히 타인의 마음이나 새나 짐승의 마음도 볼 수 있었습니다. 그런데

---

84) 금부비록(金府秘錄). 선계의 정신적 지위를 기록해 놓은 곳.

85) 나아서 기르고 거두어 저장하는 만물의 이치.

때때로 미혼진[86]에 빠지면 빛이 없는 캄캄한 밤중 같았습니다. 오래오래 묵상하고 있으면 다시 회광반조되었으므로 제자의 의혹이 너무 심해서 재차 선생님을 찾아와 지난 일의 옳고 그름을 묻습니다."

〈원문〉

물물자소응왈 차시자이계중 완숙계말 우진삼계 확충삼계지노정
勿勿子笑應曰 此是自二階中 完修階末 又進三階 擴充三階之路程

이고미급어사계 고차경계 삼지상사지하 불식추진 즉확지문로
而故未及於四階 故此境界 三之上四之下 不息推進 則確知門路

승계승당 결비난사 고인어차계 명수천추자불소 이욕위인 소진
升階升堂 決非難事 古人於此階 名垂千秋者不少 而欲爲人 少進

이맹련즉족용 욕위선 갱진백척간두 방가명열계방의
而猛鍊則足用 欲爲仙 更進百尺竿頭 方可名列桂榜矣

〈번역문〉

물물자가 웃으며 대답했다. "이는 2계의 중간에서 2계의 마지막까지를 완수하고 다시 3계로 나아가 3계를 확충해 가는 과정이며 아직 4계에는 미치지 못한 것이다. 따라서 이는 3계의 상이요, 4계의 처음에 해당하는 경계이다. 쉬지 않고 추진하면 문로를 확실하게 알 수 있고, 승계와 승당[87]도 결코 어려운 일이 아니다. 이 계제에서 옛사람들은 천추에 이름을 남긴 사람이 적지 않았다. 사회에 나가 활동하고 싶으면, 좀 더 나아가 맹렬히 수련하면 만족할 만한 실력을 갖게 될 것이고 신선이 되고자 하면 다시 백척간두까지 나아가야 비로소 계방[88]에 이름이 오를 것이다."

86) 무엇에 홀려서 정신을 차리지 못하는 상태.

87) 수련 진전에 따라 계제가 올라가는 것을, 문을 통과하여 뜰안에 들어오고, 집에 올라가며 다시 방안에 들어가서 자리에 앉는 것에 비유하는데, 승당은 집에 오르는 것을 말함.

88) 과거에 급제한 자의 이름을 써붙이는 방으로, 여기서는 높은 계제에 오르는 것을 말함.

〈원문〉

현계군지비류 불과기인 이중도개로 즉수용지무궁 이혹봉적수
現界君之比類 不過幾人 而中途改路 則雖用之無窮 而或逢敵手
승부미가판 즉초진익수 시군위복의 혹유유이퇴 물물자지당
勝負未可判 則稍進益修 是君爲福矣 或維維而退 勿勿子之堂

〈번역문〉

“현세계에는 그대와 견줄 만한 사람이 몇 사람에 불과하니 중도에서 길을 바꾸면 비록 쓰임새는 무궁하나 혹시 적수를 만나면 승부를 가릴 수가 없을 것이니, 좀 더 나아가 더욱 수련한다면 이는 그대의 복이 될 것이다.” 그 사람은 유유히 물물자의 집에서 물러갔다.

〈원문〉

물물자위동고자 약초기경과수조우상 이대후일지군자
勿勿子爲同苦者 略草其經過數條于上 以待後日之君子

〈번역문〉

물물자가 동고자를 위하여 지난 일의 몇 조목을 대략 위에 적어 후일의 군자를 기다린다.

육통해

六通解

[육통해(六通解) 원문 및 주해]

1. 심경통心境通

〈원문〉

좌도정시 두연심광 발현 내즉통견폐부 외즉자견
坐到靜時에 陡然心光이 發現하나니 內則洞見肺腑하고 外則自見
수미 지신용약 일부만언 설묘담현 무궁무극
鬚眉하며 智神勇躍하야 日賦萬言하고 說妙談玄하야 無窮無極이면
차시심경통 차시오륙급이상자상례이재입정이능진
此是心境通이오. (此是五六級以上者常例而再入靜而能進)

〈번역문〉

앉아서 마음이 고요해지면 돌연히 마음의 빛이 밝게 빛나, 안으로 폐부를 꿰뚫어 볼 수 있고[89] 밖으로는 자신의 수염과 눈썹을 볼 수 있으며, 지신용약[90]하여 일부만언[91]하고 묘한 말과 알아듣지 못할 이상한 이야기를 끝이 없도록 하면 이는 심경통이다. (이는 5~6급 이상인 사람들에게 보통 있는 일로 재차 입정해야 진전이 있게 된다.)

2. 신경통神境通

〈원문〉

불출여사 예지미래사정 신처실중 우능격벽견물
不出廬舍하고 豫知未來事情하고 身處室中하야 又能隔壁見物이면
차시신경통 차시삼사급자보통현상이어차처횡주자다
此是神境通이오 (此是三四級者普通現狀而於此處橫走者多)

---

89) 자신 몸 속의 장기를 해부하여 보는 것처럼 들여다볼 수 있고, 앉은 채로 자신의 앉은 모습을 거울 보듯이 볼 수 있음을 말한 것이다.

90) 머리의 재주가 상상도 못하던 수준으로 뛰어나게 됨을 이르는 말.

91) 하루에 책 열 권을 보고, 그것을 모두 욀 수 있음을 말함.

〈번역문〉

집을 나오지 않고도 미래의 일을 미리 알며[92] 몸은 실내에 있으면서도 벽 밖의 물건을 볼 수 있으면[93] 이는 신경통이다. (이는 3~4급자들에게 보통 있는 현상으로 여기서 이곳에서 옆길로 나가는[94]사람이 많다.)

3. 천안통天眼通

〈원문〉

정좌지간 삽시미민 혼돈미분 소경 심규활연대개
正坐之間에 霎時迷悶하야 混沌未分하고 少頃에 心竅豁然大開하야
천지산하 지여장상나문 차시천안통 차시일이급자정
天地山河를 指如掌上羅紋이면 此是天眼通이오. (此是一二級者精
연이득자
研而得者)

〈번역문〉

정좌하는 동안에 잠깐 동안 혼미하고 답답하여 사물의 구별이 확실하지 않은 상태가 잠시 지나 마음이 환하게 열려서 천지산하를 마치 손금 보듯 할 수 있으면 이는 천안통이다. (이는 1~2급자가 정진연마해야 얻을 수 있다.[95])

---

92) 다음 날 비가 온다거나, 누가 찾아온다거나 하는 일들을 하루 이틀, 길게는 한 달이나 두 달 전에 미리 알 수 있다.

93) 투시 능력을 말한다.

94) 신경통에 이르면 거기에만 마음을 빼겨 더 이상 공부의 진전을 하지 못하든가 또는 이 재주를 돈 버는 데 이용하려 하는 경우가 많음을 이르는 말.

95) 1~2급자 정도가 되면 그렇게 되는 것을 알 수 있게 된다. 늘 그렇게 되는 것은 아니다. 정진을 거듭하면 계제에 올라 항시 원할 때 원하는 것을 볼 수 있게 되는 것이다.

4. 천이통天耳通

〈원문〉

능 문 시 방 지 언 여 이 변 음 능 억 생 전 지 사 여 안 전 경 차
能聞十方之言을 如耳邊音하여 能憶生前之事를 如眼前境이면 此

시 천 이 통 차 시 초 계 자 예 유 지 사
是天耳通이오 (此是初階者豫有之事)

〈번역문〉

세계 어느 곳의 말이든지 귓가의 말처럼 들을 수 있고 전생의 일도 눈 앞의 경계를 보듯 기억할 수 있으면 이는 천이통이다. (이는 초계자에 있는 일이다.[96])

5. 숙신통宿信通

〈원문〉

혹 주 혹 야 입 어 대 정 상 견 천 당 하 견 지 옥 견 투 무 수
或晝或夜에 入於大定하야 上見天堂하고 下見地獄하며 見透無數

겁 래 급 숙 명 소 근 차 시 숙 신 통 차 시 초 계 후 수 련 자 현 상 이 어
劫來及宿命所根이면 此是宿信通이오. (此是初階後修鍊現狀而於

차 처 갱 진 삼 보 가 야
此處更進三步可也)

〈번역문〉

혹 밤이나 낮에 대정[97]에 들어 위로는 천당을 보고 아래로 지옥을 보며,

96) 초계가 되는 사람이면 한국에 앉아서 미국에서 하는 이야기를 바로 옆에서 듣는 것처럼 들을 수가 있다. 초계에서 전생의 일을 알게 되는 이도 있고, 초계를 넘어 재계, 3계에 이르러 알게 되는 이도 있다.

97) 마음이 흔들리지 않고 크게 안정됨. 이 단계에 이르면 다른 나라에서 일어나는 일을 가만히 앉아서 볼 수 있게 된다.

무수한 겁운劫運[98]이 오는 것과 숙명의 근원을 꿰뚫어 볼 수 있으면 이는 숙신통이다. (이는 초계에 오른 후에 수련 정진하는 사람이 얻는 현상이며 여기에서 다시 삼보 전진함이 옳다.)

6. 타심통他心通

〈원문〉

神通變化하야 出入自如하고 洞鑑十方衆生心內隱微之事하며 他雖意念未萌이나 了了先覺이면 此是他心通이라 (此是入籍後精進而得者再進一步則元神更生)

〈번역문〉

신통하게 변화하여 원하는 곳이면 어느 곳이든 출입이 자유롭고, 중생들의 마음속에 숨겨진 작은 일까지도 알 수 있으며, 남이 생각하기 전의 일마저 미리 알 수 있으면 이를 타심통이라 한다. (이는 입적入籍 후 정진하여 얻는 것으로, 다시 일보 전진하면 원신이 갱생한다.[99])

98) 재앙이 낀 운수.

99) 마주앉은 상대가 말하기 전에 무슨 말을 하려는지 미리 알 수 있게 되는 것. 관심술(觀心術)이라고도 한다. 정치, 외교, 군사 분야들에 유용하게 쓰일 수 있다.

〔시해법〕

尸解法

- 구곡시九曲尸
- 시해요결尸解要訣

봉우 권태훈 저(著)

시해법尸解法

– 육체를 초월해 영혼의 세계를 왕래하는 선가(仙家)의 비술(秘術)

[해제]

시해尸解라는 것은 글자 그대로 '시尸', 다시 말해서 외형적으로 생명이 끊어진 육신인 '尸'를 벗는다[解]는 뜻인데, 죽음으로부터의 해탈을 의미한다고 하겠다. 옛적부터 신선神仙하면 시해를 연상할 정도로, 불사不死의 존재인 신선은 응당 죽음을 뿌리치고 벗어나는 영생永生의 도법道法을 구사하는데, 바로 그것이 시해법이라는 믿음이 있어 왔다. 그만큼 민간에서는 그 실체가 과장되고 신비화되어 온 감이 짙다.

세상 사람들은 이 법이 강태공[100] 때부터 세상에 전해졌다고 말하지만, 그전부터 있었으나 공개되지 않았고, 태공이 비로소 문헌으로 공개한 것이라고 생각된다. 대황조 한배검 이래 백두산족 정신수련법이 발흥되기 시작하여, 인간 영생永生의 문호門戶를 조식법調息法으로 열어 보인 지 오랜 세월이 흐르며 많은 종류의 수련 방편들이 제시되었는데, 시해법 역시 이 가운데 하나이다. 그 근원은 한배검의 조식법, 즉 탄토일법呑吐一法에 다름 아닌 것이다. 이 시해법을 처음 문헌화시킨 강태공 이전에 이미 은상殷商의 태사太師였던 문중聞仲이 이 법의 달인으로 알려지고 있다. 현재는

100) 강태공(姜太公). 지금부터 3,000년 전 중국 주(周)나라 초기의 정치가. 태공망(太公望)을 세속에서 일컫는 이름.

물론 이렇다 할 문헌도 보이지 않는다. 구전口傳에 의하면 태공은 시해법을 전할 때 천팔십문千八十門으로 시작했다. 그 다음 이름을 알 수 없는 여러 사람들이 더하거나 빼서 육백사십문六百四十門으로, 사백팔십문四百八十門으로, 삼백팔십사문三百八十四門으로 점점 변화시켰고, 우리 나라 남방도맥南方道脈의 거인인 고운 최치원 선생이 일백이십팔문一百二十八門으로 축소시켰다.

다음으로 구봉龜峰 송익필宋翼弼 선생이 삼십육문三十六門으로 더 축소시켰으며, 이것을 봉우 선생이 과감하게 단팔문單八門으로 축소시켰다. 또한 전통적으로 시해의 부수 조건이던 변신법變身法, 구성패九星牌, 우보법禹步法, 구변법九變法 및 보허문步虛門을 완전히 폐지하고 단순히 탄토일법呑吐一法, 곧 호흡법만으로 팔문八門에 응하게 했던 것이다. 이에 관한 봉우 선생의 취지는 다음과 같다.

> "옛사람의 법도를 지키지 않았다는 점에서 죄가 되는 줄 잘 알고 있으나, 후학들의 고충을 생각해서 죄는 내가 짓고 편의는 후학들에게 주고져 함이다."

그런데도 세상 사람들의 시해법에 대한 이해는 천팔십문이건 단팔문이건 똑같은 먹구름에 가려져 있으니, 알지 못하기는 마찬가지이다. 사람들은 시해법 하면 무슨 굉장한 비법이라도 되는 것처럼 신비화하는 선입견을 갖고 있어서, 이것을 고원난행지사高遠難行之事(높고 멀며 행하기 어려운 일)로 오인하기 때문이다.

구성패九星牌를 던지고, 우보법禹步法을 구변九變하는 문호門戶를 모두 답파하고 〈보허사步虛詞〉를 모두 송독誦讀하더라도 조식법인 탄토일법을 충분히 습득하지 못했다면 시해법은 실패로 돌아가고 마는 것임을 깨달아야 한다. 옛사람들은 시해법을 경솔하게 배우려는 자들이 생길까봐 이 법의 진수眞髓에 도달하기 위한 많은 준비 계단을 마련하여 학인들에게 제시하였던 것이다. 여기서 구성패란 낙서洛書[101]에 응한 아홉 개의 별 이름을 적은 패인데, 그 이름들은 표1과 같다.

(표1 구성패의 별 이름들)

구성 九星	일백 一白	이흑 二黑	삼벽 三碧	사녹 四綠	오황 五黃	육백 六白	칠적 七赤	팔백 八白	구자 九紫
구궁 九宮	천봉 天篷	천예 天芮	천충 天衝	천보 天輔	천금 天禽	천심 天心	천주 天柱	천임 天荏	천영 天英
팔문 八門	휴문 休門	사 死	상 傷	두 杜		개 開	경 驚	생 生	경 景

여기서 팔문은, 구궁의 중궁中宮에 무엇이 오느냐에 따라 수시로 변한다. 팔문은 팔괘八掛의 원리에 따라 그 기세의 왕성, 쇠약과 운행運行의 모습을 나타낸다. 팔문 중 생사生死 두 문은 기문奇門의 근원으로서 운행의 주축을 이룬다. 두개杜開 두 문은 그 기문이 출입하는 곳이며 휴상경경休傷景驚의 네 문은 기운의 왕성, 쇠약 정도가 변하는 과정이다.

이상의 모든 법들을 모두 알지 못하더라도, 고도의 호흡법 실력이 있는 사람이나 유단자有段者라면 아무 걸림 없이 시해법에 능통할 수 있는 것이다. 물론 약간의 차이는 있겠지만, 위의 복잡 다단한 방법들을 익히는 데 드는 시간 노력이면, 차라리 호흡법의 유단자가 되는 쪽에 투입하는 것이 현명하다고 본다.

101) 중국 고대 하(夏)나라 우왕(禹王)이 홍수를 다스렸을 때 낙수(洛水)에서 나온 거북의 등에 쓰여 있었다는 글. 《서경(書經)》 〈홍범구주(洪範九疇)〉는 이 낙서에 의해 만든 것이라 함.

시해법이 도달하고자 하는 최고 최대의 목표는 역시 금선탈갑金蟬脫甲(금매미가 껍질을 벗음)하여 법신화형法身化形(불멸의 법신체가 됨)으로 영생을 얻는 것이다. 유한한 이 육체로는 신선이 되지 못하기 때문이다. 일단 안광낙지眼光落地[102]하면 세상 사람들 눈 앞에서는 사장상死葬相(죽음의 모습)을 보이지만, 사실은 정신수련을 통해 연마한 또 하나의 영체靈體인 법신法身으로서, 매미가 허물을 벗듯이 육신에서 해탈하여 영원한 삶을 누릴 수 있다는 말이다.

그러나 그런 식으로 현실을 벗어나 저 아득한 영원의 세계로 안주하는 것도 좋은 일이겠으나, 그것은 정신계 고단자들의 얘기고, 우리 같은 저급자들로서는 이 시대, 이 현실세계를 살면서, 살아 있는 동안 무엇인가 '홍익인간'이라는 대승적 이념에 부합할 만한 일, 인류 복리에 보탬이 될 일들을 이 시해법이라는 정신수련법을 응용하여 이룩해 보자는 것이다.

오늘날과 같은 과학시대에 각자의 분야에서 발휘하고 있는 연구력에 한계가 있다고 느끼는 사람들이 이 법을 습득하여 활용하면, 똑같은 연구 시간과 노력을 들이더라도 그 성과를 몇 백 곱절, 몇 천 곱절 크게 올릴 수 있을 것이다. 또한 불가사의하게도 성층권 밖에서 이 우주의 잠동군상潛動群相을 살펴볼 수도 있을 것이다. 역사적으로 신비의 그늘 속에 가려 비전秘傳되어 온 시해법이지만, 현대를 살아가는 과학인의 입장에서 가장 유리한 조건을 제공하는 획기적인 정신혁명의 원천이 될 수도 있는 것이다. 정치, 외교, 군사, 발명에도 정당하게만 사용한다면 일생에 단 한 번의 사용으로도 명불허전名不虛傳일 것이다. 시해법은 위와 같은 여러 가지 국면에만 한정된 것이 아니라, 사실상 무엇에든 적용할 수 있는 방법이다.

102) 눈빛인 땅에 떨어짐, 곧 죽음.

여기서는 영혼과 육신을 분리시키는 시해법의 여러 단계 및 방법, 영육을 분리하지 않고 염파念波만을 사용하는 시해법의 대표격인《구곡시九曲尸》, 구곡시의 수단 혹은 방법론인 〈무이도가武夷櫂歌〉, 시해의 방법을 상술한 봉우 선생의《시해요결尸解要訣》을 차례로 살펴보기로 한다. 이 시해법 장은 전체적으로 봉우 선생의 구술 및《시해법약해尸解法略解》등을 종합한 것이다. 기록의 의의를 살리기 위해 〈해제〉를 제외한 나머지 부분은 봉우 선생의 직접 진술을 그대로 정리했다. 따라서 〈해제〉 이후의《시해법의 단계별 분류》,《구곡시》,《시해요결》에서의 화자, 즉 '나'는 봉우 선생을 가리킨다.

[시해법의 단계별 분류]

시해법의 급계級階를 외람되이 말할 수는 없으나, 대략 다음과 같이 정리해 볼 수 있을 것이다.

몽유법

몽유법夢遊法은 시해법의 초보적 단계로서, 자기 정신을 일단 육신에서 분리시켜, 마치 꿈속에서 시공을 초월하여 마음대로 노닐듯이 영혼의 상태로 돌아다니는 것을 말한다. 조식朝息 30초 이상 되는 사람이면 일단 시해를 시도할 수 있으나 여러 가지 제약이 많고 특히 주위에서 약간만 소란해도 금방 깨어나므로 원만한 정신계精神界로의 진입이 곤란하다. 조식 2분 이상인 자라야 시해법을 시도할 수 있다.

치몽법

치몽법致夢法은 자신이 염두에 두고 있는 상대방의 꿈속에 영체靈體가 되어 들어가 자기 의도대로 꿈을 꾸게 하는 방법을 말한다. 낮과 밤에 관계없이 상대방 꿈에 나타날 수 있다. 도계道階 초단자 정도의 실력이면 시도할 수 있다.

영자유동법

영자유동법靈子遊動法에서의 '영자靈子'란 정신수련을 통하여 다시 태어난 하나의 원신元神이다. 이것은, 기존의 육신처럼 때가 차면 사멸하는 것이 아니라, 영원히 공간에 머물 수 있는 법신法身인 것이다. 영자유동법은 이러한 원신으로서의 영자를 육체에서 탈갑脫甲시켜 자신과 똑같은 형태로서 돌아다니게 하는 방법이다. 일종의 분신법分身法으로서, 이 단계에서는 하나의 분신만 만들어 낼 수 있으며, 다닐 수 있는 구역도 제한되어 있어 완전히 마음대로 돌아다니지는 못한다. 즉 자신보다 낮은 법력法力을 가진 손아래의 존재에게는 직접 몸을 보이며 접촉까지 할 수 있으나, 자기보다 위인 존재일 경우에는 그렇게 하는 것이 불가능하다. 도계 2~3단은 되어야 시도할 수 있다.

은령법

은령법隱靈法 역시 영자유동법과 같은 일종의 분신법이지만, 투명인간처럼 자신의 영자, 곧 원신체元神體를 드러내지 않음으로써 상대방이 볼 수 없게 한다는 점에서 다르다. 다른 사람은 전혀 눈치채지 못하게 하면서 자신이 목표로 삼은 사람 바로 옆에서 얘기를 들려줄 수도 있다. 분신이 하나만 가능하고, 다닐 수 있는 범위가 제한되어 있는 것은 영자유동법과 같다. 2~3단 이상의 수련자라야 시도가 가능하다.

혼유법

혼유법魂遊法은 혼이 돌아다니듯 마음대로 다닐 수 있는 방법인데, 다니는 구역도 은령법보다 훨씬 광범위하다. 역시 2~3단 이상이어야 시도가 가능하다.

현령법

현령법顯靈法은 영자를 둘 이상으로 분신할 수 있는 법으로서, 도계 5~6단 이상이라야 시도할 수 있다.

섭백법

섭백攝魄이란 혼백魂魄을 끌어온다는 뜻이다. 예를 들어, 멀리 떨어진 어떤 지역에서 갑이라는 사람을 섭백한다면 그곳에 갑의 육신이 그대로 남아 있는 상태에서 또 하나의 갑이 이곳에 나타나게 된다. 끌어온 또 하나의 갑은 정신이 멀쩡하게 박혀 있는 상태이나, 원래의 지역에 남아 있는 갑은 형체만 있는 죽은 자와 같다. "혼魂을 때리면 아무 자국이 안 남지만 백魄을 때리면 그대로 자국이 남는다."는 얘기가 있는데, 데려온 갑의 다리를 회초리로 때리면, 그 자국이 그대로 원래의 갑에게도 나타난다고 한다.

섭백법은 고도의 정신력을 필요로 하며, 아무렇게나 사용할 수 없는 방법이다. 도계 5~6단 이상인 사람이라야 시도가 가능하며, 이 법을 실행할 수 있는 실력자라면 세기世紀의 위인偉人, 대철학자라고 보아도 무방하다. 역사적으로 문태사聞太師, 강태공 등이 섭백을 행했다.

[구곡시]

위에서 소개한 것말고도 시해법에는 여러 가지가 있다. 관시觀尸, 구곡시

九曲尸, 오행시五行尸 등이 그것이다. 이러한 방법들은 정신수련을 통하여 일종의 염파念波만을 내보내는 것으로, 원신元神을 육체에서 분리시키지는 않는다고 한다.

내가 10대 청년이었을 때 서울에서 있었던 일이다. 당시 '이문회以文會'라는 모임이 있었는데, 주축은 정무정鄭茂亭 선생을 비롯한 소론少論 팔재사八才士들이었고, 최남선, 홍명희, 임규林圭[103], 이광수, 한용운, 권덕규權悳奎[104]등과 함께 나도 그 모임에 자주 출입하였다. 그런데 한동안 육당六堂(최남선)을 비롯한 여섯 사람이 보이질 않았다. 그들은 다시 모임에 나타났는데, 전과는 달리 지력智力의 발전이 눈에 띌 정도였다. 나는 그 여섯 사람과 함께 점심 내기로 누가 한자를 가장 많이 쓸 수 있나를 시합하였는데, 그들은 모두 거리낌없이, 마치 옆에 자전子典을 갖다놓고 베껴 내듯이 죽죽 써 내려가는 것이었다. 그중 임규 같은 이는 나중에 검토해 보니, 아예 자전과 처음부터 똑같이 써 내려간 것이었다. 사전을 투시해서 그대로 박아 놓은 것으로밖에 생각할 수 없었다. 이런 얘기를 그대로 믿을 사람은 없거나 있어도 드물 것이라고 생각되지만, 나에게는 지금도 생생하게 기억나는 엄연한 현실이었다.

육당 최남선은 어렸을 때 나의 선친께 한학을 배웠기 때문에 나와는 허물없이 친했으므로, 그에게 어찌된 일이냐고 영문을 물었다. 그러나 그는 싱글싱글 웃기만 할 뿐 좀처럼 대답해 주지 않았다. 나중에 나 혼자서 추리하여 찾아가 확인해 보니, 그들의 스승은 바로 설봉雪峯 지운영池運永[105] 선생이었다.

---

103) 1867~1948. 독립운동가. 3·1운동 때 중앙지도체 49인 중의 1인이었다. 일본유학 후 서울의 여러 사립학교에서 일본어를 가르쳤다.

104) 1890~1950. 일제강점기에 〈한글맞춤법통일안〉의 원안을 작성한 국어학자.

설봉 선생이 육당을 비롯한 여덟 명의 사람에게 가르친 정신수련의 내용이 바로 '구곡시'라는 일종의 관법觀法이었다. 관시觀尸라는 것도 볼 '관觀' 자를 벽에다 써 붙여 놓고 정좌하여 투시 수련을 하는 것인데, 이 구곡시도 송나라의 대현大賢인 주자朱子의 〈무이구곡시武夷九曲詩〉 즉 〈무이도가武夷櫂歌〉를 방편으로 삼아 수련하는 것이다. '무이구곡武夷九曲'이란 그가 공부하며 학인들을 가르치던 무이산武夷山 계곡의 아홉 굽이를 말한다. 주자는 송나라 효종 순희淳熙 3년에서 10년까지 무이산에 있는 무이정사武夷精舍, 곧 자양서원紫陽書院에서 학문을 강의했다. 그는 배를 타고 노를 저어 아홉 계곡을 차례로 돌아보면서 그 정경을 열 수의 시에 담아 냈다. 그는 아홉 계곡의 풍광을 묘사하며 수도修道에서 득도得道에 이르는 과정을 구도자적 관점에서 표현하고 있다. 다음은 〈구곡시九曲詩〉의 전문이다.

서시[序詩]

무 이 산 상 유 선 령
武夷山上有仙靈　무이산 위에는 선령仙靈이 있고

산 하 한 류 곡 곡 청
山下寒流曲曲淸　산 아래 흐르는 차가운 물은 굽이마다 맑구나.

욕 식 개 중 기 절 처
欲識箇中奇絶處　그 가운데 기이하게 끊어진 곳을 알고자 하거든

도 가 한 청 양 삼 성
棹歌閑聽兩三聲　노젓는 노래 한가로이 두세 곡 들어 보소.

하나[其一]

일 곡 계 변 상 조 선
一曲溪邊上釣船　일곡이라, 냇가의 낚시배에 오르니

만 정 봉 영 잠 청 천
幔亭峰影蘸晴川　만정봉은 개인 내에 그림자를 드리웠네.

---

105) 1852~1935. 호는 백련(白蓮) 또는 설봉(雪峰). 개항기 한국인 최초로 고종의 사진을 촬영한 사진가, 서화가, 문인. 종두법 시행의 선구자 지석영의 형이다.

홍교일단무소식
虹橋一斷無消息　무지개다리 한번 끊어지니 소식이 없고

만학천암쇄취연
萬壑千巖鎖翠烟　수많은 구렁과 바위들, 저무는 연기에 잠겼어라.

둘[其二]

이곡정정옥녀봉
二曲亭亭玉女峯　이곡이라, 정정하다 옥녀봉이여

삽화임수위수용
揷花臨水爲誰容　꽃 꽂고 물가에 있으니 누굴 위한 자태인가.

도인불복황대몽
道人不復荒臺夢　도인은 두 번 다시 무너진 대臺를 꿈꾸지 않고

흥입전산취기중
興入前山翠幾重　흥겨이 앞산에 드니 아지랭이 몇겹인고.

셋[其三]

삼곡군간가학선
三曲君看架壑船　삼곡이라, 그대는 가학선架壑船을 보는데

부지정도기하년
不知停棹幾何年　알 수 없도다, 노질 멈춘 지 그 몇 년인가.

쌍전해수금여허
桑田海水今如許　뽕밭이 바닷물로 바뀐 것, 이제 얼마쯤인지

포말풍등감자련
泡沫風燈敢自憐　물거품 같고 바람 앞의 등불 같은 우리인생,
스스로 애처로움을 견디네.

넷[其四]

사곡동서양석암
四曲東西兩石巖　사곡이라, 동서의 두 돌바위

암화수로벽람삼
巖花垂露碧㲯毿　바위꽃은 이슬을 머금고, 푸르게 늘어졌구나.

금계규파무인견
金鷄叫罷無人見　금빛 닭 울음을 멈추고, 보는 사람 하나 없는데

월만공산수만담
月滿空山水滿潭　달은 빈 산에 가득찼고 물은 계곡에 가득하네.

다섯[其五]

오 곡 산 고 운 기 심
五曲山高雲氣深　오곡이라, 산 높고 구름 깊은 곳

장 시 연 우 암 평 림
長時烟雨暗平林　오랜 이슬비에 펼쳐진 숲이 어둡더라.

임 간 유 객 무 인 식
林間有客無人識　숲 사이로 길손 있으나 아는 이 없으니

애 애 성 중 만 고 심
欸乃聲中萬古心　뱃노래 소리 가운데 만고심일러라.

여섯[其六]

육 곡 창 병 요 벽 만
六曲蒼屛繞碧灣　육곡이라, 푸르른 산은 푸른 물가를 두르고,

모 차 종 일 엄 시 관
茅茨終日掩柴關　띠집은 종일토록 사립문 가렸더라.

객 래 의 도 암 화 락
客來倚棹巖花落　길손은 찾아와 노에 기대고 바위꽃은 떨어지는데

원 조 불 성 춘 의 한
猿鳥不驚春意閑　원숭이와 새는 놀라지 않고, 봄뜻은 한가롭네.

일곱[其七]

칠 곡 이 선 상 벽 탄
七曲移船上碧灘　칠곡이라, 배를 옮겨다 푸른 물결 거슬러 오르니,

은 병 선 장 갱 회 간
隱屛仙掌更回看　은병선장이 다시금 돌아보네.

각 련 작 야 봉 두 우
却憐昨夜峯頭雨　문득 지난 밤 봉우리 위로 내린 비를 슬퍼하니,

첨 즉 비 천 기 도 한
添得飛泉幾度寒　물 불어난 폭포는 얼마나 찰 것인가.

여덟[其八]

팔 곡 풍 연 세 욕 개
八曲風烟勢欲開　팔곡이라, 풍연風烟의 기세 열리려 하고

고 루 암 하 수 형 회
鼓樓巖下水瀠迴　고루암 아래 물은 굽이쳐 흐르네.

막 언 차 처 무 가 경
莫言此處無佳景　이곳에 가경佳景이 없다 말지어다.
자 시 유 인 불 상 래
自是遊人不上來　여기부터는 노니는 사람이 올라오지 못하리라.

아홉[其九]

구 곡 장 궁 안 활 연
九曲將窮眼豁然　구곡이 다하려 하니 눈이 확 트이고,
상 마 우 로 견 평 천
桑麻雨露見平川　뽕밭과 삼밭에 이슬비 내리니 평천을 보네.
어 랑 경 멱 도 원 로
漁郎更覓桃源路　어랑은 다시금 도원으로 가는 길을 찾지만
제 시 인 간 별 유 천
除是人間別有天　여기말고 세상 어디에 별천지가 있을까.

아무튼 설봉 지운영 선생은 당시 정신수련계의 도계 5단 정도는 됨직한 중진重鎭이었고, 그 형님 되는 지석영 선생도 3단의 계제는 족히 되었다. 지석영 선생은 그 당시 이미 5개 국어를 구사할 정도로 어학에 밝았고 의학醫學을 비롯한 여러 학문에 박학다식하였다.

시해법은 관법觀法을 통한 투시처럼 앉아서 보는 것이 아니라 원신元神을 분리시켜 직접 가서 보는 것이므로 투시 내용이 아주 정확하다. 그것은 불변색不變色으로 뇌리에 남아 지워지지 않는다.

이 밖에도 여러 다른 시해법들이 있는데, 그것들은 대개 일종의 기억력 증진법, 혹은 연구력 증진법 또는 몽유법 차원의 방법들로서, 이것을 이용하여 소소小小한 술사術士로 출세하는 사람도 많다. 즉 법의 내용이 아니라 그것을 습득하는 사람들의 선입견에 따라 이 법을 별별 기괴한 곳에다 사용하는 인사들이 많은 것이다.

《열국지列國志》에 이런 이야기가 있다. 월越나라에 구수약龜手藥이라는 약으로 비단을 세탁하여 돈벌이를 잘 하는 여자가 있었다. 다른 사람은 겨

울에 물이 얼어 세탁을 못하는데, 그녀는 그 약을 써서 물이 얼지 않게 하여 혼자서만 돈을 벌었던 것이다. 어떤 사람이 그것을 알고 그 약의 방문方文을 천금千金에 사서 오월吳越전쟁에 사용하여 한 나라를 멸망시켰다.

똑같은 구수약이지만, 한 사람은 천금의 돈을 얻는 데 그쳤고, 한 사람은 일국을 토멸討滅했던 것이다. 이 시해법도 비단 세탁하는 여자의 구수약으로 사용되는 불운不運이 아닌, 개국보족開國保族하고 천하를 태평하게 하는 데 중용重用되어지기를 바란다.

여기서는 어려운 고법古法은 빼고, 내가 말하는 탄토법呑吐法(호흡법)과 팔문법八門法의 내용과 그 실습의 요결을 상세하게 서술하였다. 탄토법은 내가 연정 16법研精十六法을 설명하면서 여러 차례 얘기한 바 있으나, 시해법과의 연관성에 대해서는 그동안 확실한 언급을 피해 왔었다.

권오훈權五勳이라는 사람이 과거에 써 놓았던 〈시해법요지尸解法要旨〉를 가지고 가서 잃어버린 이래, 다시 그것을 구하지 않았고, 그 책자가 있으나 없으나, 복잡한 군더더기를 빼고 직접 실습으로 들어가는 데에는 다음의 요결만으로도 충분하므로 평이한 구어체로 서술하여 후학의 편의를 도모하고자 한다. 이 기록은 무슨 명예나 이욕利慾 등과 한치도 관계가 없으니, 비록 무미無味할지라도 동고동학자同苦同學者들에게 유익함이 있다면 다행할 뿐이다.[106]

[시해요결]

시해의 요지는 곧 간시干尸[107]와 지해支解[108]로서 입시入尸는 천간天干

106) 이상은 단기 4297년(1964년)갑진년(甲辰年) 정월 14일에 기술한 내용이다.

107) 시해에 들어가는 것을 말한다.

108) 시해에서 빠져나오는 것을 말한다.

에, 해시解尸는 지지地支에 바탕을 둔다. 가령 갑자년甲子年, 갑자월甲子月, 갑자일甲子日, 갑자시甲子時에 시해하고자 한다면 사갑간四甲干이 선천수先天數(표2 참조)로 4×9=36인데, 9로 나눈 후, 나머지 수 9로서 입중호생기入中呼生氣[109]하면 구거이궁九居離宮[110]하니 건乾이 절명絶命하게 된다. (표3의 팔상[111]조견표 참조) 이 시간에 건乾 방향으로 머리를, 두고 무념무상無念無想 상태에서 탄토법呑吐法을 행하면서 고요히 누워 있으면 된다.

즉 시해하려는 때의 연, 월, 일, 시의 사주四柱 가운데 천간天干에 해당되는 것을 역수리易數理에 입각하여 각종 통계표를 이용, 입시入尸 방향을 결정한다는 것을 알 수 있다.

표2 천간 지지의 선천수

천간 天干	갑 甲	을 乙	병 丙	정 丁	무 戊	
	기 己	경 庚	신 辛	임 壬	계 癸	
지지 地支	자 子	축 丑	인 寅	묘 卯	진 辰	사 巳
	오 午	미 未	신 申	유 酉	술 戌	해 亥
선천수 先天數	9	8	7	6	5	4

109) 중궁(中宮)에 들어가 생기(生氣)를 부름.

110) 9가 이궁(離宮)에 거하게 됨.

111) 팔상(八象)이란 팔괘(八卦)라고도 하는데 각 괘의 운세(運勢)의 형상을 말한다. 공전국(公轉局) 중궁(中宮) 지반수(地盤數)를 기준으로 하여 둘레의 각 궁(宮)의 팔상을 결정한다. 생기(生氣)는 살아나는 형상, 천의(天宜)는 하늘이 돕는 형상, 절체(絶體)는 반길반흉(半吉半凶), 유혼(遊魂)은 변동 및 출입의 형상, 화해(禍害)는 재앙, 복덕(福德)은 만사형통, 절명(絶命)은 큰 재앙, 특히 귀혼(歸魂)은 은둔(隱遁) 및 침체의 형상이다.

표3 팔상(八象) 조견표

팔괘 八卦	1상上	2중中	3하下	4중	5상上	6중中	7하下	8중中
팔상 八象	생기 生氣	천의 天宜	절체 絶體	유혼 遊魂	화해 禍害	복덕 福德	절명 絶命	귀혼 歸魂
중궁수 中宮數								
1감坎	손巽	간艮	이離	건乾	태兌	진震	곤坤	감坎
2곤坤	간艮	손巽	건乾	이離	진震	태兌	감坎	곤坤
3진震	이離	건乾	손巽	간艮	곤坤	감坎	태兌	진震
4손巽	감坎	곤坤	진震	태兌	건乾	이離	간艮	손巽
5중中	감坎	곤坤	진震	태兌	건乾	이離	간艮	손巽
6건乾	태兌	진震	곤坤	감坎	손巽	간艮	이離	건乾
7태兌	건乾	이離	간艮	손巽	감坎	곤坤	진震	태兌
8간艮	곤坤	감坎	태兌	진震	이離	건乾	손巽	간艮
9이離	진震	태兌	감坎	곤坤	간艮	손巽	건乾	이離

표4 천간(天干) 지지(地支)의 후천수

천간 天干	임 壬	정 丁	갑 甲	신 甲	무 戊	계 癸	병 丙	을 乙	경 庚		기 己
지지 地支	자 子	사 巳	인 寅	유 酉	진술 辰戌	해 亥	오 午	묘 卯	신 申	축미 丑未	
후천수 後天數	1	2	3	4	5	6	7	8	9	10	100

표5 팔괘 선천수/하도(河圖)

수 數	1	2	3	4	5	6	7	8
괘 卦	건 乾	태 兌	리 離	진 震	손 巽	감 坎	간 艮	곤 坤

표6 팔괘 후천수 / 낙서(洛書) 구궁팔괘수(九宮八卦數)

수 數	1	2	3	4	5	6	7	8	9
괘 卦	감 坎	곤 坤	진 震	손 巽	중궁 中宮 토土	건 乾	태 兌	간 艮	리 離

4손巽	9리離	2곤坤
3진震	5중中 (10)	7태兌
8간艮	1감坎	6건乾

다음으로 입시入尸하여 육신과 분리된 영혼 내지 원신元神이 시해 상태를 벗어나 다시 원래의 자리로 돌아오는 해시解尸의 시각을 알아야 한다. 앞서 예를 든 시해 시각이 갑자년, 갑자월, 갑자일, 갑자시였는데, 즉 자시子時(밤 11시에서 새벽 1시 사이)에 시해를 할 때는 지지地支 12시 가운데 입시 시각 자시를 뺀 나머지 11개 시간대에서 각각의 경우를 계산해 보면 된다. 즉 축시丑時의 경우, 사주가 '갑자년甲子年, 갑자월, 갑자일甲子月, 갑축시甲丑時'가 되는데, 입시 때 머리 둘 방향을 찾을 때 십간十干의 선천수만을 합하여 계산하던 것과는 달리, 해시의 시간을 구할 때는 지해支解로서 십이지十二支의 후천수(표4 참조)만을 합하여 계산한다.

축시는 지자支子 후천수가 1인데 년, 월, 일의 삼자三子이므로 3에다 축丑은 10이라 합쳐서 13이다. 이를 9로 나누면 나머지는 4이다. 표3에 따르면 머리를 둔 방향 건방乾方에서 절명絶命이었으므로, 지해支解 곧 시해를 풀려면, 이 건방에 일상一上의 생기生氣를 불러와야 하는데, 어느 괘가 중궁에 들어와야 그 경우가 만족되는가를 찾으면 된다. 축시의 경우 중궁수中宮數가 4인데 4는 손궁巽宮에 있으므로 건괘乾卦는 생기生氣에 해당되지 않으므로 해시를 할 수 없다.

위와 같은 이치로 인시寅時를 따져 보면 인寅이 후천수로 3이라 삼자三子와 합하여 6이니, 6은 건乾이라 나올 수 없고, 묘시卯時는 후천수 을묘팔乙卯八이라 삼자三子의 후천수 3과 합해 11이니, 9로 나누면 나머지는 2이다. 이곤二坤이 중궁中宮에 들어가니 역시 해시할 수 없다. 진시辰時는 무진술戊辰戌 후천수가 5이니, 삼자삼三子三과 합하여 8이다. 팔간八艮 입중入中이니 역시 해시할 수 없다.

사시巳時는 정사丁巳 후천수가 2인데, 삼자삼三子三과 합하여 5가 되니, 5는 중中이라 무소속이므로 해시가 안 된다. 오시午時는 병오丙午 후천수 7에 삼자삼三子三을 더하여 10이니, 9로 나누면 1이 남는다. 일감一坎 입중入中하니 또한 불가하다. 미시未時도 축시와 동일한 후천수를 가지므로 역시 해시할 수 없다.

신시申時는 경신庚申 후천수가 9라 삼자삼三子三과 합하여 12이니 9로 나눈 나머지가 3이다. 삼진三震 입중入中하니 해시할 수 없다. 유시酉時는 신유申酉 후천수가 4라 삼자삼수三子三數와 합하여 7이니, 칠태입중七兌入中이라 태괘兌卦에서 일상 생기生氣를 부르면 건괘에 부합하니, 자시에 건방에서 절명絶命(입시)하여 다시 건방으로 생기生氣(해시)를 얻으려면 결국 유시酉時(오후 5시에서 오후 7시 사이)라야 해시가 가능하다는 해답이 나온다. 술시戌時, 해시亥時의 경우도 같은 이치로 해 보면 해시가 안 된다.

위와 같은 간시와 지해의 원리에 따라 아래와 같은 공식公式이 성립한다.

간시干尸	지해支解
이離(9) 입중入中	태兌(7) 입중入中
간艮(8) 입중入中	감坎(1) 입중入中
태兌(7) 입중入中	리離(9) 입중入中
건乾(6) 입중入中	진震(3) 입중入中
손巽(4) 입중入中	곤坤(2) 입중入中
진震(3) 입중入中	건乾(6) 입중入中
곤坤(2) 입중入中	손巽(4) 입중入中
감坎(1) 입중入中	간艮(8) 입중入中

다음은 시해의 고법古法을 단순화시킨 나의 단팔문요결單八門要訣을 살펴보자.

〈봉우단팔문시해요결鳳宇單八門尸解要訣〉

구간칠지九干七支	금화실중연金火室中鍊
팔간일지八干一支	산수몽山水夢
칠간구지七干九支	택화혁澤火革
육간삼지六干三支	천뢰무망괘天雷无妄卦
사간이지四干二支	풍지관風地觀
삼간륙지三干六支	뇌천대장雷天大壯
이간사지二干四支	지풍승地風升
일간팔지一干八支	수산건水山蹇

토목土木의 집 위에 더하고,	토목옥상가 土木屋上加
금화의 방 가운데 단련을 하면	금화실중련 金火室中鍊
성스러운 해와 달이	성일성월 聖日聖月
금정金庭을 비추이고	조요금정 照耀金庭
만 가지 붉은 산빛이	만자산광 萬紫山光
영원토록 성스러운 공적을 드리우리라.	영수성공 永垂聖功

다음은 시해를 위한 또 하나의 요결이다. 학인들은 의심하지 말고, 단지 조식 호흡수련에 전력을 다하여 상당한 계제에 오른 뒤에 이 방법을 참고하는 것이 옳을 것이다.

생각하건대, 시해의 요결은 선천수나 후천수에 있지 않고, 또한 하도河圖나 낙서洛書의 순차順次에 있지도 않으며, 구변九變, 우보禹步, 보허步虛, 투패投牌 등에 있지도 않다.

고인古人은 말하기를, 만사萬事가 갖추어졌는데 단지 동남풍만이 빠졌다고 하였는바, 시해법에서도 비록 모든 조건이 구비되었어도 조식법 하나가 결여되었다면 이는 허사로 돌아가는 것이다.

모름지기 배우는 사람은 정신을 함양하여야 한다. 곧 조식법을 통해 신체 장부臟腑의 막힌 기운을 토해 내고, 이 우주의 호연浩然한 기운을 들이마시는 수련을 멈추지 않고 계속하노라면 결국 구천현녀九天玄女와 태을선관太乙仙官도 늘 뜰 앞에 왕래하는 존재가 될 것이요, 몸을 버리고[捨身] 영혼을 돌아다니게 함[遊魂]도 한 가지 기능에 지나지 않게 되며, 소멸되지 않는 법신[불궤법신不潰法身]만이 영원히 공간 속에 머물게 될 것이다.

〈봉우시해요결 2〉

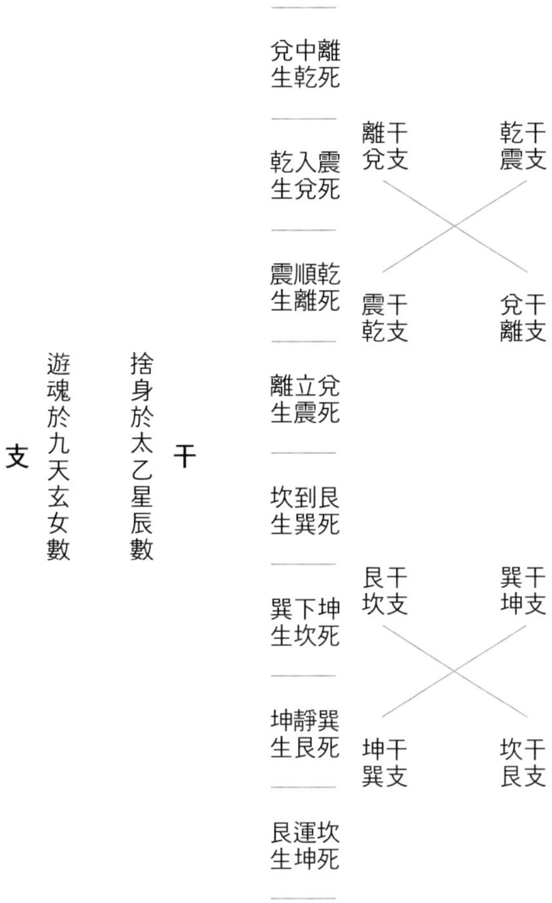

예부터 뜻이 있는 사람으로서 이 시해법을 시험해 보지 않은 사람이 없으니, 뒤에 배우는 사람들은 마땅히 힘쓸지어다.[112)]

112) 이상은 단기 4297년(1964년)갑진년(甲辰年) 상원일(上元日: 정월대보름)에 기술한 내용이다.

사시산
四時算

사시산四時算

전통 수학을 바탕으로 정신력을 배양하는 산법

[해제]

사시산四時算은 일명 이오산二五算이라고도 하는데, 좌우양도左右兩道 수련 가운데 가장 중요한 부분이다. 이것은 수리數理를 바탕으로 한 법산法算을 통하여 자신의 심령을 밝히는 정신수련의 일종으로서, 일찍이 대황조 한배검 이래 우리 민족에게 전승되어 왔다. 법산을 통한 정신수련 방법은 예로부터 '36산算' 등 많은 종류가 있어 왔으나 이 사시산은 우리 겨레 고유의 체계를 지닌 독특한 방법으로서, 중국에도 승문산乘門算, 보허산步虛算, 초정산招丁算, 순적산旬積算 등 다른 산법은 다 있어도 이 사시산만은 없다고 한다. 역사적으로 유명한 일급 모사謀士나 참모치고 이 법을 수련하지 않은 이가 없을 정도로 예부터 중요시되어 왔던 것이다. 법산은 총명聰明의 지극함이라고 하였는바 일세一世의 총명함이 여기에 있다 하겠다.

사시산의 특징은 무엇보다도 여타 산법에 비해 순수한 정신의 집관集觀을 본체本體로 삼아 마음을 안정시키는 데 최대의 주안점을 둔다는 것이다. 그래서 산법 가운데 정신수련 하면 사시산을 으뜸으로 여겨 왔다.

법산을 하자면 산목算木, 즉 산대가 필요하다. 산대를 가지고 추산推算을 하는 방법은 고대로부터 행해져 온 것인데, 주판珠板이라는 계산기가 등장하기 전에는 모든 수리 계산을 이것으로 하였다. 물론 전문적인 산사

算士들은 나름대로의 독특한 계산방식을 통한 필산법筆算法들을 계발하여 복잡한 수치 계산을 해내기도 했으나, 일반적으로 산대나 산가지를 놓아 계산하는 것이 보통이었다.

법산을 통한 정신수련이란 바로 이 산목算木(산대)을 매개물로 삼아 형이상학적 역수리易數理에 바탕을 둔 특정 수리공식을 풀어 나가는 것이다. 그러나 공식을 풀어 해답을 끌어내는 것에 그 목적을 두는 것이 아니라, 산법에 따라 추산을 해나가는 과정 하나하나에 온 정신을 집중시켜 계산을 반복하는 가운데 정신이 맑아지는 것을 유도하고, 나아가 깨달음을 통한 총명지聰明智를 얻는 것이 법산의 가장 큰 목표이다. 사시산법의 추산은 산목을 놓는 외형적 형태를 지니고 있으며, 그런 뒤에 가감승제加減乘除를 해 나가게 된다. 이 법은 봉우 선생이 정사丁巳(1917)년에 인천 미두장米豆場에서 삼비三飛의 한 사람이었던 산주汕住 박양래 선생을 만나 습득하게 되었다 한다. 당시 산주 선생은 민족 고유의 각종 정신수련법과 술법들에 정통한 정신계의 고단자로서 인천 시내에서 은일隱逸하고 있었는데, 봉우 선생에게 이 산법의 필요성을 얘기하며 습득을 권유하였다고 한다.

산주 선생은 추수, 산법에 모두 능했는데, 특히 사시산에는 당대 조선의 제1인자 소리를 들을 정도로 능통하였다. 법산 수련을 통해 그가 얼마나 총명함을 갖추고 있었는지를 짐작게 하는 한 가지 일화가 있다. 당시 우리나라를 강점한 일제는 전국적으로 토지조사사업을 벌이고 있었다. 산주 선생이 있던 인천에도 토지 측량이 한창 진행 중이었다. 하루는 산주 선생과 봉우 선생이 함께 누군가를 만나기 위해 토지조사국에 들렀는데, 마침 그곳에서는 인천 지역의 토지를 측량한 각종 측정 숫자들의 통계를 내는 계산이 한창이었다. 그들은 수십 명이 각기 주판을 갖고 계산들을 하고 있었는데, 그들을 총감독하는 자가 하나 있어서 계산이 틀린 자가 있으면 막

대기로 사정없이 머리를 때리며 야단을 치곤 하였다. 산주 선생이 그 꼴을 지켜보다가 계산이 느리다고 한마디했더니, 감독이란 자가 건방지다며 산주 선생을 무시하는 태도로 나왔다. 그러자 산주 선생은 즉시 한 가지 제의를 했는데, 그것은 그들 여럿이 하는 계산을 자기 혼자서 한꺼번에 해내겠다는 것이었다. 그리하여 일종의 시합이 벌어지게 되었다. 대여섯 명의 계산원들이 전날 측량해 온 각종 수치들을 차례로 돌아가며 죽 불러 대는 가운데 산주 선생 혼자 그 수치들을 귀로 들으며 가감승제의 운산運算을 해내는 형국이었다. 그런데 그는 주판이나 산대도 없이 그저 묵묵히 앉아 붓 하나만을 들고 종이 위에 점만을 찍는 것이었다. 마지막 수치를 듣고 나자마자 그는 억대가 넘는 해답을 즉시 내놓았다. 바로 정답이었다. 전날 수십 명이 온종일 해낸 계산을 혼자서 잠시만에 해치워 버린 것이다. 그것을 본 일본인 감독은 조금 전의 오만한 태도를 대번에 누그러뜨리더니 산주 선생을 '선생님'이라 부르며 연신 굽신대는 것이었다.

이상이 봉우 선생의 목격담인데, 누군가가 산주 선생 옆에서 따로 계산을 해주고, 산주 선생은 그저 가만히 앉아 있는 듯한 모습이었다고 한다. 보통 사람으로선 당연히 의문이 생길 만큼 놀라운 일이었다.

이와 비슷한 일화가 하나 더 있다. 황강黃岡 김계휘金繼輝[113](1526~1582, 중종 21년~선조 15년)는 일찍이 구봉 송익필과 교유하였는데, 그는 아들 김장생金長生(548~1631)[114]을 구봉 선생 문하에 맡길 정도로 친분이

---

113) 본관은 광산(光山). 3, 4세에 문자를 알고 7, 8세에 글의 뜻에 통하였으며 글을 짓는데 매우 빨라서 다른 이들을 압도했다. 평안도 관찰사, 대사헌, 경연관 등을 지냈다.

114) 호는 사계(沙溪), 시호는 문원(文元). 1560년 송익필로 부터 사서(四書)와 〈근사록(近思錄)〉등을 배웠고 20세 무렵 이율곡 문하에 들어갔다. 《상례비요(喪禮備要)》, 《가례집람(家禮輯覽)》, 《근사록석의(近思錄釋疑)》 등의 저서가 있는 학자로 조선후기 서인의 영수이다.

두터웠다. 그는 구봉을 한편으로는 친구, 한편으로는 스승으로 삼으며 지냈다. 그는 어느 날, 벼슬을 받아 경상도 상주尙州 땅으로 내려가게 되었다. 구봉 선생이 말하기를, 상주에 내려가는 즉시 호적고戶籍庫에 있는 호적 모두를 한번 열람할 것을 특별히 권고하는 것이었다. 황강은 평소 허튼 소리를 안 하는 구봉의 특별한 부탁인지라 상주에 내려가 곧바로 호적을 열람하여 3일 만에 창고에 보관된 호적 일체를 한번 훑어보았다.

그런데 약 한 달 후, 호적고에 원인 모를 화재가 발생하여 창고 일부가 소실되는 사건이 터졌다. 그제서야 황강은 구봉의 권고를 이해하였는바, 즉시 관청의 서기書記들을 소집하여 자신이 열람한 호적들을 다시 복원하는 작업을 시작했다. 그 작업은 기적과 같이 놀라운 것이었다. 황강은 연 보름 동안 기억 속에 저장된 호적 전체를 입으로 불러서 서기들로 하여금 쓰게 하여 소실된 부분을 원래의 상태로 복원시켰다는 것이다. 3일 만에 상주의 호적을 열람하고, 한 달 후에 다시 그것들을 그대로 기억해 낼 만큼 황강의 기억력이 비상하였다는 얘기이다. 이것은 옛 선인들 중에도 박양래 선생 못지 않은 비상한 두뇌의 소유자들이 있었다는 예화가 될 것이다.

주지하다시피 황강의 아들인 사계 김장생은 구봉 문하에서 수학한 후 구봉의 예학을 전수받아 깊이 연구하여 조선 예학의 태두가 되었고, 아들 집集에게 계승시켜 집안 대대로 예학파禮學派의 주류를 형성하였다. 사계의 제자가 바로 송시열, 송준길宋浚吉 등으로서 조선 유학계에 서인西人 중심의 기호학파畿湖學派를 이룩, 퇴계 이황을 중심으로 한 영남학파嶺南學派와 쌍벽을 이루었다.

사시산의 행산行算은 아홉 가지로 이루어지는데, 이오산二五算, 사시산四時算, 중화산中和算, 동용산動用算, 금선산金蟬算, 환절산換節算 등의 법산法算과 구령九靈, 삼정三精, 심경心經 등의 법문法文이 그것이다.

여기서 마지막 과정인 심경心經은 《옥추경玉樞經》의 〈원서原序〉('정신수련경전' 장 참조)라 불리며, 수도양심修道養心의 요체 및 과정, 그 공덕들을 온축蘊蓄하고 있는 정신수련 경전이라 할 만하다. 즉 사시산 행산의 구경처究竟處를 어디에 설정하고 있는지 명백해지는 단서가 될 것이다.

행산의 실제로 들어가기 전에 모든 학인들은 각자 자신의 산목을 마련해야 한다. 일반적으로 실용적인 계산 등과 같은 여타 산법에서는 보통 대나무로 된 6각의 산목을 네것 내것 구별 없이 사용하나, 사시산에 쓰이는 산대는 수놓는 사람 자신의 손에 맞추어 만들어 각자 따로 사용한다. 즉 자신의 왼쪽 손바닥을 벌려서 넷째 손가락 끝에서부터 손바닥의 맨 위를 가로지른 손금까지를 산대의 길이로 삼고, 산대의 두께는 오행五行을 뜻하는 5각으로 깎되, 사지四指의 둘째 손마디 위에서 그 오각면을 한 바퀴 굴릴 수 있는 선에서 결정한다. 이처럼 각자가 자신의 손가락 크기에 맞는 산대를 만드는데, 보통 몇 천 개씩 만들어 큰 자루로 하나씩 갖고 다니곤 했다 한다. 또한 이렇게 만든 산대의 양쪽 면에는 자신의 사주 가운데 연주年柱의 천간天干과 지지地支에 해당되는 오행의 색깔을 각각 칠해 넣었다.

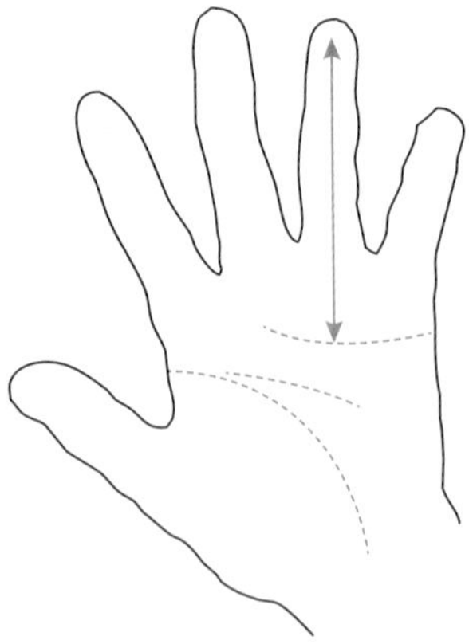
산대의 길이

산을 놓는 광경은 마치 무슨 종교의식을 거행하는 것처럼 엄숙하고 경건한 분위기를 자아냈다. 산을 놓기 전에 향을 사른 후, 오른손에 한손 가득 산대를 움켜쥔 상태에서 손가락 마디로부터 산대를 하나하나 굴리면서 빼내어 바닥에 놓았다. 산대 하나를 놓을 때마다 온 마음을 집중시켜 정성을 쏟는 품은 그야말로 진지한 구도자의 모습 그것이다. 집심集心이 어느 정도 무르익은 사람이 놓은 산은, 서너 칸짜리 방 하나를 가득 산대로 채워도 처음 시작한 곳부터 맨 나중에 놓은 자리까지 산대가 이룬 직선이 가로 세로로 딱딱 맞아 떨어진다고 한다.

이렇듯 추산 방법에 따라 산대를 놓는 실산實算의 과정을 단계별로 연마한 뒤 첫 번째의 이오산부터 여섯 번째의 환절산까지를 각각 정확하게 놓을 수 있게 되면, 다음은 여섯 가지를 한꺼번에 엮어서 추산을 행한다. 이것이 익어서 눈을 감아도 전체의 추산법이 시종일관 머릿속에 전개될 정도가 되면 비로소 산대를 버리고, 산법의 순서를 입으로 불러 가며 마음속으로 산을 놓는 암산暗算의 과정으로 진입하는 것이다. 이 단계에서부터 진정으로 본격적인 정신수련의 세계가 펼쳐지는 것이다. 이 암산의 과정에서는 수정水晶으로 만든 경패鏡牌를 사용하며 공부한다. 사시산에 통한 사람은, 산을 놓고 있는 자리에서 춘하추동의 사계절이 몇 번을 거듭하는지를 모를 정도로 입정入靜, 입신入神의 경지에 들었다고 한다.

사시산에도 그 경지의 고하高下 등급이 있다고 한다. 결국 공부의 절정에 이르러서는 조식법, 원상법 등과 같은 정신수련의 경지와 그 궤를 같이하는 것이라고 하겠다.

이 장에서는 사시산 각 행산行算의 예를 담은 〈가령장假令章〉 원문을 그대로 수록하고, 그 행산법들의 요체를 공식화하여 풀기 쉽게 해석하였다.

[행산의 실제]

우선 산목을 놓는 방법 및 계산법을 살펴보자. 산대를 놓는 방법은 천횡백립千橫百立, 즉 천 자릿수는 가로로 놓고, 백 자릿수는 세로로 놓는 것을 원칙으로 삼는다. 왼쪽에서 오른쪽으로 놓아 나가야 하며, 산대의 가로 줄과

세로 줄을 정확히 맞추어 나가며 계산해야한다. 아래는 그 한 예이다.

1234 + 5678 = 6912

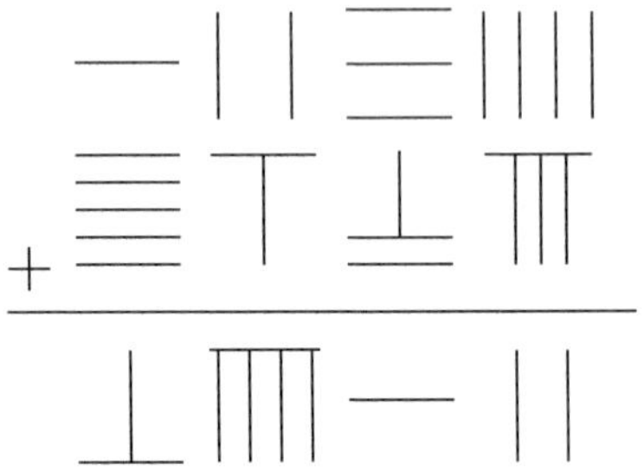

사시산 행산의 처음은 원산법元算法이다. 자신의 원산元算을 뽑아내는 것을 말하는데, 원산이란 산을 놓는 자신의 사주를 근간으로 하여 역수리易數理인 선천수先天數에 의거하여 도출해 낸 자기만의 고유수固有數 같은 것이다. 산출 방법은 다음과 같다.

1. 《만세력萬歲曆》을 이용하여 자신의 사주를 뽑는다.
2. 사주의 각 간지干支의 선천수를 뽑는다.
3. 시간과 연지年支를 더한다.
4. 일간과 월지月支를 더한다.
5. 월간과 일지日支를 더한다.
6. 연간과 시지時支를 더한다.

3~6의 계산을 통해 나온 각 수치 중에서 10 이상은 버리고, 남은 수 가운데 3번 항목의 수는 시주時柱 밑에, 4번 항목의 수는 일주日柱 밑에, 5번 항목의 수는 월주月柱 밑에, 6번 항목의 수는 연주年柱 밑에 각각 배열한다. 원산元算을 뽑는 기본이 된다 하여 이렇게 배열된 네 수를 본산本算이라 정한다. 다음, 춘하추동의 사시산을 아래와 같이 산출한다.

1. 앞에서 산출된 본산이 춘산春算으로서 연주年柱 밑에 그것을 적는다.
2. 본산과 춘산春算을 더해서 하산夏算을 뽑아 월주月柱 밑에 배열한다.
3. 본산과 하산夏算을 더해서 추산秋算을 뽑아 일주日柱 밑에 배열한다.
4. 본산과 추산秋算을 더해서 동산冬算을 뽑아 시주時柱 밑에 배열한다.

이상의 추산推算을 통하여 원산, 주산, 객산이 다음과 같이 산출된다.

원산元算: 춘산, 하산, 추산, 동산의 각 수치를 더한 총합.
주산主算: 실제 추산에 사용된 산목의 갯수.
객산客算: 실제 추산에 사용되지 않은 산목의 갯수.(따라서 원산에서 주산을 뺀 값)

이제, 앞에서 설명한 원산 산출법의 실례를 보기로 하자.

시주時柱	일주日柱	월주月柱	연주年柱		사주四柱
을乙(8)	기己(9)	임壬(6)	계癸(5)	------------	간干(선천수)
묘卯(6)	묘卯(6)	술戌(5)	묘卯(6)	------------	지支(선천수)
4	4	2	1	------------	본산本算

동산冬算	추산秋算	하산夏算	춘산春算	
4	3	2	1	
9	7	4	2	원산元算 = 74
7	3	8	4	
6	2	8	4	

다음은 춘산, 하산, 추산, 동산의 종합인 원산을 산대로 놓은 것이다.

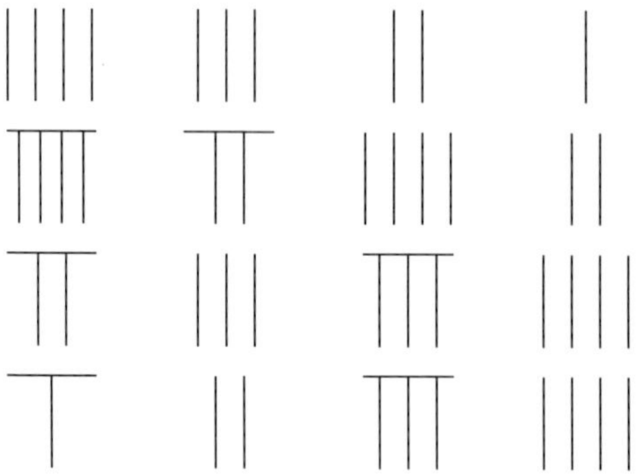

따라서 원산의 추산에 실제 사용된 산목의 수는 50개이며, 이는 주산의 값이 된다. 따라서 객산은 원산 74에서 주산 50을 뺀 값인 24이다.

이제, 아홉 가지의 행산 과정을 하나하나 살펴보자. 간략하게 정리된 설명 부분은 각 산의 원칙을 정리한 것이며, 각 산算 뒤에 붙은 가령장假令章은 해당 산의 실례를 보여 준다. 여기서는 원산이 85인 사람의 경우를 예로 들었다.

이오산二五算

1. 먼저 실위實位(2,400 + 원산)를 놓는다.
2. 실위를 4로 나누어 몫을 구한다.
3. 다시 실위로 몫을 나누면 이오(25)가 나온다.

따라서 공식 실위 ÷ 4 ÷ 실위 = 25가 성립한다.

가령장 초치이사팔오 이사위영제지 치상어실위즉육이일이
假令章: 初置二四八五하고 以四爲影除之하되 置商於實位則六二一二

오야 우이이사팔오 위영제지 치상어실위즉이오야
五也라. 又以二四八五로 爲影除之하되 置商於實位則二五也라.

사시산四時算

1. 25에 춘산春算을 곱한다.
2. 이것을 다시 4로 곱한다.
3. 위 2의 결과를 다시 4로 나눈다.
4. 위 3의 결과를 다시 춘산으로 나눈다.
5. 이때에 나온 나머지 숫자 앞에 몫 2를 놓고 다시 나머지를 춘산으로 나누어 나온 5를 2 다음에 놓으면 다시 이오(25)가 나온다.
6. 하산, 추산, 동산 모두 이와 같이 한다.

가령장 이이오 위실 춘산이일구팔 위영승지즉오사구오야
假令章: 以二五로 爲實하고 春算二一九八로 爲影乘之則五四九五也라.
우이사 승지즉이일구팔야 우이사 위영암제지 치상어영위즉
又以四로 乘之則二一九八也라. 又以四로 爲影暗除之하되 置商於影位則
오사구오야 우치이어상수지수 여본위수이일구팔 대호제지상
五四九五也라. 又置二於商數之首하고 與本位數二一九八로 對呼除之商
수즉이일영구구야 우치오어상수지수이차하영위 여본위수 대
數則二一零九九也라. 又置五於商數之首二次下影位하고 與本位數로 對
호제지상수즉상여본위수 하여이오야 하추동산개방차
呼除之商數則上餘本位數하고 下餘二五也라. 夏秋冬算皆倣此라.

※대호제지(對呼除之): 구구단으로 곱하고 나눈다.

중화산中和算

1. 원산에 당일當日 일진日辰 간지干支의 선천수를 더한다.
2. 여기에 일진 간지 선천수를 다시 곱한다.
3. 일진 간지 후천수 가운데 간干을 10의 자리에 놓고 지支를 1의 자리에 놓아 두 자리 숫자로 만든 다음, 이것을 2항의 결과에 다시 곱한다.
4. 위 3의 결과를 다시 일지日支의 육기시六氣詩로 나눈다.

5. 위 4의 결과를 행년수行年數(나이)로 나눈다.

6. 위 5의 결과에 5를 곱하고 2로 나눈다.

7. 위 6의 결과를 본위수(5항까지 나온 수)로 나눈다. 이때 나온 나머지 숫자 앞에 뭇 2를 놓고, 다시 나머지를 춘산春算으로 나누어 나온 5를 2 다음에 놓으면 다시 이오(25)가 나온다.

假令章: 元算八十五에 假令庚申日則加先天數庚八申七하니 一百也라. 又以先天數庚八申七合算十五로 爲乘則一千五百也라. 又以庚九申九로 分作兩位하야 爲影乘則一四八五也라. 又以六氣詩申七로 除之則二一二一四二也오, 殘數六也라. 此法은 至六位而止故殘六은 去之하고 行年數七十六爲影除之하되 置商於實位則二七九一三四오, 殘數一六은 去之라. 六位上에 又布六位之數하고 五로 乘之則一三九五六七也오, 又以二로 爲影除之하되 置商於實位則六九七八三五也라. 又置二於商位之首하고, 與本位數二七九一三四로 對呼除之商數則一三九五六七也라. 又置五於商數之首二次下影位하고 與本位數로 對呼除之商數則上餘本位數하고 下餘二五也라.

동용산動用算

1. 원산을 원산으로 곱한다.

2. 위 1의 결과에 주산을 곱한다.

3. 위 2의 결과를 주산으로 나눈다.

4. 위 3의 결과를 원산으로 나눈다.

假令章: 元算八五로 爲實하고 又以元算爲影乘之則七二二五也라. 又以主算五七로 爲影乘之則四一一八二五也라. 又以主算五七로 爲影除之則七二二五也라. 又以元算八五로 爲影除之則還爲元算八五也라.

금선산金蟬算

1. 춘산을 삼재지삼三才之三으로 나눈다. 이때 나머지는 별도로 놓는다.
2. 위 1의 결과에 음양지이陰陽之二를 곱한다.
3. 위 2의 결과에 삼재지삼三才之三을 1의 나머지로 나눈 수(3÷2=3/2)를 곱한다.
4. 위 1의 나머지 수를 3의 결과에 더한다.
5. 이상의 운산運算으로 다시 춘산을 얻는다. 하산, 추산, 동산도 이와 같이 한다.

假令章: 以春算二一九八로 爲元하고 以三才之三으로 爲影除之則七三二也오, 殘數二也라. 三影은 殘數下에 仍置之하고 以陰陽之二로 爲影乘之則一四六四也라. 二影에 與三影으로 合爲五하고 實退一位하여 與五로 對呼正主次次乘之則二一九六也라. 入殘數二則二一九八也라. 夏秋冬算皆倣此라.

환절산換節算

1. 춘산 × 하산 ÷ 춘산 = 하산

2. 하산 × 추산 ÷ 하산 = 추산

3. 추산 × 동산 ÷ 추산 = 동산

4. 동산 × 춘산 ÷ 동산 = 춘산

假令章: 春算爲元하고 夏算으로 乘之하라. 又以春算으로 除之卽還爲夏算也 餘倣此라.

다음의 육기시六氣詩, 선천수, 후천수 등은 추산에 사용되는 일종의 통계표들이다. 육기시에 나오는 '윤潤'은 곱[乘]한다는 뜻이다.

육기시六氣詩

일기자오수강령	一氣自午隨綱領
이기축미오윤팔제	二氣丑未五潤八除
삼기인신단칠제	三氣寅申單七除
사기묘유오윤오제	四氣卯酉五潤五除
오기진술단사제	五氣辰戌單四除
육기사해오윤이제	六氣巳亥五潤二除

선천수先天數

갑기자오구	甲己子午九
을경축미팔	乙庚丑未八
병신인신칠	丙辛寅申七
정임묘유륙	丁壬卯酉六

무계진술오	戊癸辰戌五
사해사	巳亥四

후천수後天數

임자일	壬子一
정사이	丁巳二
갑인삼	甲寅三
신유사	辛酉四
무진술오	戊辰戌五
계해륙	癸亥六
병오칠	丙午七
을묘팔	乙卯八
경신구	庚申九
축미십	丑未十
기백	己百

●자릿수별 산대 놓는 법

• 십, 천, 십만…

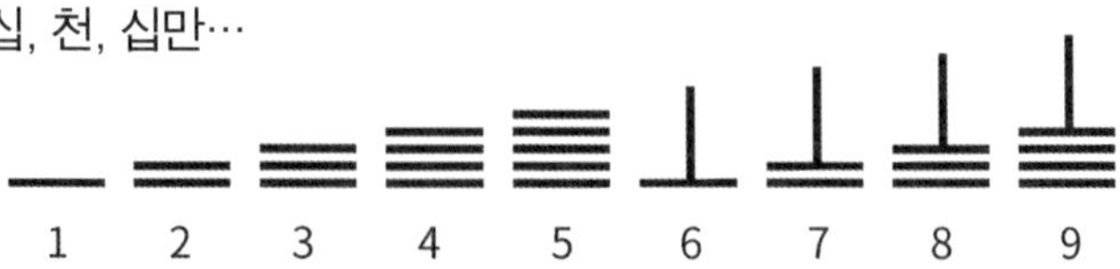

• 일, 백, 만…

예) 1234 →

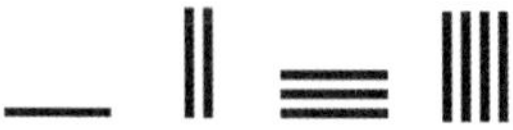

예) 678905 →

●덧셈

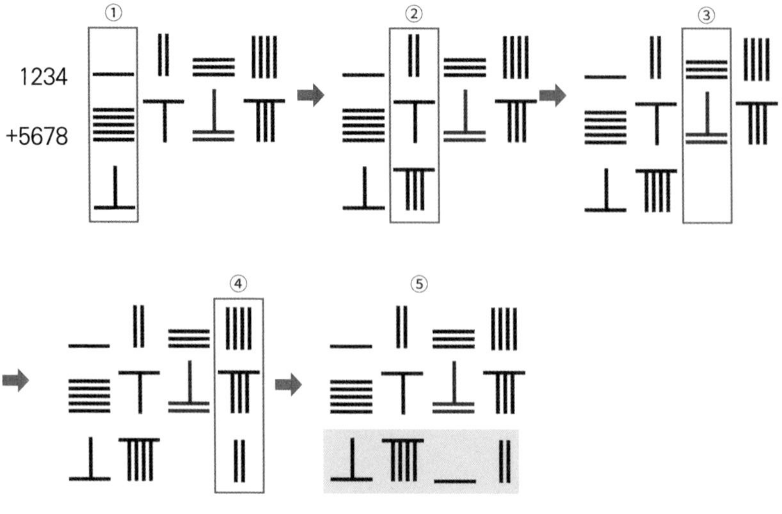

● 뺄셈

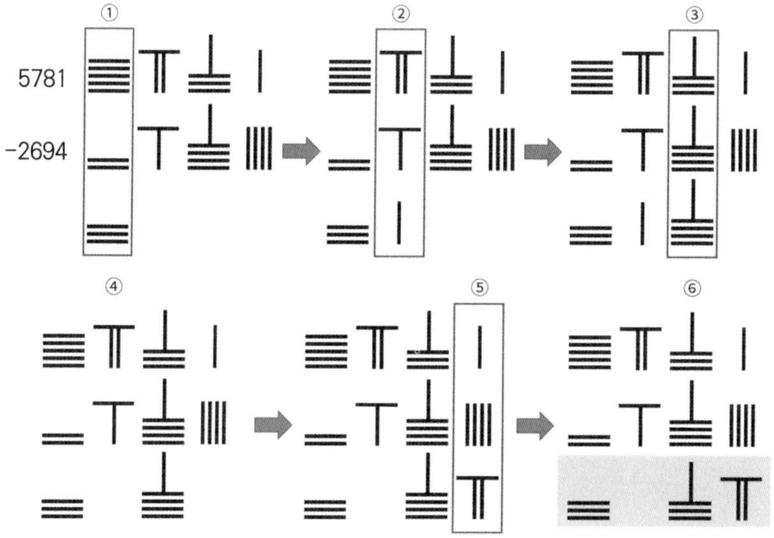

정답: 3087

● 이오산 1식

이오산 원산이 74일때: 1. 2474÷4 = 6185

2. 6185÷2474 = 25

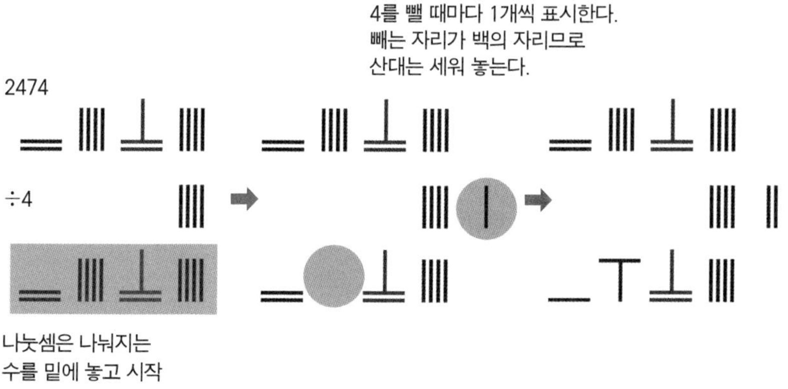

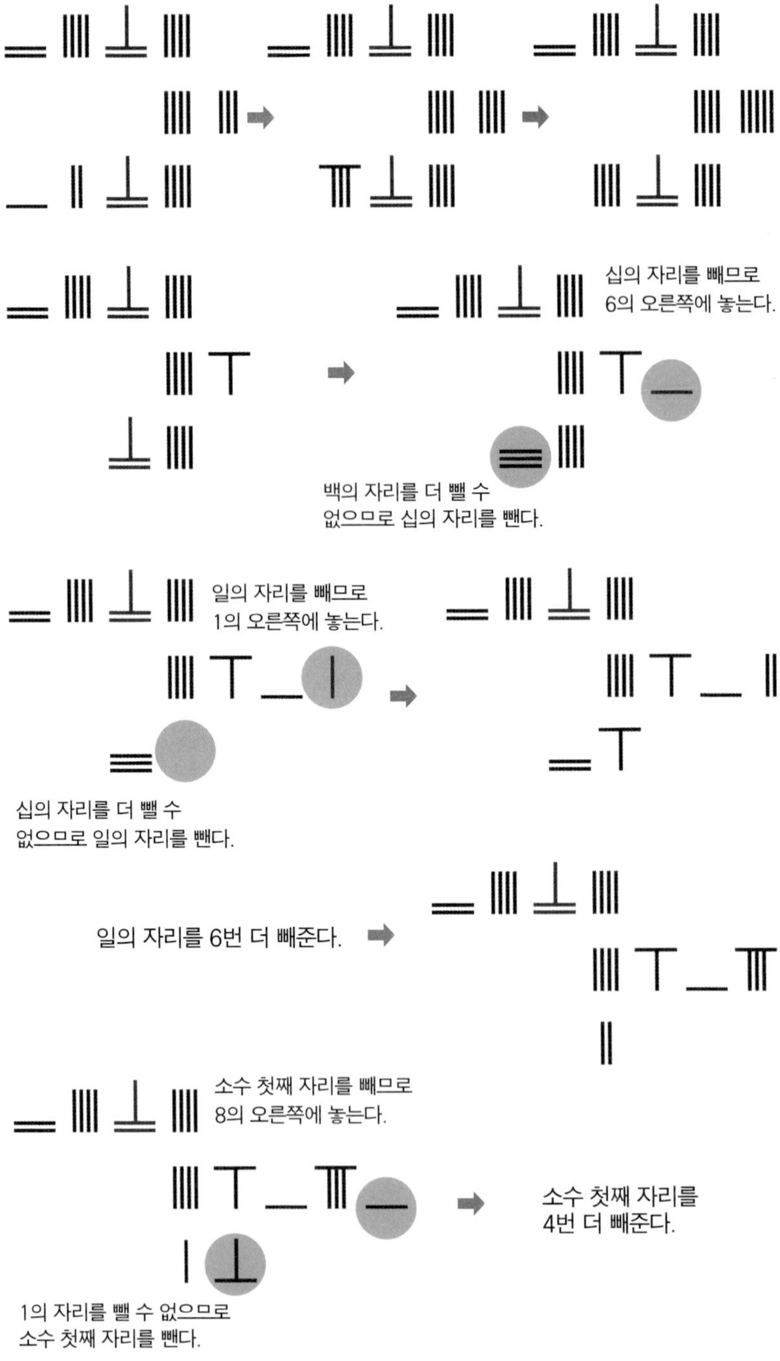
십의 자리를 빼므로
6의 오른쪽에 놓는다.
백의 자리를 더 뺄 수
없으므로 십의 자리를 뺀다.
일의 자리를 빼므로
1의 오른쪽에 놓는다.
십의 자리를 더 뺄 수
없으므로 일의 자리를 뺀다.
일의 자리를 6번 더 빼준다.
소수 첫째 자리를 빼므로
8의 오른쪽에 놓는다.
소수 첫째 자리를
4번 더 빼준다.
1의 자리를 뺄 수 없으므로
소수 첫째 자리를 뺀다.

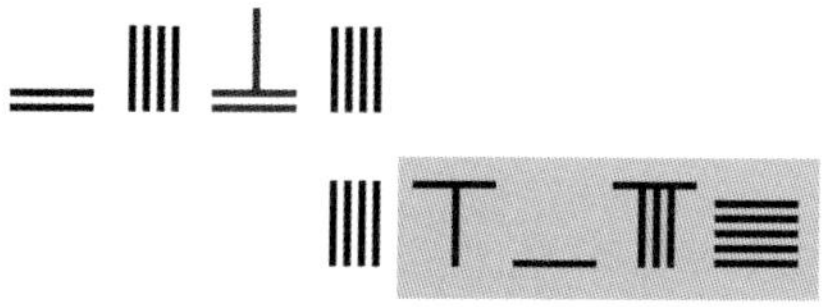

정답: 6185

더 이상 뺄 수 없으면
나눗셈이 끝난다.

●이오산 2식

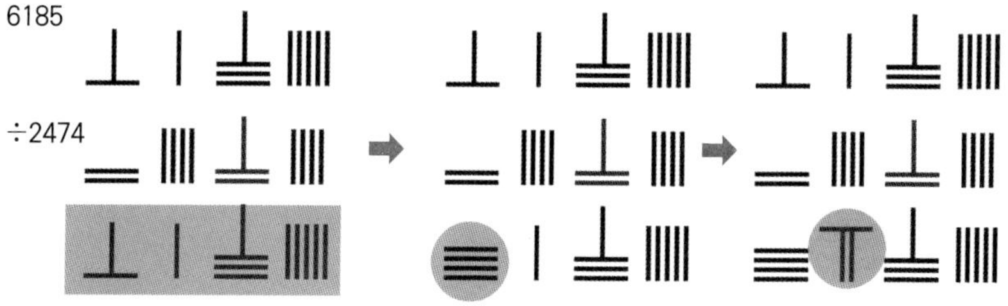

나눗셈은 나눠지는
수를 밑에 놓고 시작

6185에서 2474를 천의
자리부터 차례대로 뺀다.

2474를 뺄 때마다 1개씩 표시
한다. 빼는 끝자리가 일의 자리므로
산대는 세워서 놓는다.

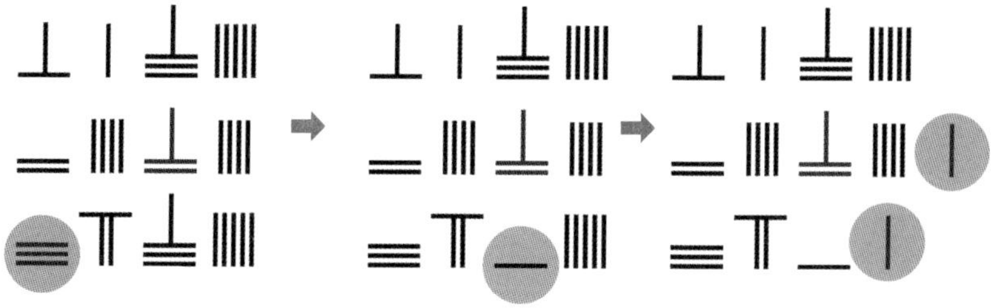

빼는 끝자리가 소수
첫째자리므로 산대는
2의 오른쪽에 놓는다.

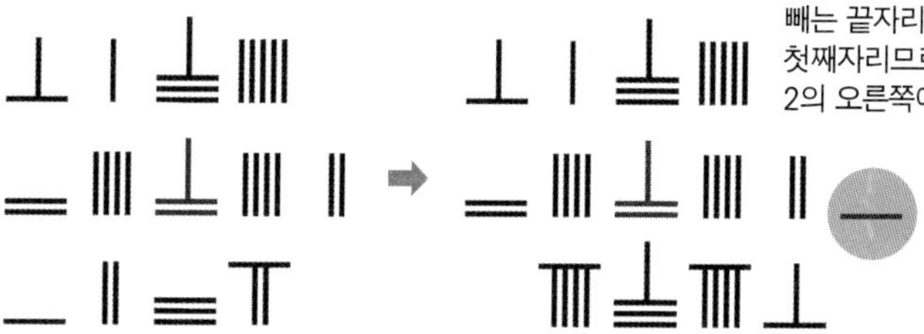

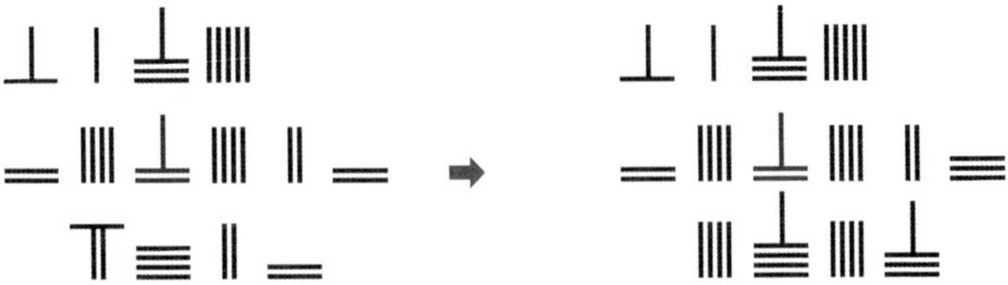

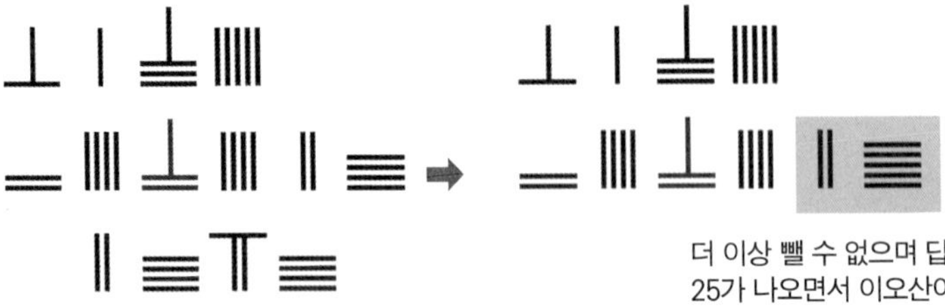

정답: 25

더 이상 뺄 수 없으며 답으로
25가 나오면서 이오산이 끝난다.

●사시산 1식

사시산 춘산이 4781일 때
1. 25×4781 = 119525
2. 119525×4 = 4781
3. 4781÷4 = 119525(암산)
4. 2119525÷4781 = 223905(대호제지)
5. 223905÷4781 = 25(대호제지)

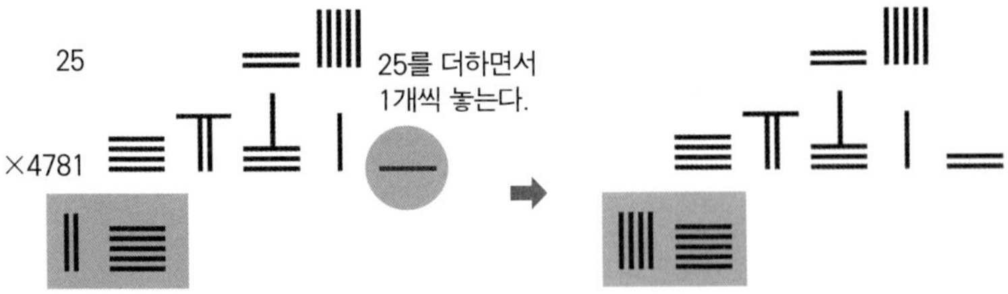

25를 천의 자리부터 4번 더한다. 천의
자리와 25일의 자리를 맞춰 놓는다.

암산으로 계산해서 한 번에 50을 놓지 않고
만의 자리부터 1자리씩 차례대로 계산한다.

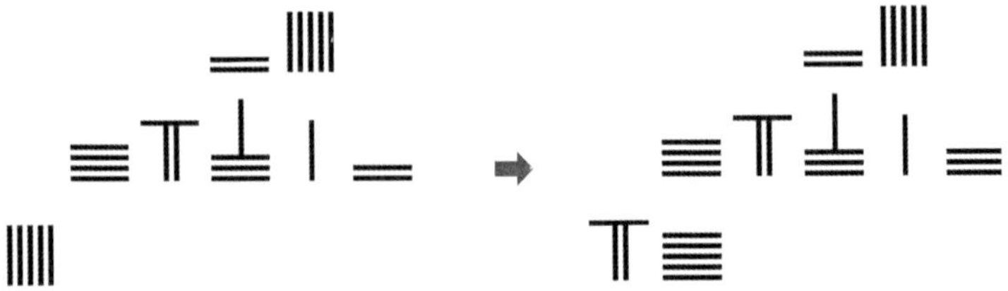

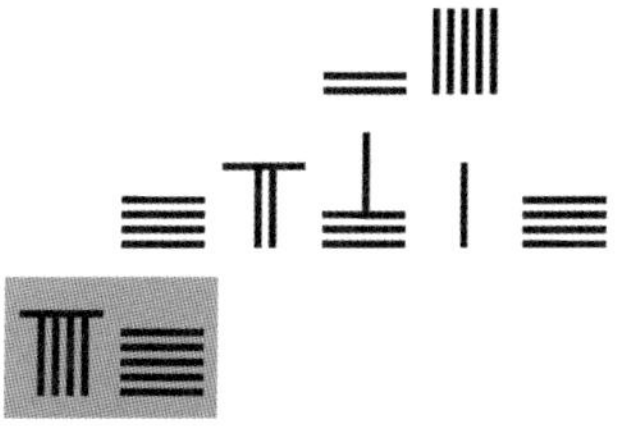

암산으로 계산해서 한 번에 100을 놓지 않고
만의 자리부터 1자리씩 차례대로 계산한다.

4번 더해서 천의 자리 곱셈은 끝이므로
다음부터 백의 자리를 계산한다.

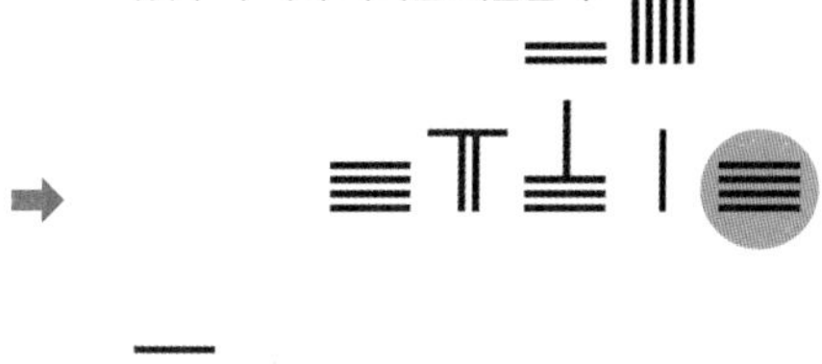

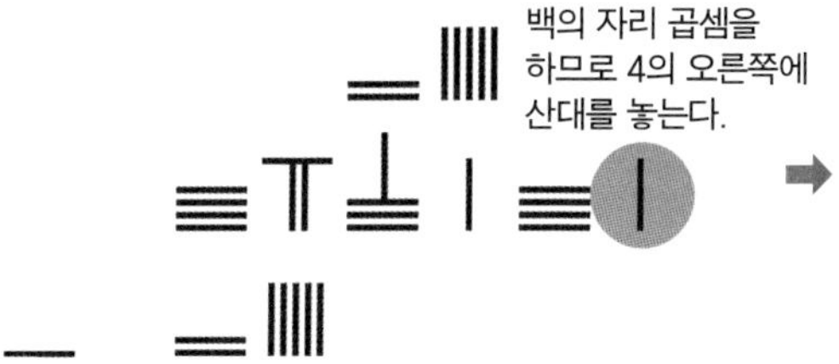

백의 자리 곱셈을
하므로 4의 오른쪽에
산대를 놓는다.

백의 자리에
25를 6번 더 더해 준다.

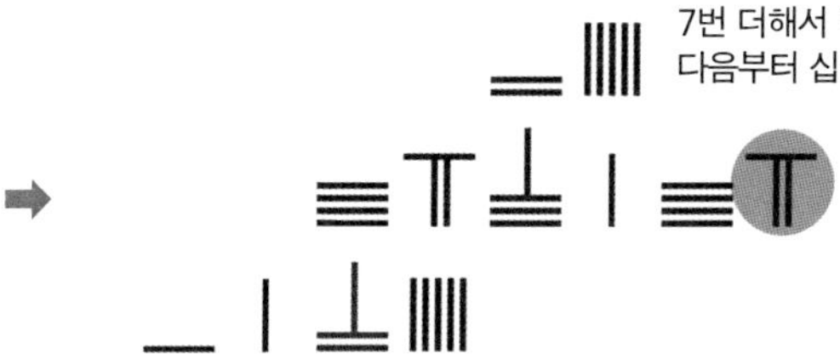

7번 더해서 백의자리 곱셈은 끝이므로
다음부터 십의 자리를 계산한다.

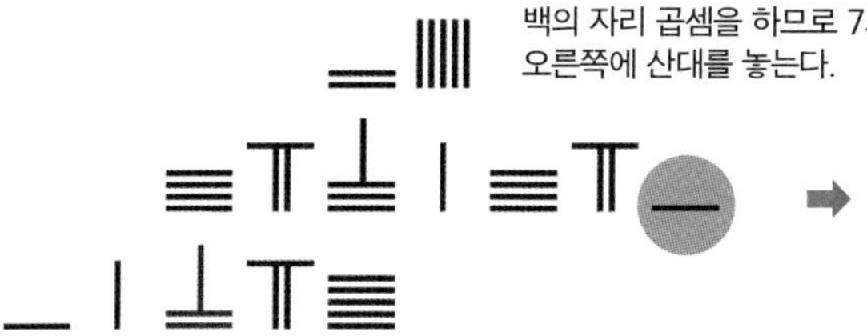

백의 자리 곱셈을 하므로 7의
오른쪽에 산대를 놓는다.

십의 자리에
25를 7번 더 더해 준다.

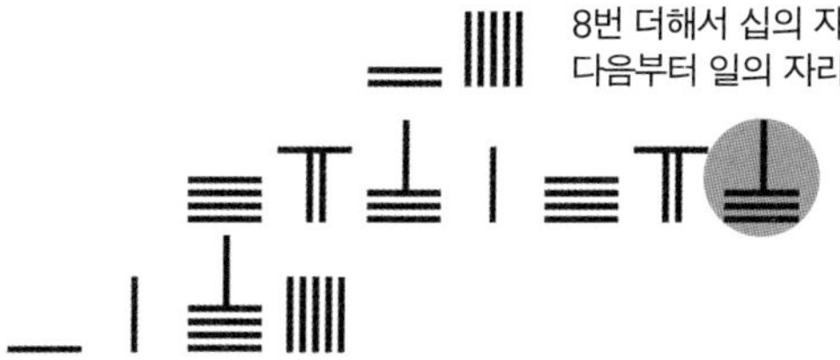

8번 더해서 십의 자리 곱셈은 끝이므로
다음부터 일의 자리를 계산한다.

25를 4, 7, 8, 1번 더해서
사시산 첫 번째 곱셈이 끝난다.

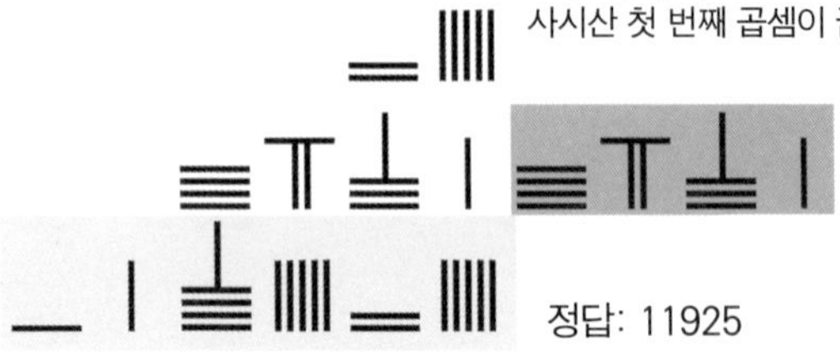

정답: 11925

●사시산 2식

119525 119525를 더하면서 1개씩 놓는다.

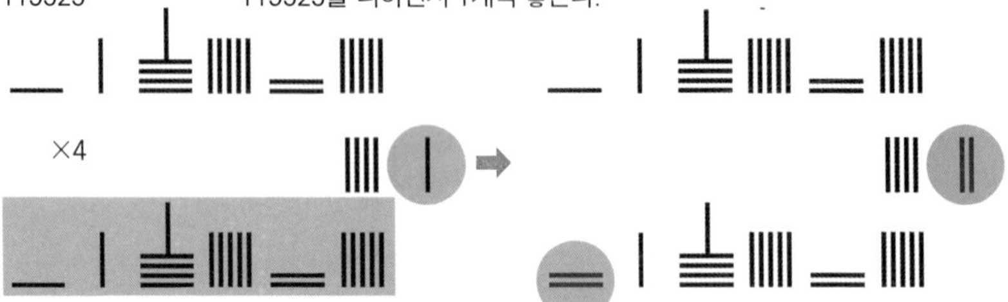

십만자리부터 차례대로 더한다.

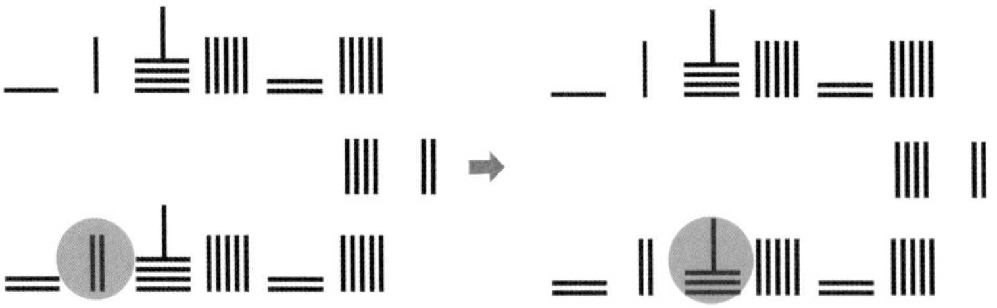

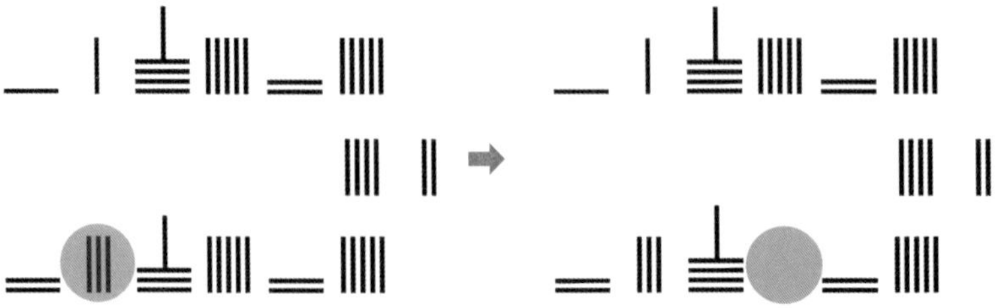

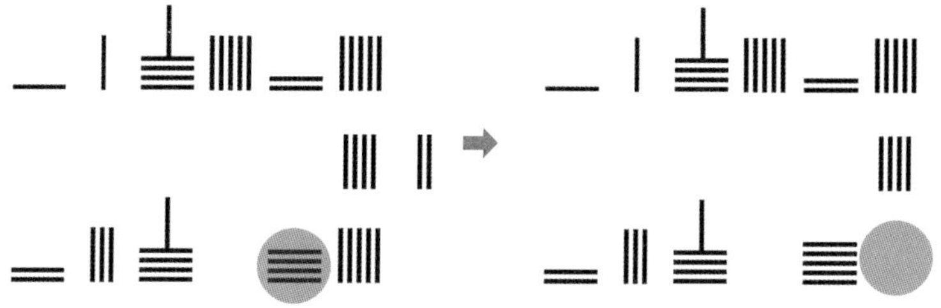

119525를 4번 더하면서
곱셈이 끝난다.

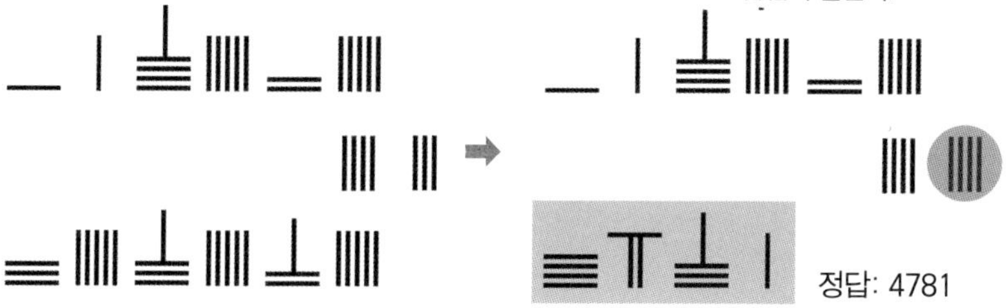

정답: 4781

● 사시산 3식

이번 식은 산대 없이 암산으로 계산한다.
즉 눈감고 속으로 산대를 놓는다.

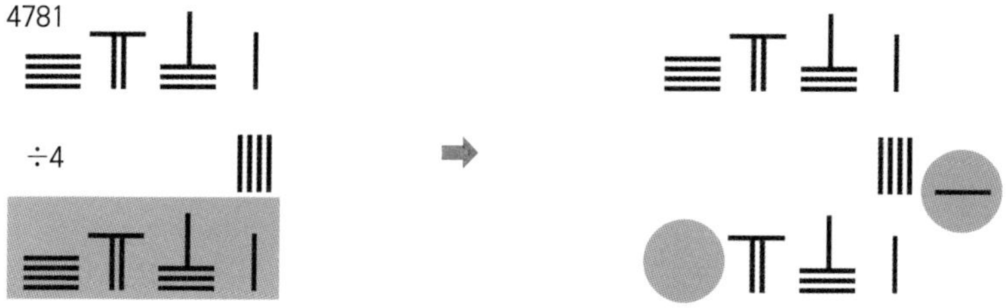

나눗셈은 나눠지는
수를 밑에 놓고 시작

4를 뺄 때마다 1개씩 표시한다.
빼는 자리가 천의 자리므로 산대는
가로로 놓는다.

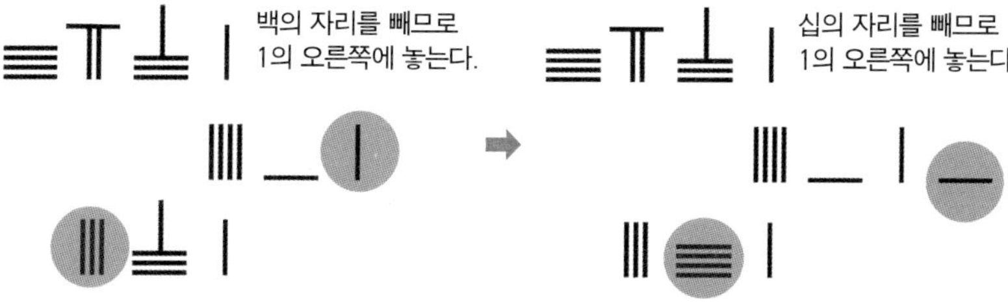

백의 자리를 빼므로
1의 오른쪽에 놓는다.

십의 자리를 빼므로
1의 오른쪽에 놓는다.

십의 자리를
8번 더 빼준다.

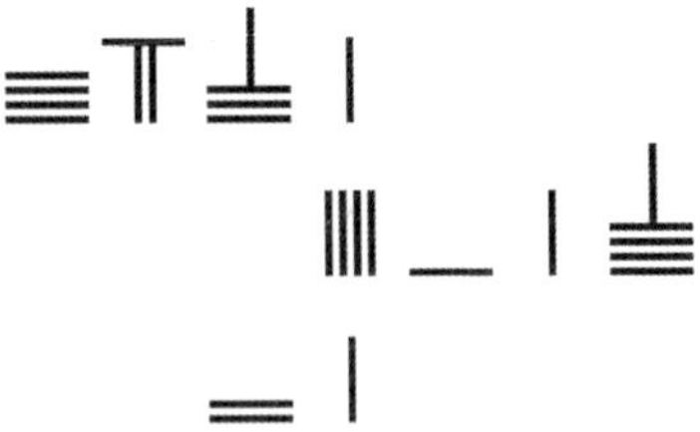

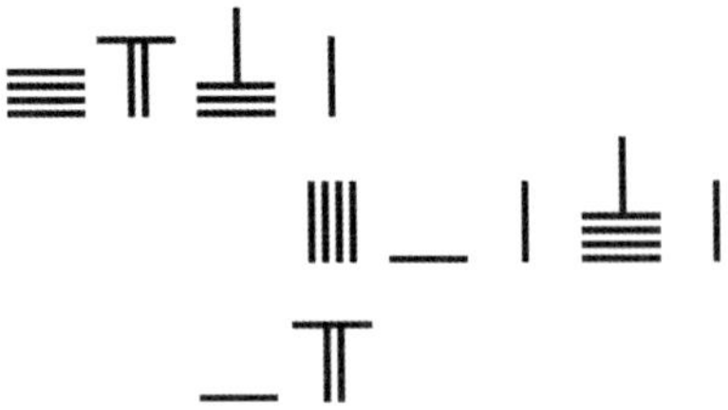

일의 자리를
4번 더 빼준다.

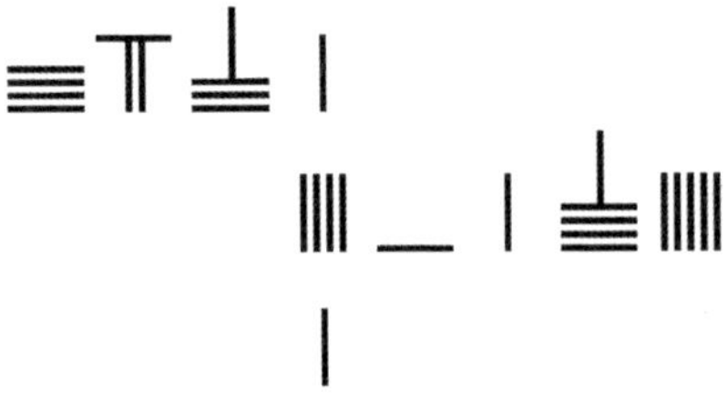

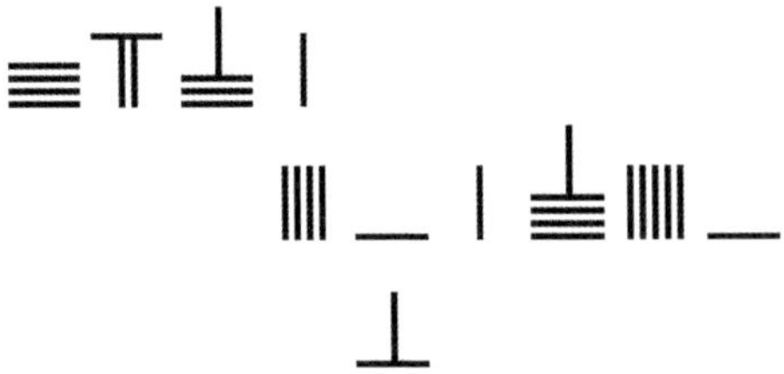

소수 첫째 자리를
1번 더 빼준다.

소수 둘째 자리를
4번 더 빼준다.

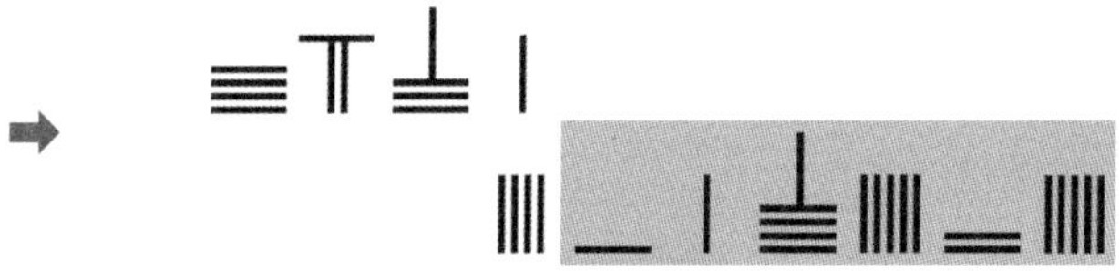

정답: 119525

더 이상 뺄 수 없으면 나눗셈이 끝난다.

●사시산 4식

3번식 답의 제일 앞에 2를 놓는다.

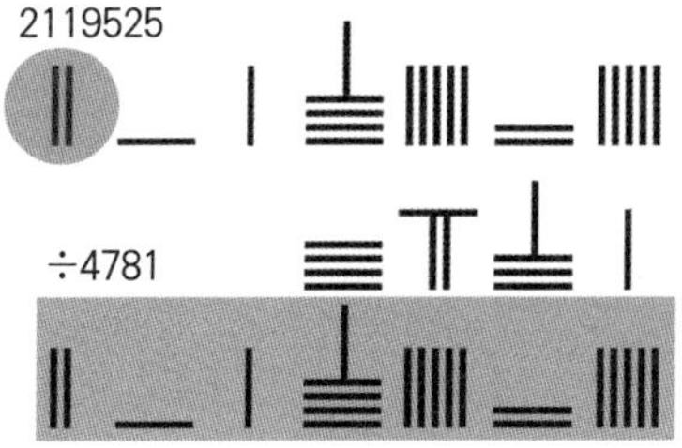

나눗셈이므로 나눠지는 수를 아래에 놓는다.

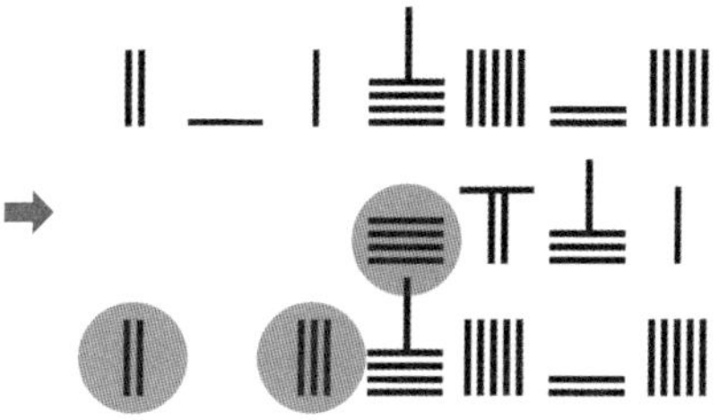

11-8=3 나누는 수 4와 2를 곱하면 8이다.
나눠지는 수 3번째 자리에서 8을 빼면 3이다.

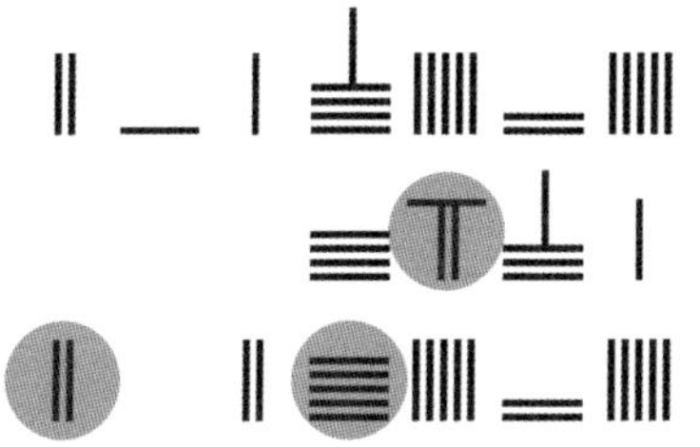

39-14=25 나누는 수 7과 2를 곱하면 14이다.
나눠지는 수 4번째 자리에서 14을 빼면 25이다.

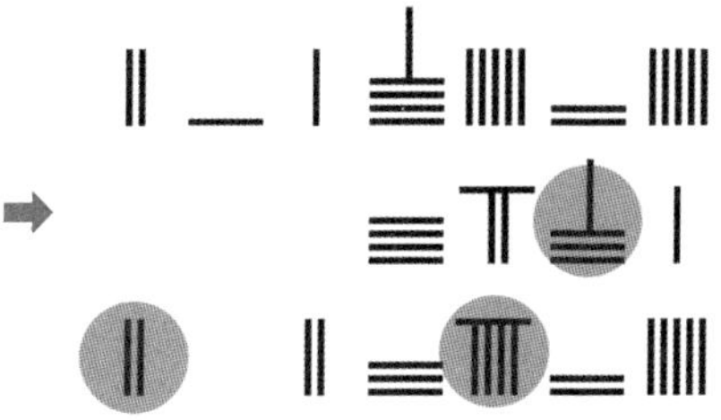

55-16=39 나누는 수 8과 2를 곱하면 16이다.
나눠지는 수 5번째 자리에서 16을 빼면 39이다.

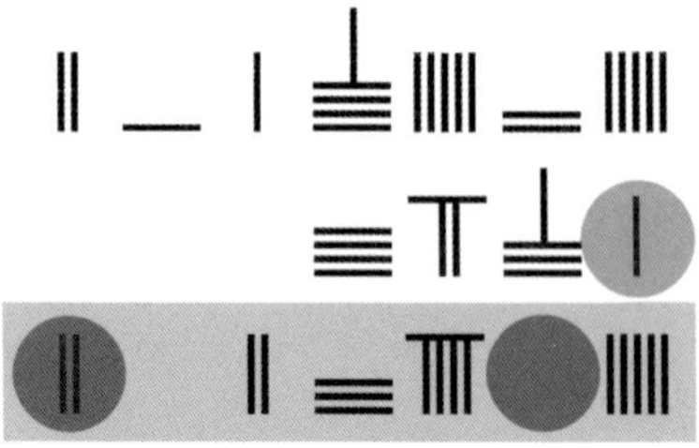

정답: 223905

2-2=0 나누는 수 1과 2를 곱하면 2이다.
나눠지는 수 6번째 자리에서 2을 빼면 0이다.

●사시산 5식

4번식 답의 2뒤에 5를 놓는다.

2523905

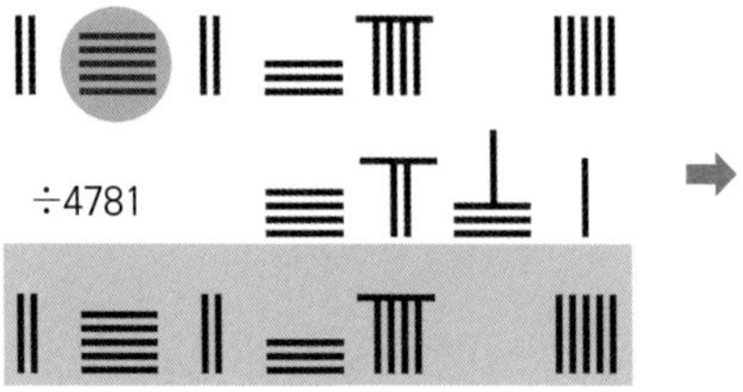

나눗셈이므로 나눠지는 수를 아래에 놓는다.

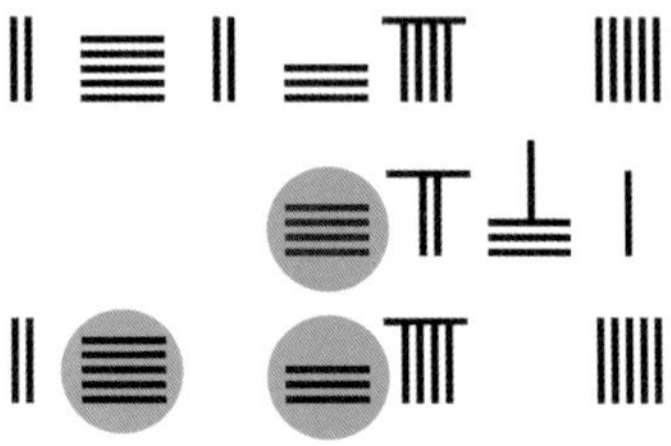

23-20=3 나누는 수 4와 5를 곱하면 20이다.
나눠지는 수 4번째 자리에서 20을 빼면 3이다.

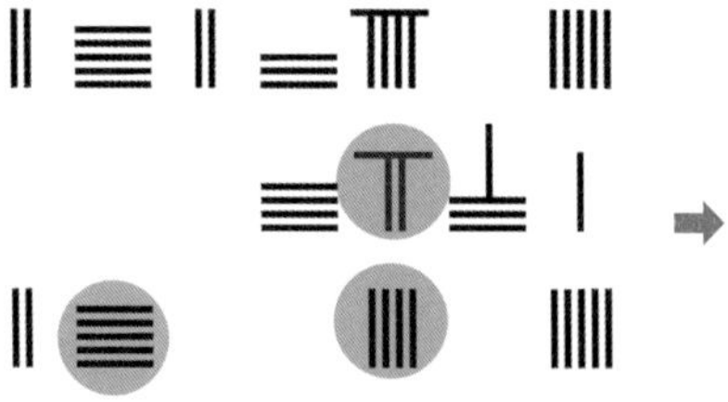

39-35=4 나누는 수 7과 5를 곱하면 35이다.
나눠지는 수 5번째 자리에서 35을 빼면 4이다.

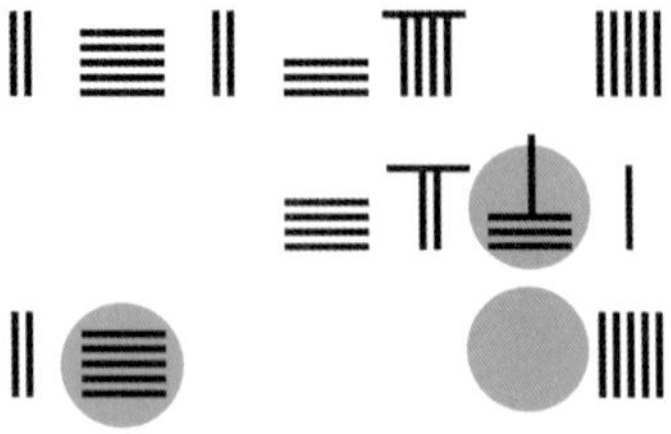

40-40=0 나누는 수 8과 5를 곱하면 40이다.
나눠지는 수 6번째 자리에서 40을 빼면 0이다.

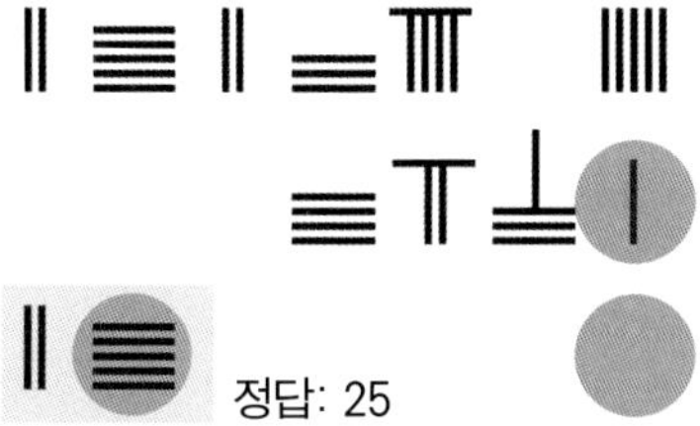

정답: 25

40-40=0 나누는 수 8과 5를 곱하면 40이다.
나눠지는 수 6번째 자리에서 40을 빼면 0이다.

(그림제공: 김용휘)

산대

(사진제공: 이상진)

선기수

璿璣數

선기수璿璣數

우주의 원리가 담긴 신비의 수학적 점성술

[해제]

선기璿璣란 말은 선기옥형璿璣玉衡, 곧 천체를 관측하는 기계를 의미한다. 선기수란 결국 천문 관측의 결과를 추수推數로 이끌어 내는 방법이라 하겠다. 예부터 대성大聖 순舜 임금께서 선기옥형을 살피시어 칠정七政(천체의 운행)을 바로잡으셨듯이 인간사人間事에 앞서 하늘의 운행을 먼저 관측함은 유구한 전통을 지닌 우리의 정신적 관례였다.

천문을 보는 방법은 자신의 정신력을 갈고 닦아 직접 그 천상天象을 꿰뚫어보는 직관直觀의 방법과, 아래와 같이 추수의 과정을 통해 각종 통계표를 작성하여, 그것들에 의해 결과를 이끌어내는 방법의 두 가지가 있다. 선현들은 대개 이 두 가지를 병행하여 미래사未來事를 예측하는 것이 상례였다.

《선기수》가 언제 누구에 의해 쓰였는지는 모르나, 적어도 수천 년 동안 조상 대대로 비전秘傳되어 온 천문 관측법임에는 틀림없다. 이 책에서는 광대무변한 이 우주 가운데 인간이 사는 지구에 영향을 끼치는 권역圈域을 삼원三垣 이십팔수二十八宿(약 1, 460여 개의 별들이 모여 있음)로 보고, 인간 세상의 모든 변동의 추이를, 하늘의 별자리들이 위치한 28분야와의 연관 아래 각종 수리 공식의 계산으로서 도출해 낸다. 이러한 추수로써 인간의 지나 온 과거와 현재, 미래사를 알아내는 것이다.《선기수》는 과거의 역사적 사실을 예로 들어 계산의 정확성을 증명하고 있으며, 그 안에는 현재와 미래의 경우를 예측하기 위하여 〈추산법推算法〉과 〈심원법尋垣法〉, 〈정정방성법定政訪星法〉 및 계산의 결과로서 얻은 수치를 분석하기 위한 천문 통계표로서의 〈72원垣7정政표〉와 여기에 해당되는 별들이 속해 있는 각종 국局들이 실려 있다.

이 장에 실린 내용들은《선기수》 원본의 골자만을 초출抄出하여 실제 응용하기 쉽도록 만든 것이므로 사용되는 용어들이나 방법의 설명에 있어서 원론적인 상세한 분석과 안내가 빠져 있다는 것을 미리 밝혀 둔다. 그러나 초학자가 아니라면 이것만으로도 국가의 흥망성쇠와 치란治亂과 주권자 내지 집권계층의 현우賢愚와 국민 생활 면에서의 연사年事 풍흉豊凶이나 천지天地 비상사태 등을 미루어 짐작할 수 있을 것이다.

《선기수》 원문 내용이 발췌된《선기수략璿璣數略》 원문을 이 책의 〈부록〉에 실었다. 천문추수天文推數의 실제 연구에 활용되어지길 바란다.《선기수략》은 전통적으로 내려오던《선기수》 원본에서 뽑아낸 것이므로, 부수법에 관한 상세한 원인 설명이 빠져 있다. 원본 자체를 공개하는 것이 마땅하나, 전승자인 봉우 선생께서 오래 전에 분실하여《선기수략》만을 싣는 것이다. 여러 사람에게 여러 가지 방법으로 수소문해서 원본을 찾으려고 시도하였지만 도무지 오리무중이었다. 아무쪼록 이 책을 보고《선기수》 원본의 소장자가 나타나 주었으면 하는 바람이다. 원본의 공개는 이 방면을 연구하는 학인들에게 크나큰 자극과 추진력을 제공할 것이 틀림없기 때문이다.

[추산법]

역사상의 몇 시기를 실례로 들어서 추산법의 방법이 어떤 것인가를 설명하겠다.

실례 1: 단군檀君 원년元年 무진戊辰 입십구원入十九垣 옥제승전玉帝升殿 일정一政 일전一躔 일허一虛 / 십구원十九垣 일정一政의 옥제성玉帝星이 승전국에 들어감.(자혼원지무진공삼백오년自混元至戊辰共三百五年)

우리가 보통 알고 있는 단군기원은 무진년戊辰年(B.C 2333년)인데, 추산을 해보면, 혼원混元(맨처음 시초)에서 무진년까지는 이미 305년이 흘렀다고 되어 있다. 즉 작년(1991년)의 우리 나라 세적수歲積數는 여기서는 무진년 기원의 단기檀紀에(서기 1991년 기준, 4324년) 304년을 더한 4,628년이 되는 것이다. 선기수 추산 과정에서 드러나는 단군기원에 대한 이 견해는 '천정 기원天定紀元'의 명칭으로서, 민족 사상계의 저변에서 지금도 쓰이고 있다. 이 '천정기원'의 출발은 역대 백두산겨레의 단군(밝은 임금)의 한 분이었던 고성古聖 복희씨伏羲氏부터라고 한다. 대황조 한배검께서 민족의 시조로서 나라의 첫새벽을 열었던 그 시점이 우리 겨레의 국가 기원이 되어야 마땅하나, 우리가 현재 지니고 있는 역사적 전거로는 복희씨의 '천정기원'조차도 제대로 활용하고 있지 못한 상태이니, 이는 앞으로 민족혼의 정립과 고양이라는 차원에서 깊은 연구가 진행되어야 할 것이다.

실례 2: 조선 선조宣祖 임진壬辰년.

1. 먼저 천정윤회분수天正閏會分數 31,777을 놓는다.
2. 다음 조선분야수朝鮮分野數 7,520을 더한다.
3. 다음 조선세적수朝鮮歲積數 4,229(선조대왕 임진년 표준)를 더한다.

4. 임진년 당년當年의 천간天干 임壬에 해당하는 낙서수洛書數(후천수) 1을 더한다.
5. 이상의 모든 수를 더하면(천정윤회분수 31,777 + 조선분야수 7,520 + 조선세적수 4,229 + 당년 천간 후천수 1), 합계 43,527이 나온다. 이 숫자를 객수客數 5로 나누면(4,527÷5), 몫 8,705에 나머지 2가 나온다.
6. 위의 나머지 2를 몫 8, 705에 더한다.
7. 여기서 만물萬物을 보고자 할 때에는 물수物數 40을 뺀다. 8,705에서 40을 빼면 8,667이 나오는데, 이것이 바로 원산元算이다.
8. 위의 원산 8,667을 총원수總垣數 72로 나누면, 그 나머지가 곧 임진년에 해당하는 원수垣數이다. 또한 원산 8,667을 칠정七政의 72로 나눈 나머지가 정수政數가 된다. 따라서 8,667÷72=120에 나머지 27(임진년 원수垣數) 8,667÷7=1,238에 나머지 1(임진년 정수政數)의 결과가 나온다.

이상의 결과로서 조선조 선조대왕 임진년의 인사人事는 27원垣 1정政에 속한 별들에 나타나 있다는 것을 알았다. 《선기수》 안에 담겨 있는 72원 7정 통계표를 통해 27원 1정의 소속 성진星辰을 알아보니, 천장天奬 천륵天勒 58, 직녀織女 3, 구룡九龍 48의 네 별들이 나왔다. 여기서 천장, 천륵, 직녀의 세 별들은 상성常星으로 별다른 특별한 조짐을 동반하고 있지 않다. 그러나 구룡은 장성將星으로서, 72원 7정에 담긴 별들의 성격을 규정짓는 국局을 찾아 보면 장성국將星局에 들어가 있다. 장성국에 들었다는 것은 국가적 상황이 무인武人들이 통치하는 일종의 군정軍政이라는 것을 뜻하며, 더불어 그 나라는 주권국가로 볼 수 없다고 한다.

즉 조선조 임진년에는 구룡성이라는 장성이 우리나라에 조림照臨하여 임진왜란이라는 7년간의 병란을 겪었다. 그러나 극심한 병란에도 불구하고 완전한 멸망 상태에까지는 이르지 않았다. 그 이유는 구룡 장성이 나라와 임금이 있는 상태에서 비추면, 병란은 비록 극심하나 명장들이 많이 배출되어 위기를 벗어나는 천상天象이 되기 때문이라 한다.

이상의 방법은 고인들의 추산 방식에 봉우 선생이 약간의 사견私見을 붙여 개정한 것이다. 그러나 이것도 만고불역萬古不易의 것으로 알아서는 안 되며, 반드시 개정改鼎 뒤부터 수기응변隨機應變(변동상황에 따라 응함)의 도道가 있어야 한다고 한다. 여기서 개정이라 함은 국망國亡, 즉 조선조가 멸망함을 뜻한다. '조선분야수朝鮮分野數'란 세계 전지역을 56으로 구분한 수 가운데 조선에 해당하는 것인데, 현상現象은 불변하나 수시로 변동할 수 있으니 그 분야수分野數에 이착泥着(집착)하지 말아야 한다. 운주運籌(주판을 놓음, 즉 추산)하는 사람 자신이 분야원리分野原理를 연구해 보면 분야의 기점起点을 알 수 있고 그것을 알면 자연스럽게 해결된다는 것이 봉우 선생의 설명이다.

실례 3: 조선 인조仁祖 병자丙子년의 추산.

병자호란은 12월 회일晦日(그믐날)에 일어났는데, 이는 절후節候로 입춘에 들어가므로 운주運籌(추산)는 정축丁丑에 해당된다.

추산 결과 37원 4정에 해당되어, 천역天易, 천진天疹, 낭관浪冠, 군정軍井 네 별이 비쳤다. 군정軍井은 병성兵星이고, 천진天疹은 입몰국入沒局에 들었다. 전쟁이 입몰국에 들었으면서도 나라가 망하지 않은 것은 이 천진성天疹星이 조림할 땅을 얻지 못했기 때문이라지만, 일국의 왕이 남한산성 밑에 나와 무릎을 꿇고 항복한 것이 어찌 국망의 수치보다 나을 것이 있으랴!

혼원混元에서 병자 정축년까지는 4,273년이다.

실례 4: 조선 순조純祖 신미辛未년의 추산.

1원 5정의 천상天象이다. 천균天均, 추공秋空, 황운黃雲, 천묘天妙 네 별이 비쳤다. 나라와 임금이 있을 때 황운 장성이 비쳤으므로 홍경래의 난으로 국기國基가 흔들렸음에도 국망 없이 수습되었다. 임진왜란의 경우와 같다.

실례 5: 조선 순종純宗 경술庚戌년의 추산.

21원 4정의 천상天象으로 천토天土, 천모天耗, 천겁天愶, 독기犢旗 네 별이 비쳤다. 여기서 천겁성이 입몰국入沒局에 들어가므로 경술년에 나라가 망하였다.

혼원混元에서 경술년까지는 4,547년이다.

실례 6: 해방—을유乙酉년의 추산.

27원 3정의 천상으로 천복天卜, 천질天疾, 천의天宜, 천두天兜 네 별이 비쳤다. 천두성天兜星은 장성국將星局에 해당하므로 실질적인 나라의 우두머리, 즉 국장國長이 없는 상태이며, 장성이 비쳐서 비록 적국敵國으로부터 해방은 되었으나, 독립을 얻지 못하였던 것은 승전국升殿局에 들어온 별이 없기 때문이다.

병술丙戌년(서기 1946년)과 정해丁亥년(1947년)은 을유년과 동일한 천상의 추산이고, 무자戊自년(1948년)도 마찬가지이다. 기축己丑년(1949년)은 47원 2정의 천상이고, 경인庚寅년(1950년)은 29원 5정의 천조天鋤, 천재天財, 혜성彗星의 삼성三星이 조림照臨하였으므로, 큰 병란(한국전쟁)이 있었다.

신묘辛卯년(1951년)과 임진壬辰년(1952년)은 27원 4정으로 동일하고, 천규天葵, 천난天赧, 천전天戰, 혜성彗星의 네 별이 비쳤는데, 이 가운데 천난

성이 승전국升殿局에 들었다. 계사癸巳년(1953년)은 29원 5정이고, 갑오甲午년(1954년)은 27원 3정이다. 을미乙未년(1955)은 계사년과 동일하였다.

이후부터는 개정법改鼎法 원리를 다시 연구해 보고 난 뒤, 입주정국入主定局이 있은 다음에야 비로소 추산 원리로 환원하는 것이다.

병신丙申년(1956)과 을미乙未년은 동일하고, 정유丁酉년(1957)과 임진년은 같은 국에 속하니, 반드시 환국換局이 있으리라. 무술戊戌년(1958년)은 27원 3정인데 천두성天兜星이 비쳤다. 기해己亥년(1959)은 47원 2정이고 경자庚子년(1960)은 을미년과 같으며, 신축辛丑년(1961년)은 25원 1정이다.

이와 같이 기준이 되는 법들을 이용하여 법산을 해 나가되, 개정改鼎의 예例에 너무 매달리지 말고 그 통변通變의 기술로써 분야分野의 잘못됨을 잘 살펴야 할 것이다.

[심원법尋垣法]

이 심원법尋垣法은 원垣을 찾는 방법으로, 《선기수》 원본에 실려 있는 내용이다.

1. 먼저 천정윤회분수天正閏會分數 31,777을 놓는다.
2. 각 나라에 해당하는 분야수分野數를 더한다.
3. 혼원세적수를 더한다. 혼원세적수混元歲積數란 그 나라가 처음 세워진 연대부터 추산하는 시점까지의 햇수를 의미한다. 우리나라의 경우 단군기원 연도부터 누적된 세월을 말한다.
4. 해당되는 해의 천간天干 낙서수洛書數를 더한다.
5. 이상을 모두 합한 수를 객수客數 5로 나눈다. (승전국에 해당될 때에는 주

수主數 2로 나눈다.)

6. 객수로 나눈 몫과 나머지에서 나머지를 몫에 더한다.
7. 위 6항에서 나온 수에서 초물효初物爻를 보려면 거기서 40분分을 빼고 원법垣法 72로 나누어 그 나머지로 해당하는 원垣을 찾으면 된다.
8. 같은 이치로 민효民爻를 보려면 80분을 빼고 계산한다.
9. 관효官爻를 보려면 120분을 감하고 찾으면 된다.
10. 상효相爻를 보려면 160분을 감하고 찾는다.
11. 군효君爻를 보려면 200분을 감하고 찾는다.
12. 천효天爻를 보려면 240분을 감하고 찾는다.
13. 효수爻數를 보려면 감한 후에 대주법大周法 362로 나누어, 그 나머지를 72원의 72로 나누어 역시 그 나머지로 원垣을 찾는다.

[정정방성법定政訪星法]

심원법에서 원垣을 찾은 후, 원垣이 몇 정政에 해당하는가를 정하고 그 정政에 무슨 별들이 있는지 알아내는 것이 정정방성법이다. 역시 《선기수》 원본에 있는 내용이다.

심원법에서의 각 효爻를 감하고 남은 수의 총수總數를 칠정七政의 칠수七數로 나누어, 나머지로서 해당하는 정政을 정하고 별을 찾는다. 역년지曆年誌는 다음과 같다. 280년은 1정政 28년은 1전躔, 10숙宿은 280년으로 1정, 1숙宿은 28년으로 1전이다.

[각 국局의 성격]

승전국升殿局: 국가의 제왕이나 대통령 등의 우두머리에 관한 성격을 드러내 준다. 전체적인 대세로 보아 크게 길상吉象이다.

입몰국入沒局: 이 국에 포함된 별들이 칠정七政 가운데 나타나면 나라가 몰락함을 뜻한다.

병성국兵星局: 전쟁이나 큰 난리가 난다. 흉凶하다.

노성국滂星局: 큰 수재水災를 겪게 된다.

곡성국穀星局: 농사에 대풍이 들게 된다.

염성국斂星局: 농사에 큰 흉년이 든다.

병성국病星局: 국가적으로 큰 전염병 등 질병이 많이 발생한다.

음성국淫星局: 사회적으로 남녀의 성풍속이 문란해지는 등 도덕 관념이 타락하는 국면을 드러낸다.

장성국將星局: 큰 전쟁이나 난리가 극심하게 전개되나, 병성국과 달리 장성의 기운을 받은 명장들이 많이 출현하여 난을 수습하게 되므로 멸망의 국면으로 들어가지는 않는다. 무인武人이 통치하는 군정시대의 상象이다. 이 국면에 든 나라는 완전한 주권국가로 볼 수 없다.

현성국賢星局: 국가적으로 유능한 재사나 군자, 현인들이 대거 출현하게 되는 길상이다.

혜성국彗星局: 혜성국이 들게 되면 그 해는 대길大吉 아니면 대흉大凶의 큰 변동수가 발생한다. 전반적으로 객상客象에 들면 매우 좋은 국면이 나타나고, 주상主象에 들면 아주 안 좋은 국면이다.

[분야해分野解]

선기수 추산에 있어서 가장 핵심적 요소는 바로 추산의 대상 지역에 대한 분야도수分野度數가 될 것이다. 사람의 일에 직접 영향을 주는 하늘의 성좌들을 28개의 분야로 구분해 놓고, 그 천상天象에 조응하는 이 지구상의 전지역을 천문天文 28수宿 분야에 맞추어 나누어 놓은 것이 바로 각국各國의 분야도수가 되는 것이다.

가령 정해丁亥년(서기 1947년)의 조선분야도수는 다음과 같다. 정해년 당시의 우리 나라는 28수宿 도수度數로 보아, 기성箕星 도수 11도와 미성尾星 도수 18도 가운데 기성분야에서 5도, 미성분야에서 3도에 걸쳐 있었다. 그래서 우리나라 지역에 대한 28수 분야도수를 8도로 놓고, 이를 일법 940분分으로 곱하면 7,520분이 나오는데, 이것이 곧 경기도의 본분야도수本分野度數인 것이다. 경기도에서 충청도까지의 분야수를 얻으려면 7,520에서 105분을 감하면 되고, 충청도에서 전라도까지의 분야수는 위에서 또 105분을 감한 7,310이 되는 것이다.

참고로, 28수 각 성星은 50년에 1위位, 즉 1분씩 물러나고, 60분이 모여 1도가 되니 곧 3,000년 만에 1도씩 물러난다. 여기서의 1도는 지구상 경도經度 1도를 말한다.

[선기수 문답]

선기수에 대한 설명을 마치며 마지막으로 봉우 선생과 학인이 나눈 문답을 덧붙인다.

문: 조선분야수가 수시로 변동할 수 있다고 하셨는데 '수시隨時'란 무슨 이치를 표준으로 한 것이며, 언제부터 변동이 있어 왔던 것입니까? 혼원갑자混元甲子로부터 지금까지 7,520으로 계산한 것 같은데, 상원上元, 중원中元, 하원下元을 표준으로 합니까? 또한 상중하 삼원三元 그 자체는 무엇을 의미하는지요?

답: 수시로 변동한다는 것은 지역적 변동을 말하는 것이다. 연대年代와는 무관하나, 혼원갑자混元甲子가 상원에서 시작되어 현재까지 7,520이란 숫자를 이루고 있는바, 그 숫자는 현재의 분야도수分野度數이다. 혼원갑자에서 60년까지는 상원이라 하고, 그 다음 60년은 중원, 다음 60년은 하원이라 구분하며, 상중하 3원 180년을 주기로 반복하며 연대를 계산해 나가는 것이다.

문: 추산 과정에서 물수物數만 빼도 되는 이유가, 물수의 '物'이 일반 사물을 가리키는 물이 아닌 혼원에서 맨 처음 시작된 대아적大我的인 수數이므로, 이 물수만 빼도 군신민물君臣民物을 다 볼 수 있다는 점에는 수긍할 수 있습니다. 그러나 조선이 개국할 때인 임신년까지는 주객수主客數로 구별하지 않고는 추산이 불가능하였는데, 그 이후는 물수로만 빼고 나누어도 무관하게 된 이유는 무엇입니까? 조선조 이후로는 주객수가 불필요하게 되고, 각 나라의 경우에도 물수만 빼도 상관은 없겠습니까?

답: 물수로만 추산되는 것은, 백두산 본맥本脈과 서로 같을 때에는 변동이 없고 주산主山이 다를 때에는 약간의 변동이 발생한다. 군신민물君臣民物 천지수天地數가 불필요하다는 것은 아니다. 정국正局과 변국變局에서 서로 다른 점이 있고, 물수만을 통해 보는 것은 각 나라들의 경우가 동일하다. 학인은 좀 더 정연精硏하길 바란다.

문: 칠정七政의 일정一政 가운데 대개 네 개의 별들이 1년에 조림照臨하는데, 네 별 중 어느 별이 그 해에 해당하는지, 혹은 네 별에 경중輕重이 있어서 모두 다 관계가 있는 것인지요?

답: 천상天上에 비치는 성수星宿에는 원래 경중이 없으나, 보는 사람이 자신의 판단으로 경중을 가리고 스스로 평가하는 것이다. 일정一政에 속하는 모든 별에는 경중이 있으나, 그 선후先後는 없다. 공자께서도 일찍이 "서불진언書不盡言 언불진의言不盡意(글은 말을 다 드러낼 수 없고, 말은 뜻을 다 드러낼 수 없다)."라고 갈파하셨듯이, 현현玄玄하고 묘묘妙妙한 모든 것들이 글이나 말 속에 있는 것이 아니라 전수심법傳授心法 가운데 있으니 학인들은 마땅히 이 점을 경계하여 노력해 나가야 하리라.

※참고: 이 책의 맨뒤에《선기수략璿璣數略》원문을 수록하였음.

좌도방

左道方

좌도방左道方

주문과 부적을 통해 얻는 다양한 정신적 능력들

[해제]

이미 언급한 대로 좌도방, 즉 피동수련법이란 타력他力이나 자기 자신 이외의 외부적인 특정 대상물, 매개체 등을 동반하여 공부하는 형태의 모든 수행방식들을 지칭한다. 널리 알려진 각종 둔갑술遁甲術 및 환술幻術들과 오귀법五鬼法, 이보耳報, 축지縮地, 차력법借力法 등이 이에 속하며, 주로 주문과 부적, 신계神界와 통하는 기호나 문자를 새긴 각종 상징물들이 매개로 이용된다.

좌도방은 지금까지 전설이나 괴담 등 '옛날 이야기'에 나오는 허구 내지는 상상력의 소산으로 일반에 알려져 왔다. 우도右道 수련의 방책들처럼 좌도방 역시 대부분 도맥을 통한 비전秘傳에 의해 전해진 것이지만 특히 좌도방은 그 독특한 성격 때문에 우도에 비해 훨씬 비밀스러운 성격을 갖게 된 때문이다. 그러나 좌도방은, 사실상 민간에 전해진 고래古來의 여러 '좌도적左道的' 방책들과 함께 세속사회에서도 광범위한 저변을 형성했으며, 그 성격상 설화나 민담 등에 자연스럽게 결합될 수 있었을 것이다.

여러 가지 조악한 사술(邪術)이나 저급한 점술 따위의 아류들까지 염두에 둔다면 한배검 이래 꾸준히 전통을 이어 온 정신수련의 방법론으로서의 좌도방이 가진 적통성適統性을 완벽하게 추적해 낸다는 것은 매우 지난

至難한 작업이라 하지 않을 수 없으나, 엮은이는 가급적 봉우 선생의 증언을 바탕으로 굵직한 맥을 짚어 보고자 하였다.

좌도의 세계는 주문과 부적의 세계이다. 주문呪文은 평범한 인간들이 이해할 수 있는 내용과 도저히 이해할 수 없는 내용으로 이루어져 있는데, 이해할 수 없는 것들은 신계神界에 존재하는 여러 무리, 즉 신도神道들에게만 통용되는 그쪽 세계의 고유언어라 할 수 있다. 부적은 해당 수련법에 관계되는 신도神道에게 그 내용을 그림이나 글자를 통하여 전달하거나 지시하는 일종의 수결手決, 즉 사인과 같은 것으로서, 역시 판독할 수 있는 글자와 그렇지 않은 것으로 이루어지며, 전체적으로 보아 일반의 상식으로 이해가 불가능한 형태를 지니고 있다.(부적의 문자는 주사朱砂라는 붉은색의 천연 수은 화합물로 쓰는 것이 원칙이다. 부적을 쓸 수 없는 급한 상황일 경우에는 허공에 대고 손가락으로 써도 무방하다. 그러나 그것은 극히 예외적인 경우에 해당한다. 또한 부적의 배치 방향이나 운용 방법은 각 수련법마다 다르다.) 피동공부 학인들은 이러한 부적을 붙이고 주문을 송념誦念해야 될 뿐만 아니라 수련하는 장소에 잡귀나 잡신들의 접근을 막기 위하여 기旗를 세워야 하며, 제단을 설치해야 한다. 자동법을 수련하여 정신력의 계제가 초단初段 이상에 달한 유단자라면 방법만 알고 주문만 집념執念해도 통하며, 부적이나 다른 것들은 필요없게 된다.

인간세계에서 각계 각층이 사용하는 언어와 문자가 다양하듯 신계神界에서도, 그 신이 그 세계에서 차지하는 위치와 비중에 따라 그 신을 부르는 명호名號와 수사문修辭文들이 천차만별하게 달라지는 것이다. 그리하여 그들과 교신하거나 감응하기 위한 수많은 주문과 부적들이 필요하게 되었으며, 삿된 잡신 내지 잡귀들과 정의대도正義大道를 지향하는 정신正神들과의 차이점도 엄연히 존재하게 되었던 것이다.

[둔갑법]

피동법에서의 둔갑법은 귀신을 부려 변신하는 술법을 총칭하는, 피동반被動半 자동반自動半의 공부법인 기문둔갑법奇門遁甲法과는 많은 차이가 있다. 추수나 산법 등의 역리易理적 접근이나 추구보다는 사신역귀使神役鬼(귀신을 부림)하는 주문이 제일 중시된다. 부적도 피동공부에서의 둔갑법 터득에는 부차적 의미밖에 지니지 못한다.

이 법은 주문통령呪文通靈으로 은신隱身(몸을 숨김), 장신藏身(몸을 감춤), 취물取物(물건을 가져옴), 분신分身(몸을 여럿으로 나눔) 등의 여러 변화 술법들을 신력神力을 통하여 행사할 수 있다.

부리는 신도神道들의 종류도 저급한 잡신들로부터 고급한 정신正神들까지 다양하다. 수련자의 수준이 부리는 신들의 수준을 결정한다. 보통 49일 수련을 행하나 법에 따라 100일 수련도 있다. 한말韓末(대한제국 말렵) 정신수련계의 운호진인雲戶眞人 저작著作에 〈십둔十遁〉이라 하여 오행둔五行遁을 비롯한 열 가지의 대표적 둔갑술이 소개되어 있다.

다음은 봉우 선생이 직접 보고 겪은 둔갑법 중 취물取物의 예화이다. 공주읍에 사는 봉우 선생의 친구인 한의사 서기원 씨 집 사랑에서 벌어진 일이다. 봉우 선생과 서기원 씨 및 여러 사람이 모여 한담을 나누던 중 누군가가, 공주읍내 장터에서 술장사를 하는 김성문이라는 사람의 일꾼이 취물을 한다는 얘기를 하였다. 좌중이 모두 그것을 한번 확인해 보자며 그 일꾼을 불러왔다. 그는 50대 중반의 남자로서 비범하게 생긴 데라곤 한 군데도 없는 평범한 사람이었다. 모두들 그에게 술 한상 차려 내라며 한번 솜씨를 보여줄 것을 요청했다. 그는 웃으며, 잠시 동안 사랑방 문 밖을 절대로 내다보아선 안 된다고 말하는 것이었다. 잠시 후 문을 열었더니 문

밖 마루 위에 어느 틈엔가 술 한상이 차려져 있었다. 그동안 대문은 닫혀 져 있었고 아무도 왕래한 사람이 없었다. 그 술을 다 먹고 난 후 상을 밖에 내놓고 역시 잠시 동안 밖을 내다보지 않았다. 그런 후 문을 열어 보니 술상은 온데간데 없었다. 그 사이 어떤 인기척도 없었는데 말이다.

몇 시간 후, 장터 술집에 들러 주인에게 물어 보았더니, 바로 그 시간에 잘 차려 놓은 술상 하나가 어느 틈엔가 없어졌더라는 것이었다. 그런데 다시 와서 보니 또 언제 왔는지 모르게 빈그릇들이 놓인 상이 돌아와 있더란 얘기를 귀신에 홀린 듯 — 이 말은 취물取物의 상황에 아주 적절한 표현이다. — 알지 못할 표정을 지으며 하는 것이었다.

서기원 씨 집 사랑에선 또 다른 일이 벌어졌는데, 그때도 취물을 잘 하는 사람이 더 있다는 얘기에서 발단되었다. 그는 읍내의 중국집 심부름꾼으로 일하는 15세 소년이었는데, 서기원 씨 집 사랑으로 불러다 한번 실연해 줄 것을 요청했더니, 그 자리에서 먼저 음식값을 내라는 것이었다. 즉 취물을 보여줄 수는 있지만 공짜로 남의 것을 취해서는 안 된다는 것이었다. 전에 장터 술집 일꾼에게 술값을 치르려 했을 때, 물장사로 돈을 많이 버는데 그까짓 술 한 상 못 차려 드리겠냐며 돈을 안 받던 것과는 대조적이었다. 어쨌든 그의 요구대로 음식값을 미리 지불하고 한 20분 기다렸을까, 문 밖을 내다보지 말라던 그가 잠시 후 사랑문을 열어 제치니 바깥 마루 위에 중국 음식이 놓여져 있었다. 살펴보니 그릇도 그 중국집에서 쓰는 그릇이었다. 다 먹은 후 빈 그릇을 전번과 같이 밖에 내놓고 잠시 후 내다보니 어느 틈엔가 사라져 버렸다. 그 소년과 함께 사랑방에 있다가 몇 시간 후 그 중국집으로 가서 주인 사씨謝氏를 만나 확인해 봤더니 바빠서 기억은 잘 안 나지만, 누군가가 와서 서씨 집으로 음식을 주문했는데, 만들어 놓은 음식이 어느새 사라져 버렸다는 것이었다. 그리고 잠시 후 어느 틈엔가 빈그릇들이 돌아와 있었고, 나중에 그날의 수입 금액을 계산해 보니 돈 역시 아귀가 딱 맞더라는 얘기였다.

이러한 얘기들을 종합해 보면, 취물이야말로 귀신들이 사람을 홀리는(?) 대표적인 방술 중 하나라 하겠다. 이 술법을 사적 이기심을 충족시키는데 남용하면 신벌神罰이라는 정신계의 가차없는 징계를 받는다. 신벌은 흑막黑幕이라는 경고를 원칙으로 하나, 죄질에 따라 가차없이 죽임으로써 응징하기도 한다. 이 취물의 전설적 명인名人은 전우치田禹治로서 그는 조선조 중엽을 대표하는 피동수련 술객術客의 대명사로 불린다. 민간 설화와 전해 오는 많은 얘기들을 보면, 그는 각종 변신술, 취물 등에 매우 탁월한 재능을 지니고 있었음이 틀림없다.

중국과 우리나라에 전해지는 유명한 신선神仙 설화에 나오는 다음과 같은 술법도 취물과 변신법이 어우러진 둔갑법의 일종이다. 시장터에서 배를 파는 배장수가 있었는데, 지나가던 한 남루한 행색의 노인(혹은 도사)이 목이 몹시 타다며 배 한 개만 달라고 했으나 인색한 배 장수는 주지 않았다. 그랬더니 노인은 배 장수 앞에 땅을 파고 배 씨앗을 파묻는 것이었다. 씨앗을 심자마자 싹이 땅을 뚫고 나와 가지가 생기고 잎이 무성해지더니 곧 수많은 배가 주렁주렁 매달린 큰 배나무로 변해 버렸다. 노인은 그 광경을 지켜보던 많은 행인들과 함께 배를 먹고, 남은 것은 나누어 처분해 버렸다. 배 장수도 희한한 그 광경을 함께 보다가 다시 자기의 수레로 돌아왔더니 배들이 모두 없어졌더라는 얘기이다. 이것은 일종의 신술神術을 동원한 눈가림 장난에 속하지만, 인도에서는 지금까지도 시골 장터에서 이러한 장난을 보여주고 돈벌이를 하는 사람들이 있다고 한다.

이 밖에도 둔갑법에는 위급한 상황을 모면하는 방법으로서 자신의 몸을 완전히 감추거나(은신, 장신), 주위의 다른 물체(예를 들어 나뭇잎이나 바위

등)로 변화시키는(변신) 방술들이 있다. 은신의 예는 소설《단丹》에 자세히 나와 있다. 다음도 역시 공주 근처 태봉이라는 동네에 사는 술사術士 조씨에 대한 봉우 선생의 목격담이다. 그도 취물에 능한 사람이었는데, 동네에서 별 직업도 없이 생활은 그럭저럭 보통을 유지하였다고 한다.

그의 집 안에 들어가 보았더니, 안방 다락 쪽에 따로 금고처럼 문을 만들어 놓았는데, 문을 열면 안쪽 벽에 구멍이 있었다. 그런데 거기에 그릇을 넣으면 쌀이 나온다는 것이었다. 직접 한번 보자고 청하였더니, 실제로 잠깐 사이에 세 홉 정도의 쌀이 바가지에 담겨 나왔다고 한다. 벽 뒤로 무슨 쌀 곳간이 연결되어 있는 것도 아니고 완전히 막혀 있는 벽이었는데도 말이다. 조씨 얘기로는 자기 가족 생계를 유지할 만큼 매일 1인당 세 홉 정도씩만 갖다 먹는다고 하였다. 그 쌀의 출처에 대해 물어 보니 자신이 부리는 신도神道가 천지 사방에 흩어져 있는 낱알들을 모아다 주는 것으로, 하루에 최대한 몇 말까지는 받을 수 있지만, 자신은 한 번도 그렇게까지 과용해 본 적은 없고 분수에 맞게 절약해 쓰고 있다는 것이다. 또한 돈도 나온다고 하는데, 마찬가지로 여러 사람들이 땅에 흘린 돈을 신도가 주워다 주는 것이라고 한다. 그런데 조씨는 하루에 1원(당시 화폐 가치로 쌀 한 말에 30-40전)이상은 꺼내 써 본 적이 없다고 하였다. 이 이야기는 1920년대의 술객에 대한 봉우 선생의 증언에 기초한 것이다.

다음은 운호진인雲戶眞人의 문인門人인 일운거사一雲居士가 지은《대전기大全奇》의 〈환술편幻術篇〉에 나오는 열 가지 둔갑술이다.

1) 자신통법自神通法

자신통법自神通法은 자신의 신령을 통하는 방법으로서 자동공부가 된 사람, 즉 도계 초단 이상인 자라야 효험을 볼 수 있다. 이 법을 시행하려면 먼저 경자일庚子日에 까치 둥우리가 있는 나무를 찾아가 길이 9촌, 둘레 3촌 만큼의 나뭇가지를 준비한다. 그 다음 경자일에 부적을 만드는데, 패형佩形으로 하여 부착하기 쉽게 만든다. 나무의 위는 둥글게 하고 아래는 사각으로 만들어 부적의 내용을 음각하되, 그 홈을 녹각교鹿角膠(녹각을 달여 우려낸 젤리 상태의 농축액)와 주사朱砂를 섞어 메운다. 세번째 경자일에 오래된 묘를 찾아가 그 아래 음식을 진설陳設하고 제사를 올린다.

변신을 하고자 하는 사람은 먼저 부적을 만들어 변화시킬 대상의 이름을 주사로 누런 한지 위에 써서 부적 위에 매단 뒤 불에 태워서 깨끗한 물에 탄다. 그리고 그 물을 마신다. 다음은 혼魂 자를 역시 주사로 황지黃紙

변신부變身符

에 써서 비단 주머니 속에 넣고 본명방本命方(자신의 사주 방향)으로 걸어 놓는다. 그런 다음 동방東方의 청기靑氣를 들이마시고 그날의 왕방旺方(기운이 왕성한 방향)을 향해 세 번 입으로 내쉰다. 부적을 음각한 나무(符印)는 왼손에서 오른손으로 넘겨주어 오른손에 쥐고 있는다. 자신통법의 주문은 다음과 같다.

〈자신통법自神通法 주문呪文〉

변신주變身呪

음양변화 본무정처 태허부운 혹동혹서 거무종적 내무성음
陰陽變化 本無定處 太虛浮雲 或東或西 去無踪跡 來無聲音

아형무상 하소불급 수집천권 신변만상 급급여율령
我形無常 何所不及 手執天權 身變萬像 急急如律令

무릇 변신을 하려는 사람은 위 법과 같이 행하면 모든 사물을 자신의 뜻대로 변화시킬 수 있다. 변화시킨 사물을 다시 원래대로 환원시키려면 오른손에 든 부인符印을 왼손으로 넘겨 쥐고 다음의 환형주還形呪를 읽는다. 변신부變身符는 앞의 그림과 같이 그린다.

〈환형주還形呪〉

즉지변화 귀신무측 태상엄령 사아무사 부인번복
卽地變化 鬼神無測 太上嚴令 使我無邪 符印飜覆

환아본형 급급여율령
還我本形 急急如律令

2) 조목위주법棗木爲舟法

조목위주법棗木爲舟法은 글자 그대로 대추나무로 만든 배로 강과 바다를

비부부飛浮符

건널 수 있다는 것으로서, 벼락 맞은 대추나무를 이용한다. 길이 1척 2촌, 지름 5촌 2푼 되는 벼락 맞은 대추나무 가지를 구하여 나무에다 배 모양을 새기고 윗부분에는 비飛 자를 써넣고, 밑에는 부浮 자를, 밑바닥에는 수水 자를, 다른 편 밑바닥에는 용龍 자를 써넣는다. 육갑단六甲壇(육갑에 따라 설치한 제단) 아래서 제사를 지내는데, 비부飛符의 두 글자를 발로 밟고 왼손에는 뇌문雷文을 오른손에는 검결劍訣을 쥔다. 입으로는 동방의 기운을 한번 마신 후 비부주飛符呪를 7번 송념한 다음 부적을 태운다. 이때 생각은 마치 배가 허공에 떠서 나는 속도로 큰 강을 건너듯이 한다. 이 수련법은 49일 만에 끝낸다. 단, 강이나 바다 사이를 건너는 주문을 송념할 때, 앞에서의 비부飛符 글자가 없으면 대신 풀을 뜯어다 밟고 행해도 불시에 옮겨진다. 다음은 비부주문飛符呪文이다. 이 주문에 나오는 '삼산구후선생三山九侯先生'은 천상의 귀신이 아니라, 땅에 매여 있는 뜬 귀신들을 맡은 총책임자이다.

〈비부주飛浮呪〉

동양대해수 십만팔천리 신주행과처 정부나자피
東洋大海水 十萬八天里 神舟行過處 正扶那自避

오 봉 삼 산 구 후 선 생 율 령 섭
吾奉三山九侯先生 律令攝

3) 오행둔五行遁

오행둔五行遁은 오행五行(金, 木, 水, 火, 土)에 따른 다섯 가지 둔갑술의 총칭이다.

오행둔에 속하는 첫 번째 술법은 **금둔법金遁法**이다. 금둔법의 주문은 아래와 같다. 이 법은 고요한 곳에서 수련하되 아래 주문을 37번 송념하고 부적을 태워 물에 타서 삼킨다. 시험 삼아 그릇을 탁자 위에 놓고 37번 염주念呪하면 곧 그릇이 저절로 소리를 내며 산산이 부서져 버릴 것이다. 부서진 쇠그릇을 다시 원상 복귀시키려면 이 주문을 거꾸로 염하면 된다.

금둔부金遁符

〈금둔법주문金遁法呪文〉

금 육 장 신 비 등 환 외 입 가 명 옹
金六丈神 飛騰寰外 入家鳴喁

입 천 명 철 입 지 명 투 양 장 쟁 골
入天鳴澈 入地明透 兩丈爭骨

오 마 환 조 급 급 여 율 령 훔
五馬還朝 急急如律令 吽

두 번째는 **목둔법木遁法**이다. 위의 금둔법과 수련 방식은 동일하며, 주문을 세 차례 송념하고, 나무에 부적을 붙여 두면 밤 사이에 저절로 나무

목둔부木遁符

수둔부水遁符

가 베어진다. 목둔주문木遁呪文은 아래와 같다.

〈목둔법주문木遁法呪文〉

정평대신 수안즉벌 수영즉도 임석중성 약인표령 급급여율령 훔
廷萍大神 隨眼卽伐 隨影卽倒 任石重城 躍引飄零 急急如律令 吽

세 번째, 수둔법水遁法은 물을 마시며 염주念呪를 세 차례 행하되, 이때 북쪽을 향하도록 한다. 부적을 써서 땅에 붙이면 곧 강해江海를 이룬다. 원상으로 돌려놓으려면 거꾸로 주문을 염하면 된다. 주문은 아래와 같다.

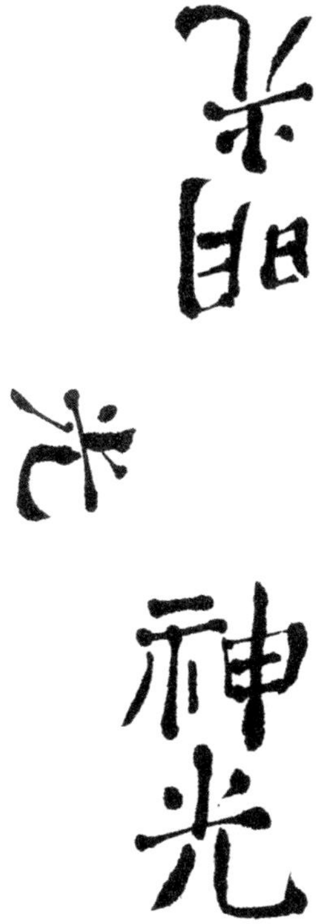

명화부明火符

멸화부滅火符

〈수둔법주문水遁法呪文〉

河佰運申(하택운신) 龍師興延(용사흥연) 從河從江(종하종강) 海卽城影(해즉성영) 黑帝佑我(흑제우아) 漂濟任意(표제임의)

急急如律令(급급여율령) 吽(훔)

네 번째, 화둔법火遁法은 일명 명화법明火法이라 하며, 주문은 아래와 같다. 아래 주문을 세 차례에 걸쳐 염하고 부적을 태우면 곧바로 불이 일어나는데 비록 바람이 세차게 불더라도 꺼지지 않는다. 아래 두 번째 주문은 불을 끄는 주문이다. 이 **멸화법**滅火法 역시 염주念呪를 세 차례 하고 부적을 태우면 아무리 불길이 크고 치열하다 하더라도 곧 꺼진다.

〈명화주문明火呪文〉

환 열 렬 적 제 신 조 아 삼 매 화 연 조 유
煥烈烈 赤帝神 助我三枚 和涎調油

장 화 불 멸 급 급 여 율 령 훔
長火不滅 急急如律令 吽

〈멸화주문滅火呪文〉

천 상 지 하 화 소 위 토 각 궁 진 군 수 아
天上地下 火消爲土 角宮眞君 隨我

함 회 진 궁 노 군 조 아 멸 광
熌灰 軫宮老君 助我滅光

급 급 여 율 령 훔
急急如律令 吽

토둔부土遁符

다섯 번째, **토둔법**土遁法의 주문은 아래와 같다. 주문을 세 번에 걸쳐 송념誦念하고 부적을 땅에 붙여 놓으면 땅에서 반드시 스스로 우레와 같은 소리가 나며, 지진이 일어나는 듯한 이 소리를 들은 사람들은 놀라서 얼굴빛이 변할 것이다.

〈토둔법주문土遁法呪文〉

중 석 신 화 목 신 굴 근 신 중 앙 신 동 뇌 조 성 발 조 성 오 성 입 지
重石神 火木神 窟根神 中央神 動雷助聲 發助聲 五聲入地

개 팔 원 진 지 래 급 급 여 율 령 훔
開八元嗔地來 急急如律令 吽

4) 취인장물법取人藏物法

취인장물법取人藏物法의 주문은 아래와 같다. 부적을 입 안에 넣고 아홉 차례에 걸쳐 염주念呪를 한다. 그러면 지인地人(흔히 도깨비라고 불리는 부류)이 원하는 물건을 갖고 스스로 찾아오는데, 일종의 도깨비 장난인 셈이다. 이 법을 삿된 욕심을 채우기 위해 남용하여 도적질 같은 타락한 일에 쓰면 신벌의 응보를 받으니, 꼭 절실한 곳에 신중하게 사용해야 한다.

취인장물부取人藏物符

〈취인장물법取人藏物法 주문呪文〉

구족소지신 삼두진자신 수탐낭중
九足少地神 三頭眞者神 水探囊中

구탄상중간 완금부도 도월미락
口呑箱中間 玩金富挑 都月未落

수아수장중 수천리진퇴부래
隨我手掌中 雖天里進退浮來

급급여율령 홈
急急如律令 吽

5) 인족부지법人足付地法

인족부지법人足付地法의 주문은 다음과 같다. 주문을 마음속으로 일곱 번 염하고, 발에 부적을 붙인 상태에서 세 번 오므렸다 폈다 하면 자신을 뒤쫓는 사람이 선 상태에서 더이상 발을 옮겨 놓지 못하게 된다. 정지 상태를 풀어 주려면 주문을 거꾸로 아홉 차례 염하면 된다.

인족부지부人足付地符

은형부隱形符

〈인족부지법人足付地法 주문呪文〉

삼광족 오해족 편시지하족 흑뇌장족 하저영봉족 읍아족
三光足 五海足 便是地下足 黑雷掌足 賀猪令奉足 泣我足

질주이족 불리추아자풍 도관흉인 급급여율령 훔
疾走爾足 不移追我者豊 都關凶人 急急如律令 吽

6) 은형법隱形法

은형법隱形法이란 형체를 숨기는 방법으로, 주문은 아래와 같다. 주문을 아홉 번 염하되, 부적을 옷깃 속에 품고 행하면, 곧 목표로 하는 형체가 사라져 안 보이게 된다. 모습을 드러나게 하려면 주문을 거꾸로 37번 염한다. 염주念呪할 때 인방寅方[115]을 향하도록 한다.

〈은형법隱形法 주문呪文〉

자 봉 승 천 거 자 난 강 지 도 자 생 남 녀 귀
紫鳳乘天去 紫鸞降池逃 子生男女鬼

축 생 남 녀 귀 호 아 신 변 화 개 일 월 엄 형 불 견
丑生男女鬼 護我身邊 華盖日月 掩形不見

속 지 옴 급 급 여 율 령 훔
速至唵 急急如律令 吽

7) 인중법引重法

인중부引重符

인중법引重法은 무거운 물건을 끌어올리는 방법으로 쓰인다. 주문은 아래와 같다. 이 주문을 아홉 번 염하며, 이때 부적은 왼손에 붙인다. 돌이나 쇠붙이가 아무리 무겁다 할지라도 한 손으로 능히 들어올릴 수 있다.

〈인중법引重法 주문呪文〉

예 팽 신 임 행 신 성 난 신 압 령 기 달 평 부 수 원 급 급 여 율 령 홍
曳彭神 任行神 城蘭神 押令其達 蓱浮隨願 急急如律令 吽

8) 이과법移瓜法

이과법移瓜法은 글자 그대로 오이를 옮기는 방법인데, 앞서 취인장물법과는 좀 다르다. 환술幻術 가운데 널리 알려져 있는 방법 중의 하나이다. 오

115) 24방위의 하나. 정동(正東)쪽에서부터 북쪽으로 30도 되는 방위를 중심으로 한 15도 각도 안의 방위를 말한다.

이밭이 있는 방향을 택해서, 그 밭의 중앙을 향해 주문을 열 번에 걸쳐 염한다. 그 다음 인방寅方의 기운을 입으로 24번 들이쉬고 내쉰다. 중앙토中央土에 부적을 붙이고 한동안 침묵하고 있으면, 땅 위에서 저절로 오이 잎이 나오고 꽃이 피며 순식간에 열매가 달린다. 따서 먹어 보면 진짜 오이임을 알 수 있다. 오이가 아닌 다른 종류의 열매들도 가능하다.

이 법은 보암존자寶巖尊者(속설에는 사명당四溟堂 유정惟政 대사로 전해지고 있음)가 창안한 이래, '죽각지신방竹角之神方'으로 통한다. 대나무는 사철 늘 푸르고, 흔들어도 꿋꿋하니 맑은 기상을 지니고 있다. 또한, 여기서의 뿔은 본디 성숙한 사슴의 뿔을 의미하며 백 년이 지나면 푸르러지고, 천 년 후에는 하얗게 된다.

무릇 이 방술의 실마리가 매우 현미玄微하기 때문에 '죽각신방竹角神方'이라고 하는 것이다. 세속의 선비가 이를 수련하려면 우선 고요한 방을 택하여 안정된 마음으로 앉아서 티끌로 가득 찬 세상의 온갖 욕심들을 씻어버리고 충효적자忠孝赤子의 마음을 늘 가슴 속에 품고 있어야 한다. 그리하여 성품을 쓰되 바보처럼 어리석은 것처럼, 말을 하되 더듬거리는 것처럼, 유연한 행동은 마치 졸렬한 것처럼 한다. 무릇 이와 같이 해 나간다면 형상을 잊을 수 있고, 자기 자신을 잊을 수 있으며, 남도 잊을 수 있어서 진정한 멈춤을 알게 되고[知止], 삼감을 알며[知謹], 기미幾微를 알게 되는 것[知微]이다.(뒤의 〈정신수련경전〉 중 《옥추경》〈도이성입장道以誠入章〉에 나옴)

그렇게 하면 성스러운 지혜가 밝아져서, 지극한 도道가 고요하고 아득하게 흐를 뿐 그 밖의 다른 것은 없어지게 된다. 그러면서 간간이 세 가지 부符의 열 가지 종류를 취한다. 공부할 때에는 해당되는 방위의 달[月]에 부符를 쓰는데, 대나무 잎 서른 일곱 장을 모아서 붓으로 쓴다. 또한 그 붓에 녹각교와 주사를 정화수井華水에 섞어서 끓인 것을 묻혀 황지黃紙 위에 쓰면 도를 이루게 될 것이다.

주의할 것은 진실한 성품의 소유자가 아니면 이 방술들을 전해 주지 말라는 것이다. 만약 삿된 욕심을 품고 사용하면 방술의 효험이 드러나지 않는다. 삼가하고 거듭 삼가하여 사용한다면 통령할 수 있을 것이다. 주문은 아래와 같다.

〈이과법移瓜法 주문呪文, 죽각신방竹角神方 주문呪文〉

천황대신 심전매토 불괴불난 천상물중신 지하물중신
天皇大神 心田埋土 不壞不亂 天上物中神 地下物中神

과종에도십이수간 청제삼십일 급급여율령 흠
瓜種璦都十二數幹 青帝三十日 急急如律令 吽

9) 설석취주법設席取酒法

설석취주법設席取酒法은 글자 그대로 자리를 펴고서 술을 가져오는 술법이다. 앞서 봉우 선생의 경험담에 나온 공주 장터 일꾼과 중국음식점 청년의 경우가 바로 여기에 해당된다고 하겠다. 육갑단六甲壇 아래에서 제사를 지내는데, 다리로는 유신有神 두 글자를 밟고 왼손에는 신문神文(횡서橫書로 신神이라 쓴다)을 들고, 오른손엔 인문忍文(백언천어불여인百言千語不如忍: 백 가지 천 가지로 말해도 참을인만 못하다.)을 든다. 또한 입으로 동쪽의 기운을 한번 들이쉬며 설석취주設席取酒 주문을 일곱 차례에 걸쳐서 염하고 부적을 태운다. 이 법은 49일 공부로 통령이 가능하다. 통령자는 역시 귀신을 부려, 음식점의 다과나 술, 음식물 등을 남모르게 감쪽같이 옮겨올 수 있다. 주문은 아래와 같다.

〈설석취주법設席取酒法 주문呪文〉

장점식 이점주 오절일품 도수 귀출신몰 신반귀주
張店食 李店酒 吾竊一品 到手 鬼出神沒 神搬鬼走

오봉삼산구후선생 율령섭
吾奉三山九侯先生 律令攝

정신부定身符

10) 흑안정신법黑眼定身法

흑안정신법黑眼定身法은 행주좌와行住坐臥에 늘 정성스런 마음을 지니고 염념불망念念不忘하되, 단오날에 오래된 무덤이나 묘지에 제물을 차려 놓고 제사를 지내도록 한다. 이때 주문을 일곱 번 염하고, 제물은 먹어 치우되 남은 것은 다시 사용하면 좋다. 만일 이 법을 사용할 대상으로서 악인惡人이 있다면 일기一氣로 일곱 번 염주念呪하고, 오른손을 들어 손가락을 다 벌린 채로 허공을 치면 목표로 삼은 악인은 딱 정지하여 더 이상 움직이지 못할 것이다. 이 법은 정성스러운 마음으로 수련해야만 효험을 볼 수 있다. 주문은 아래와 같다.

〈흑안정신법黑眼定身法 주문呪文〉

천흑신 지흑신 삼십육개흑안신 각답정자 수장인일봉
天黑神 地黑神 三十六箇黑眼神 脚踏丁字 手掌印一奉

타 거 안 전 혼 오 봉 태 상 노 군 급 급 여 율 령 칙
打去眼前昏 吾奉太上老君 急急如律令勅

〈해흑안법〉

해흑안법解黑眼法은, 흑안법에 걸린 상대를 풀어 주는 방법으로서 주문은 아래와 같다. 주문을 세 번 염하고, 거去 자를 큰소리로 외치면 즉시 정지 상태가 풀어진다.

〈해흑안은법解黑眼法 주문呪文〉

좌 수 제 일 우 수 제 월 일 체 만 법 진 개 소 급 급 여 율 령
左手提日 右手提月 一切萬法盡皆消 急急如律令

운호진인雲戶眞人은 다음과 같이 말하였다.

> "개개 자신통自神通의 법은 좌도의 소소한 술법들, 즉 난지리(혹은 난지리 차借)와 같아서 반드시 사람이나 개의 소리가 들리지 않는 고요한 곳에 자리를 마련하고 49일은 공부해야 한다."

여기서 천 가지 만 가지 변화를 마음먹은 대로 부릴 수 있다면 이는 성공한 것이다. 소위 수련 기간 49일이란 곧 10년을 의미한다. 왜냐하면 10년 가운데 비바람 치는 날, 안개 끼고 흐린 날을 빼면 제대로 공부하는 날은 49일에 지나지 않기 때문이다.

혹자는 말하기를 가장 뛰어난 재능을 지닌 사람은 7일 만에 신통하고, 가장 뒤떨어지는 사람이라도 49일을 넘기지 않고 신통할 수 있다고 한다. 그러나 예부터 성현들, 특히 공자는 가죽 끈이 세 번 끊어질 만큼 오랫동안

《역경》을 공부했고, 석가모니 같은 이도 6년간이나 설산雪山에서 수도하였던 것이다. 하물며 오늘날 뒤늦게 이를 배우려는 우리들에게 있어서랴! 모든 초학자들은 이 점을 잊지 말고 되새겨야 할 것이다.

위에 소개한 환술幻術들은 모두 다 요술妖術이다. 비록 신통을 얻었다 하더라도 정도正道 앞에서는 반드시 무력화되어 아무런 효험도 발생하지 않을 것이다. 환술幻術을 공부하는 학인들은 이를 반드시 유념하여, 정경대도正經大道의 원칙을 늘 고수해야만 할 것이다.

[이보耳報]

이보耳報란 피동공부를 통해서 얻은 신도神道가 통령자의 귀에 대고 알고 싶은 얘기를 들려 주는 것이다. 일반적으로 저열한 수준의 피동법에 속한다. 종류는 약 20여 종 이상 되며 부리는 신도의 자질에 따라 들을 수 있는 이야기(정보) 차원이 결정된다. 보통 49일 동안 수련하면 통령할 수 있다. 흔히 여자 무당 가운데 이보를 한다는 자들이 진사귀이보辰死鬼耳報라 해서 진일辰日에 죽은 어린애 집게 손가락을 잘라서 주머니 속에 넣어 몸 속에 지니고, 손가락 끊긴 아이의 귀신이 따라 오면 그 귀신을 부리는 저열한 방법을 많이 썼는데, 이는 전통적으로 민간의 악습이 되었다. 이것과는 달리 '보이영이문報耳靈耳文'이라는 통령법은 수련하기 힘들지만 정신正神이 많이 응하는데, 조선시대에는 일반 선비들도 과거 응시에 사용하느라 이 방법을 많이 공부했다. 또한 이름난 문사文士들 가운데는 '시신통령詩神通靈'이라는 이보를 하여 문장가로 출세한 사람도 있고, '서신통령書神通靈'과 '의학통령醫學通靈'의 이보 공부에 성공하여 당대에 많은 선업善業을 쌓은 사람들이 적지 않다. (의학통령에 관한 실례는《천부경의 비밀과 백두산족 문화》 의학편 p.326에 나와 있다.)

[오귀법五鬼法]

오귀五鬼란, 비명횡사한 귀신이나 올데갈데 없는 무주고혼無主孤魂 따위의 잡신雜神들을 오행五行에 따라 분류한 총칭으로, 이들 하급 귀신들의 힘을 빌려 사용하는 방법이 바로 오귀법五鬼法이다. 피동법 중 아주 저열한 차원에 속하며, 각종 심부름 따위 같은 사사로운 목적에 이용된다. 역시 남용하면 해롭고 아주 긴급할 때 한번 쓰면 족하다 하겠다. 오귀통령五鬼通靈에 쓰는 주문도 "무주고혼無主孤魂 처량신세凄涼身世, 금년운호今年運好, 여이상봉汝爾相逢(갈 데 없이 외로운 넋아, 처량하구나. 올해 운이 좋아서 너와 내가 만났으니)" 하는 식의 저급한 차원이다. 100일 공부면 통령한다.

[치몽법致夢法]

치몽법致夢法 또한 부적과 주문으로 타력他力을 빌려 자신이 목표로 삼은 상대방의 꿈 속에 의도대로 자신을 투영시키는 방법이다. 이것 역시 공적인 목적에 잘 쓰면 좋으나, 흔히 대부분의 술객術客들이 여자를 희롱하는 일종의 사기술로 악용하는 경우가 많았다. 즉, 자신이 원하는 여자의 부모 꿈 속에 등장해서 천생연분이라는 운명을 조작해 장가를 든다거나 하는 따위이다. 예부터 피동공부를 전공한 무당들이나 술사術士들이 조장한 혹세무민惑世誣民의 사회적 역기능은 바로 이 같은 측면 때문이다. 단시일 내에 통령하는 것이 보통이다.

[축지법縮地法]

축지법縮地法이란 인간의 보행 방법을 연구하여 그 보행 속도를 극대화하는 것이다. 조상들의 지혜가 담겨져 있는 방법으로서 대축大縮, 중축中縮, 소축小縮의 세 종류로 나누어진다. 대축이란 비월飛越 또는 육지비등법陸地飛騰法 등으로 표현되듯, 날아 다니는 것처럼 빠르게 몸을 이동시키는 방법으로 흔히 축지법 하면 이 대축을 가리킨다. 소설《단丹》에, "인천에서 오후 3시 출발, 오후 7시 30분 만주 안동현 무사착안無事着安"이라는 전보를 친 주인공이 바로 이 대축의 달인으로서, 소설에는 강경도라 했지만 실제 주인공은 구한말 항일 의병장 참찬參贊 허위許蔿(1854~1908) 대장의 조카 김일창金一滄(가명)이라고 한다. 그가 인천에서 만주 안동까지 주파한 실제 시간은 2시간이었다. 이 대축은 일반적 체력 양성 훈련으로는 그 습득이 불가능하고, 전문적 피동수련을 통해서만 가능하다. 공부기간은 100일 이상, 1년을 잡아야 하고 주로 주문 공부만 하는 것이 보통이다.

중축은 비보飛步, 소축은 속보速步를 의미하며, 비보나 속보는 피동수련 외에 자력으로 하는 전통적 체력 양성 기법들을 통하여 습득할 수 있다. (《천부경의 비밀과 백두산족 문화》의 체술 중 '속보법요지' 참조) 좌도 수련을 위한 주문들도 많이 있다.

[차력법借力法]

-〈산차山借〉를 중심으로

차력법借力法이란 피동공부를 통해 타력打力을 빌려 물리적인 체력을 얻는 방법으로, 약물의 힘을 빌리는 약차藥借와 달리 신도神道의 힘을 빌리는 신차神借를 가리킨다. 대략 28종이 있는데, 여기서는 대표적 신차 가운데 하나인 산차를 전면적으로 소개한다.

〈산차 수련법〉

산차 수련법은, 대한제국 말엽 당시 우리나라 정신수련계의 큰스승이셨던 일송 선생님으로부터 봉우 선생이 전수받아 구월산에서 수련하여 23일 만에 득통得通한 바 있다. 산차의 수련 기간은 보통 100일이나, 성공 기간이 수련자마다 천양지차天壤之差로 다르며 그 득력得力의 수준 또한 다르다. 그것은 수련가의 전생前生이 좋고 나쁨에 따라 좌우되는 것이라고 한다.

이 법을 습득하는 데 성공한 사람은 발력發力과 경신輕身이 초인적 경지에 이르게 되는데, 천 근 이상의 무게를 들 수 있으며 자신보다 몇 십 배, 몇 백 배 되는 절벽에서 뛰어내려도 마치 전기 승강기를 탄 것처럼 가뿐하게 내려 올 수 있다고 한다.

수련하는 데 1년 이상 걸리면 공부 과정의 무언가가 잘못된 것으로 알아야 한다. (좌도의 수련 기간은, 어떤 법이든 길어야 1년 이내로 잡으며 이 기간이 넘어도 득력하지 못하면 일단 실패로 간주하는 것이 상식이다.)

수련 과정은 초통初通, 재통再通, 삼통三通, 결사決事의 네 단계로 이루어져 있는데, 빠른 이는 전과정을 한 달 안에 성취하는가 하면, 어떤 사람은 100일을 다 채워서야 간신히 통하기도 할 만큼 사람마다 격차가 크다. 각 단계마다 외는 주문이 따로 있으며, 이 주문을 읽는 방법에 따라 통령의 성패가 좌우된다. 즉 배에 힘을 주고 가능한 한 최대로 목소리를 길게 빼면서 읽되, 힘주어 꾹꾹 누르는 듯한 소리를 크게 지르는 것이 빠른 성공의 지름길이다. 약한 소리로 빠르게 읽으면 효과가 없다.

수련자는 공부를 시작하기 전에 몸을 깨끗이 하고 마음을 고요하게 해야 한다. 공부 중에는 부부관계를 금하며, 살생과 같은 흉악한 일을 비롯하여 마음에 거리낄 일체의 잡다한 일들로부터 벗어나야 한다.

아무데서나 공부해도 상관은 없으나, 되도록이면 깨끗하고 조용한 곳이 좋으며, 스승이 있을 경우 그 지도에 따르는 것이 원칙이다. 따로 정해진 공부 시간은 없으며 자신의 역량이 닿는 대로 최선의 노력을 다해 집중할 수 있는 만큼 하는 것이 원칙이다. 그러나 일반적으로 오전에 두 시간씩 세 번, 오후에 두 시간씩 세 번 공부한다. 즉 새벽에 일어나 한 번, 아침을 먹고 한 번, 점심 먹기 전에 한 번을 하고, 점심을 먹고 한 번, 저녁 먹기 전에 한 번, 저녁을 먹은 후에 한 번 공부한다. 도합 여섯 차례 공부하는 것인데, 하루를 마무리하는 공부의 경우에는 마지막 잠자리에 들기 전까지 2시간 이상 강행군을 하도록 한다. 버틸 만한 체력이 있는 사람은 다음날 새벽까지 하는 것이 좋다. 단 체력이 약한 사람은, 병이 나지 않도록 최소한의 수면을 취하도록 한다. 공부하는 자리에 제단이나 부적 따위는 필요없으며, 앉아 있을 방석 정도면 족하다. 산차山借를 수련할 때는 그림과 같은 지팡이가 꼭 필요하다.

지팡이는 두 자 네 치(60센티미터에서 70센티미터 정도) 되는 박달나무나 백양목白楊木으로 만드는데, 나무 윗부분에 왼쪽 그림과 같은 부적 모양을 음각하여, 그 파여진 홈을 주사朱砂HgS[116](잡것의 범접을 막기 위해서이다)로 채우고, 그 위를 녹각교로 메우는 것이 대대로 전해 내려온 원칙이다. 지팡이 윗부분은 둥글게 하고 아랫부분은 네모지게 깎는다(오른쪽 그림). 이는 천원지방天圓地方의 원리에 의한 것이다. 이와 같은 좌장坐杖을 만든 뒤, 앉은 상태에서 지팡이를 세워 왼손에 힘있게 쥐고 땅을 누르며 주문을 읽는다.

116) 황화수은. 화산분화 뒤에 생긴 천연수은 화합물. '경면주사鏡面朱砂'라고도 한다. 동아시아에서는 옛부터 액을 막고 정신을 맑게하는 약재로 사용해 왔다.

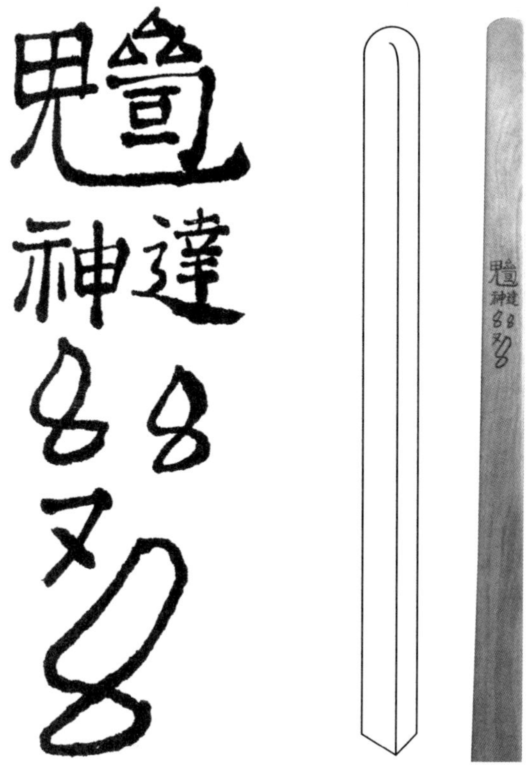

(사진제공: 이상진)

공부를 시작하면서 깊이 새겨 두어야 할 일이 있다. 예로부터 열심히 공부하다가 죽는다는 법은 없으니, 수련 도중 아무리 심신이 괴롭더라도 초지일관初志一貫하여 용맹정진해야 한다. 이러한 믿음이 바로 경敬과 성誠으로 이어져 결국 통령하게 되는 것이다.

통령은 전신戰身 현상으로 나타나기 시작하는데, 전신은 피동공부의 독특한 체험으로서, 자신의 심신에 피동세계의 신도神道가 감응해 오는 하나의 징표이다. 이때를 당하면 지팡이를 잡은 손부터 시작하여 온몸 전체가 외부의 어떤 힘에 의해 진동하는데, 학인들이 가장 주의를 기울여 조심하면서 마지막 전력을 다해야 할 중요한 시기이다. 전신이 될 때, 불끈 일어나 버리지 말고 지팡이 잡은 손에 더욱 힘을 주어 앉은 상태를 유지하며, 참을 수 있는 한 최대로 참다가 더이상 참을 수 없는 지경이 되었을 때 일어나야 한다. 일어나게 되면 온몸이 신력神力으로 충만하여 위로 솟구치게 되는 것이 일반적 현상인데, 이를 초통初通이라 하며, 산차의 첫관문을 통과한 것으로 간주한다.

초통을 하여 득력한 사람은 재통주再通呪를 읽으며 다음 단계로 진입하는데, 이때 주문은 낮은 소리로 달래듯이 읽는다. 재통주再通呪를 읽어 다시 전신이 되고, 득력이 있으면 다시 삼통주三通呪로 들어가고, 또 전신이 되어 삼통三通의 관문을 지나 결사決事까지 마쳐야 진정한 산차山借를 얻게 되는 것이다. 여기서 마지막 과정인 결사란 수련의 성공자가 신력神力을 행사해 줄 신도神道(신계의 존재)와 일종의 계약을 맺는 것을 의미한다. 예를 들면, 산차인山借人이 힘을 필요로 할 때 자신의 신도에게 지시할 각종 암호 같은 것들이 이때 서로 정해지는 것이다.

그러나 예를 들어, 이 산차를 얻은 사람의 정신수련 경지가 더욱 깊어져서 자동공부의 도계 중단(3단에서 5단. 저단은 1단에서 3단 약弱, 중단은 3단 강强에서 5단 약, 고단은 5단 강에서 9단까지이다) 이상의 실력자가 되면, 차력 당시의 수준으로는 그렇듯 높은 단계에 도달한 이를 감당해 내지 못하여 떠나게 되고(이것을 송신送身이라 한다) 보좌역으로 수호신 같은 다른 어떤 존재가 들어오게 된다.

이제 산차를 얻기 위한 주문의 전문을 살펴보자. 초통주初通呪는 다음과 같다. 이 주문에서 태을선관太乙仙官은 하늘을, 마의도사麻衣道士는 땅을 상징하며, 오목영관烏目靈官은 천상역사성天上力士星을 가리킨다.

〈산차山借 주문呪文〉 – 초통주初通呪

천신지지 동악신령 남악신령 서악신령
天神地祇 東嶽神靈 南嶽神靈 西嶽神靈

북악신령 중악신령 모산신령 태을선관
北嶽神靈 中嶽神靈 某山神靈 太乙仙官

마의도사 구천뇌공 사해용신 상유일월
麻衣道士 九天雷公 四海龍神 上有日月

하유산천 오황신명 강림오신 유야일신
下有山川 於皇神明 降臨吾身 留也一身

여신합식 동방청제 간목응지 남방적제 심화
與神合識 東方青帝 肝木應知 南方赤帝 心火

거지 서방백제 폐금숙언 북방흑제 신수
巨知 西方白帝 肺金熟焉 北方黑帝 腎水

육언 중앙황제 비토장생 선천정기 후천수극
育焉 中央黃帝 脾土長生 先天精氣 後天水極

천간지지 음수양화 일기충화 육합인륜
天干地支 陰水陽火 一氣充和 六合湮倫

심신담용 일신제발 태산중중 북해용용
心神淡溶 一身齊發 泰山重重 北海湧湧

진뢰진풍 건곤합벽 고금명장 좌지우지
振雷振風 乾坤闔闢 古今名將 左持右持

오목영관 유이소원
烏目靈官 惟以所願

〈재통주再通呪〉

신약무인 무이시령 인약무신
神若無人이면 無以示靈이요 人若無神이면

무이수원 복원존령 내조아
無以遂願이니 伏願尊靈은 來助我

원원지대원 역발산기개세용관천하
願願之大願하사 力技山氣盖世勇冠天下케 하여지이다.

〈삼통주三通呪〉

천존지비 사해용풍 용용분간 필득필수기력
天尊地卑하니 四海湧風이요 用用分干하니 必得必授其力하면

상관천문하찰지리중찰인사 합합영풍 삼조삼룡
上觀天文下察地理中察人事하야 合合靈風하니 三祖三龍이요

육갑육정수입생풍 입절입천입간수천언
六甲六丁搜入生風하야 入切入天入干搜天焉하소서

마지막 완성의 단계인 결사決事의 주문은 다음과 같다. 여기서 서파최西巴崔는 천상검사성天上劍士星을 가리킨다.

〈결사주문決事呪文〉

아대태청 묘진묘진 선인오명 제사팔조 실이진병
我對泰青 妙眞妙眞하나니이다. 仙人吾命 諸師八祖 悉而進兵

천광개설 장령모령 서파최 서파최 서파최
天光開設 將令謀令 西巴崔 西巴崔 西巴崔

이 밖에 차력법의 용도에 따라 문차文借와 무차武借 문무차文武借의 세 종류로 구분하기도 한다. 다같은 신차神借이나, 그 능력을 주로 머리 쓰는 일에 빌려 쓰는 것을 문차, 체력 쪽으로만 쓰는 것을 무차, 이 두 가지 측면을 모두 사용하는 것은 문무차에 해당된다. 산차山借 같은 것이 문무를 겸비한 차력의 대표격으로 부리는 신도가 군대로 말하자면 사령관이나 대장군에 해당하는 정신正神이므로 지략智略이 탁월한 두뇌와 뛰어난 무용武勇을 함께 갖추고 있다는 것이다. 예를 들어 산차에 익은 사람은 평소 칼을 만져 보지도 못했어도 훌륭하게 검술을 구사하며, 전략을 수립하기도 한다.

[오수주五獸呪]

오수주五獸呪는 좌도수련법 중 가장 우도법과 가까운 것으로 일종의 관법觀法 공부라 할 수 있다. 즉 이 법은 통령을 하여 무슨 물리력을 행사한다거나 재물을 취하고 이동시키는 따위가 아니라 순수하게 자신의 심령을 밝히고 정신을 안정시켜서 자신의 내부를 관조함을 목표로 한다. 100일을 기한으로 하여 공부하며 다른 좌도수련법은 눈을 뜨고 정면을 응시하며 주문을 읽지만, 이 법은 우도수련을 할 때처럼 정좌하여 눈을 아래로 내리깔고(감은 것이 아님) 주문을 외는 것이 다르다.

여기서 오수五獸란 오행五行에 따른 청룡青龍, 백호白虎, 현무玄武, 황룡黃龍, 주작朱雀의 다섯 동물을 말한다. 수련을 진행하면 위의 다섯 가지 짐승이 몸 속으로 들어오는 것이 보이게 되고, 그것들이 각기 오장五臟(간장, 폐장, 신장, 비장, 심장)에 자리잡는 것을 알 수 있게 되며 오장의 내부나 그 활동이 상세히 보이게 된다. 오수주 통령이 되면 평소보다 머리가 매우 좋아지게 되어 기억력이 증진되며, 특히 눈의 능력이 크게 좋아진다. 즉 귀신들을 볼 수 있으며 밤에도 낮처럼 환하게 볼 수 있을 만큼 안광眼光이 밝아진다. 오수주의 주문은 다음과 같다.

〈오수주문五獸呪文〉

목 간 중 청 기 　종 좌 이 출 　화 위 청 룡 재 좌
木肝中青氣는 從左耳出하야 化爲青龍在左하고

금 폐 중 백 기 　종 우 이 출 　화 위 백 호 재 우
金肺中白氣는 從右耳出하야 化爲白虎在右하고

화 심 중 적 기 　종 정 상 출 　화 위 주 작 재 전
火心中赤氣는 從頂上出하야 化爲朱雀在前하고

수 신 중 흑 기 　 종 이 하 출 　 화 위 현 무 재 후
水腎中黑氣는 從頤下出하야 化爲玄武在後하고

토 비 중 황 기 　 종 비 중 출 　 화 위 황 룡 재 중
土脾中黃氣는 從鼻中出하야 化爲黃龍在中이라.

[삼극주三極呪]

삼극주三極呪는 앞의 오수주와 마찬가지로, 귀신을 부려서 큰 힘을 행사하거나 재물을 취득하는 등의 효능을 발휘하는 것이 아니라, 자신의 심령을 밝히는 공부이다. 즉 주문을 통한 좌도수련법 가운데 우도법과 동일한 목표를 지향하는 방법이라 하겠다. 주문은 아래와 같다.

이 시 이 시 위 극 　 이 시 위 극
以是以是爲極하사 以是爲極하소서.

고요한 방에서 마음을 가라앉히고 면벽하되, 벽에 그림과 같은 것을 붙여 놓는다. 그리고 그림 위를 종이로 덮어 둔다. 주문을 읽을 때의 자세는 조식법을 행할 때와 같이 눈을 아래로 내리깔고 읽는다. 보통 100일을 기

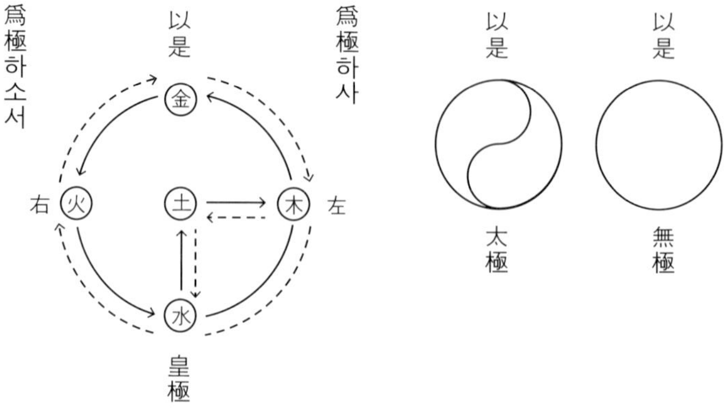

한으로 공부하나, 수련자의 집중도에 따라 역시 많은 차이가 난다. 집념集念이 순일純一하게 곧바로 정진한다면 100일까지 안 가고도 통령이 된다. 이 법을 통하여 득력得力한 사람은 자신의 관심 분야에 대한 통찰력과 예지력이 놀랍도록 강화되며, 무엇보다도 가장 큰 공부인 자동법의 호흡 수련이 적극적인 도움을 준다. 즉 수련법 자체가 호흡수련에 견인차 역할을 하게 되는 것이다. 수련하면서 처음 한 달간은 소리를 내어 힘차고 유장悠長하게 주문을 읽는다. 그 다음에는 행주좌와行住坐臥, 어묵동정語默動靜에 구애없이 늘 주문을 마음속으로 집념集念해도 동일한 효과를 볼 수 있다.

이 주문은 봉우 선생님께서 1963년 겨울 새벽에 대황조 한배검님께 직접 받은 정신수련법으로서 "만법귀일萬法歸一이니 성심수련誠心修鍊하라. 제중보벌濟衆寶筏(민중을 구제하는 보배스런 뗏목)이니라."라는 대황조님의 또다른 메시지도 함께 받으셨다 한다. -《봉우일기》 1권 p.56 〈기몽記夢〉에서 옮김.

[삼재주三才呪]

삼재주三才呪는 《역경》 〈계사전繫辭傳〉에서 그 정요처精要處를 골라 빼놓은 것으로서, 신통력을 얻는 데 쓰는 것이 아니고, 수련자가 전심전력으로 수행하려 할 때, 공부에 착수하기 전 반드시 며칠간 소리내어 밤에 읽으면 이것이 바로 그 지역 신계神界 책임자에게 신고를 하는 격이 되어 수련자가 공부할 동안 잡귀들의 장난으로부터 보호를 받는다. 이 주문을 들으면 그 지역의 잡귀들은 모두 달아나므로 수련 초심자들은 반드시 아래의 주문을 독송해야 한다. 실제 주문을 욀 때는 "색동지상형賾動志象形, 변화의의기變化擬議機, 법극도리명法極道理明"의 열다섯 자만을 외되, 배에 힘을 주고 자신의 가장 긴 호흡에 맞추어 될 수 있는 한 길게 빼서 유장하게 외운다.

지 지 오 행 색 동 지 상 형 유 상 무 형 춘 하 추 동 사 계
天之五行 賾動志象形 有象無形 春夏秋冬 四季

지 지 오 행 변 화 의 의 기 유 형 무 상 금 목 수 화 토
地之五行 變化擬議機 有形無象 金木水火土

인 지 오 행 법 극 도 리 명 유 상 무 형 무 상 유 형 인 위 예 지 신
人之五行 法極道理明 有象無形 無象有形 仁義禮智信

[을척乙尺]

을척乙尺이란 피동수련을 통해 행사할 수 있는 각종 신술들을 모두 갖추고 있는 일종의 도깨비 방망이 같은 것으로서, 그 생김새는 초승달 모양의 노리개같이 생겼고, 크기도 손아귀에 쥘 수 있을 정도로 작다. 색깔은 종류에 따라 다르고, 재질은 무엇인지 알려져 있지 않다. 이 을척 하나에 신병神兵이 30만 명 따라 붙는다 할 만큼 엄청난 능력을 행사할 수 있다. 좌도수련의 고단자라야 이것을 얻을 수 있지만, 그렇다고 모두 얻을 수 있는 것은 아니고 여러 생에 걸쳐 정신수련을 깊이 익혀 온 사람만이 얻을 수 있다. 설혹 얻는다 하더라도 을척에 따라 붙는 신도神道가 신계神界의 정신正神 중 거물급이므로, 을척 소유자가 그 신도의 정신 수준에 맞지 않는 행위를 하면 주문을 왼다 해도 저열한 잡신처럼 곧 따라와 주지 않는다는 것이다.

즉 국가와 민족의 존망이 달린 위급한 상황 같은 대승적이고 공정한 용도에는 잘 응하지만, 사사로운 욕심을 채우는 잡다한 요구에는 신벌神罰로

서 대응하여, 가끔 을척 소지자가 잘못 쓰다가 그 신장神將의 신편神鞭(신의 채찍)에 맞아 졸지에 저승으로 불려가는 경우도 생긴다고 한다. 소설 《단丹》에 나오는 삼비팔주 가운데 이우석李友石의 얘기가 바로 그런 경우이다. 을척을 얻어도 그 소유자가 신도의 수준에 맞지 않는 저급자라면, 을척을 부리는 것이 아니라 오히려 그 신도의 정신력에 눌려 죽게 된다는 것이다. 어쨌든 을척은 제갈량의 백우선白羽扇처럼 신비에 가득 찬 좌도세계의 보물로서 오랜 옛날부터 지금까지 전해 내려오고 있다.

[강필降筆과 기타 좌도방]

강필降筆이란 이 세상 것이 아닌 다른 세계의 신필神筆이 내려오는 것을 말한다. 강필은 주문이나 부적을 통해 일어나는 것이 아니다. 피동수련의 경험이 없더라도 늘 무엇인가를 지극한 일심一心의 정성으로 기원하고 믿는 사람에게 신도神道가 응하여 문제를 해결해 주는 것이다. 생명이 위급할 때라든가 국가적 대사, 또는 집안일의 실마리가 풀리지 않고 몹시 갑갑한 지경에 처했을 때, 천장에 줄로 붓을 매달아 놓고 기원을 하면, 붓이 저절로 떨리며 움직이는 현상이 일어난다. 이때 그 붓을 쥐고 종이나 모래판 위에 대면 글씨나 알아볼 수 없는 여러 형태의 그림 따위들이 자신의 의지와는 무관하게 저절로 써지게 된다. 강필과 같은 방술은, 주문이나 부적이라는 채널뿐만 아니라 그 밖에도 여러 다양한 채널을 통해 신계神界와 교류할 수 있다는 것을 보여 준다.

피동공부 중에는 장풍掌風이나 호풍환우呼風喚雨 같은 것들도 있다. 장풍은 손바닥으로 바람을 일으킨다는 것인데, 피동수련을 통하지 않고 무술 훈련을 통해서도 충분히 습득할 수 있고, 정신력의 차원에 따라 무수한 양태의 응용이 가능한 것이다. 호풍환우는 바람과 비를 자기 뜻대로 부린다는 것이지만, 깊은 정신수련을 통한 정신계 중단 이상의 실력자라야 실제로 현실화할 수 있을 뿐, 소설에 나오는 것처럼 손쉬운 신술 같은 것은 아니다.

정신수련 경전

精神修鍊 經典

정신수련 경전

정신수련의 지침으로 읽혀 온 《도장道藏》의 고전적 문헌들

[해제]

우리 민족의 정신수련 경전 중 최고의 가치를 지닌 것은 《천부경天符經》과 《삼일신고三一神誥》이다. 정신수련법과 관련된 두 경전의 의의 및 그 내용에 대해서는 이미 《천부경의 비밀과 백두산족 문화》에서 자세히 다룬 바 있다. 여기서는 두 경전을 제외하고, 정신수련 학인들에게 중시되어 오던 성경현전聖經賢傳들인 《고상옥황심인경高上玉皇心印經》《상약삼품도上藥三品圖》《심인도心印圖》《심경心經》(《옥추경玉樞經》〈원서原序〉) 《옥추경玉樞經》《음부경陰符經》《청정경淸靜經》《대통경大通經》《태식경胎息經》《통고경洞古經》《청천가靑天歌》《입약경入藥鏡》《도인독보결導引獨步訣》《영운경靈運經》을 소개하기로 했다.

이상의 글들은 모두 《도장道藏》 속에 편입되어 실려 있다. 《도장》이란 도교의 온갖 도서들을 모아 놓은, 불교의 《팔만대장경》 같은 성격의 것이다. 도교는 가장 오래된 중국의 민족 종교로 알려져 있으며, 그 개념을 살펴보면 한마디로 정의할 수 없을 정도로 복잡 다단하다. 즉 고대의 민간신앙을 기반으로 하되 신선사상이 주축을 이루며, 여기에 노장老莊사상과 《주역》, 음양오행설, 천문, 지리, 의학의 학설들 및 무속 신앙을 더한 뒤 불교의 조직과 체계를 모방하여 종합한 것이 도교이다. 그런데 여기서 한 가

지 유의할 점은 도교의 기반인 신선사상의 진원지는 바로 우리 민족이라는 것이다. 중국 역사를 살펴보면 한漢나라 이전의 중국 민족은 우리 민족에 비해 결코 우월하거나 선진적이었다고 할 수 없었으며, 우리와 대등하거나 오히려 열세에 놓인 적도 많았다.

특히 정신적으로는, 일찍이 우리 나라를 동방의 신선불사神仙不死의 나라라고 지칭할 정도로 우러르던 처지였다. 수많은 지식들과 사상들이 중국으로 전파되었는데, 정신수련의 사상적 기틀과 여러 방술들 또한 그들에게 전해졌다. 이리하여 우리 민족의 입장에서 볼 때, 후대에 성립되어 받아들여진 유교나 불교보다도 도교가 훨씬 근원적인 친화력을 지니게 된 까닭이 여기 있다.

도교의 대표적 수련 경전으로 손꼽히는《참동계參同契》만 하더라도, 중국 후한後漢시대의 위백양魏伯陽(서기 2세기경)이 전통 신선사상을 집대성한 책으로 알려져 있는데, 중국 도교사에 있어서 지극히 중요한 위치에 있는《참동계》의 연원은 바로 우리의 백두산이다. 송대宋代 증조曾慥가 편찬한《도추道樞》34권 〈참동계하편參同契下篇〉을 보면 위백양이 장백산長白山(백두산의 중국식 이름)에서 노닐다가 그곳의 진인眞人이 전하는 말을 듣고 기록한 것이《참동계》라는 다음과 같은 설명이 있다.

> "운아자가 장백산에서 노닐다가 진인이 연홍의 이치와 용호의 기틀을 전해 주는 말을 듣고 18장의 책을 저술하였다."
>
> 雲牙子遊于長白之山운아자유천장백지산 而眞人告以鉛汞之理이진인고이연홍지리 龍虎之機焉용호지기언 遂著書十有八章수저서십유팔장 言大道也언대도야 (〈正統道藏정통도장 太玄部태현부〉 美字號미자호,《道樞도추》卷34 〈參同契下篇참동계하편〉)

그리고 자주自注에서 '운아자雲牙子'가 위백양임을 밝히고 있다. (정재서, 〈태평경太平經의 성립 및 사상에 관한 시론試論〉에서 인용)이 기록은 중국 측의 것이므로 허황하다 볼 수 없으니 《참동계》 이후의 많은 도교 수련 경전들의 연원을 고찰하는 데 깊은 시사를 던져 준다고 하겠다.

여기에 실린 경전들은 대부분 작자 미상의 전승 형태를 보이고 있다. 그중 《옥추경玉樞經》은 '구천응원뇌성보화천존九天應元雷聲普化天尊'의 말씀을 기록하였다 하나 분명치는 않다. 다만 이 《옥추경》이 우리나라 민간에 널리 유포된 경전으로서, 특히 구천응원뇌성보화천존이라는 선계仙界의 수뇌가 우리 민족이 세운 은상殷商의 태사太師 문중聞仲이었다는 믿음을 배경으로 깔고 있다는 것이 특이하다. 우리 겨레 고유의 법산法算인 사시산四時算에서도 구천응원뇌성보화천존의 명호가 쓰인 경패鏡牌를 사용하는 것을 볼 때, 도교의 뇌성보화천존이라는 존재가 우리의 고유 사상과 어떤 깊은 연관을 맺고 있다는 것을 짐작할 수 있다.

《옥추경》의 원서原序는, 《심경心經》이라는 독립된 경문經文으로 불릴 정도로 정신수련의 요체를 응축한 명문名文이다. 옥추경 안에 있는 〈지도심요장至道深窈章〉과 〈도이성입장道以誠入章〉은 이 경전의 가장 핵심이 되는 내용을 간명하게 서술하고 있다.

《음부경陰符經》은 일반적으로 중국 도교의 전성기인 당대唐代(A.D. 745년경)에 서술되었다고 하나, 내용에 담긴 사상적 원류는 이미 오래 전 우리 겨레의 정신문화 속에 내포되어 있었다. 중국 문명의 정신적 지도자이며 영웅으로 상징화된 황제黃帝가 고대의 우리나라인 청구靑丘 땅에 있는 공동산崆峒山의 도인道人 광성자廣成子를 찾아가 장생長生의 묘도妙道를 묻고 그 교시를 받았는데, 그 내용이 바로 《삼황내문三皇內文》 또는 《음부경》인 것이다. 이 얘기는 갈홍葛洪의 《포박자抱朴子》와 《장자莊子》 〈외편外篇〉

재유편在宥篇에 나온다. 즉 이러한 정신적 흐름들이 중국 민족에게 외래 문화로서 유입, 전승되어 오면서, 《음부경》《참동계》를 비롯한 수많은 고대 도교 경전들이 되었다고 본다.

수많은 사람들이 《음부경》을 주해註解하였는데, 강태공, 범여范蠡, 귀곡자鬼谷子, 장량張良, 제갈량諸葛亮, 이전李筌의 육가주六家注 외에 남송南宋의 주희朱熹(주자朱子)가 《음부경고이陰符經考異》 1권을 썼다. 특히 주희는 이 《음부경》에 정묘精妙한 말이 들어 있음에 주의를 환기시키고, 도道에 대한 조예가 깊은 사람이 아니면 도저히 그런 글을 써낼 수 없다고 하였다. 아무튼 이 경전의 정신적 무게는 실로 값진 것이어서 고래로 정신수련을 전공하는 연사鍊士들은 반드시 이 책을 정독하였으며 그 내용에 침잠했다. 《음부경》에는 조직적인 교단을 가진 종교가 성립하기 이전인 고대의 우주관, 삼재三才(천지인天地人)사상, 오행사상 그리고 정신수양론精神修養論 등이 내포되어 있다.

《청정경淸靜經》은 중국 삼국시대 오나라의 도사道士였던 갈현葛玄(A.D. 164-244년경)의 저작으로 알려져 있다. 갈현은 갈선옹葛先翁이라고도 하며 《포박자》와 《신선전神仙傳》의 저자로 유명한 동진東晉시대 신선가神仙家 갈홍의 증조부이다. 《청정경》은 단학의 철학적 측면을 담고 있으며, 실제 수련방법보다는 수련하여 얻고자 하는 도의 본질적 세계를 적시해 주고 있다.

《심인경心印經》은 《도장道藏》에 《고상옥황심인경高上玉皇心印經》이란 이름으로 실려 있는데, 작자와 성립 시기는 불명이나 《심경心經》과 비슷한 내용으로, 수도修道 및 수단修丹의 핵심을 밝히고 그 공덕들을 서술하고 있다. 수련가의 필독 경문經文으로서 매우 중시되어 왔다. 중국 내단파內丹派에서도 정기신精氣神 삼자三者를 중요한 세 요소라 하여 강조할 때 대부분《심인경》에 근거를 댄다.

《입약경入藥鏡》은 당나라 말엽의 인물로 추정되는 최희범崔希范의 저술로 알려져 있는데, 여기서도 정기신精氣神의 삼보三寶를 삼기三奇로 부르고 이에 바탕하여 내단 수련의 원리를 전개하고 있다.

이 밖에《대통경大通經》,《통고경洞古經》,《태식경胎息經》,《영운경靈運經》,《도인독보결導引獨步訣》 등은 모두 작자 미상으로 전승되어 온 것인데, 앞서 소개한 우리나라 정북창鄭北窓 선생의《용호비결》과 비교해 볼 때, 내용의 상징과 은유적 표현이 심하여 초학자들이 수련에 참고하는 데에는 별로 도움이 안 될 것이지만, 수련에 진전이 있는 사람들에겐 약간의 참고가 될 것이다.《청천가靑天歌》는 원대元代의 도사인 장춘진인長春眞人 구처기丘處機가 지었다 한다.

《상약삼품도上藥三品圖》와《심인도心印圖》는 봉우 선생님의 저작이며,《옥추경》의 〈지도심요장至道深窈章〉과 〈도이성입장道以誠入章〉 또한 봉우 선생님께서《옥추경》의 가장 핵심적인 내용으로 뽑아 놓으신 것이다. 이상 〈정신수련경전〉에 실린 모든 경전은 봉우 선생님께서 선별한 것임을 밝힌다.

[심인경心印經]

상 약 삼 품
上藥三品

가장 좋은 약 세 가지가 있으니

신 여 기 정
神與氣精

신과 기와 정이라.

황 황 홀 홀
恍恍惚惚

그것은 매우 황홀하고

묘 묘 명 명
杳杳冥冥

아득하며 깜깜하지만

존 무 수 유
存無守有

무를 보존하고 유를 지키면

경 각 이 성
頃刻而成

순식간에 이루어지네.

회 풍 혼 합
廻風混合

바람을 돌려 뒤섞으면[117]

백 일 공 령
百日功靈

백일이면 공력이 신령스러워지고,

묵 조 상 제
默朝上帝

잠잠히 상제에게 조회하여

117) 호흡수련을 해나가면

일기비승
一紀飛昇
일기[118]면 하늘로 솟구쳐 오르네.

지자이오
知者易悟
아는 이는 쉽게 깨닫고,

매자난행
昧者難行
어두운 이는 행하기 어렵네.

이천천광
履踐天光
하늘의 빛을 밟아서

호흡육청
呼吸育淸
호흡으로 맑음을 기르니,

출현입빈
出玄入牝
단전을 출입하는 기운은

약망약존
若亡若存
있는 듯 없는 듯 미미하게 하고

면면부절
綿綿不絶
끊어지지 않게 가늘게 쉬면

고체심근
固蔕深根
꼭지는 단단해지고 뿌리는 깊어지네.

인각유정
人各有精
사람에게 각기 정이 있으니

118) 12년

정 합 기 신
精合其神
정은 신에 합하고

신 합 기 기
神合其氣
신은 기에 합하여

기 합 체 진
氣合體眞
기는 몸의 참된 것에 합하는 것이라.

부 득 기 진
不得其眞
그 참된 것을 얻지 못하면

개 시 강 명
皆是强名
모두 다 헛된 이름뿐이네.

신 능 입 석
神能入石
신은 능히 바위에도 들어갈 수 있고

신 능 비 형
神能飛形
신은 능히 형체를 날릴 수도 있으며

입 수 불 익
入水不溺
물에 들어가도 빠지지 않고

입 화 불 분
入火不焚
불에 들어가도 타지 않는 것이다.

신 의 형 생
神依形生
신은 형체에 의지하여 살고

정 의 기 영
精依氣盈
정은 기에 의지하여 가득 차게 되는 것이니

부 잔 부 조
不殘不凋
쇠잔하지도 않고 시들지도 않으므로

송 백 청 청
松栢靑靑
소나무와 잣나무처럼 푸르리라.

삼 품 일 리
三品一理
삼품이 한 가지 이치인데

묘 불 가 청
妙不可聽
그 묘한 것을 가히 들을 수가 없네.

기 취 즉 유
其聚則有
그것이 모였으므로 있고

기 산 즉 무
其散則無
그것이 흩어졌으므로 없으니

칠 규 상 통
七竅相通
일곱 구멍이 서로 통하면

규 규 광 명
竅竅光明
구멍마다 빛이 밝게 빛나고

성 일 성 월
聖日聖月
성스러운 해와 성스러운 달이

조 요 금 정
照耀金庭
금빛 뜰에 환하게 비치리라.

일 득 영 득
一得永得

한 번 얻으면 영원히 얻게 되고

자 연 신 경
自然身輕

자연히 몸은 가벼워지며

태 화 충 일
太和充溢

크게 화창한 기운이 넘쳐흐르게 되면

골 산 한 경
骨散寒瓊

뼈는 흩어지고 찬 구슬이 만들어지니

득 단 즉 영
得丹則靈

단을 얻었으므로 신령스러워지고

부 득 즉 경
不得則傾

얻지 못하면 기울어지네.

단 재 신 중
丹在身中

단은 몸 가운데 있어서

비 백 비 청
非白非青

희지도 푸르지도 않으니

송 지 만 편
誦之萬遍

여러 번 거듭 읽고 수련하면

묘 리 자 명
妙理自明

신묘한 이치가 저절로 밝혀지리라.

[상약삼품도上藥三品圖]

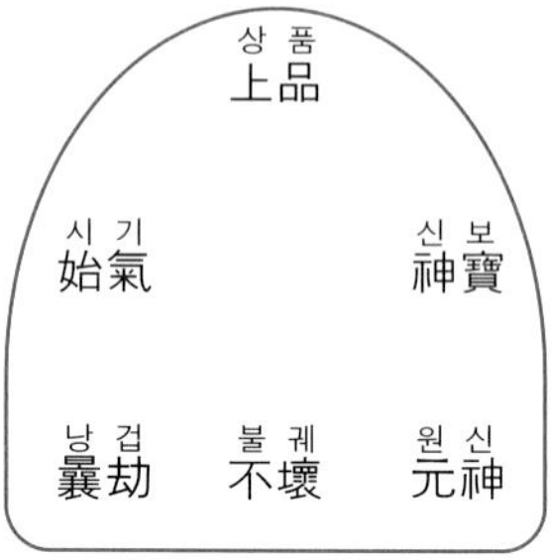

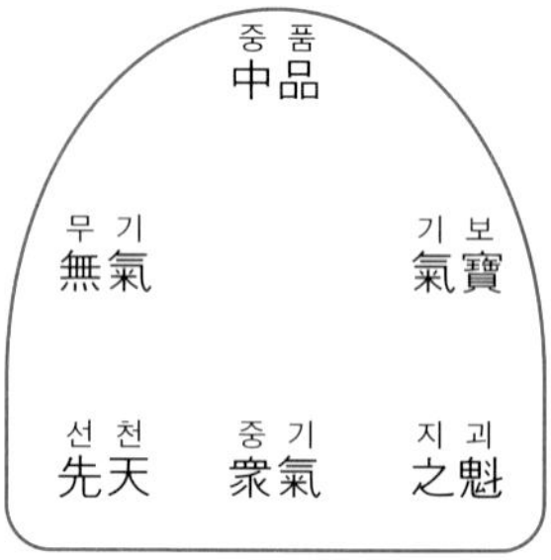

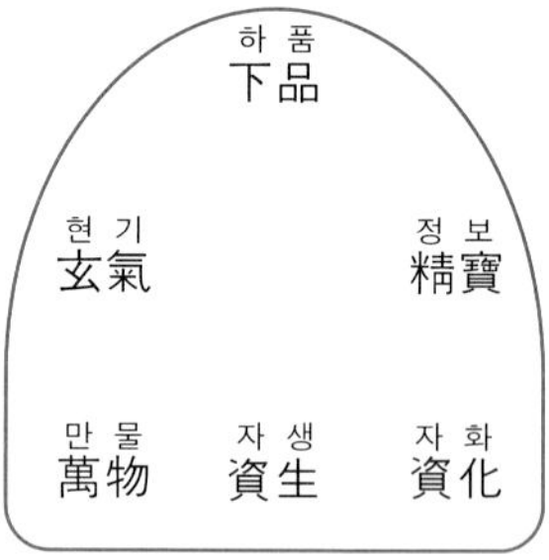

찬 왈
讚 曰

현원시기 태극정화 이무이치 삼자일가
玄元始氣 太極精華 理無二致 三者一家

경천주지 비경유하 수귀금정 결취단사
擎天柱地 飛景流霞 收歸金鼎 結就丹砂

[심인도心印圖]

현곡찬
玄谷讚

즉심시인 이도위기 조존재아 용사이시
卽心是印 以道爲基 操存在我 用舍以時

천진경례 만성수지 수중득요 요순시사
天眞敬禮 萬聖受持 守中得要 堯舜是師

[심경心經]

천 군 태 형
天君泰亨

마음이 편안하면

백 체 종 령
百體從令

온몸이 다 말을 잘 듣고

원 기 포 행
元氣布行

원기를 펴서 행하여[119]

이 제 칠 정
以齊七政

칠정[120]을 가지런히 한다.

사 상 성 도
四象成道

사상[121]이 도를 이루면

만 방 함 녕
萬邦咸寧

온몸이 모두 편안하고

군 신 제 회
君臣際會

임금과 신하[122]가 서로 만나면

영 대 위 경
靈臺緯經

영대(마음, 정신)의 씨가 되고 날이 된다.

---

119) 호흡을 수련하여

120) 日, 月, 火, 水, 木, 金, 土의 각 성(星)

121) 음양의(陰陽)의 네 가지 상징인 태음(太陰), 태양(太陽), 소음(少陰), 소양(少陽) 또는 일월성신(日月星辰).

122) 각각 '水'와 '火'를 상징

사 덕 정 중
四德正中
사덕[123]이 바른 가운데

계 계 승 승
繼繼承承
계속 이어져 내려오니

선 기 운 기
璇璣運氣
선기[124]로 운기하면

합 벽 위 영
闔闢衛榮
위와 영[125]이 여닫힌다.

개 릉 석 쇄
開楞釋鎖
빗장을 열고 자물쇠를 풀어 주면

백 운 권 공
白雲捲空
흰구름이 걷혀 아무것도 없게 되고

날 패 착 어
糲稗鑿御
껍질을 벗겨 고르고 찧으면

금 선 화 형
金蟬化形
금매미가 껍질을 벗듯 형체를 변화시키네.

유 즉 호 격
惟卽互隔
기운과 몸은 서로 떨어져 있는 듯하나

123) 인(仁), 의(義), 예(禮), 지(智)

124) 고대의 천문시계인 선기옥형

125) 각각 '기(氣)'와 '혈(血)'을 상징

연 천 단 궁
鍊擅丹宮

오로지 단전을 연마하네.

익 수 연 년
益壽延年

수명을 더하고 나이를 늘리며

화 신 장 생
化身長生

몸이 변화하여 오래오래 살게 된다.

존 보 심 신
存保心身

몸과 마음을 보존함은

대 성 일 용
大聖日用

큰 성인이 늘 하시던 일이라.

사 려 미 기
思慮未起

생각이 일어나지 않으면

귀 신 막 량
鬼神莫量

귀신도 헤아릴 수 없는 것이다.

도 덕 광 대
道德廣大

도와 덕은 넓고도 크니

한 사 존 성
閑邪存誠

사악함을 버리고 정성을 지니라.

심 부 재 도
心不在道

마음이 도에 있는 것이 아니고

도 재 심 공
道在心工

도가 마음공부에 있는 것이다.

불 입 오 예
不入汚穢

더럽고 나쁜 곳에 들어가지 않으면

불 육 기 궁
不戮其躬

그 몸이 죽을 까닭이 없으니

정 신 수 호
精神守護

정신을 잘 지키고 있으면

심 력 기 령
心力氣靈

마음에 힘이 나고 기운이 신령스러워진다.

능 사 불 선
能使不善

능히 악함으로 하여금

불 감 침 공
不敢侵攻

감히 침공하지 않게 하면

만 자 산 광
萬紫山光

환한 산빛은

조 화 흥 공
造化興功

변화하여 공력을 일으키리.[126]

126) 혹은 "태평성대를 이루리라"

[옥추경玉樞經]

지도심요장至道深窈章

이 제 천 인
爾諸天人
그대 천인들이여,

욕 문 지 도
欲聞至道
지극한 도리를 듣고자 합니다.

지 도 심 요
至道深窈
지극한 도리란 깊고도 그윽하여

부 재 기 타
不在其他
다른 것에 있는 것이 아닙니다.

이 기 욕 문
爾旣欲聞
그대 이미 듣고자 하나

무 문 자 시
無聞者是
들음이 없는 것이 옳으니

무 문 무 견
無聞無見
들은 것도 없고 본 것도 없는

즉 시 진 도
卽是眞道
이것이 곧 진실한 도리입니다.

문 견 역 민
聞見亦泯
보고 듣는 것 또한 없어지고

유 이 이 이
惟爾而已

다만 그대뿐입니다.

이 상 비 유
爾尙非有

그대도 오히려 있지 않거늘

하 황 우 도
何況于道

하물며 도에 있어서랴.

불 문 이 문
不聞而聞

듣지 않고도 들으니

하 도 가 담
何道可談

무슨 도리를 얘기할 수 있으리요.

도이성입장道以誠入章

도 자 이 성 이 입
道者 以誠而入

도라는 것은, 정성으로서 들어가고

이 묵 이 수
以默而守

잠잠하고 묵묵한 것으로 지키고

이 유 이 용
以柔而用

부드러움으로 쓰임이 된다.

용 성 사 우
用誠似愚

정성을 나타낼 때에는 어리석은 것처럼 하고

용 묵 사 눌
用默似訥
묵묵할 때는 어눌한 것처럼 하고

용 유 사 졸
用柔似拙
부드러울 때는 졸렬한 것처럼 하라.

부 여 시 즉
夫如是則
이와 같이 하니

가 여 망 형
可與忘形
가희 자기 형상을 잊어버릴 만하고

가 여 망 아
可與忘我
가히 나 자신을 잊어버릴 수 있으며

가 여 망 망
可與忘忘
잊는다는 것 자체도 잊을 수 있다.

입 도 자 지 지
入道者知止
도에 들어간 자는 그칠 줄을 알고

수 도 자 지 근
守道者知謹
도를 지키는 자는 삼가할 줄을 알며

용 도 자 지 미
用道者知微
도를 쓰는 사람은 그 미세함을 알 수 있다.

능 지 미 즉 혜 광 생
能知微則慧光生
능히 미묘함을 아니 지혜의 빛이 생기고[127]

---

127) 모르는 것이 없게 되는 무불통지(無不通知)의 경지

능 지 근 즉 성 지 전
能知謹則聖智全
능히 삼갈 줄을 알면 성인의 지혜가 온전해지며

능 지 지 즉 태 정 안
能知止則泰定安
능히 그칠 줄을 아니 크게 안정된다.

태 정 안 즉 성 지 전
泰正安則聖智全
크게 안정이 되니 성인의 지혜가 온전하고

성 지 전 즉 혜 광 생
聖知全則慧光生
성인의 지혜가 온전하니 혜광이 나오고

혜 광 생 즉 여 도 위 일
慧光生則與道爲一
혜광이 나오니 도와 더불어 하나가 된다.[128)]

시 명 진 망
是名眞忘
이것을 이름하여 진실로 잊어버림이라 하며

유 기 망 이 불 망
惟其忘而不忘
항상 잊은 듯하면서 잊지 않으므로

망 무 가 망
忘無可忘
잊어도 가히 잊을 만한 것이 없다.

무 가 망 자
無可忘者
잊을 것이 없는 상태를

즉 시 지 도
卽是至道
바로 지극한 도라고 한다.

---

128) 득도의 경지

도 재 천 지
道在天地
도는 천지에 존재하지만

천 지 부 지
天地不知
천지가 그것을 모르고

유 정 무 정
有情無情
생물이나 무생물이나

유 일 무 이
惟一無二
오로지 하나지 둘이 아니다.

[음부경陰符經]

상편

관 천 지 도
觀天之道

하늘의 도를 보고

집 천 지 행 진 의
執天之行盡矣[129]

하늘이 행하는 것을 본받는 것을 극진하다 한다.

천 유 오 적
天有五賊

하늘에는 오적[130]이 있으니

견 지 자 창
見之者昌

그것을 알고 사용하는 사람은 창성하고

오 적 재 심
五賊在心

몸에 깃든 오적을

시 행 우 천
施行于天

천도에 널리 펴서 행하면

우 주 재 호 수
宇宙在乎手

온 우주가 손바닥 안에 있고

만 화 생 호 신
萬化生乎身

만 가지 변화가 몸에서 나온다.

---

129) 하늘의 도는 조화의 기틀을 주재하고, 하늘의 운행은 기운의 기틀의 움직임이다(天道者化機之宰 天行者 氣機之運)

130) 오행(五行)

천성인야
天性人也

하늘의 성품은 사람이요.

인심기야
人心機也

사람의 마음은 기틀이라.

입천지도
立天之道

하늘의 도를 세워서

이정인야
以定人也

사람됨을 정하는 것이다.

천발살기
天發殺機

하늘이 살기를 발하면[131]

이성역수
移星易宿

별들이 도수를 벗어나 왔다갔다 하고

지발살기
地發殺機

땅이 살기를 발하면

용사기륙
龍蛇起陸

뱀이나 용 따위가 땅 위로 나오게 된다.

인발살기
人發殺機

사람이 살기를 발하면

천지반복
天地反覆

하늘과 땅이 서로 뒤집힌다.

---

131) 비정상의 궤도를 달리면

천 인 합 발
天人合發

하늘과 사람의 뜻이 합하여 나타나면

만 화 정 기
萬化定期

만 가지 화합이 모두 알맞게 된다.[132]

성 유 교 졸
性有巧拙

성품에는 재주 있음과 둔함이 있으니

가 이 복 장
可以伏藏

각각 낮추고 높여서 중화시킨다.

구 규 지 사
九竅之邪

사람의 욕심에는

재 호 삼 요
在乎三要

세 가지 요건이 있어

가 이 동 정
可以動靜

그것에 따라 움직이고 고요해진다.

화 생 우 목
火生于木

불이란 나무에서 나고

화 발 필 극
禍發必剋

재앙이 생겨도 반드시 극복된다.

간 생 우 국
姦生于國

나라에 간신이 생겨도

132) 사람이 하늘을 닮아 행하게 된다.

시 동 필 궤
時動必潰

때가 되면 반드시 없어지나니

지 지 수 련
知之修鍊

이것을 알고 닦은 이를

위 지 성 인
謂之聖人

성인이라 이르는 것이다.

중편

천 생 천 살
天生天殺

하늘이 내서 하늘이 죽이는 것은

도 지 리 야
道之理也

도의 이치이다.

천 지 만 물 지 도
天地萬物之盜

천지는 만물을 훔치고

만 물 인 지 도
萬物人之盜

만물은 사람을 훔치며.

인 만 물 지 도
人萬物之盜

사람은 만물을 훔친다

삼 도 기 의
三盜旣宜

세 가지 훔침이 그 마땅함을 얻으면

삼 재 기 안
三才旣安

삼재[133]가 이미 편안할 것이다.

고 왈 식 기 시
故曰食其時
그러므로 가로되 때를 맞춰 먹으면

백 해 리
百骸理
사람의 몸이 다스려지고

동 기 기
動其機
그 기틀에 맞추어 움직이면

만 화 안
萬化安
만 가지 화함이 모두 편안하다.

인 지 기 신 지 신
人知其神之神
사람은 그 신기함만 신으로 알고

부 지 불 신 이 소 이 신
不知不神而所以神
평범함이 신령스러움을 알지 못한다

일 월 유 수
日月有數
해와 달은 수가 있어서

소 대 유 정
小大有定
크고 작음에 정한 것이 있다.

성 공 생 언
聖功生焉
그리하여 이것을 그대로 행하는 데서

신 명 출 언
神明出焉
성인의 공덕과 신명이 나온다.

---

133) 天, 地, 人

기 도 기 야
其盜機也
그 기틀을 잘 사용하는 사람을

천 하 막 능 견 막 능 지
天下莫能見 莫能知
세상에서는 능히 알아보지 못하나니

군 자 득 지 고 궁
君子得之固窮
군자는 이를 얻어 진실로 궁리하고

소 인 득 지 경 명
小人得之輕命
소인은 이를 얻어 목숨을 가벼이 한다.

하편

고 자 선 청
瞽者善聽
장님이 보지 못하는 대신 훨씬 잘 듣고

농 자 선 시
聾者善視
귀머거리가 듣지 못하는 대신 훨씬 잘 보니

절 리 일 원
絶利一源
사람의 감각기관 중 하나를 없애면

용 사 십 배
用師十倍
다른 하나의 쓰임이 열 배는 늘어나고

삼 반 주 야
三返晝夜
밤낮을 세 번 돌이키면

용 사 만 배
用師萬倍
그 쓰임이 만 배로다.[134)]

심 생 우 물
心生于物

마음은 물건에서 생겨나서

사 어 물
死於物

물건에서 없어지니

기 재 목
機在目

그 기틀은 눈에 있다.

천 지 무 은
天地无恩

하늘과 땅이 큰 은혜가 없는 듯하나

이 대 은 생
而大恩生

큰 은혜로움이 거기서 나오니

신 뢰 열 풍
迅雷烈風

천둥이 치고 폭풍이 휘몰아치면

막 불 준 연
莫不蠢然

겁 없이 태연할 사람은 아무도 없다.[135]

지 락 성 여
至樂性餘

지극한 즐거움은 성품이 너그러움이며

지 정 성 렴
至靜性廉

지극한 고요함은 성품이 청렴함이다.

---

134) 조식을 통해 심파(心波)를 흔들림 없이 삼일 밤낮으로 유지하면 만 배의 지혜를 발휘할 수 있다는 것.

135) 천지는 아무 말이 없는 듯하나 실은 경계(警戒)의 움직임을 보인다.

천 지 지 사
天地至私

하늘과 땅은 지극히 사사로우나

용 지 지 공
用之至公

쓰임에 있어서는 지극히 공변된다.

금 지 제 재 기
禽之制在炁

그것을 다스리는 것은 바로 기氣[136]에 있다.

생 자 사 지 근
生者死之根

삶이란 죽음의 근본이고

사 자 생 지 근
死者生之根

죽음이란 삶의 뿌리이다.[137]

은 생 우 해
恩生于害

은혜로움은 해로움에서 나오고

해 생 우 은
害生于恩

해로움은 은혜로움에서 나온다.

우 인 이 천 지 문 리 성
愚人以天地文理聖

어리석은 자, 천지의 내려온 법[138]으로 크게 통한다지만

아 이 시 물 문 리 철
我以時物文理哲

나는 때에 맞추어 적절히 행하는 이치에 밝게 통한다.

인 이 우 우 성
人以愚虞聖

사람은 어리석고 염려하는 것으로 크게 통하려 하나

---

136) 호흡

137) 전생과 후생의 관계를 암시

138) 시중지도(時中之道)

아 이 불 우 우 성
我以不愚虞聖
나는 어리석음과 걱정을 버리고 밝게 통한다.

인 이 기 기 성
人以奇期聖
사람은 기특함으로 통하려 하나

아 이 불 기 기 성
我以不奇期聖
나는 평범함으로 통하나니

고 왈 침 수 입 화
故曰沈水入火
세상 사람들이 물불을 가리지 않고

자 취 멸 망
自取滅亡
스스로 뛰어들어 멸망하는도다.

자 연 지 도 정
自然之道靜
자연의 도란 고요한 것,

고 천 지 만 물 생
故天地萬物生
그러므로 천지만물을 내고

천 지 지 도 침
天地之道浸
천지의 도는 잠겨 있으므로

고 음 양 승
故陰陽勝
음양이 화합하나니

음 양 상 추
陰陽相推
음과 양이 서로 밀어

이 변 화 순 의
而變化順矣
변화가 순조로워진다.

성 인 지 자 연 지 도
聖人知自然之道
성인은 자연의 길을 알고

불 가 원 인 이 제 지
不可違因而制之
어기지 않아 거기에 따라서 다스리니

지 정 지 도
至靜之道
지극히 고요한 도라는 것은

율 력 소 불 능 계
律曆所不能契
율력으로 고치지 못하는 것이다.

원 유 기 기
爰有奇器
그 가운데 기이한 그릇이 있어서

시 생 만 상
是生萬象
만 가지 형상을 내놓으니

팔 괘 갑 자
八卦甲子
팔괘갑자의 수리數理와

신 기 귀 장
神機鬼藏
온갖 귀신의 기틀과 감춰진 비밀들,

음 양 상 승 지 술
陰陽相勝之術
또한 천문 지리가

소 소 호 진 어 상 의
昭昭乎進於象矣
밝고 밝은 현상으로 나타나리라.

[청정경清靜經]

노 군 왈 대 도 무 형
老君曰 大道無形

노자 가로되, 대도는 형상이 없으니

생 육 천 지
生育天地

천지를 낳아 기르고

대 도 무 정
大道無情

대도는 사사로운 감정이 없으니

운 행 일 월
運行日月

해와 달을 움직이며

대 도 무 명
大道無名

대도는 이름이 없으니

장 양 만 물
長養萬物

만물을 기른다.

오 불 지 기 명
吾不知其名

나는 그 이름을 알지 못해

강 명 왈 도
强名曰道

억지로 이름 붙여 '도'라고 이른다

부 도 자
夫道者

무릇 도라는 것은

유 청 유 탁
有淸有濁

맑기도 하고 흐리기도 하며

유 동 유 정
有動有靜

움직이는가 하면 고요하기도 하다.

천 청 지 탁
天淸地濁

하늘은 맑고 땅은 탁하며

천 동 지 정
天動地靜

하늘은 움직이고 땅은 고요하다.

남 청 여 탁
男淸女濁

남자는 맑고 여자는 탁하며

남 동 여 정
男動女靜

남자는 움직이고 여자는 고요하다.

강 본 유 말 이 생 만 물
降本流末而生萬物

근본에서 시작하여 끝으로 흘러내려서 순리대로 만물을 낳는 것이다.

청 자 탁 지 원
淸者濁之源

맑은 것은 탁함의 근원이고

동 자 정 지 기
動者靜之基

움직임은 고요함의 기본이다.

인 능 상 청 정
人能常淸靜

사람은 능히 항상 맑고 고요하기 때문에

천 지 실 개 귀
天地悉皆歸

하늘과 땅이 모두 사람에게로 돌아갈 수 있다.

부 인 신 호 청 이 심 요 지
夫人神好淸而心擾之

무릇 사람의 정신은 맑음을 좋아하나 마음이 그것을 어지럽히고

인 심 호 정 이 욕 견 지
人心好靜而慾牽之

사람의 마음은 고요함을 좋아하나 욕망이 그것을 못하게 한다.

약 능 상 견 기 욕 이 심 자 정
若能常遣其欲而心自靜

만약 항상 그 욕심을 쫓아 보내고 마음을 스스로 고요히 할 수 있다면

징 기 심 이 신 자 청
澄其心而神自淸

그 마음이 걸러져 정신이 절로 맑아지고

자 연 대 욕 불 생
自然大欲不生

자연히 큰 욕심이 생기지 않아서

삼 독 소 멸
三毒消滅

세 가지 독이 모두 없어지리라.

소 이 불 능 자 위 심 징 욕 미 견 야
所以不能者爲心澄欲未遣也

이른바 능하지 못한 것은, 마음은 맑고자 하는데 욕심을 쫓아내지 못했기 때문이니

능 견 야
能遣也

능히 욕심을 쫓아야

능 견 지 자
能遣之者

욕심을 쫓아 보낼 수 있는 사람이다.

내 관 기 심
內觀其心

안으로 그 마음을 보면

심 무 기 심
心無其心

마음엔 그 마음이라고 할 것이 없으며

외 관 기 형
外觀其形

밖으로 그 형상을 보면

형 무 기 형
形無其形

그 형상 또한 진짜 형상은 없는 것이다.

원 관 기 물
遠觀其物

마음에 있는 사물을 멀리서 보면

물 무 기 물
物無其物

그 사물 역시 아무것도 없는 것이니

삼 자 기 오
三者旣悟

위의 세 가지를 깨달으면

유 견 공
惟見空

오로지 텅 빈 것임을 보게 되리라.

관 공 역 공
觀空亦空

텅 빈 것을 본다는 것 역시 빈 것이며

공 무 소 공
空無所空

텅 빔이란 본디 비어 있는 바가 없으니

소 공 기 무
所空旣無

비어 있을 바가 이미 없으면

무 무 역 무
無無亦無

없다, 없다 하는 것 역시 없는 것이다.

무 무 기 무
無無旣無

무라고 하는 것이 이미 없으면

담 연 상 적
湛然常寂

가만히 늘 고요하며,

적 무 소 적
寂無所寂

고요함 또한 고요한 바가 없으니

욕 기 능 생
欲豈能生

욕념이 어찌 생길 수 있겠는가.

욕 기 불 생
欲旣不生

욕념이 생기지 않으면

즉 시 진 정
卽是眞靜

이것이 곧 진실로 고요함이라.[139]

진 정 응 물 진 상
眞靜 應物眞常

진실로 고요함은 사물에 대응하여도 불변 부동하고

득 성 상 응
得性常應

성품을 얻어야 늘 응하며

상 정 상 청
常靜常淸

늘 고요하고 맑다.

정 의 여 차
靜矣如此

고요함이 이와 같으면

---

139) 억지로 이름 붙인 진정(眞靜)이니, 고요하다 아니다 하는 분별의 경지가 아님.

청 정 점 입 진 도
淸靜漸入眞道
맑고 고요함이 점점 진실한 도에 드는 것이다.

기 입 진 도
旣入眞道
이미 진도에 들어서는 것을

명 위 득 도
名爲得道
이름하여 득도라 한다.

수 명 득 도
雖名得道
비록 도를 얻었다 하나

실 무 소 득
實無所得
실제로는 아무것도 얻지 못했으며

위 화 중 생
爲化衆生
중생을 교화시키므로

명 위 득 도
名爲得道
이른바 도를 얻었다 하는 것이다.

능 오 지 자
能悟之者
능히 그것을 깨닫는 사람이

가 전 성 도
可傳聖道
성인의 도를 전할 수 있으리라.

노 군 왈 상 사 무 쟁
老君曰 上士無爭
노자 가라사대, 아주 뛰어난 이는 다툼이 없고

하 사 호 쟁
下士好爭
어리석은 이는 다툼을 좋아하며,

상 덕 부 덕
上德不德

가장 높은 덕은 덕 있는 체하지 않으며

하 덕 집 덕
下德執德

가장 낮은 덕은 덕이 있음을 자처하니

집 착 지 자
執着之者

그것에 집착하는 것을

불 명 도 덕
不名道德

도덕이라 하지 않는다.

중 생 소 이 부 득 진 도 자
衆生所以不得眞道者

중생이 진실한 도를 얻지 못함은

위 유 망 심
爲有妄心

망령된 마음이 있기 때문이며,

기 유 망 심
旣有妄心

이미 망령된 마음이 있으면

즉 경 기 신
卽驚其神

곧바로 그 정신을 놀라게 하니

기 경 기 신
旣驚其神

이미 그 정신이 놀라면

즉 착 만 물
卽着萬物

곧 만물에 대해 집착하게 된다.

기 착 만 물
旣着萬物

만물에 대해 집착하게 되면

즉 생 탐 구
卽生貪求
곧 탐내고 구하는 욕심이 생기는 것이니

기 생 탐 구
旣生貪求
이미 욕심이 생기면

즉 시 번 뇌
卽是煩惱
그것이 곧 번뇌인 것이다.

번 뇌 망 상
煩惱妄想
번뇌와 망상은

우 고 신 심
憂苦身心
몸과 마음을 괴롭히니

편 조 탁 욕
便遭濁辱
곧 탁하고 욕됨을 당하며

유 랑 생 사
流浪生死
삶과 죽음 속에 흘러다니게 되어

상 침 고 해
常沈苦海
늘 고통의 바다에 빠져

영 실 진 도
永失眞道
영원히 진실한 도를 잃어버리게 된다.

진 상 지 도
眞常之道
진정한 불변 부동의 도란

오 자 자 득
悟者自得

깨달은 사람만이 스스로 얻는 것이리라.

득 오 도 자
得悟道者

도를 깨달은 사람이라야

상 청 정 의
常淸靜矣

늘 맑고 고요하리라.

[대통경大通經]

선 천 이 생 현 제 인
先天而生 (顯諸仁)

하늘보다 먼저 낳았으니(모든 인仁을 드러냄)

생 이 무 형 장 제 용
生而無形 (藏諸用)

생겨났어도 형상이 없고(모든 용用을 감춤)

후 천 이 존 소 존 자 신
後天而存 (所存者神)

하늘보다 뒤에 남아 있으며(남아 있는 것은 신이다)

존 이 무 체 신 무 방 역 무 체
存而無體 (神無方易無體)

남아 있으나 형체가 없다.

(신은 방소方所가 없고 역易은 형체가 없음[140)])

연 이 무 체 음 양 불 측
然而無體 (陰陽不測)

그러나 형체가 없다 함은(음인지 양인지 알 수 없으면)

미 상 존 야 운 화 불 견
未嘗存也 (運化不見)

존재한다고 할 수 없으니(움직임과 변화가 보이지 않으니)

고 왈 불 가 사 묘 용 무 궁
故曰不可思議 (妙用無窮)

고로 불가사의라 한다. (묘한 작용은 끝이 없음)

정 위 지 성 적 연 부 동
靜爲之性 (寂然不動)

고요함이 성품이 되니(고요하여 움직이지 않으니)

심 재 기 중 의 감 이 수 통
心在其中矣 (感而遂通)

마음은 그 가운데 있다. (느껴서 드디어 통함)

---

140) 《역경》〈계사전(繫辭傳)〉에 나옴

동위지심 견물편견심
動爲之心 (見物便見心)

움직임은 마음이 되므로(물건을 봄은 곧 보려 하는 마음이므로)

성재기중의 무물심불견
性在其中矣 (無物心不見)

성품이 그 가운데 있다. (물건이 없으면 마음이 보려 하지 않음)

심생성멸 심생종종법생
心生性滅 (心生種種法生)

마음이 생기면 성품이 없어지고

(마음이 나면 이것저것 온갖 것이 생김)

심멸성현 심멸종종법멸
心滅性現 (心滅種種法滅)

마음이 없어지면 성품이 드러난다.

(마음이 없어지면 모든 것이 없어짐)

여공무상 대상무형
如空無象 (大象無形)

빈 것 같아 상이 없고(대상은 형상이 없음)

담연원만 통상철하
湛然圓滿 (通上徹下)

맑고도 원만하다. (위로 통하고 아래로 꿰뚫음)

대도무상고
大道無象故

큰 도는 형상이 없으므로

내불섭어유 양기무상 상고상존
內不攝於有 (養其無象 象故常存)

안으로 그 있음에 붙잡히지 않고

(형상이 없음을 기르므로, 형상이 늘 존재함)

진성무위고
眞性無爲故

참 성품은 함이 없으므로

외 불 생 기 심　무 소 용 심　심 고 상 존
外不生其心（無所用心 心故常存）

밖으로 그 마음이 생기지 않는다.

(마음을 쓰는 바가 없으므로 마음이 늘 존재함)

여 여 자 연
如如自然

그렇게 그렇게 자연스럽게 하여

광 무 변 제　무 위 즉 무 불 통
廣無邊際（無爲則無不通）

널리 그 끝이 없다. (함이 없은즉 통하지 않음이 없음)

대 경 망 경
對境忘境

경계에 있어도 경계를 잊으면

불 침 어 육 적 지 마　아 불 수 경　경 무 우 아
不沈於六賊之魔（我不遂境 境無于我）

여섯 도적[141]의 유혹에 빠지지 않고

(내가 경계를 따르지 않으니, 경계가 나에게는 소용이 없음)

거 진 출 진
居塵出塵

혼탁한 세상에 살면서도 그곳을 벗어나 있으니

불 낙 어 만 연 지 화　아 불 입 진　진 불 염 아
不落於萬緣之化（我不立塵 塵不染我）

온갖 세상 인연의 지음 속으로 떨어지지 않는다.

(내가 속세에 있지 않으니, 세상이 나를 물들이지 못함)

치 정 부 동　대 정
致靜不動（大定）

고요함을 이루어 움직이지 않고(크게 안정됨)

---

141) 이(耳), 안(眼), 비(鼻), 설(舌), 신(身), 의(意). 불교에서 말하는 인간의 육근(六根) 즉 여섯 가지 감각작용으로 보고, 듣고, 냄새 맡고, 맛보고, 생각하고, 느끼는 (촉각작용) 것을 뜻함.

치 화 불 천 　 대 혜
致和不遷（大慧）

조화를 이루어 옮기지 않으며(큰 지혜)

혜 조 십 방 　 대 명
慧照十方（大明）

지혜가 온누리를 비추니(큰 광명)

허 변 무 위 　 대 통
虛變無爲（大通）

텅 비어 변화해도 함이 없다.(크게 통함)

송頌

유 법 오 무 법 　 심 수 법 생 　 법 수 심 멸
有法悟無法（心隨法生 法隨心滅）

법(진리)으로 법이 없음을 깨닫고

(마음이란 법에 따라 생기고, 법이란 마음에 따라 없어짐)

무 수 해 유 수 　 성 본 무 수 　 망 즉 비 성
無修解有修（性本無修 亡則非性）

닦음이 없음으로 닦음을 해득한다.

(성품이란 본래 닦음이 없고, 죽으면 성품이 아님)

포 함 만 상 체 　 심 공 성 적 　 무 소 불 용
包含萬象體（心空性寂 無所不容）

온갖 형체를 포함하여도

(마음은 텅 비고 성품은 고요하니, 용납치 못함이 없음)

불 괘 일 사 두 　 재 염 일 진 　 즉 성 삼 루
不掛一絲頭（纔染一塵 卽成滲漏）

실오라기 하나도 걸리지 않는다.(한 티끌이 걸려도 곧바로 새어 나감)

[태식경胎息經]

태 종 복 기 중 결
胎從伏氣中結

태는 숨을 고르게 쉬어 기운을 쌓는 가운데에 맺어지고 (배꼽 아래 세 치 되는 곳을 기해氣海 또는 하단전下丹田 또는 현빈玄牝이라 한다. 세상 사람들을 흔히 입과 코를 현빈이라 하나 그릇된 말이다. 입과 코는 곧 현빈의 출입문이다. 대개 '玄'자란 물[水]을 뜻하고 '牝'이란 모母를 뜻한다. 사람들은 음양의 기가 수모水母에서 서로 느껴져 맺어지면 3개월에 결태結胎가 되고 열 달 만에 형체가 다 갖춰지며 사람을 낳을 수 있는 것이다. 도를 닦는 사람은 늘 그 기운을 배꼽 아래에 머물게 하고 그 신神을 안으로 지켜서 정신과 기운이 서로 합하여 현태玄胎를 낳는 것이다. 현태가 이미 맺어지면 곧 스스로 또하나의 몸을 생산하게 되니, 이것이 바로 내단內丹이며 불사不死의 도인 것이다.)

기 종 유 태 중 식
氣從有胎中息

기는 태가 있는 가운데에서 쉰다. (신神은 기의 자식이 되고, 기는 신의 어미가 된다. 정신과 기운이 서로 좇기를 형체에 그림자 따르듯 하면 태모胎母가 곧 맺어지고, 신자神子는 숨쉰다. 이것이 바로 기운이 없어도 흩어지지 않는다는 것이다.)

기 입 신 래 위 지 생 신 거 이 형 위 지 사
氣入身來爲之生 神去離形爲之死

기가 몸 안에 들어옴을 삶이라 하고 신神이 몸을 떠남을 죽음이라 한다. 《서승경西昇經》에 이르기를 "몸은 정신이 머무는 집이요, 정신은 몸의 주인이다." 라고 하였다. 주인이 안정되고 고요하면 정신은 집에 머물러 사는 것이요, 주인이 안정되지 못하고 움직이면 정신 또한 떠나가 버리는 것이니, 정신이 떠나고 기운이 흩어지면 어찌 삶을 얻을 수 있으리요? 그러므로 사람의 이목耳目이나 수족手足은 모두가 스스로는 움직이지 못하고, 정신을 빌려 조절하게 되는 것이다. 도를 배우고 삶을 기르는 사람은 늘 정신을 다잡아서 신의 주인이 되어야 하니, 주인이 떠나지 않으면 집이 어찌 허물어지겠는가?)

지신기가이장생 고수허무이양신기
知神氣可以長生 固守虛無以養神氣

신과 기를 알면 오래 살 수 있으니, 진실로 허무를 지킴으로써 신기神氣를 기르라. (《도경道經》에 이르되, "나의 목숨은 내게 달려 있지 천지天地에 있는 것이 아니다. 천지의 근심하는 바는 사람이 이를 알지 못하기 때문이다."라고 하였다. 도는 능히 알지만 쉽게 행하지 못하니 지자知者는 다만 마음을 비우고(虛心), 생각을 끊어서 기운을 보하고(保氣), 정을 기를 뿐(養精), 바깥 경계와 애욕에 끌려다니지 않는다. 오직 고요하고 맑음으로써 정신과 기운을 기르니, 바로 장생長生의 도이다.)

신행즉기행 신주즉기주
神行卽氣行 神住卽氣住

신이 가면 기도 가고 신이 머물면 기도 머문다. (이른바 뜻[意]은 기마氣馬이니, 서로 가고 머무는 데 따라서 원기元氣로 하여금 현빈玄牝을 떠나지 않게 하려면 지극한 신[至神]을 붙잡아 지켜야 한다. 정신이 몸을 떠나지 않으면 기운 역시 흩어지지 않고, 자연히 안쪽으로 실해져서 배고프지도 목마르지도 않으리라.)

약욕장생 신기상주
若欲長生 神氣相住

만약 오래 살려거든 신과 기가 서로 머물러 있도록 한다. (서로 머문다 함은 신과 기가 서로 떠나지 않음을 뜻한다.《현강玄綱》에 이르되 아주 적은 양의 양기陽氣라도 그것이 모두 없어지지 않으면 귀신이 되지 못하고, 미세한 터럭만치라도 음기陰氣가 남아 있다면 신선이 될 수 없는 것이라 하였다. 원기는 곧 양기이며, 식기食氣는 곧 음기이다. 늘 음식을 덜 먹고 욕망을 절제하여 원기가 함께 운행하게 하며 원기가 크게 왕성해지면 음기는 저절로 없어지는 것이다. 양기가 성하고 음기가 쇠하면 곧 모든 병이 사라지니, 정신은 안정되고 몸은 즐거워져서 장생을 바랄 수 있게 된다.)

심부동념 무래무거 불출불입 자연상주
心不動念 無來無去 不出不入 自然常住

마음이 생각을 움직이지 않으니, 오고감도 없고, 나가고 들어오지도 않아서 자연히 늘 머물러 있다. (신이 기와 더불어 어미의 뱃속에 있음은 본래 한몸의 물건이나, 태어난 이래로 외경外境과 애욕에 끌리는 바가 되었다. 아직 한숨[一息]도 맛보지 않은 근본으로 잠시라도 돌아간 사람은 이 도를 알게 된다. 항상 정념情念을 끊어 없애고, 신의 출입과 오고감을 잊지 않으며 오래도록 익혀 나가면 스스로 머물게 되는 것이다.)

근이행지 시진도로
勤而行之 是眞道路

부지런히 행하는 이것이 참된 길이니라. (참됨을 닦는 길인 수진지도修眞之道가 여기에 모두 갖추어져 있다. 그러니 성인의 말씀을 어찌 망령되다 할 것인가? 무릇 태식胎息의 공력工力을 들인 뒤에는 몸의 각 관절과 모발이 열려 통하게 된다. 곧 콧속으로 미미하게 기운을 끌어당겨 팔다리 사지와 모든 털구멍들을 서로 좇아 나가되 돌아오지 않는 것이다. 뒤에도 기운은 계속하여 이르게 되는데 단지 끌어당길 뿐 토하지는 않는다. 서서히 아주 간절하게 행하라. 비록 끌어들이고 내뱉지 않는다 하나, 목구멍 속으로 들이는 것이 아니라, 미미하게 흩어 버리는 것이니, 이처럼 내기內氣 또한 밑으로 흘러 흩어지는 것이다.)

명銘

삼 십 육 인
三十六咽
서른여섯 번의 호흡,

일 인 위 선
一咽爲先
한 호흡이 처음 되고

토 유 세 세
吐唯細細
오로지 가늘고 가늘게 내쉬고

납 유 면 면
納唯綿綿
아주 면면하게 들이쉬고

좌 와 역 이
坐臥亦爾
앉아서나 누워서나 또한 그렇게

행 립 탄 연
行立坦然
다닐 때나 서 있을 때에도 평안한 마음으로

계 어 훤 잡
戒於喧雜
시끄럽고 잡스러운 말을 삼가하고

기 이 성 전
忌以腥羶
비린내 누린내는 피하라.

가 명 태 식
假名胎息

태식이라 이름을 빌렸지만

실 왈 내 단
實曰內丹

실상은 내단이라.

비 지 치 병
非只治病

병고침뿐 아니라

결 정 연 년
決定延年

수명이 길어짐을 결정짓네.

구 구 행 지
久久行之

오래도록 행하면

명 렬 상 선
名列上仙

상선上仙의 반열에 이름이 오르리라.

[통고경洞古經]

유 동 지 동 출 어 부 동
有動之動出於不動

유동지동有動之動은 부동不動에서 나오고,

(움직임은 움직이지 않음에서 나오고)

유 위 지 위 출 어 무 위
有爲之爲出於無爲

유위有爲의 위爲는 무위에서 나온다.(함은 함이 없음에서 나온다)

무 위 즉 신 귀
無爲則神歸

함이 없은즉 정신은 돌아가고

신 귀 즉 만 물 운 적
神歸則萬物云寂

신이 돌아가므로 만물이 고요하다.

부 동 즉 기 민
不動則氣泯

움직이지 않으니 곧 기가 없어지고

기 민 즉 만 물 생
氣泯則萬物生

기가 없어지면 만물이 태어나니

신 신 상 수
神神相守

신과 신이 서로 지키고

물 물 상 자
物物相資

물과 물이 서로 도와서

궐 본 귀 근
厥本歸根

그 근본이 다시 뿌리로 돌아가네.

묵 이 오 지 아 자 식 지
默而悟之我自識之
잠잠히 깨달으면 내가 스스로 아나니

입 호 무 간 불 사 불 생
入乎無間不死不生
끝없는 곳에 들어가 죽음도 삶도 아닌 채

여 천 지 위 일 망 어 목 즉
與天地爲一忘於目則
천지와 더불어 하나가 되고 보는 것을 잊으니

광 일 무 극
光溢無極
광채가 무극을 넘쳐

양 기 구 망
兩機具忘
두 기틀(무극, 유극)을 모두 잊는도다.

절 중 묘 지 문
切衆妙之門
중묘의 문을 끊고

준 준 전 전
純純全全
준준하고 전전하여

합 이 대 방
合耳大方
대방에 합하니

명 명 행 행
溟溟涬涬
천지자연의 맑은 기운이

합 호 무 론
合乎無論
무론에 합하였네.

천 지 지 대
天地之大
천지의 위대함은

아 지 소 유
我之所維
내가 가진 바요

만 물 지 중
萬物之衆
만물의 많음도

아 지 소 지
我之所持
내가 가진 것이니

갈 유 궁 종
曷有窮終
어찌 궁하고 마침이 있으며

이 어 기 폐 재
以語其弊哉
그 폐단을 말할 수 있으리요.

양 기 무 중
養其無衆
그 무리의 없음을 기르면

중 고 상 존
衆故常存
무리가 고로 늘 있고

수 기 무 체
守其無體
그 체의 없음을 지키면

체 고 전 진
體故全眞
체가 짐짓 온전하고 참되어

전 진 상 제
全眞相濟
전진이 서로 구제하면

가 이 장 구
可以長久
오래갈 수 있으리.

천 득 기 진 고 장
天得其眞故長

하늘은 그 참을 얻었기 때문에 오래가고

지 득 기 진 고 구
地得其眞故久

땅도 그 참을 얻었으므로 오래가며

인 득 기 진 고 수
人得其眞故壽

사람은 그 참을 얻어서 오래 사는 것이다.

세 인 소 이 불 능 장 구 자 위 상 무 중 산 기 체
世人所以不能長久者爲喪無衆散其體

세상 사람이 장구하지 못함은 무중無衆을 못 기르고
그 체를 흩어서

불 능 사 백 해 구 규 여 진 체 병 존 고 사 의
不能使百害九竅與眞體幷存故死矣

능히 육신과 진체[142]를 함께 있도록 못하기 때문에 죽는 것이다.

142) 참몸, 영체(靈體)

[청천가靑天歌]

청 천 막 기 부 운 장
靑天莫起浮雲障
푸른 하늘은 뜬구름의 가림을 일으키지 말라.

운 기 청 천 차 만 상
雲起靑天遮萬象
푸른 하늘에 구름이 일면 만상을 가리운다.

만 상 삼 라 진 백 사
萬象森羅鎭百邪
삼라만상이 온갖 사악함을 누르는데

광 명 불 현 사 마 왕
光明不顯邪魔旺
광명은 나타나지 않고 삿된 마귀만 왕성하네.

아 초 개 확 천 지 청
我初開廓天地淸
내가 처음 크게 넓히니, 천지가 맑았고

만 호 천 문 가 태 평
萬戶千門歌太平
온세상이 태평을 노래했네.

유 시 일 편 흑 운 기
有時一片黑雲起
어느 때 한 조각 검은 구름 일더니

구 규 백 해 구 불 령
九竅百骸俱不寧
온몸이 모두 다 편안치 못하더라.

시 이 장 교 혜 풍 렬
是以長敎慧風烈
이러므로 길이 혜풍의 매움을 가르쳐

삼 계 시 방 표 탕 철
三界十方飄蕩徹
온세상이 화창하게 통했도다.

운 산 허 공 체 자 진
雲散虛空體自眞
구름이 허공에서 걷히니, 체통이 스스로 참되어서

자 연 현 출 가 가 월
自然現出家家月
자연히 가가월이 나타나는도다.

월 하 방 감 파 적 취
月下方堪把笛吹
달 아래 바야흐로 피리 잡아 불 만한데

일 성 향 량 진 화 이
一聲響亮振華夷
한 소리 멀리 들리어 온세상 뒤흔든다.

경 기 동 방 옥 동 자
驚起東方玉童子
동방의 옥동자를 놀래 일으켜

도 기 백 록 여 성 치
倒騎白鹿如星馳
거꾸로 흰사슴을 타고 별같이 달리네.

준 순 별 전 일 반 락
逡巡別轉一般樂
준순별전의 일반락은

야 비 생 혜 야 비 각
也非笙兮也非角
응당 생황도 아니고 소라(악기 종류)도 아니다.

삼 척 운 오 십 이 휘
三尺雲璈十二徽
세 척 운오(악기의 일종)와 열두 줄 거문고로

역 도 년 중 혼 원 착
歷到年中混元斲
지나가는 세월 속에 혼원(하늘의 기틀, 우주)은 깎여지고

옥 운 낭 랑 절 정 음
玉韻琅琅絶鄭音
옥운은 낭랑하여 정음[143] 보다 빼어나니

경 청 편 관 달 인 심
經淸編貫達人心

가볍고 맑음이 사람의 마음을 꿰뚫었도다.

아 종 일 득 귀 신 보
我從一得鬼神輔

나는 한번 귀신의 도움을 좇아서

입 지 상 천 기 고 금
入地上天起古今

땅에 들고 하늘에 올라 고금을 일으켰네.

종 횡 자 재 무 구 속
縱橫自在無拘束

종횡을 자유롭게, 구속이 없으니

심 불 탐 영 신 불 욕
心不貪榮身不辱

마음은 영화를 탐하지 않고, 몸은 욕되지 않네.

한 창 호 중 백 운 가
閒唱壺中白雲歌

한가롭게 술에 취하여 백운가[144]를 부르고

정 조 세 외 양 춘 곡
靜調世外陽春曲

고요히 세상 밖 양춘곡[145]을 고르네.

아 가 차 곡 개 자 연
我歌此曲皆自然

내가 이 곡을 부르매 모두가 자연이라.

관 무 공 혜 금 무 현
管無孔兮琴無絃

관악기에는 구멍이 없고, 현악기에는 줄이 없네.

---

143) 정음(鄭音). 중국 춘추시대 정나라에서 유행했던 음악으로 음란하였다 함.

144) 당나라 시인 이백(李白)이 자신의 벗 유십육(劉十六)을 떠나보내며 지은 시.

145) 중국 전국시대 초(楚)나라의 백설곡(白雪曲)과 함께 2대 명곡으로 곡조가 매우 고상해서 따라 부를 수 있는 자가 거의 없었다고 한다.

득 래 경 각 부 생 몽
得來驚覺浮生夢
뜬구름 같은 삶의 꿈을 문득 깨달으니

주 야 청 음 만 동 천
晝夜淸音滿洞天
밤낮으로 맑은 소리 골짜기에 가득하구나.

[입약경入藥鏡]

선 천 기 후 천 기 득 지 자 상 사 취
先天氣後天氣得之者常似醉

선천의 기운과 후천의 기운을 얻은 자는 늘 취한 것 같다.

일 유 합 월 유 합
日有合月有合

해와 달은 합이 있으니

궁 무 기 정 경 신
窮戊己定庚申

무기(土)를 궁구하고 경신을 정하라.

기 손 풍 운 곤 화
起巽風運坤火

손풍을 일으키고 곤화를 움직여

입 황 방 성 지 보
入黃房成至寶

황방[146]에 들고 지극한 보배를 이루라[147]

수 파 건 화 파 한
水怕乾火怕寒

물은 마르는 것을 두려워하고, 불은 차가움을 두려워하니

차 호 발 불 성 단
差毫髮不成丹

터럭만큼의 차가 있어도 단을 이루지 못하니라.

연 룡 승 홍 호 강
鉛龍昇汞虎降

연룡(火)은 오르고, 홍호(水)는 내려가니

구 이 물 물 종 방
駈二物勿縱放

이 둘을 몰아서 제멋대로 내버려두지 말라.

---

146) 단전을 가리킨다.

147) 결태를 이룸을 가리킨다.

산 재 곤 종 재 건
産在坤種在乾

나는 것은 땅에 있고, 심는 것은 하늘에 있으니

단 지 성 결 자 연
但至誠結自然

다만 지극한 정성으로 자연을 맺으라.

도 천 지 탈 조 화
盜天地奪造化

천지를 훔치고 조화를 뺏어서

찬 오 행 회 팔 괘
攢五行會八卦

오행과 팔괘를 모으라.

수 진 수 화 진 화
水眞水火眞火

물은 참 물이요, 불은 참 불이라

수 화 교 영 불 로
水火交永不老

물과 불이 사귀어 길이 늙지 않네.

수 능 류 화 능 염
水能流火能燄

물은 흐르고 불은 타오르니

재 신 중 자 가 험
在身中自可驗

몸속에서 스스로 증험하도다.

시 성 명 비 신 기
是性命非神氣

이것은 성명이요 신기가 아니니

수 향 영 지 일 미
水鄉永只一味

수향(精)이 길이 하나일 뿐.

탁 황 파 매 차 녀
托黃婆媒姹女

황파에 의하여 계집아이를 중매함은

경 경 지 묵 묵 거
輕輕地默默擧

경경지요 묵묵거라.

일 일 내 십 이 시
一日內十二時

하루 열두 때에

의 소 도 개 가 위
意所到皆可爲

뜻하는 바 모두를 할 수 있네.

음 도 규 규 천 교
飮刀圭窺天巧

도규刀圭를 마시고 천교天巧를 연구하여

변 삭 망 지 혼 효
辨朔望知昏曉

달의 차고 기움을 가리고, 저뭄과 새벽을 아는도다.

식 부 침 명 주 객
識浮沈明主客

부침을 알고, 주객을 밝혀

요 취 회 막 간 격
要聚會莫間隔

모임을 중요시하고 간격을 두지 말라.

채 약 시 조 화 공
採藥時調火功

약을 캘 때에는 화공火功을 고르게 하고

수 기 길 방 성 흉
受氣吉防成凶

기운의 길함을 받으며, 흉함을 막으라.

화 후 족 막 상 단
火候足莫傷丹

불기운이 족하면 단을 상하지 않게 하라.

천 지 영 조 화 간
天地靈造化慳

천지는 신령스럽고 조화는 간직되어 있도다.

초 결 태 간 본 명
初結胎看本命

처음엔 태를 맺어 본래의 명을 보고

종 탈 태 간 사 정
終脫胎看四正

마지막에는 태를 벗고 네 가지 바름을 보는도다.

밀 밀 행 구 구 응
密密行句九應

치밀하게 행하면 구구절절 응하리.

[도인독보결導引獨步訣]

신 독 지 신 이
愼獨持身易

혼자 있음을 삼가하는 몸가짐은 쉬우나,

복 초 여 세 간
復初與世艱

처음으로 돌아가 세상에 참여함은 어려우니

뇌 성 전 우 내
雷聲傳宇內

우레 소리는 우주 안에 전하고

전 영 섬 운 간
電影閃雲間

번개 그림자 구름 사이로 번쩍이네.

선 장 개 신 도
旋掌開神道

손바닥을 돌려 신도를 열고

연 금 탁 옥 반
鍊金琢玉斑

금을 단련하고 옥반을 쪼아라.[148]

경 전 음 즐 야
耕田陰騭野

밭은 음즐[149]의 들에서 갈고

서 초 대 명 산
鋤草大明山

대명산에서 풀을 베라.

소 지 암 진 퇴
掃地暗塵退

땅을 쓰니 어두운 티끌 물러나고

---

148) 좋은 옥을 만들어라!

149) 하늘이 남몰래 백성을 도움.

경 천 백 일 환
擎天白日還

하늘을 받드니 하얀 해 돌아오네.

혈 풍 여 전 피
穴風如箭避

구멍 바람은 화살같이 피하고

번 장 사 성 반
藩障似城攀

울타리는 성처럼 받치라.

퇴 곡 행 평 륙
推轂行平陸

퇴곡[150]하여 육지를 다니고

요 요 제 곡 만
搖橈濟曲灣

노를 저어 굽이진 바닷가를 건넌다.

정 금 쌍 신 과
精金雙腎寡

정련한 금은 두 콩팥이 적고

미 고 일 심 환
尾固一心鰥

끝이 굳으니 한마음이 외롭구나.

복 토 승 허 주
伏兎乘虛走

엎드린 토끼가 빈 곳을 타 달아나고

용 천 도 해 원
涌泉到海湲

솟는 샘은 바다에 이르러 흐르네.

단 환 수 오 기
丹丸輸五氣

단환丹丸은 다섯 기운을 보내어

---

150) 전쟁에 출정할 때, 임금이 친히 나와 수레를 밀어 줌.

종 시 전 삼 관
終始轉三關

마침과 시작에 삼관三關을 돌린다.

호 보 인 풍 건
虎步因風建

호랑이 걸음은 바람으로 건장해졌고

용 비 득 수 전
龍飛得水跧

용은 날아서 물을 얻어 엎드렸네.

법 장 영 후 익
法將齡後益

법은 장차 나이 뒤에 더하고

묘 즉 습 선 산
竗卽濕先刪

묘함은 곧 앞을 받아서 산정刪定함이라.

망 단 지 공 체
妄斷知工體

망령되어 공부의 본체를 안다고 단정하면

야 무 학 도 안
邪無學道顔

도를 배울 수 없느니라.

[영운경靈運經]

경 왈 제 발 락 선 생
經曰 諸發樂先生

경에 이르기를, 모든 일은 樂(또는 선善)을 먼저 내세우고

벽 파 주 악 성
僻破誅惡性

악한 성품은 드러내어 없애 버리라.

금 수 피 화 기
禽獸避禍機

새나 짐승도 화를 당할 기미를 피하여

망 정 비 주 경
網穽飛走輕

그물이나 함정을 가볍게 구별해 내는데

맹 치 불 식 사
氓痴不識死

사람들은 어리석어 죽음을 알지 못하니

언 능 지 생 도
焉能知生途

어찌 능히 삶의 방도를 알수 있으랴

민 애 사 강 보 결
憫哀斯降寶訣

이를 애처롭게 여겨 보배로운 몇 마디를 일러 주노니,

고 결 약 유 리
高潔若琉璃

아주 맑음은 유리와 같고

마 탁 사 박 옥
磨琢似璞玉

갈고 쪼기는 박옥과 같이 하라.

증 민 경
蒸民警

뭇 백성들은 경계할지어다.

부록

- 《도인법약초導引法畧抄》
- 북창 정렴 선생 관련 자료 모음
- 정신수양법에 대한 사견私見 추기追記
- 수양법修養法 본론 들어가는 글
- 《용호결龍虎訣》 말미에 쓰고자하는 말
- 정신수양법 서론敍論
- 《선기수략璿璣數略》 원문

《도인법약초導引法略抄》도인법을 간략히 적음

해제解題

《도인법약초》의 유래는 다음과 같다. 1986년 봄 서울 광화문 한국빌딩에 연정원을 개설하고 회원교육자료를 만들기 위해 봉우 선생님께 호흡수련에 필요한 신체 단련방법을 여쭙자, 선생님께서 편저자에게 친필로 쓰신 《도인법약초》(1962년 작성)를 가져다 주시며, 이걸로 사용하라 하셨다. 당시 원본이 순한문으로 되어 있어 편저자가 한글로 풀고, 실행하는 자세와 방법 등을 선생님께 여쭤 가며 확인하여, 그림까지 덧붙여 연정원 회원교재인 〈단학기본과정〉, 〈중급교육과정〉에 〈연정원도인법〉 1단계, 2단계 등으로 수록하였다.

〈도인법〉이란 원래 토고납신吐故納新(묵은 기운을 토해 내고 신선한 기운을 들이 마심)의 호흡법으로 쓰였으나—《장자莊子》 외편外篇에 나옴—지금은 신체건강 운동법을 뜻하는 용어로 쓰이고 있다. 이 글은 1962년 당시 계룡산 상신리 계곡 상류에 자리한 〈연정원〉 건물에서 집필된 것으로 보아, 그때 계룡산에서 지도하시던 선도학인들의 교재로 쓰인 듯하다.

《도인법약초》의 특징은 기존의 중국계 도인양생법들과는 현저히 다른 체계와 운용법들을 보인다는 것이다. 봉우 선생님께서 백두산족 전통체술

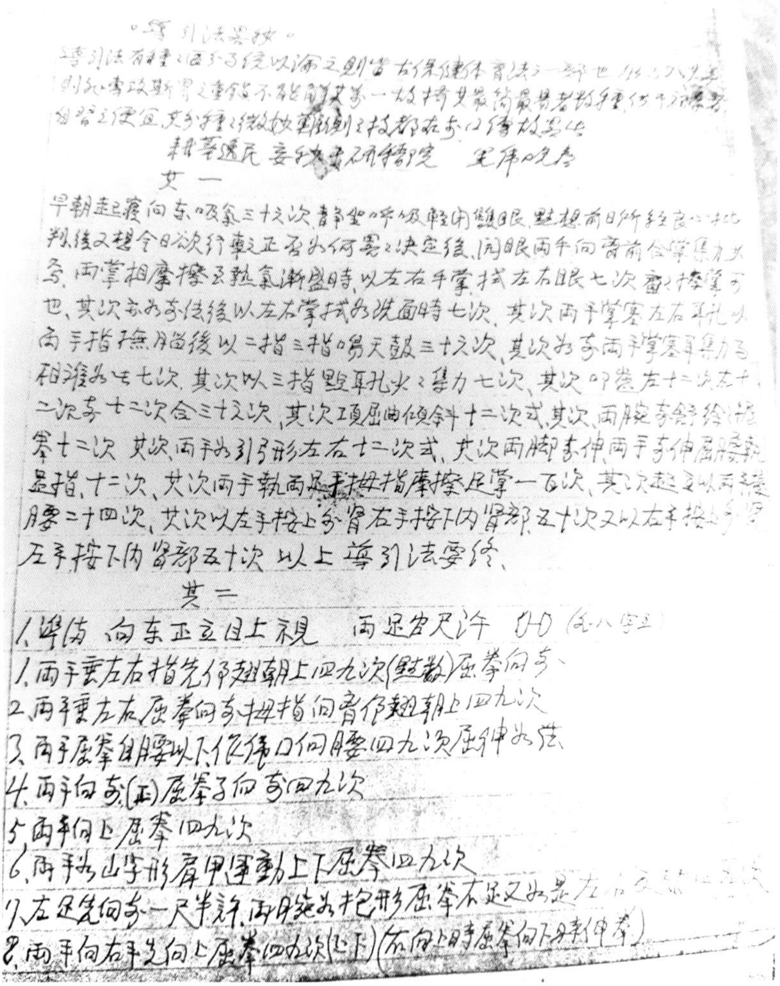

其一
早朝起寢向東吸氣三十六次 靜坐呼吸輕閉雙眼 默想前日所經…
…以上導引法要終
其二
1.準備 向東正立目上視 兩足分尺許
1.兩手握左右指先仰翹朝上四九次(默數)屈拳向前
2.兩手握左右屈拳向前拇指向背仰翹朝上四九次
3.兩手屈拳自腰以下依從口向膝四九次屈伸如法
4.兩手向前(正)屈拳而向前四九次
5.兩手向上屈拳四九次
6.兩手如山字形肩甲運動上下屈拳四九次
7.左足先向前一尺半許 兩腕如抱形屈拳…
8.兩手向右手先向上屈拳四九次(上下)…

의 달인達人이셨기에《도인법약초》의 내용 또한 독특하다.

이 글의 서문과 맺는 글에서 봉우 선생님은 도인법이 옛부터 내려오는 보건체육법 중 하나이며, 호흡법에 딸린 중요한 조건(付屬要件)임을 명시하셨다. 호흡법 수련학인의 근육과 뼈대를 부드럽게 강화시켜 주므로, 학인들은 반드시 이 도인법에 유념할 것을 당부하셨다. 결국 정신수련에 앞

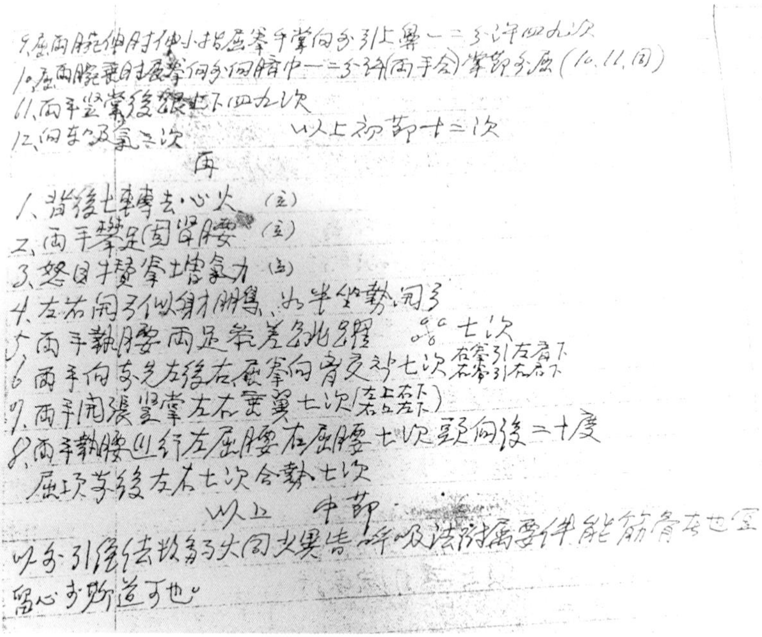

9. 屈兩腕伸肘使小指屈拳手掌向外引上舉一二三許四九次
10. 屈兩腕[illegible]向外[illegible]一二三許(兩手合)掌節分屈 (10. 11. 同)
11. 兩手堅掌後[illegible]下四九次
12. [illegible]氣三次　　以上初節十二次

丙

1. 背後七轉去心火 (三)
2. 兩手攀足固腎腰 (三)
3. 怒目攢拳增氣力 (三)
4. 左右開弓似射鵰[illegible]坐勢開弓
5. 兩手執腰兩足[illegible]　[illegible]七次
6. 兩手向[illegible]七次 [illegible]
7. 兩手開張堅掌左右[illegible]七次(左上右下)
8. 兩手執腰[illegible]左屈腰右屈腰七次頭向後二十度
屈頭前後左右七次合數七次
以上　中節
以上引導法[illegible]呼吸法[illegible]筋骨[illegible]
留心[illegible]道可也

서 도인법수련도 필수라는 말씀이다. 다음에 원문과 번역문, 그림을 함께 실었다.

《도인법약초》

〈서문〉

도인법은 여러 종류로 나눌 수 있다. 대체로 보면 모두 고대로부터 내려오는 보건체육법의 한 부분이다. 그러나 그 깊은 내용을 살펴보건대, 이 방면의 전공인이 아니면 만萬에 하나도 쉽게 알기가 어려우므로, 가장 간단하고 쉬운 몇 가지 종류를 추려서 처음 배우는 사람이 혼자 익히는 데 도움을 주고자 한다.

이 밖에도 종종 미묘微妙하고 헤아리기 어려운 기법技法들이 있으나, 모두 다 상세한 구술로 설명이 필요하므로 그 대강만을 간략히 하여 여기에 적는다.

흑호만춘黑虎晩春(임인년壬寅年1962년 늦봄) 경신일민耕莘逸民(시골서 밭갈며 숨어지내는 선비, 봉우 선생님의 호號)은 망령되이 계룡산 연정원에서 적노라.

[원문]

導引法有種種區分而統以論之則皆古保健體育法之一部也. 然

而入其奧則非專攻斯界之重鎭不能解其萬一故擇其最簡最易者數種供于初學者自習之便宜. 其外種種微妙難測之技都在於口傳故略此.

耕莘逸民 妄抄于硏精院 黑虎晩春

〈그 하나: 도인법요導引法要〉 其一

① 아침 일찍 일어나 동쪽을 향해 흡기吸氣(숨을 들이마심)를 36번 한다. 早朝起寢向東吸氣三十六次.

② 두 눈을 가벼이 내리깔고 고요히 앉아 호흡한다. 靜坐呼吸輕閉雙眼.

③ 어제 한 일을 고요히 생각하며, 자기 양심에 비추어 본 뒤, 默想前日所經良心批判後,

④ 다시 오늘 하고자 할 일에 대해 옳고 그름의 여부를 간단히 결정한 뒤, 又想今日欲行事之正否如何畧畧決定後,

⑤ 눈을 뜨고 양손은 가슴 앞을 향해 합장合掌하고 힘을 모으며 잠시 있는다. 開眼兩手向胸前合掌集力少焉.

⑥ 양손바닥을 열기가 생길 때까지 서로 마찰한다. 兩掌相摩擦至熱氣漸盛時.

⑦ 좌우 손바닥으로 눈을 비벼 준다.(매번 손바닥을 비벼, 열을 낸 후 행한다. 7번) 以左右手掌拭左右眼七次, 番番擦掌可也.

⑧ 좌우 손바닥으로 얼굴 닦듯이 비빈다.(7번) 其次亦如前法後以左右掌拭如洗面時七次.

⑨ 양손바닥으로 양쪽 귓구멍을 막고 양손 손가락들을 머리 뒷통수에 댄 후, 양손 둘째 손가락을 셋째 손가락 위에 대고 튕겨 대는 〈명천고鳴天鼓(하늘의 북을 울림. 인체의 머리 뒷통수 부분을 '천고'라 함.)〉법을 행한다.(36번) 其次兩手掌塞左右耳孔以兩手指撫腦後以二指三指鳴天鼓三十六次.

⑩ 양손바닥으로 귀를 막고 힘을 주었다가 서로 뗀다.(7번) 其次如前兩手掌塞耳集力而相離如此七次.

⑪ 양손 셋째 손가락으로 양쪽 귓구멍을 막고 조금 힘을 가하며, 눌렀다 떼었다 한다.(7번) 其次以三指點耳孔少少集力七次.

⑫ 고치叩齒(이빨 마주치기): (12번), 잇몸 두드리기: 좌측(12번), 우측(12번), 앞쪽(12번). 其次叩齒左十二次右十二次前十二次合三十六次.

⑬ 먼저 목부위를 양손바닥으로 충분히 비벼서 부드럽게 해준 뒤에 목운동을 한다. 전후 굴곡(12번), 좌우 경사(12번). 其次項屈曲傾斜十二次式.

⑭ 양팔을 앞으로 펴고 천천히 주먹을 쥔다.(12번) 其次兩腕前舒徐徐握拳十二次.

⑮ 양손을 올리고 활을 당기는 시늉을 한다.(좌우로 12번씩 행한다.) 其次兩手如引弓形左右十二次式.

⑯ 양다리를 모아 앞으로 펴고, 허리를 굽혀 양손으로 양쪽 발가락을 잡는다. (12번) 其次兩脚前伸, 兩手前伸屈腰執足指十二次.

⑰ 양손으로 양발을 잡고, 엄지 손가락으로 발바닥을 마찰한다.(100번) 其次兩手執兩足手拇指摩擦足掌一百次.

⑱ 일어서서 양손으로 허리를 마찰한다.(24번) 其次起立以兩手握腰二十四次.

⑲ 왼손으로 상외신上外腎(위쪽의 성기)을 비벼 주고, 오른손으로 하내신下內腎(아래쪽의 콩팥) 부위를 비벼 준다.(50번) 이 방법과 반대로 손을 바꿔 행한다.(50번) 其次以左手按上外腎右手按下內腎部五十次又以右手按上外腎左手按下內腎部五十次.

이상 〈도인법요導引法要〉를 마친다. 以上導引法要終.

〈그 둘: 초절初節(첫마디)〉 其二

준비: 동쪽을 향해 바르게 서서 눈은 위를 본다. 양발은 한 자(30센티)가량 벌리되, 8자로 서지 않는다. 向東正立目上視(非八字立).

① 양손을 주먹을 쥐며 머리 위로 새날개처럼 천천히 올린다.(49차) 兩手垂左右指先 似翅鳥上四十九次(點數)屈拳向前.

② 양손을 주먹을 쥐며, 가슴으로 천천히 올린다.(49차) 兩手垂左右屈拳向前拇指向胸似翅鳥上四十九次.

①

②

③

④

⑤

⑥

③ 양손으로 허리를 잡고 앞뒤로 굽혔다 폈다 한다.(49차) 兩手屈拳自腰以下作虎口向腰四十九次屈伸如法.

④ 양손을 주먹을 쥐며, 앞으로 수평이 되도록 천천히 올렸다 내린다.(49차) 兩手向前(正)屈拳而向前四十九次.

⑤ 위 동작을 머리 위까지 올렸다 내린다.(49차) 兩手向上屈拳四十九次.

⑥ 양손으로 주먹을 쥐고 가슴 앞으로 올려 뒤로 젖힌다. (49차) 兩手如山字形肩甲運動上下屈拳四十九次.

⑦ 양손을 주먹 쥐며, 가슴 위에 올리고 양발을 좌우로 뛰며 바꾼다.(49차) 左足先向前一尺半許兩手宛如抱字形屈拳. 右足又如是左右交替四十九次.

⑧ 양손을 주먹 쥐고 좌우로 내지른다. (49차)兩手向右手先向上屈拳四十九次. (上下) (右向上時屈拳向下時伸拳)

⑨ 양손을 주먹 쥔 상태에서 양팔을 가슴 위로 끌어올리고 내리고 한다. (49차) 팔을 내릴 때 새끼손가락을 펴준다. 屈兩腕伸時伸小指屈拳手掌向外引上鼻一二分許四十九次.

⑩ 위의 9번 동작에서 양팔을 내리면서 두 주먹을 단전(배꼽) 가운데에서 마주 합한다.(49차) 屈兩腕垂時屈拳向外向臍中一二分許(兩手合)掌節

外屈(10, 11번 同一)

⑪ 양손바닥을 세워서 앞으로 수평이 되도록 올린 상태에서 발뒤꿈치를 올렸다 내린다. (49차) 兩手竪掌後跟上下四十九次. .

⑫ 동쪽을 향해 숨을 들이쉰다.(3차) 向東吸氣三次.

이상 첫마디 십이차이다. 以上初節十二次.

〈그 둘: 중절中節(가운데 마디)〉

① 요두파미거심화 搖頭擺尾去心火

머리를 흔들며 꼬리뼈를 자극해 심화를 없앤다. 이는 고대 동아시아에 전래되는 보건체조인 〈팔단금八段錦〉의 제5단이다. 봉우 선생님은 도인법 중절에서 5항목을 이 팔단금에서 뽑아 추천하셨다. 자세한 행법은 인터넷 기사들을 참조하면 될 것이다.

② 양수반족고신요 兩手攀足固腎腰

양손으로 발을 잡아 허리와 신장을 튼튼하게 한다.

〈팔단금〉제6단.

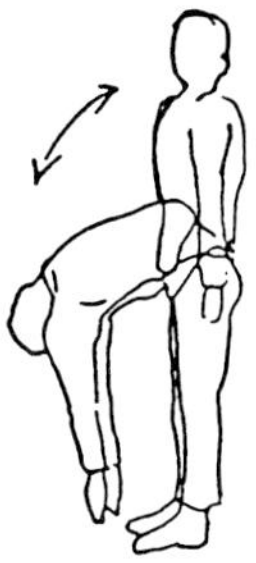

③ 노목찬권증기력 怒目攢拳增氣力

눈을 부릅뜨고 주먹을 질러 기력을 늘리다.

〈팔단금〉제7단.

④ 좌우개궁사사조 左右開弓似射鳥 여반좌세개궁 如半坐勢開弓

좌우로 활을 당겨 새를 쏘듯 하다. 반은 앉은 자세로 활을 쏜다. 〈팔단금〉제2단.

⑤ 배후칠전백병소 背後七顚百病消

등을 7번 흔들면 모든 병이 사라진다. 〈팔단금〉제8단.

⑥ 양손으로 허리를 잡고 양발은 교대로 뛴다. (7차)

兩手執腰兩足參差跳躍七次.(양수집요양족참치도약칠차: 여기서 參差는 '참치'로 읽으며, 가지런하지 않은 모양 또는 흩어진 모양을 말한다.)

⑦ 양손을 주먹쥐고 좌우로 올렸다 내렸다 한다. 이때 한 손은 겨드랑이 높이로, 한 손은 어깨높이로 올린다. (7차)

兩手向前先左後右屈拳向胸交錯七次. 右拳引左肩下, 左拳引右肩下.

⑧ 양손을 편 채로 손바닥을 세워서, 좌우로 날개처럼 교차한다. (7차)

兩手開張竪掌左右垂翼七次. 左上右下, 右上左下.

⑨ 양손을 허리에 대고, 전후좌우로 가볍게 굴신운동을 하고(7차), 목을 전후좌우로 돌린다(7차).

兩手執腰巡行左屈腰右屈腰七次. 頭向後二十度屈項前後左右七次合勢七次.

이상 중절中節(가운데 마디)을 마친다. 이외에도 인경법(引經法: 도인법)은 그 종류가 매우 많지만 대동소이大同小異하며, 모두가 호흡법의 부속요건일 따름이다. 정신수련의 본체인 호흡법을 수행하기 위한 신체단련으로서 근육과 뼈대를 강화시키고 부드럽게 하려는 사람은 마땅히 이 도인법에 류심留心해야 옳으리라.

以上中節.

以外引經法數多而大同小異皆呼吸法付屬要件

能筋骨者也宜留心於斯道可也.

북창 정렴 선생 관련 자료 모음

[홍만종洪萬宗[151]의 북창선생전]

정렴의 자는 사결士潔이고, 호는 북창北窓이며, 중종 때 사람이다. 태어날 때부터 신기하고 이상하였다. 어렸을 때 산사山寺에서 선가禪家의 육통법六通法을 시험하려고 3일 동안 조용히 마음을 가라앉히고 사물을 바라보니, 산 너머 백리 밖의 일까지 통달하였다. 이로부터 천문, 지리, 의약, 복서卜筮, 율려律呂, 산수, 중국어 및 기타 외국어 등을 모두 배워서 스스로 통하지 아니함이 없었다. 비록 천리 밖의 일이라도 생각하지 않다가 생각만 하면 곧 알아내었다. 훗날 중국에 들어가 봉천전奉天殿에서 도사를 만났다. 도사는 이렇게 물었다. "귀국에도 도사가 있습니까?"

선생께서는 거짓으로 "우리나라에는 삼신산三神山이 있어 한낮에도 신선이 하늘로 올라가는 것을 항상 볼 수 있으니, 무엇이 그리 귀할 게 있겠소?" 라고 대답하였다. 도사는 크게 놀라 "어찌 그럴 수가 있소?" 라고 하였다.

---

151) 홍만종. 조선 효종 때의 학자. 자는 우해(宇海), 호는 장주(長州), 현묵자(玄默子) 풍산(豊山)사람. 어려서부터 영특하여 당대의 재사들인 정두경(鄭斗卿), 임유후(任有後), 김득신(金得臣), 홍석기(洪錫箕) 등과 사귐. 《시화총림詩話叢林》《동국역대총목東國歷代總目》《소화시평小華詩評》《명엽지해蓂葉志諧》《순오지旬五志》 등을 지음. 《시화총림》은 우리나라 역대 시화의 정화이며, 《순오지》와 《해동이적》은 우리 나라 도교사 연구에 불가결의 명저이다.

선생은 즉시 《황정경黃庭經》, 《참동계參同契》, 《도덕경道德經》, 《음부경陰符經》등의 도경을 들어, 신선이 되는 계제를 밝게 설명하니, 도사는 굽실거리며 슬그머니 피해 버렸다.

이때 유구琉球에서 온 사신 또한 이인異人이었다. 그는 자기 나라에서 역수易數로 헤아려 중국에 들어가면 진인眞人을 만날 줄을 알았다. 그래서 길을 따라 물어 가며 북경에 도착해서 여러 나라 사신이 머물고 있는 관저官邸를 두루 찾아보았으나 만나지 못하였다. 그러다가 선생을 만나게 되자 소스라치게 놀라며 자기도 모르게 절을 하고, 지니고 있던 행낭行囊에서 조그마한 책자를 꺼내는데, 거기에는 모년 모월 모일에 중국에 들어가면 진인을 만날 것이라고 기록되어 있었다. 그는 그것을 선생에게 보이면서 "이른바 진인이 선생이 아니시면 누구겠소?" 라고 말하며 역학易學을 배우기를 요청했다.

선생은 곧 유구어로 주역을 가르쳤다. 이에 관저 안에 있던 여러 나라의 사신들이 그 얘기를 듣고 다투어 와서 그 장면을 구경하였다. 선생은 각각 그 나라 말로 척척 응답하니, 모두 깜짝 놀라며 천인天人이라고 칭찬하였다. 어떤 이가 선생에게 묻기를 "세상에 새나 짐승의 울음 소리를 해득하는 사람이 있으니, 다른 나라의 말은 곧 새나 짐승의 소리와 같습니다. 그 말을 해독하는 것은 간혹 있을 수 있는 일이겠으나, 그 말을 입으로 하는 것은 또한 다르지 않습니까?" 라고 하였다. 선생은, "난 듣고서 해독한 것이 아니라, 이미 그 뜻을 알고 있은 지 오래 되었소."라고 하였다.

선생은 삼교三敎를 관통하였으나, 근본을 성학聖學(유교)에 돌려, 그의 《유훈遺訓》도 효제孝悌[152)]를 오로지 힘쓰게 하였고 《소학小學》, 《근사록近

152) 부모에 대한 효도와 형제에 대한 우애.

思錄》을 초학자의 지름길로 삼았다. 일찍이 선생께서 말씀하시기를 "성학聖學은 인륜을 중시한다. 그러므로 긴요하고 오묘한 곳을 말하지 않는다. 그러나 선불仙佛은 오로지 마음을 닦고 본성을 깨달음을 근본으로 삼는다. 그러므로 상달上達한 곳은 많고, 낮고 쉬운 것을 배움은 전혀 없다. 이것은 삼교가 다른 까닭이다. 선불은 대동소이大同小異하기 때문이다."라고 하였다. 선생은 육식을 좋아하지 않았고, 술은 두세 말을 마셔도 취하지 않았다. 또 휘파람을 잘 불었다. 일찍이 금강산 꼭대기에 올라가 소리를 내니, 그 소리가 바위와 골짜기를 진동시켰다. 산 속의 중들은 놀라 피리 소리로 여겼으나, 후에 알고 보니 바로 선생이 휘파람을 분 것이었다.

조정은, 신생이 천문, 의약, 율려에 통달했다 하여 장악원掌樂院 주부主簿 관상감觀象監 및 혜민서惠民署의 교수로 임명하였고, 나와서는 포천현감抱川縣監이 되었으나, 오래지 않아 벼슬을 버리고 양주楊州 괘라리掛蘿里에 은거하였다는데, 깊이 숨어 세상과는 발을 끊고 연단화후법煉丹火候法을 수련하였다. 하루는 자신에 대한 다음과 같은 만가挽歌를 지었다.

일 생 독 파 만 권 서
一生讀破萬卷書
일 일 음 진 천 종 주
一日飮盡千鐘酒
고 담 복 희 이 상 사
高談伏羲以上事
속 설 종 래 불 괘 구
俗說從來不卦口
안 자 삼 십 칭 아 성
顔回三十稱亞聖
선 생 지 수 하 기 구
先生之壽何其久

일생 동안 만 권의 책을 독파하고

하루에 천 잔 술을 마시었네.

복희씨伏羲氏 이전 일을 고고하게 담론하고

속설은 입에도 담지 않았네.

안자顔子는 30년을 살아도 아성亞聖이라 불렸는데

선생의 나이는 어찌 그리 길더뇨?

그러고는 앉은 채로 세상을 떠나니 선생의 나이 44세였다. 세상에서는, 선생이 태어나면서부터 말을 할 줄 알았고 또 대낮에도 그림자가 없었다고들 말한다. 그의 아우 정작鄭碏[153]의 호는 고옥古玉으로, 역시 이인이었다. 형을 따라 수련修鍊의 학學을 터득하고 36년 동안 혼자 살면서 여색을 가까이 하지 않고, 술을 좋아하였으며, 시에 능하였다. 또 의방醫方(의술)에도 깊어 신묘한 효험이 많았다. 평생 벼슬길에 나아가지 않았다. 일찍이 그는 다음과 같은 시를 지었다.

백 수 참 동 계
白首參同契

홍 안 국 미 주
紅顔麴米酒

백수는 참동계 때문이고

홍안은 국미주[154] 때문이다.

그는 72세에 하찮은 병으로 앉은 자리에서 세상을 떠났다.

그리고 선생의 당형堂兄(사촌형)인 계헌桂軒 정초鄭礎[155]도 어려서 대과

153) 조선 선조 때의 학자. 자는 군경(君敬), 순붕(順朋)의 아들. 의약에 조예가 깊어 1596년(선조 29년), 《동의보감》 편찬에 참여. 부친이 을사사화에 가담하자 방랑생활. 술과 시를 즐겼고 예서(隸書)를 잘 썼다. 벼슬은 사평(司評)에 이름.

154) 보리밥을 30일간 찬물에 담갔다가 말린 뒤 쪄서 만든 술.

155) 자는 정수, 호는 계헌(桂軒), 온양 사람으로 수붕(壽朋)의 아들. 벼슬이 교리(校理)에

大科에 합격하여 화려한 관록을 날리다가 후에 병을 핑계삼아 사직하고 두문불출하면서 금단金丹의 비술을 연마하였다. 그래서 하늘로부터 신선이 그의 방으로 내려와서 다음과 같은 시를 선사했다.

계 향 방 복 욱
桂香方馥郁

선 어 자 천 래
仙馭自天來

계수나무 향기 자욱하니

선어[156]가 하늘로부터 내려오리라.

그가 당호堂號에 계桂자를 쓴 것은 이 때문이다. 일찍이 고옥古玉의 시는 다음과 같다.

정 유 회 왕 약
鼎有淮王藥

인 전 허 연 가
人傳許椽家

솥에는 회왕[157]의 약이 있어

사람들은 허연[158]의 집이라 진하네.

이름. 일찍이 청현(淸顯)을 지냈으나 병을 핑계 삼아 사직, 연단술(煉丹術)을 배워 이인(異人)이라 불림.

156) 신선이 타고 다니는 학.

157) 중국 한나라 회남왕(淮南王)의 아들. 유안(劉安). 조상의 작위를 이어받아 회남왕이 되었는데, 줄여서 회왕이라 불림. 도가설(道家說)을 좋아하여 많은 방술사(方術士)를 모아 도가설을 집대성한《회남자(淮南子)》를 저술. 신선이 되려고 선약仙藥을 만들기도 했다. 모반 혐의로 처형됨.

158) 중국 후한 사람 허양(許楊). 자는 위군(偉君). 평여(平與) 사람으로 술수(術數)를 좋아함. 왕망(王莽)을 도와 낭(郎)이 되었다가, 왕망이 황제 자리를 빼앗자 성명을 바꾸어 무의(巫醫)가 됨. 건무(建武) 중에 등신(鄧晨)이 홍극파를 수리하려 할 때 불려가 도수

따라서 어찌 그 집안의 보배로운 기록이 아닌가? 북창과 고옥의 시를 합쳐 한 권을 만드니 세상에 유행한다.[159)]

《명신록名臣錄》에 의하면, 정렴은 본디 허약함을 걱정하여 항상 자신이 헤아려 병세에 따라 하인에게 아침 저녁으로 약을 달리 쓰게 하였다. 그리고 아침에는 입을 꼭 다물고 똑바로 앉아서 식사 때를 기다리고, 해가 뜨면 비로소 입을 열어 말을 하였다. 밤에도 또한 단정하게 앉아 새벽이 될 때까지 잠을 자지 않았다. 이것은 비단 수련하는 데만 열심일 뿐만 아니라 마음 씀씀이를 고명하게 하고, 의리를 깊게 하는 데에도 필요한 것이었다고 한다.

또 선배들은 선생이 사리를 깊이 연구하고 천성을 다한 군자라고 평했다. 그러니 성리性理란 어떤 도리이며, 그것을 다한 사람은 어떤 사람이 되는가? 맹자는 "성性을 알면 하늘을 알 수 있다(知其性 則知天矣)."[160)]고 하였다. 하늘도 오히려 알 수 있는데, 무슨 일인들 모를 수 있는가? 세상 사람들은 선생이 선禪을 깨닫고 성性을 깨달은 사람이라고 여겼으나 그렇지는 않다. 내가 듣건대, 이전의 사람들은 일찍이 "천하에 신선이 없으면 그만이지만, 있었다면 북창이 틀림없이 신선일 것이다."라고 하였다.(홍만종, 《해동이적海東異蹟》〈북창선생전北窓先生傳〉)

연(都水椽)이 됨. 도수연을 지냈으므로 허연이라 했을 것으로 생각된다.

159) 이상 정렴의 〈본집(本集)〉 중에서

160) 《맹자》〈진심장(盡心章) 상〉

[허목許穆[161]의 북창선생전]

세상에서 나를 알아 주는 자가 없다고 하여 숨어 살며 이름을 감추고 구차스럽게 살아가는 것을 수치로 여긴다면, 어찌 행실을 가다듬어 이름을 세우는 선비와 비교가 되겠는가. 북창 선생의 열전을 짓는다.

북창 선생은, 성은 정, 이름은 염, 자는 사결士潔이며, 북창은 별호이다. 그의 선조는 백제 탕정현湯井縣 사람인데, 전대前代에 드러난 사람이 많았다. 우리 예종睿宗, 성종成宗, 연간에 걸쳐 교리校里 충기忠基와 헌납獻納 탁鐸이 2대를 이어 높은 벼슬을 하였다. 탁이 순붕順朋을 낳았는데, 순붕이 중종中宗, 인종仁宗, 명종明宗 세 임금을 섬기니 가장 귀히 등용된 분이다. 그가 선생을 낳았다. 어머니는 태종의 장왕자長王子 양녕대군讓寧大君 제提의 증손녀이다.

중종 원년(1506) 3월 갑신甲申에 선생이 태어났다. 선생은 어릴 적부터 마음을 가다듬어 신神과 통할 줄 알았고, 가까이는 동리 집안의 사소한 일에서 멀리는 사이팔만四夷八蠻 밖 풍기風氣의 다른 점과 개 소리, 새 소리 같은 오랑캐의 말까지도 마치 귀신처럼 잘 알아맞혔으며, 방기方技의 온갖 술법도, 말은 않아도 모두 다 알았다.

14세에 중국을 관광하였는데, 이상한 기운을 바라보고 중국에 왔다는 유구琉球 사람이 선생을 보고 두 번 절하며 이렇게 말했다. "내가 일찍이

161) 허목(1595~1682). 조선 선조 때의 학자. 본관은 양천(陽川). 호는 미수(眉叟). 유명한 시인 백호(白湖) 임제(林悌)의 외손. 산림(山林)으로 관계(官界)에 진출하여, 임하(林下)에서 독서강도(讀書講道)하는 선비들 가운데 명망이 높은 자로 뽑혀 국왕이 직접 초빙한 형식으로 서울에 불러 올려 특별히 예우함. 인조반정 후 서인(西人)이 집권, 남인(南人)인 그는 반평생이 넘도록 벼슬과 인연이 없다가 50대 후반부터 관계에 들어섰다. 81세 되던 해에 이조판서를 거쳐 우의정에 올랐다. 서인의 거두인 우암 송시열과 함께 남인의 정치적 학문적 영수로서 당시 시국을 이끌어 나갔던 거물이다.

운명을 점쳤더니 '아무 해 아무 달 아무 날에 중국에 들어가면 어떤 진인眞人을 만나게 될 것이다'라고 하더니 당신이 참으로 그 사람이신가 봅니다."

그는 그 자리에서 배우기를 청하였다. 이리하여 외국에서 온 모든 사람들이 이 소문을 듣고 앞을 다투어 찾아왔다. 선생이 각국의 말로 응대하니 사람들은 깜짝 놀라 이상히 여기지 않는 자가 없었고, 천인天人이라 불렀다. 한 사람이 자기의 운명을 묻는데, 객관客館에서 품팔이로 땔나무를 나르는 사람이 그 앞에 서 있었다. 눈여겨 보았더니 무슨 할 말이 있는 것 같아 "너도 할 말이 있어서인가?"하고 물었다.

그는 "그렇습니다."하고 대답했다.

같이 말을 나누어 보니 음양陰陽 운화運化의 기이한 술법에 잘 통하는 사람이었다. 선생이 물었다. "네가 어찌하여 품팔이를 하는가?"

그는 "이렇게 살지 아니하면 저는 벌써 죽고 말았을 것입니다."라고 대답한 뒤 스스로 말하기를 "저는 촉蜀나라 사람입니다. 아무 해에는 아무 데로 가게 될 것입니다. 선생은 벌써 만물에 신통하여 무궁한 경지에 들어가셨으니, 《도덕경》에 '문을 나가지 않고도 천하의 일을 다 안다.'고 한 말이 이를 두고 이르는 말인가 봅니다." 하였다.

선생은 천성이 술을 즐기어 두어 말을 마실 수 있었고 취하지도 않았다. 언젠가 말하기를 '성인은 인륜을 중히 여기는데, 석가와 노자는 마음을 닦아 성불(견성)하는 것만 말하고 인사人事의 학문을 빠뜨렸다. 아마 석가와 노자는 대개는 같으면서 약간의 차이가 있는 듯하다.'라고 하였다. 또한 늘 탄식하기를 "말하여도 믿어 주지 않고 행하여도 알아 주지 않는다."고 하고, 마음껏 노래부르며 스스로 희롱하며 방랑의 행각에 즐거움을 붙였다.

그러면서도 보통 사람보다 남다른 점이 있다고 여긴 적이 없었다. 남과 더불어 말할 적에는 단 한마디라도 공자의 학문에서 벗어난 말이 없으니, 아마 그 깨달음은 중(선禪)과 같고 그 행동은 노자와 같았으나, 사람을 가르치는 데는 한결같이 성인으로 종宗을 삼아서였을 것이라 한다.

내가 그의 사적을 상고해 보았더니, 19세 때 국자시國子試에 뽑히고는 다시 과거에 응시하지 않았다. 양주 괘라리에 살 곳을 정하고 있었는데, 중종 때에 장악원 주부, 관상감과 혜민서의 교수가 되었고, 후에는 포천현감이 되었다가 갑자기 벼슬을 버리고 돌아갔다. 숨어 살며 세상에 발길을 끊고 침묵을 지킨 지 10년 만에 세상을 마치니, 때는 명종 4년(1549), 나이는 43세였다.

선생에겐 스승도 없었으며, 또한 제자도 없었다 한다. 양주 사정산砂井山에 북창 선생의 무덤이 있다.(허목, 《미수기언眉叟記言》〈청사열전淸士列傳〉)

[북창 선생의 유훈]

사 부 모 이 효 제 위 본
事父母以孝悌爲本
부모를 섬김은 효제로 근본을 삼고

대 처 자 이 화 순 위 선
待妻子以和順爲先
처자를 대함은 화순함을 앞세운다.

거 가 이 절 검 위 요
居家以節儉爲要
집안 생활에서 절약과 검소를 가장 중히 여기고

처 세 이 겸 퇴 위 무
處世以謙退爲務
세상에 거처함은 겸손하게 물러남을 힘쓴다.

물 주 고 관 작 이 거 비
勿做高官爵而居卑
높은 지위의 벼슬을 하지 말고 낮은 곳에 거하라.

물 탁 혼 어 고 귀 지 가
勿托婚於高貴之家
또한 고귀한 집안에 의탁하여 혼인을 하지 말라.

시 화 즉 가 이 녹 사
時和則可以祿仕
시국이 평화스러우면 세상에 나아가 벼슬을 하고

세 괴 즉 퇴 거 임 야 역 경 자 급
世乖則退去林野力耕自給
세상이 어지러우면 산과 들로 물러나 농사에 힘써 자급자족하라.

범 제 사 일 의 주 문 공 가 례
凡祭祀一依朱文公家禮
무릇 제사는 오로지 주문공[162]의 가정 예법에 의거하되

참 이 속 례 무 합 인 정
參以俗禮 務合人情
당대 풍속에 따른 민간 예절도 참작하여 인정에 부합하도록 힘써야 한다.

자 손 중 감 유 교 결 무 뢰 황 음 무 도 패 륜 멸 덕 무 소 기 탄 자
子孫中敢有交結無賴 荒淫無道 敗倫滅德無所忌憚者
전 민 전 불 급
田民全不給
자손 가운데 감히 무뢰배들과 어울리고, 황음무도하며 인륜과 덕을 파괴하고 거리낌없이 행동하는 자가 있으면 재산을 하나도 남겨 주지 말 것이다.

유 적 장 자 손 자 반 감 급 지
有嫡長子孫者半減給之
만약 그가 적장 자손이라면 재산의 반만 나누어 주라.

오 호 성 모 양 양 포 재 방 책 여 언 하 뢰 언
嗚呼聖謨洋洋布在方策予言何賴焉
아아! 성인의 지혜로운 말씀은 바다같이 넓고 깊고, 그것들은 책 속에 깃들여 있으니, 내 말이 무슨 큰 힘이 되겠는가.

162) 중국 남송(南宋)의 철학자 주희(朱熹)를 가리킴.

근 사 록 소 학 서 초 학 지 경 계 이 세 속 불 지 간
近思錄小學書初學之逕蹊而世俗不之看
《근사록》과《소학》의 책들은 처음 학문을 배우는 사람이 나아가야 할 길이로되, 세속에서는 이 책들을 보지 않는다.

여 언 수 모 물 이 위 심 상 자 손 세 세 상 수 패 복 물 실
予言雖耄勿以爲尋常子孫世世相守佩服勿失
내 말이 비록 늙은이의 말이긴 하나, 가볍게 여기지 말고 자손대대로 서로 간직하며 마음에 새겨, 잃어버리지 않도록 하라.(《온성세고溫城世稿》)

[북창 선생의 유훈을 읽고[163]]

적이 듣건대, 선생의 학문이 무궁한 데에 들어가, 물物과 더불어 신통神通하다 한다. 그 배움은 스승이 없이 적적寂寂하고 현현玄玄하여 말없이 스스로 된 것인가? 옛날에 태어나서부터 신령神靈한 이가 있다더니, 그런 것인가? 야사野史에 실려 있는 바는 더욱 그 단예端倪[164]를 알지 못하겠다. 노자老子가 이른바 "문 밖을 나가지 않고 천하를 안다."는 것과 가까운 것인가? 내가 듣기로는 "백일白日(대낮의 밝은 해)은 그림자가 없다."고 하고 병길丙吉이 이르기를 "지인至人[165]은 그림자가 없다."고 했으니 그 또한 지인인가?

《훈자손편訓子孫篇》을 읽으니 한결같이 성인으로 스승을 삼아, 그 학문을 좇는 요령과 경계하고 신칙申飭(단단히 타일러 경계함)하는 방법이 군자의 자취를 밟지 않는 것이 하나도 없었다. 이것을 보고 나서부터 나는 더

163) 이 글은 북창 선생의 유훈에 대한 허목의 감상을 적은 것이다.

164) 일의 처음과 끝.

165) 노장학에서 도덕이 극치에 이른 사람.

욱 그 마음을 사모하고 그 자취를 슬퍼하게 되었다. 한탄스럽다! 세상이 어그러지고 마음이 어긋나, 세상이 이미 나를 알아 주지 않는다 하여 도道를 품고 세상으로부터 숨어서 외물外物166)에서 시험하는 것인가?

나는 생각하기를 "몸가짐이 청도淸道에 맞고 세상을 버리는 것이 권도權道에 맞는다."167) 하였으니, 옛날의 이른바 일민逸民이란 것이 아니겠는가? (허목, 《미수기언眉叟記言》〈잡저雜著〉 별집 제14권)

[북창 선생의 일화들168)]

1

북창 정렴이 9월 20일이 지나서 철늦은 국화를 읊었다.

십 구 이 구 개 시 구
十九卄九皆是九
십구十九, 이십구二十九가 모두 이 구九이니,

구 월 구 일 무 정 시
九月九日無定時
구월 구일이 정한 때가 있으랴.

다 소 세 인 개 불 식
多少世人皆不識
많고 적은 세상 사람들이 모두 알지 못하나

166) 부귀, 명리(名利) 따위

167) 우중(虞中)과 이일(夷逸) 같은 일민(逸民)이라는 뜻. 《논어》〈미자편(微子篇)〉에 "우중과 이일은 은거(隱居)하여 방언(放言: 말을 아끼지 않음)하였지만, 몸가짐이 청도(淸道)에 맞고 세상을 버리는 것이 권도(權道)에 맞는다[身中淸, 廢中權]." 말이 있다.

168) 이 부분은 조선시대 각종 문헌에 수록된 북창 선생 관련 일화를 뽑은 것이다.

만 개 계 유 유 국 화 지
滿階惟有菊花知
섬돌 위에 가득한 국화만이 알리라.

이에 그 아우 작이 화답하였다.

세 인 최 애 중 양 절
世人最愛重陽節
세인이 가장 소중히 여긴 것이 중양절이지만

미 필 중 양 인 흥 장
未必重陽引興長
반드시 중양절이 아니라고 해서 흥이 나지 않으랴.

약 대 황 화 경 백 주
若對黃花傾白酒
만약 국화를 대하여 흰 술을 기울인다면

구 추 하 일 불 중 양
九秋何日不重陽
9월 가을 어느 날인들 중양절이 아니랴.

전자에 조정에서 동방의 시를 뽑을 때 정렴과 정작의 시가 있었다. 이때 대제학 유근柳根은 아우 정작의 시를 취하고 형 정렴의 시를 버리면서, 율律에 맞지 않기 때문이라 하였다. 아! 정렴이 음률을 아는 것이 어찌 유근이 아는 것과 같겠는가? 예로부터 남을 알아본다는 것은 어려운 일이다.(《어우야담於于野談》 중에서)

2

북창 선생 정렴은 음률을 잘 알았다. 노끈으로 술병을 묶고, 구리 젓가락 하나를 그 속에다 꽂고 다른 하나를 가지고 술병을 두드리면 5음音 6률律

이 제대로 나오지 않는 것이 없었다.

그의 아버지 정순붕鄭順朋이 강원 감사가 되어 금강산에서 노닐게 되었는데, 마하연摩訶衍암자에 이르자 뒤를 따라오는 아들 렴을 보고 말하였다. "사람들이 네가 휘파람을 잘 분다고 하는데 내 아직 들어 보지 못했다. 이런 절경에 왔으니 한 곡조 불어 볼 만하다."

렴이 말하였다. "고을 사람들이 이곳에 많이 와 있으니, 청컨대 내일 비로봉에 올라가 불겠습니다."

순붕은 허락하였다. 다음날 비가 내렸는데, 렴은 비를 무릅쓰고 봉우리로 올라갔다. 순붕도 올라가고자 하니, 중이 말리면서 오후가 되면 비가 갤 터이니 그때 올라가라고 한다. 비 오는 날 비로봉에 오르는 것은 위험하기 때문이었다.

오후가 되니 과연 비가 개어 중은 앞에 서서 순붕을 인도하여 봉우리로 올라갔다. 기암 절벽으로 둘러싸인 산골짜기에 이르니, 피리 부는 소리가 맑고 높게 암석을 울린다. 중은 말하였다. "이렇게 깊은 산 속에 웬 피리 소리일까요? 경치가 기가 막히니 신선이 내려왔나 봅니다." 순붕은 아무 말도 하지 않았으나, 그것이 피리 소리가 아니라 아들이 부는 휘파람 소리라는 것을 알았다. 손등孫登, 완적阮籍, 소문蘇門의 휘파람이 유명하다고 하지만 정렴을 따라가지는 못할 것이다. (《어우야담於于野談》 중에서)

3

정북창 렴이 검단사黔丹寺의 설경을 읊은 시에서 말하기를 "산길에는 사람이 없고 새도 돌아오지 않으니, 외로운 마을은 암담하고 싸늘한 구름만 쌓였다. 사원의 중이 유리계를 밟고 가서, 강 위에서 얼음을 깨고 물을 길어 온다.(山徑無人鳥不回 孤村暗淡冷雲堆 院僧踏破琉璃界 江上敲氷汲水來)"라고

하였다. (《지봉유설芝峰類說》 중에서)

4

정북창은 문예, 천문, 음악, 산술, 복서卜筮, 의기醫技 등 정통하지 않은 것이 없었다. 아버지 순붕이 선비들을 죽이고 자기가 위훈僞勳으로 공신의 명단에 실리고자 꾀할 때, 그는 울면서 몹시 간했으나 순붕은 노하고 듣지 않았다. 이에 그는 말하기를 "이 일은 30년 지나면 반드시 패할 것입니다." 라고 했다. 그 뒤 만력萬曆 정축년丁丑年에 이르러 순붕의 훈작勳爵은 모두 삭제당하였으니, 을축년으로부터 정축까지는 33년이 된다. (《지봉유설芝峰類說》중에서)

5

정북창의 이름은 렴이고 그 아우 고옥의 이름은 작이었는데, 두 사람이 함께 살 집을 구하러 다녔다. 북창이 한 집을 지나다가 탄식을 하자 고옥은, 그냥 지나치는 것은 도리가 아니니 액을 물리쳐 주자고 하였다. 형제가 그 집에 들어가 집에 액이 닥쳤음을 말하고 그 집 아들을 궤에 넣은 뒤 불 속에 집어넣었다. 주인이 놀라 말리려 하였지만 북창이 계속 불을 지피게 하였는데, 다 타고 나서 보니 큰 뱀이 죽어 있고, 낫의 끝이 들어 있었다.

주인이 전에 연못에서 물고기를 잡아먹는 뱀을 보고 낫으로 죽였는데 그때 부러졌던 낫끝이 바로 그것이라 하였다. 그 아들은 원수를 갚기 위해 인간으로 변신한 뱀이었다고 북창이 말하니 주인이 사례하였다. (《청구야담青丘野談》 중에서)

6

정북창의 친구 한 명의 병이 위독해지자 그 아버지가 북창의 신통함을 알고 와서 살려 줄 것을 애원하였다.

북창이 자기 수명 10년을 줄 테니 다음날 남산에 올라가 붉은 옷, 검은 옷을 입은 중에게 애걸하라고 하였다. 친구의 아버지가 그 말대로 찾아가 애걸하여 10년의 수명을 얻어 냈으니 그 두 중은 남두성南斗星과 북두성北斗星이었다. 그 사람의 아들이 병이 나아 10년 후에 죽었으며, 북창은 나이 30여 세에 죽었다. (《계서야담溪西野談》 중에서)

7

정렴은 높은 선비이다. 정순붕 아들로서 음양陰陽, 의약 등 제반 방술方術에 모두 정통하고 능했다. 정신을 닦고 마음을 기르는 그의 처소에는 항상 광명이 가득 찼다.

홍판서洪判書 성민聖民[169]이 젊었을 때, 일찍이 북창 선생과 함께 술을 마셨던 적이 있었다. 이때에는 공장工匠이 사기沙器를 구워 소주잔을 만들었는데, 그 크기가 아주 작았던 것이 온 나라의 정해진 규칙이었다.

북창은 그 소주잔을 가리키며 이렇게 말하였다. "지금은 이 잔이 이렇게 작지만, 다른 날에는 점차 커져서 큰 사발만해질 것이다. 그때에 이르러서는 시사時事가 어려움이 많으리라. 나는 그것들을 보지야 않겠지만, 홍군은 응당 그 고충을 맛볼 것에 대비해야 할 것이다. 걱정되는 바가 크다."

오래지 않아 북창은 세상을 떴고, 이후로 세상에서 소주를 마실 때는 모두 큰 사발을 사용하였고, 공장은 두 번 다시 작은 잔을 만들지 않았다. 임

---

169) 1536~1594. 남양 홍씨로 조선 선조 때의 문신, 학자로 예조판서, 호조판서, 대제학을 지냈다.

진왜란이 일어나자 성민은 관서關西(평안도)의 행재소行在所(왕의 임시 거처)에 있었는데, 늘 이와 같은 북창의 선견을 얘기하곤 하였다. (《온성세고溫城世稿》 중에서)

8

북창 선생이 산사山寺에 머무르고 있을 때의 일이다. 그는 밤에 겹으로 병풍을 두르고서 관冠을 쓰고 머리를 빗질하는 것도 폐하고 밖을 내다보지도 않은 채 하루종일 고요히 앉아 침묵으로 일관하였다.

언젠가 절의 중이 찾아와 질문을 하였는데, 북창이 얘기를 나누다가 "오늘 집에서 일하는 머슴이 술을 갖고 올 것이다."라고 말하다가 갑자기 놀래면서 "아깝구나. 오늘은 술을 못 먹게 생겼구나!" 하는 것이었다. 잠시 후 집에서 머슴이 도착하여 말하기를, 술항아리를 지고 오다가 고갯마루 밖에서 돌부리에 걸려 넘어져 항아리를 깨뜨렸다고 하였다. (《온성세고溫城世稿》 중에서)

[권극중權克中[170]의 정북창론]

세상 사람들은 북창선생의 돈오頓悟 신통함神通을 의심하여 이것은 불교의 참선을 통해 깨달아 견성을 한 사람이라고 하지만 사실은 그렇지가 않다. 대체로 선생은 이치를 궁구窮究하여 성품을 다한 진성盡性군자이다. 성리性理란 무슨 도리이며, 그것을 다한 사람이란 어떠한 사람인 것인가?

170) 조선 선조 때의 학자. 자는 택보(擇甫), 정지(正之) 호는 풍담(楓潭), 청하(靑霞), 화산(花山), 성혼(成渾)의 문하에서 수학, 벼슬을 사양하고 공부에만 힘씀. 저서로 《풍담집(楓潭集)》이 있다.

맹자가 말하기를 "성性을 알면 곧 하늘을 안다."고 하였으니, 하늘도 오히려 알 수 있는데 어떤 일을 모르겠는가?

선가禪家의 신통이란 별다른 종류의 도리가 아니다. 곧 성이 나누어진 내적인 일인 것이다.(性分內事) 선禪이 능히 견성과 신통을 할 수 있는데, 유儒만 홀로 진성盡性과 신통을 할 수 없겠는가? 이 하나의 성품을 고르게 한즉, 만에 하나도 선禪이 할 수 있음을 유儒가 못하는 경우란 없는 것이다.

옛적에 공부자孔夫子께서 진시황이 사구沙丘에서 망하는 것을 미리 아셨고, 소강절이 병으로 누워 있으면서도 조원호趙元昊가 유주幽州에서 해를 입을 것을 알 수 있었던 것은 바로 성현의 신통 때문이다. 그런즉 북창의 신통을 다시 어찌 의심하겠는가?

위로 도달하면 곧 하나됨에 이르니, 유교와 불교가 서로 비슷한 곳이 매우 많은 점은 이로써 의심할 바가 못 된다 할 것이다. 아! 성품과 이치는 사람마다 본래 지니고 있으나 그것을 궁구窮究하고 진력해도 쉽게 논의하지 못하는 바, 높은 지혜를 지닌 사람이 아니면 불가능한 일이다.

지극하구나! 선생의 학문은 명明으로부터 성誠에 이르렀으니[171], 성인의 경지에 가깝도다. 누가 능히 그 사실을 알겠는가? 아아, 성대하구나. 북창 선생 당시에는 선가의 종지를 주로 하고, 유가의 이념을 종속적으로 생각하는 외유내선자外儒內禪者들이 매우 많아서 부득불 그것을 변론하지 않을 수 없었다. 이를 힐난하는 사람이 말하기를 "북창의 결과가 선학禪學이 아니고 무엇으로서 지켜 나갔겠는가"라고 하지만, 선생이 스스로 지은 가훈이나 행장行狀, 유사遺事들은 선생의 마음 자취가 순전히 진유眞儒임

171) 《중용》 제21장. "성(誠)으로 말미암아 밝아짐을 성(性)이라 이르고, 명(明)으로 말미암아 성실해짐을 교(敎)라 이르니(自誠明 謂之性 自明誠 謂之敎……)"

을 드러내 주고 있으며, 조금도 우파새(불교도)의 기미가 없음을 밝혀 주고 있다. 이로써 알 수 있듯이 뒷사람이 선현들을 추론함에 있어서 실록實錄에 담긴 유사遺事를 버리고 무엇을 구하겠는가!

고옥古玉 선생 또한 순수한 군자이다. 범인과 북창 선생은 서로 천만 리 차이가 나지만, 고옥과 북창과는 서로 태어난 선후先後로 형제가 되듯, 그 도의 깊고 얕음 또한 이와 같아서 서로 비슷한 바 있다.

이로써 논하건대, 고옥의 도 또한 지극하다 하겠다. 그 시집詩集이 곧 한때 명공名公, 거경巨卿들의 서문과 발문으로 가득찼으니, 여기에 덧붙일 것은 없겠으나, 위의 두 선생들의 도는 시에 있지 않음을 얘기해 두노라.(권극중,《북창고옥양선생시집北窓古玉兩先生詩集》의 서문)

정신수양법에 대한 사견私見 추기追記

호흡법이라는 것은 우주 동식물이 이 공간의 대기를 호흡함으로써 생명을 유지할 수 있고, 이 대기를 호흡하지 못함으로써 그 생명이 존속되지 않는 것이다. 그러하니 이 호흡법이라는 것은 그 생명과 가장 밀접한 관계를 가지고 있는 것이다.

이 호흡법으로 정신수련이 된다는 것은 천지대자연의 상태를 그대로 본받아서 사람으로 천지와 합덕合德하자는 것이요, 성공하면 그 단계는 있으나 성진영철聖眞靈哲(성인, 진인, 신령, 철인)의 자리에 갈 수 있는 대법大法이다. 예부터 성진영철들이 이 호흡법을 아지 못하고 그 자리에 가신 이가 있지 않다. 동서고금이 일반일 것이다.

그럼에도 불구하고 이 호흡법을 일부 몰상식한 학인學人들은 소녀술少女術이니, 방중술房中術이니 하며 이런 방술方術들이 호흡법의 전체인 줄 알고 선전하고 있으니 이야말로 가석可惜한 일이로다. 또 일부 몰지각沒知覺한 인사들은 이 정신수양법이 정도正道가 아닌 무슨 사도邪道나 무슨 술법으로 오인誤認하는 분도 없다고는 못한다. 그래서 언필칭言必稱 정신수양을 한다니, 이보耳報를 하느냐, 축지縮地를 하느냐, 차력借力을 하느냐, 은신법隱身法을 아느냐, 취물법取物法을 할 줄 아느냐 하는 등등의 말을 하는 사람이 얼마든지 있다.

이것은 세인들이 정신수양법에 대해서 상식이 없어서 그런 소리를 하는 것이다. 정인군자正人君子(올바른 선비)에게 도적질을 할 줄 아느냐고 묻는 것이나, 숙녀에게 매음賣淫할 줄 아느냐 하는 것과 조금도 다를 것이 없다. 또 세인들이 가장 대접해서 말하는 것이 정신수양에 우수한 분더러 "취물법하는 사람과 시합할 자신이 있는가"하는 예가 얼마든지 있다. 이것은 그 묻는 사람이 잘못 알고 묻는 것이 아니라 그 정신수양법이 무엇인지 인식을 못해서 그런 언동이 있는 것이다. 조금도 마음에 두고 생각할 필요가 없다. 세인이야 아무런 소리를 하든지 학인으로서는 불휴不休의 노력으로 비상력非常力을 내어서 아는 계단까지는 성공하는 것이 당연하고, 세인이 내 실력을 알고 모름은 하등 괘념掛念할 필요가 없다. 지가자이열只可自怡悅(단지 절로 기꺼워 함)이언정 불가대인설不可對人說(남보고 얘기할 수 없음)이라는 것이 바로 이것이다.

고인古人들이 국법國法이 삼엄한 때에도 10년, 15년을 불굴하고 수양하던 미덕을 본받아서, 우리도 현대에는 아무 수양을 하든 경제와 시간만 있으면 자유자재이니 안심하고 진력해 볼 일이다. 이 법은 남녀노소의 구별 없이, 또 무슨 장소나 경제의 필요 없이 누구나 자기 가옥이나, 직장이나 산이나 물의 관계 없이 여가 있는 대로 연습을 할 수 있고, 수양을 할 수 있는 가장 간편용이한 법이요, 배우는 사람의 종교가 무엇이건, 전공과목이 무엇이든 관계없고 어느 부류의 사람이라도 할 수 있는 것이다.

이 정신수양법을 습득함으로써 무엇이 보통사람과 차이가 있는가 하면 첫째로, 병마病魔가 몸을 침범하지 못하여 항상 건강을 확보할 수 있고, 여기에 따라서 정신이 안정되어 기억력이 비상하게 증진하고 연구력이 자기도 의심할 정도로 증진한다. 그래서 아무 과학을 전공하는 사람이라도 정신수양법을 습득하고 자신의 전공과목을 연구한다면 사반공배事半功倍(일은 절반하고 결과는 두 배됨)로 성공될 것이다. 이것이 국민에게 보급됨으로써 정신연구의 향상은 물론이요, 과학수준의 급속한 향상을 보게 되어 현재의 세계수준 미달을 최단시일 안으로 돌파할 수 있고, 여기 수반한 여러가지 문제가 모두 해결될 것이라고 믿는다. 과학에만 그치는 것이 아니라 체육계에도 이 정신수양법 습득으로 초비상 기록을 낼 수 있다고 단언하겠다.

이것이 보급됨으로써 세계인류의 과학연구에 큰 도움이 되고 한 걸음 더 나아가서 정신문명으로 물질문명을 정복하게 되어 약육강식하는 과오를 범치 않고 대소중화大小中和(대소가 잘 화합함)하고 강약상보强弱相保(강자와 약자가 서로 보호함)하여 정신문명인 도덕을 갖춘 물질문명으로 세계의 평화가 올 날이 멀지 않다는 것이다. 이것이 이른바 대황조大皇祖님의 홍익인간(弘益人間) 이념이시다.

현 세계 어느 나라를 물론하고 미소 양대 진영의 마수魔手가 닿지 않은 것이 없다. 비록 중립국이라고 해도 순수 중립을 지키고 자본이나 공산과 제휴하지 않는 나라가 있는 것 같지 않다. 세계를 평분平分해 보니 자본주의국가의 영도자인 미국이나 공산주의국가의 영도자인 소련의 각축장이 되고 말았다. 그러나 세계 인류는 이 전쟁을 좋아하는 사람은 하나도 없다. 누구나 다 평화를 부르짖는다. 각자의 자유도 부르짖는다. 그래서 타국이나 타족의 간섭을 좋아하는 사람이 없다. 다만 할 수 없어서 미국이나 소련에 복종하는 것이다. 현 세계 사조思潮를 백 번 검토해 보아도 미소는 각자의 영도권 확립을 목표로 수단을 가리지 않고 서로서로 선전포고 없는 전쟁을 하고 있다. 여기 명령을 받는 나라는 거의 미소와 일반이다.

보라. 우리가 이 전쟁이 종식된다면 우리나라 예만으로도 그 막대한 국방비가 국민에게 부담되지 않는다. 평화한다면 이 국방비가 국민의 복리福利가 될 조건으로 지출되거나 또는 국민에게서 부담이 가벼워지든지 할 것이 아닌가. 물론 우리나라 실정으로는 북한이 있으니 방어를 하지 않을 수 없다는 이론이 나올 것이나, 그 근본적 논리로 보아서 남북분단이 우리의 자의自意가 아니요, 미소의 고의적인 작난作亂이었다는 것을 잊어서는 안 된다. 그 나라 그 민족의 토대로 결정된 것이 아니라 미소의 이익과 손해를 토대로 임의로 분단한 것이 아닌가. 이것이 약소국가와 약소민족의 비애이다.

우리나라 사람 중에서 예부터 비전秘傳되는 예언록들을 본 사람들은 우리나라가 장래의 세계에 영도권을 가질 것이라고 믿고 있는 사람들이 많다. 그러나 현실로 보아서는 국내경제력이 부족하고 비록 정부가 시설에 용력用力(힘을 씀)하나 마음대로 되지 않고, 인국隣國인 일본의 경제공세가 오고, 국방력에도 외조外助가 없이는 충분하다고 못할 현실이다. 국태민안國泰民安이라고는 못할 것이 아닌가. 무엇으로 세계영도를 생각하는가. 백일몽白日夢에 지나지 않는다. 현세계 현실로 보아서는 일대 충돌이 없이는 평화가 올 것같지 않다. 약소국가와 약소민족들이 평화를 부르짖는 것은 당연한 일이나, 강대국가들이 보기에는 일종의 애걸하는 비사悲辭(슬픈 헌사)로 밖에 생각 않는다.

내가 항상 말하는 것은 미소가 준비하고 있는 신무기를 압도할 만한 구국구족救國救族의 신발명을 제창해야 미소가 감히 부정을 못하고 굴종하고 세계 각국에 약간의 핵무기 정도는 폐물이 되어 전쟁에 준비하던 일체 비용으로 산업시설에 전력하게 되면 평화는 비로소 성립되는 것이다.

이 말을 말미에 붙이는 것은, 정신수련법으로 충분히 단시일 내에 이 정도의 신발명이 될 수 있다는 것을 예시하는 것이다. 정신수양법 원론에 들어가서 그럴 수 있다는 확증을 쓰기로 하고, 오늘 〈정신수양법에 대한 내 사견〉이라는 제하의 말미에다 약간의 붓을 든 본의를 표현하는 것이다.

한 발명품이 나오자면 별별 애로가 다 있으나, 원자탄, 수소탄, 인공위성 운운하는 것이 그 나라 인구 전체의 지력智力이 아니요, 어느 개인의 두뇌에서 완성되었다는 것을 의미심장하게 연구해 보시라.

병오丙午(1966년) 6월 19일 경신일민耕莘逸民 봉우서鳳宇書

수양법修養法 본론 들어가는 글

정신수양이라면 누구나 다 무슨 경천동지적驚天動地的 대기적大奇蹟을 생각한다. 그러나 우리들은 일용사물日用事物에서 그 수양의 일부를 행하고 있으면서도 알지 못하고 있는 것이다. 다만 이것을 문언화文言化한 것을 수양법이라고 한다.

누구나 호흡 않는 사람이 없다. 이 호흡을 무의식중에 하게 되고 호흡이 짧아서 조식調息이 잘 되지 않을 뿐이다. 이것을 그 호흡을 조절해서 점차적으로 시간을 연장시키는 것이 이 수양법의 대요大要다. 상세한 것은 다음으로 미루고 본론에 들어가기로 하자.

수양하는 방식이 각양각색이 있으나 복잡다단하게 할 수 없고, 내가 쓰고자 하는 것은 주로 조선조 중엽시대의 철인哲人이던 정북창鄭北窓 선생의 《용호결龍虎訣》을 주문主文(주된 글)으로 하고 그 원문부터 기록해서 선생의 본의를 살피기로 하고, 그 다음에 내 의견과 내 경험을 약간 첨부해서 학인學人들의 편의를 제공하고자 한다. 제1장에 정 선생의 원문과 주해註解가 있고, 그 다음에 내 사견私見이 있고, 그 다음에 내가 경험해 본 실험담을 쓰기로 한다. 여기서 수양법 본론을 그치기로 한다.(1966년 6월)

《용호결龍虎訣》 말미에 쓰고자 하는 말

이 《용호결》을 집필한 정북창鄭北窓 선생의 본의는 무엇인가 하면, 수단법修丹法(단丹을 닦는 법)의 오묘한 비전秘傳을 공개해서 후학後學 동고자同苦者들을 1인이라도 구제해 주시겠다는 의사이시다. 가장 명료간단하게 말씀하시었다. 그러나 현 사회상으로 보아서 정공鄭公의 원문 《용호결》만으로 후학들이 충분히 각득覺得할 수 있을 것인가 하면, 선생은 가장 평이한 문장으로 후인이 알기 쉽게 하신 것이나, 오늘날 청장년들의 한문상식으로는 《용호결》을 용이하게 해석할 사람이 반수도 못 되는 것이 사실이다.

이 원문을 참고로 기입해 두고, 청장년들이 알아보고 직접 수양할 수 있게 문장을 피하고 방법론으로 들어가서 누가 보든지 일목요연一目瞭然하게 기록해 보겠다는 계획이었으나, 거두절미하고 호흡법이라는 것은 수양계단이 이러저러하다고만 하면 너무 무미건조해서 열람도 하지 않을 염려가 없지 않아서 서론敍論을 쓰고 또 부록을 참고로 쓰는 것인데, 내가 본디 문학에는 아주 문외한이라 내가 마음에 있는 의사를 그대로 표현을 못하고 그저 그 조박糟粕(찌꺼기)을 건지는 데 그치니 유감遺憾한 일이다.

내가 《용호결》을 보다가 감동한 바 있어 두어 자 적어 본 것인데, 그 원문 그대로 참고건으로 부록한다. (1966년 6월)

정신수양법 서론敍論

현대과학문명이 월세계月世界 여행을 목표로 미소美蘇(미국과 소련)가 경선競先(앞을 다툼)하고 있는 이때에, 민족문화사民族文化史가 시작한 지 오천년이라는 유구한 세월이 흘렀으되 조금도 발전을 보지 못하고 도리어 쇠퇴일로에 서 있는 우리 백산족白山族의 전래하는 정신문명사에서 그 정신수양법의 일부를 기록하는 내 심정 무엇이라 형용할 수 없이 감개무량하다.

현 세계 사조思潮가 동서양 황백흑黃白黑인종의 구별할 것 없이 세 가지로 나누어 있다. 말하지 않아도 잘 아실 것이다. 자본주의가 아니면 공산주의요, 그 두 가지가 아니면 가장 애매한 중립주의다. 이 중립주의라는 것은 각자의 의견으로는 가장 현명하다고 할지 모르나, 무엇보다도 위험천만인 것이다. 이 세 가지 외에 구주歐洲(유럽)에서 정말丁抹(덴마크)을 중심으로 몇 개국의 위 세 가지 주의가 아닌 나라도 있으나 예외로 하고, 전 세계는 비자즉공非資則共(자본주의 아니면 공산주의)이요, 비차즉중非此則中(이것들 아니면 중립주의)이다. 그러나 이 중립이라는 것은 가여위자可與爲資(자본주의도 될 수 있음)요, 가여위공可與爲共(공산주의도 될 수 있음)이라 용공용자容共容資 정책을 그대로 하는 나라와 민족이다. 세계평화를 위해서는 무엇보다도 이 종류가 도리어 위험하다는 것이다.

그렇다면 자본주의가 세계 인류의 평화를 가져올 것인가 하면, 세계 인류는 누구나 다 그렇지 못하다는 것을 인정하리라. 자본주의가 세계평화를 가져오지 못한다면 공산주의가 세계평화를 가져올 것인가 하면, 역시 세계 인류는 누구나 다 그렇지 못하다고 답안을 내리리라. 자본주의는 소수의 성공자를 위해서 다대수의 희생을 내는 것이 이 주의의 결점이니, 곧 약육강식한다는 것이요 평화롭지 못하다는 것이다. 그리고 그 다음의 공산주의가 세계평화를 가져올 수 있는가 하면 역시 부정될 것이다. 인민 전체의 노력을 착취해서 자유를 속박하고 몇 개 정치인들의 주의와 사상에 굴종되는 것이니, 그것으로 평화가 올 수 없는 것이다. 그 다음 중립이라는 것은 자본주의도 될 수 있고 공산주의도 될 수 있으니 자기들 생각으로는 기단취장棄短取長(단점을 버리고 장점을 취함)을 하면 양대 조류보다 도리어 유리하리라는 각오인지는 알 수 없으나, 정반대로 양 조류의 결점만 취해지기 가장 용이한 일이다. 자본주의와 공산주의와 중립주의가 다 같이 이 세계 장래의 인류들의 평화를 가져오지 못하는 것은 사실이 증명하는 것이다.

그 최대의 원인은 무엇인가. 물질문명이 발전이 덜 되어서 그런 것인가, 자본주의에 무슨 커다란 결점이 있어서 그런 것인가, 또 공산주의의 이론이 전 우주인류의 평화를 도궤倒潰(무너뜨림)해서 그런 것인가. 또 중립국가들의 주장하는 이념이 전인류의 염원에 맞지 않아서 그런 것인가. 아무리 생각하여도 잘 알 수가 없다. 전 우주인류가 누가 평화를 구하지 않으리요마는, 현실은 날로 평화와 배치되는 국제무대 소식이다. 이 사람들만

이 현세계를 소란으로 끌어들이고자 해서 그리 되는 것인가. 그렇지는 않으리라고 믿는다. 누구나 집권하기 전까지는 전 세계 인류의 공통된 이념인 평화를 갈구했을 것이다. 그러나 일차 집권만 한다면 각자의 집권기간 연장을 목표로 자기 본심인 양심에 자책을 감수하면서라도 세계 전 인류의 염원인 평화보다는 자국의 유리한 조건이 우선적이요, 자국의 복리보다는 각자의 복리를 치중하는 데에서 불평등이 오고, 이 불평등에서 세계 인류의 평화가 도궤倒潰되는 것이라고 본다.

이것이 과학문명의 첨단인 생존경쟁이라고 보며 여기서 우승열패優勝劣敗로 아전인수我田引水를 하니 어찌 평화가 올 수 있을 것인가. 전 세계 학자들이 이 책임을 지지 않으면 안 된다. 그 범위는 동서양의 근대문명의 선구자들에 국한한다.

유물론에 너무 치중해서 우주사宇宙史에 과거, 현재, 미래가 있는 것을 알지 못하고 다만 현실만 주장해서 과거와 미래를 불문에 붙여서, 가장 유행되는 것이 자본주의국가나 공산주의국가나 중립주의국가들의 공통되는 단 한 가지 유생론唯生論(현실주의)이라는 것이다. 이것은 가장 근시안적이다. 그래서 현재의 나를 위해서 못할 일이 없으나, 과거의 나인 우리 조선祖先을 위하는 일은 아주 소홀해서, 현 우리나라 실정으로 보아도 일국의 대학자로 자타가 공인하는 인물들도 현재의 유생唯生인 나는 존중하면서도 조상을 부정하는 언론言論을 기탄없이 하고 자타가 공인하는 사학가史學家들도 여기 합류한다. 과거의 나라는 것이 종자가 될 수 있고 현재의 나라는 것이 실존實存이 될 것이요, 미래의 나라는 것이 그 종자를 다시 재양栽養(심어 키움)한 것임에 불과하다.

현실을 존중하고자 하면 과거인 근본을 망각할 수 없는 것이 아닌가. 그 근본을 배양함으로써 현재인 현실이 견고해지고, 이 현실을 배양함으로 미래인 나의 화실花實이 번창할 것이다. 이것이 우리나라 고유의 정신문명의 발상지인 것이다. 대황조大皇祖님 〈삼일신고三一神誥〉 중 일구一句인 "자성구자自性求子(자기 성품에서 씨알을 구하라), 강재이뇌降在爾腦(머릿골 속에 내려와 있으니라)"라는 말씀이 과거, 현재, 미래를 통할 수 있다는 말씀이다.

내가 나를 앎으로 미루어서 남을 알 수 있고, 내가 남을 앎으로 남도 나를 알 수 있다. 내가 내 몸을 사랑함으로 미루어서 남을 사랑하고, 내가 남을 사랑함으로 남도 나를 사랑하게 된다. 이것이 홍익인간弘益人間 이념이요, 이것이 세계평화의 초점이다. 이것이 요순우상전지심법堯舜禹相傳之心法(요, 순, 우가 서로 전한 마음의 법)인데, 요堯가 그 심법心法을 누구에게서 받았다고 문헌에 기록이 없으나 대황조님의 홍익인간 심법임에는 틀림없다. 역사가 소멸되어 상고詳考할 수 없는 것은 우리의 조선祖先들의 과오로, 쇠퇴일로에서 도리어 사대주의로 변해진 신세였으니, 현재의 소위 역사가연歷史家然하는 인간들이 실지로 고적古蹟을 답사하고 고고학적으로 탐구라도 해볼 일이다. 그럼에도 불구하고 내 나라 역사를 중국 잔편殘編(남겨진 쪼가리) 중에서 구하고자 하는 심리가 가장 불쌍하다고 본다.

내가 정신문명 고사古史를 다 아는 바가 아니나, 다만 이심전심以心傳心으로 수천년을 내려오던 정신수련법의 일부를 내가 보고, 내가 듣고, 내가 행해 보고, 내가 다른 사람을 시켜본 경험을 그대로 기록해 보는 것이다.

여기서 비로소 내가 나를 알게 되고, 내가 나를 아는 것을 미루어서 남도 알게 되고, 남도 그 앎을 미루어서 또 남을 알게 된다. 인여인人與人(사람과 사람)이 서로 알아서 평화하고 족여족族與族(민족과 민족)이 서로 알아서 평화하고, 국여국國與國이 서로 알아서 평화해진다. 이것이 정신문명이요, 이것이 도덕문명이다. 이것으로 과거,현재, 미래의 나我를 알 수 있고 상하좌우전후의 나我도 알 수 있다. 알 때 그치라는 것이 아니요, 앎으로 서로 사랑할 수 있고 서로 평화할 수 있다.

자본주의와 공산주의와 중립주의가 현 세계 인류를 물질문명의 첨단인 핵무기로 인류의 멸망을 촉구하는 이때에, 대황조님의 홍익인간 이념인 정신문명으로 도덕천하道德天下가 되어 보제창생普濟蒼生(널리 뭇 생명을 구제함)을 하자는 백의족白衣族의 부르짖음이다. 우리는 정치와 경제를 초월해서 순수민족정신의 앙양仰揚을 목표로 나가자는 것이다.

단군강세檀君降世 4603년 병오丙午(1966년) 여름 6월

경신일민耕莘逸民 봉우鳳宇 지죄근서知罪謹書

선기수략璿璣數略 원문

앞서의 선기수 장章에서 밝힌 바와 같이 이《선기수략》은 전통적으로 내려오던《선기수璿璣數》에서 발췌된 것이다.《선기수》원본은 원래 봉우 선생이 소장하고 있었으나 한 학인이 가져가 분실하였다. 그후 후학 최명기崔明基가 원본과 봉우 선생의 구술을 바탕으로 약초略抄한 것을 펴냈는바, 이것을 편자가《선기수략》으로 이름하여 뒤에 붙인다. 선기수 원본에는 여기에 수록된 내용말고도 상세한 원론과 추수推數의 구체적인 공식 같은 것이 일일이 서술되어 있을 것으로 짐작되나 원본을 볼 수 없어 안타까울 뿐이다. 이《선기수략》은 현재 국립중앙도서관에 고서로 분류되어 소장(김학수 기증본)되고 있으며 여기 수록된 것은 그 필사본을 바탕으로 한 것이다.

《선기수략》의 앞 부분은 추산법推算法과 심원법尋垣法, 정정방성법定政訪星法 및 그 실례들인데, 이것은 이미 선기수 장에서 설명된 바 있다. 〈정전도〉는 원垣과 정政을 조견하여 해당 성星(별)을 찾아보는 일종의 표이다. 〈정전도〉 다음에 나오는 내용은 각 국局에 속한 별들의 이름이다.

여기 실린《선기수략》은 정신수련의 다른 어느 응용 분야보다도 심오하고 정치精緻한 분야인 선기수의 골자를 알 수 있는 유일한 1차 자료이다.《선기수》원본 자체가 아직 공개되지 않았다는 이유도 있지만, 어쨌든 선기수의 자세한 각론各論은 아직 신비에 싸여 있다. 뜻 있는 학인들의 깊이 있는 연구를 기대한다.

中國

- 帝摯十年甲辰入二十九垣第七政天陷入沒
- 帝堯元年甲辰入六十五垣第一政皇府升殿一政五奎

自混元甲子至甲辰二百八十一年

假令置帝摯十年甲辰歲積二百八十一年加中國分野數三千一百又加天正閏會分又加當年天干甲數三共得萬五千一百六十一以主數二歸除得一萬七千五百八十一分以五爻減數二百先去之次以七十二累去之不盡餘二十九垣也更置減餘總數一萬三千五百 八十一(一七三八一〇〇)以七政之七數累去之不盡餘七即二十 九垣第七政北辰宮天陷三也

更置天正閏會分以七之政歸除餘單四加入歲積二百八十一共二百八十五以二十八宿歸除得一)政五分自虛星計至五分乃奎宿即天陷入沒(餘末分數歸除之爲)里數並入元若餘位一即加一 二即加二

倣如帝堯元年甲辰歲積二百八一年又加中國分野三千一百又加天正閏會分又加當年天于洛書數三共得三萬五千一百六十一以客數歸除得千〇三十三以五又減數百先去之次以七十二累去之不盡餘六十五垣 · 更置減總數六千八百三十三以七政之七累去之餘單一即六十五垣第一政歲星官皇府三也政躔同

- 帝摯甲辰 (欲知東國分野數入東國分野數七千五百二十)
- 帝堯七十二年乙卯入六十七垣天蔽入沒
- 帝舜元年乙卯入九垣帝座升殿一政二躔二十亢

自混元甲子至乙卯共三百五十二年

- 帝舜六十二年丙辰入二十五垣天暗入沒
- 夏禹元辛丙辰入二十一垣紫微升殿一政四躔二十五箕

自混元甲子至丙辰共四百十三年

• 夏傑五十二年甲午入三十六垣天陰入沒商湯放傑甲午三十九垣太乙升殿三政一躔七胃

自混元至甲午共八百七十一年

• 殷紂三十二年戊寅入七十一垣天龝入沒周武伐 祥 戊寅二十五垣河魁升殿三政四躔七胃

自混元至戊寅共一千五百十五年

• 東周七年壬子入二垣天敗入沒始皇滅周壬子入五十五垣天魁升殿

• 孔子生于靈王二十一年庚戌十一月己丑月庚子日座于敬王四十 一年壬戌四月也八政五躔十三鬼

自混元至壬子共二千三百八十九年

• 秦壬子嬰三年甲午入二十四垣天昏入沒漢高滅秦甲午六十三垣天馬升殿八政六躔二十七牛

自混元至甲午共二千四百三十一年

• 漢孺子三年戊辰入六十六垣天碎入沒新秦纂位戊辰三十五垣天常升殿九政姻躔十七翼

自混元至戊辰共二千六百四十五年

• 新秦纂十五年癸未入六十八垣天惻入沒漢光武誅莽三十九垣天府升殿九政五躔四壁

自混元甲至癸未共二千六百六十年

• 漢獻帝三十一年庚子入二十四垣天崩入沒 昭烈中興庚子七垣太微升殿十政二躔五奎

自混元至庚子共二千八百五十七年

• 漢後皇帝癸未入四十四垣天亡入沒 晋武帝滅漢癸未十五垣天顥升殿十政三躔二十亢

自混元至癸未共二千九百年

• 晋恭帝二年己未入五十二垣天杜入沒 宋武帝滅晋己未四十七垣小

微升殿十政九躔八昴

自混元甲至己未共三千五十六年

- 宋順帝三年己未入十垣天壞入沒 齋高帝滅宋己未五十九垣天穆升殿十一政一躔十二井

自混元至己未共三千一百十六年

- 齋和帝二年壬午入十七垣天遣沒 梁武帝滅齋壬午六十一垣天貴升十一政二躔七胃

自混元至壬午共三千一百三十九年

- 梁敬帝二年丁丑入四十五垣天凋沒 陳武帝滅梁丁丑一垣天斗升十一政四躔六婁 陳后主七年己酉入六十五垣天閉沒 隨文帝滅陳己酉九垣天輔升十一政五躔十觜

自混元至丁丑共三千一百九十四年·至己酉共三千二百二十六年

- 隨恭帝二年戊寅入五垣天沒入沒 唐高祖滅陳戊寅十三垣河魁升十一政六躔十一參

自混元至戊寅三千二百五十五年

- 唐宣帝三年丁卯入四垣天潰沒 後梁帝滅唐丁卯七十一垣天極升十二政六躔二十九

自混元至丁卯共三千五百四十四年

- 後梁末帝十一年癸未入十四垣天武沒 后唐莊宗滅梁癸未三垣閣道升十二政七躔八昴

自混元至癸未共千五百六十年

- 后唐潞王三年丙申入二十一垣天疹沒 后晋高祖滅唐丙申五垣營室升殿十二政七廛二十一氐

自混元甲至丙申共三千五百七十三年

- 后晋齋王五年丁未入二十四垣象尸沒 后漢高祖滅晋丁未七垣天市升十二政八廛四壁

自混元甲至丁未共三千五百八十四年

- 后漢隱帝二年庚戌入二十九垣天伐沒 后周太祖滅漢庚戌九垣天福升十二政八躔七胃

自混元至庚戌共三千五百八十七年

- 后周恭帝一年己未入三十四垣積尸沒 宋太祖滅周己未十一垣天屏升十二政八躔十六張

自混元甲至己未三千五百九十六年

- 宋敬帝二年丁未入二十四垣天濤沒 南宋朝中興丁未四十三垣文昌升十三政四躔十六張

自混元甲至丁未共三千七百六十四年

- 南宋帝二年己卯入五十垣天妖沒 元胡世祖滅宋己卯三垣大陵升十三政五躔二十八女

自混元甲至己卯共三千九百十六年

- 元順帝三十五年丁未入十八垣天㤝沒 明太祖滅元丁未十九垣紅鸞升十四政三躔四壁

自混元甲至丁未共四千四年

- 明章宗七年丁卯入四垣天恠沒 清胡太祖元年丁卯七十一垣金馬升殿十四政二躔十二井

自混元至丁卯共四千二百六十四年

朝鮮

- 檀君元年戊辰入十九垣玉帝升殿一政一躔一虛

自混元至戊辰共三百五年

- 檀君末年己卯五十五垣天陵沒 箕子元年己卯四十七垣天合升殿五政四躔八昴

自混元至己卯共一千五百十六年

• 箕準箕元年丁未入八垣天邪沒 八政七躔十二井

自混元至丁未共二千四百四十四年

自箕準爲馬韓以後遼東平安道咸鏡道入于漢爲四郡其全地分爲五十餘國無正統者一百三十八年至新羅十九祖甲子統合諸國正統后復統于新羅

• 新羅太祖元年甲子入八十五垣斗座升殿八政七躔十二井

自混元至甲子二千五百八十一年

• 新羅敬順王二年戊寅入六十一垣天殀沒 高麗太祖元年戊寅二十一垣八座升殿十二政七躔三室

自混元甲至戊寅共三千五百五十五年

• 高麗末壬申入八垣天削入沒 李太祖元年壬申四十三垣龍池升殿十四政四躔一虛

自混元甲至壬申共四千二十九年

• 李朝宣祖壬辰入二十七垣一政九龍將星(天奬天勒織女同臨)

天奬 天勒 織女常星也. 但九龍星將星故壬辰八年兵亂雖甚將星照臨後必有救之象也

· 注意 九龍星與其他三星其非兵星然而兵亂太甚者則有國有君之時九龍將星照臨故兵亂太甚而名將輩出也

自混元至壬辰四千二百二十九年(將星局에는 年數를 計算하는 政躔數가 없음으로 畧함)

• 李朝仁祖丙子(丙子亂則十二月晦日侵入節候立春后故運算在於丁丑年)三十七垣四政天湯天疹浪寇軍井四星照臨也軍井兵星而天疹入沒也兵亂而雖有入沒不至于亡者是不得其地而然也 城下之盟何減於亡乎 自混元至丙子丁丑四二七三年也

• 李朝純祖辛未一垣五政 天均 秋空 黃雲 天妙照臨有國有君之時黃雲將星照臨故有兵亂也與壬辰理同

• 李朝純宗庚成二十一垣四政 天土 天耗 天惚犢旗四星照臨天惚入沒星故亡國也

自混元四五四七年庚戍也

• 解放乙酉入二垣三政也天卜天嫉 天宜 天兜四星照臨而天兜將星局也故無國長將星照臨故龍脫離敵國而解放不能獨立者非升殿局故也

丙戌丁亥年 乙酉와 同함. 戊子亦同. 前年己丑四十七垣二政也 庚寅二九垣五政 天鐵天財彗星故有兵亂也 辛卯同壬辰二七垣四政也 天葵 天赧 天戰彗星 天赧升殿局也 癸巳二九垣五政 甲午二七垣三政 乙未與癸巳同

以后부터 改鼎法元理를 更硏하여 보고 또 그 後에 入去定局이 있는然後 비로소 推算元理로 還元하는 法이다.

丙申與乙未同 丁酉與壬辰同局必有換局 戊戌二七垣三政 天兜照臨 己亥 四七垣二政 庚子與乙未同 辛丑二五垣一政也

以上依準法法算定而不推看改鼎之例宜審其通變之術分野之誤可也

鳳宇 追記

〈政躔圖〉

垣數	一政	二政	三政	四政	五政	六政	七政
	歲星宮	太白宮	關鎭宮	太陽宮	太陰宮	熒惑宮	北宸宮
一垣	天薪 天八 大梁 4 外屛 1	天關 天床 5 四瀆 2	天秀 天甫 9 天疹 1 天勞 5	天桴 薊庫 7 天斗 1 天河 1	天均 秋空 10 黃雲 4 天妖 9	天茂 天奸 59 天田 8 天牧 49	天喪 天富 26 天恭 17
二垣	天浩 天倉 7 破槖 1	天國 天疾 58 天衡 3 天祐 2	天時 天敗 1 南阿 9 地空 8	天杲 天富 4 天侃 9	天旱 天穀 28 天荒 9 彗星	天濁 天倉 1 天宜 4 天勒 58	天熒 天財 28 天薄 1
三垣	天照 天倉 8 閣道 6 天熄 389	天蒸 天穀 4 天祿 1	羅喉 文王 9 太陵 10 天床 28	隔爛 天血 58 天貢 49 土空 8	天斜 酒哭 58 天宜 27 天迷 4	天慶 天臼 5 天 2 天壽 49	天仲 天稷 1 土空 3
四垣	天木 天貢 2 逆水 1 九龍 48	天魯 天庭 1 天粗 289	天永 天穀 9 太恠 2 猛濤 47 28	天巡 天杼 3 卜木 6	天 天衡 8 運水 5 天兜 1	天鬼 2 天梵 天臼 8 天鬼	天 天杵 1 天空 2

五垣	天兜 耗稔 7 牽牛 6 畢壁 45	天雄 武庫 4 天臼 9 天財 6	天撖 市樓 1 營室 7	天弘 天油 5 天沒	天捲 天錢 54 天橋 9	天修 織女 4 天匽 1	天低 天富 8 天祛 10
六垣	天曼 天宜 7 天江 8	天胥 武庫 48 天酷 357	天妖 天財 9 天錢 3	天擇 陸河 359 八穀 28 天窠 1	天斥 天首 9 天財 1 大鹿 2,589	天鷄 天碍 4 天倉 1	天付 天床 6 天杠 9
七垣	天昆 太微 9 彗星	天蔽 軍門下 9 天戈下 9 天佯 1	天阜 爊包 28 天甫 9 天雹 8	天農 天滛 29 天橐 8 天旗 1259	天傳 天穀 9 天市 2 天愁 8	天俺 天油 5 天沮 8	天 天錢 89 天 17
八垣	天鉅 天條 58 天邪 2 天壽 56	天擲 天箕 9 天削 1 天涔 89	天鑰 天囮 5 天富 1 浪寇 9538	天謙 天瀛 7 天圍 5	天辭 天倉 1 天掣 5	天竹 天彔 59 天怎 2	天幸 天俊 3 天怠 9
九垣	天椿 天汚 16 天貫 5 天惑 2589	天藏 天涚 49 牽牛 1 天勒 235	天恩 太賢 10 帝座 8 天脚 36	天母 漂浪 285 織女 9 天榎 54	天理 天宜 1 天輔 10 長庚 279	天遙 天厚 5 天鵝 19	天后 刁蟹 2589 天福 9 天捫 15

十垣	國師 天稷 1	天良 天疑 38 天倉 2 旗星 29	天平 天刁 57 天狗 3 積尸 35	天料 天禹 35 78 天貫 1 金神 95	天闕 天貢 6 天猜 29	天朝 天甫 8 天控 2	天朡 市樓 1 天壤 10
一一垣	天津 天坌 58 天蒜 1 天姤 29	天救 天狗 28 天屏 10	天曳 1 天弧 天杵 4 伏龍 58 91	天洗 天繁 57 八穀 1	天涯 天斂 28 天庭 1 大舫 25 89	天王 天衡 1 彗星	金堂 大穀 8 天梶 9
一二垣	玉堂 天帝 9 天令 257	玉後 天烏 2 武庫 1 天汚 8	白羊 天散 2 天厚 2	太令 天華 9 天沼 2	大晩 天刁 2 天耗 8 天祿 4	翌炘 天起 19 天床 27	魯邯 天兎 9 天貫 1 天斂 8
一三垣	金蘭 秋慷 9 天富 2 兩梗 45	天象 漂浪 38 河魁 5 木豕 8	天晋 春狗 39 天稷 28 天德 56	天鵑 天耗 5 天政 8 天坌 1	天俊 天田 衆尸 25 8 彗星	天騰 天鳥 1 天富 2 天嫉 5	天帙 秋假 1 天財 5
一四垣	天晶 秋枯 27 武庫 9 叛目 34 58	天湖 空房 38 天宜 9	天憩 馬空 17 天成 6 天牡 489	天井 天勞 5 天油 8	天滸 秋飢 1 天臼 2 天諏 4	天諗 天恭 5 天杵 8 浪寇 58	天訛 地空 3 9 天財 5

一五垣	天鞋 天荒 59 天倉 1 天運 24	天蜜 天薄 天顥 陸河	天勃 土空 38 斗座 2	天劯 天迷 57 天床 3	天黨 艾幕下 1 天梅 58 天刑 2 天瘦 489	天倫 卜木 5 天貫 1 天眞 289	天稀 天彔 9 推尸 4 天疾 4 天勸 35
一六垣	天相 天牟 1 天慝 5	天絡 天滛 5 天祛 28	天罄 天唐 2 天苴 9	天罄 市樓 8 天窠 2	天控 天培 9 天杜 1	天戌 天池	天冕 天鬉 8 天佯 3
一七垣	天台 天桴 6 大谷 4 彗星	天伸 天枯 48 天厚 3	天罰 天華 9 天碍 16	天醆 天雹 1 天勞 9 醎腐 24 79	天梯 天愁 4 天惑 8	天絡 天四 9 天元 5 天嗟 28 9	天冕 天圍 9 天潰 1
一八垣	天苞 天覞 59 天油 128	天並 天祥 4 天沮 2	天瘢 猛壽 56 天同 3 天倐 9	天方 天祛 4 天格 28	天蟹 天特 25 天饒 89	天螯 天簣 1 天恝 2	天靏 天憮 9 天昌 2
一九垣	天水 天掣 5 天庭 18 酒哭 25	天序 天怠 1 玉帝 5 金神 59	天野 積水 3 天渭 1 河伯 4	天羨 天鶉 1 天怎 2 天蜜 34	天羡 天兵下 5 紅鸞 2 天昏 3	天漢 彗星 天倐 1	天燭 天狗 1 天積 9

二十垣	天子 天汚 8 天騂 49 天熕 25	天滑 天浼 1 天溺 4	天郛 天犄 9 天箴 1 天牧 46	天芮 天貢 8 天熒 57 天疑 1	天慰 天子 4 天樓 8 漂浪 385	天朔 天弘 28 薊庫 1	天耐 天歛 27 天允 4
二一垣	天直 八座 5 紫微 7 彗星	天缶 天赧 5 天困 9 沒驅 38	天竿 天赧 8 天疹 7	天土 天耗 28 天각 45 積旗 8 彗星	天藁 天田 9 牽牛 彗星	天跡 天華 1 天稔 2 天奸 159	天招 天擔 27 天超 9 天豊 8
二二垣	天趐 天谷 57 天垒 1	天劇 天杵 48 秋懷 9	天盂 天珏 457 天康 9 天疹 54	天子 彦蟹 39 天廩 1 木豕 54	天哥 漂浪 39 八谷 4 天局 25	天菊 天貫 5 房空 8	天禁 天貢 79 天域 28
二三垣	天沉 天淫 58 天部 10 天宜 37	天畢 天疾 29 天錢 7 春狗 1	天憂 天涔 1 金水 28	天微 天彔 39 天撐 38	天暢 天富 2 天狗 46	玉炑 天田 89 天歛 25 馬戰 下3 彗星	天賓 天戮 中5 天妖 35 彗星
二四垣	天邉 天超 19 天倉 27	天尺 天荒 5 天孜 9	天景 天苴 天崩 9 衆尸 25	天辟 天佯 1 天昏 3 伏龍 93	天 天勞 1 天臼 28	天乙 天恭 9 衆尸 2 天甫 5	天圖 天枯 5 八谷 1

二五垣	天嵋 天扛 29 天庭 7	天姮 卜木 29 天田 48 天侃 79	天 天簣 1 黃雲 1 彗星	天卞 土空 39 河魁 5 天壽 46	天札 天窠 1 天暗 7	天暈 天枯 19 天財 46 天惑 58	天沌 天荒 1 天油 28
二六垣	天涉 天迷 28 天杵 4	天敦 天沮 91 天田 26	天罡 天怠 1 大谷 7	天象 天怎 19 八谷 68 九舫 398	天個 天厚 1 天湖 2	天尼 天汚 1 天谷 8	天俟 天稷 9 天蒜 27
二七垣	天獎 天勒 58 織女 3 九龍 48	天駿 天弧 25 天貫 6 天魋 38	天卜 天嫉 58 天宜 4 天兜 278	天葵 天報 15 天戰 下 9 彗星	天檻 天鶉 28 天床 26 叛目 48	天熊 天貫 58 天草 1	天夷 天沉 39 天報 2
二八垣	天噴 天覡 1 南河 5	天歌 天歛 8 天油 1	天策 天猜 5 天臼 1	天濁 天烏 28 天杵 9	天洙 天空 58 天田 4	天敎 天耗 5 天貢 1	天奉 天床 8 天酷 29
二九垣	天頻 旗星 78 天富 27 天禹 39	天蟾 浪寇 589 天貢 3 天捫 9	天窟 蓟庫 1 天散 2	天刑 天伐 9 天特 487	天鋤 天財 1 彗星	天陌 天報 5 天臼 1	天沙 天床 4 天 3

三十垣	天佛 天衡 1 天令 9	天峙 天怠 1 天床 4	天猿 天油 8 天壯 1	天僥 天杵 1 天江 9 積尸 28	天礩 天廩 5 天運 368	天灰 天刁 5 天倉 3	天矧 天倉 2 天德 79
三一垣	天穀 天烏 5 天錢 1 天瘦 28	天攀 天愁 8 天宜 7	天殉 天囮 2 大谷 1	天頤 天斬 1 天稷 8 天旗 28	天喆 天厚 4 天痛 10	天溪 武庫 1 天血 56 彗星	天匣 天恭 5 天宜 28
三二垣	天領 天愁 9 天貢 1	天圇 市樓 1 天漏 5	天需 八谷 天油 78 天疹 28	天飌 天田 2 天甫 2	天烏 八穀 1 伏龍 29 彗星	天孀 武庫 9 天局 48	天絛 天錢 8 天庭 8
三三垣	天理 天窠 1 天彔 4	天昔 破橐 1 天床 4	天蓋 天簿 9 大谷 天鈒 9	天耳 天谷 2 天薊 6 去戈 9 天亂 9	天弛 天祛 9 天錢 2 陸河 3	天許 天杜 8 天宜 1 天擔 26	天裴 天貫 9 天兵 14 天掣 5
三四垣	天狗 天錢 28 天宜 47 天鬼 35	天喚 八谷 71 積尸 10 土空 8	天滄 天衡 58 天苞 9	天階 天衡 58 天蒜 27 天苞 9	天枳 天狗 1 天迷 5	天鉀 天杵 金神 59	天 天倖 19 天蒜 27 天始 27

三五垣	天伴 天旭 9 天覡 1	天默 營魁 1 天煩 1 叛目 1	天吃 天狼 6 天規 1 長庚 6	天訊 狗旺 8 天紡 9	天 天 1 天邦 4 天收 3	彗星 天脫 天邦 7 天消 5	天鎈 天恭 1 天敏 5 天疾 253
三六垣	天狗 刑惻 天頽 5 天淫 3	天漢 天怠 1 天興 9 天粗 27	天突 天弧 1 天寬 8	天莘 天散 9 天槎 2	天删 春狗 1 天柱 28	天孔 天奇 1 逆水 9	天啓 天赧 9 天庫 1
三七垣	天侔 天鶉 1 天孚 4 伏龍 58	天琴 天捫 9 天華 1	天隱 天威 5 衆尸 35 天饒 9 天旗 258	天傷 天疹 68 浪寇 9 運井 中 7	天默 天武 1 天聋 3 黃雲 59	天梧 天華 1 天祥 9	鼓咒 天怠 1 天元 5 天武 28
三八垣	天岑 天昌 9 天溺 2 外屛 58	天狩 天惻 29 天修 4 天兜 479	天集 秋枯 1 天騂 4	天庭 天套 天箴 9 天孛 1	天沉 天浼 9 天血 25 彗星	天靖 天怎 5 天規 1 天奸 5,789	天聳 天狗 1 天豊 4
三九垣	天攝 天浼 28 天康 9	天蝕 天域 58 天孜 3	天蛊 天戰 中 9 天府 6	天磊 天刁 1 天規 8 天妖 25	天中 長庚 91 天困 28	天瓢 徒兵 中 6 天奇 1 天喉 9	天桿 太乙 3 天廉 8

四十垣	天禡 狗國 9 天渭 8 天瘮 389	天衫 天康 4 勞草 8	天瓢 天旺 2 天迷 9	天螢 天沛 8 天勞 2	天郭 天疾 38 天怡 2 天禹 3,578	天祐 天牟 天恭	天傭 天㝗 1 天倏 5 彗星
四一垣	天袴 酷難 9 天孚 1	天驋 天荒 9 天豊 1	天姤 天囮 5 天騂 9 天蜜 38	天休 天 289 天武 5	天撓 地空 1 天國 9 曳兵 下 5 天炮 上 3	天休 天沮 58 狗國 1	天亭 天奭 8 天蹉 25 彗星
四二垣	天明 天糲 5 天柱 9	天摯 天佯 1 天敏 8	天暨 天孚 5 天特 489 天板 1	天擲 天杠 9 天華 天蟹 35	天燁 2 天武 9 天襁	天元 8 天瘮 35 卜木 1 天炭	天巢 天勞 9 天祥 1
四三垣	天旺 天康 2 天淵 1	天粥 天稔 6 天圍 1	天侑 天枯 9 天積 1	歲凜 歲蝕 中 1 龍池 1 彗星	天曉 天格 1 天乙 3	天射 天規 7 文昌 2 營魁 359	天遞 天邦 5 天醜 1
四四垣	天箱 天淫 1,458 天允 29 天怠 38	天箴 天困 1 天亡 6 九龍 2,789	天遷 積尸 59 天同 26 天怠 1	天啾 天勤 58 天皢 1 天鶴 5	天儂 天豊 9 天洋 1	天米 天旭 1 天猜 5	天藉 天昌 9 勞草 1

四五垣	天邁 天騂 4 天畢 1	歲裙 天庫 1 天聖 9 天妖 28	天妨 天勒 29 天刁 8 天斂 1	天趍 天柱 49 天弧 1	天岩 歲政 8 天柱 9	天昊 天奪 3 天疑 9	天喘 天宜 7 天凋 2 天冷 489
四六垣	天盈 天河 天擇 9	天味 天庫 2 天疑 9	禾稜 天奇 9 秋枯 1	天荏 天疹 1 天梧 4 天康 58	天官 天寬 1 天耗 2	天 天洵 1 天坌 2	天串 天孜 9 外屛 528
四七垣	天迄 天同 1 三台 10 天蜜 39	天銜 天允 5 天怠 9	天擲 天舫 78 歲奧 2 天域 59	天菩 天魁 39 天敏 4 天汚 8	天貞 天邦 4 天眞 2,589	天皿 天狗 2 少徵 10 天斂 9	天使 天機 9 陰水 1
四八垣	天隆 天惻 29 天昌 1 天祖 6,835	天侯 天僥 9 叛目 25 彗星	天麥 天倏 5 天烏 6	天併 天稜 9 天華 1	天壺 天騂 9 天令 258	天隊 天允 8 天猜 4	天代 天國 8 馬空 5
四九垣	天翕 天困 1 勞草 9	天亨 天稔 1 漸始 7 天孤 2	天鏞 天熕 35 天豊 71 壘壁 258	天辨 天旭 9 天狗 2	天張 積尸 38 天鉞 3 天元 1	天昂 天祥 1 天兜 25	天榴 牽牛 4 天鶴 1

五十垣	天煮 天允 1 天妖 10 天坌 9	天奎 天勉 5 天赧 49	天桂 天痧 6 天沼 1 天刁 1	天愧 織女 5 天倉 1 天怠 4	天嵬 天武 8 天猜 5	天吼 天寬 2 天旗 58	天耘 天瀛 9 天騂 1
五一垣	局箕 天孚 1 天善 5 天恭 3	天童 天祥 9 天窠 1 天頷 3	天祥 陸河 37 天修 5 天瘦 1	天懷 天機 9 天杠 1	咸嘴 天豊 9 天碍 9	千心 天規 1 天掣 4	天藁 天箴 1 天苴 5 彗星
五二垣	天轅 天牟 1 秋飢 5	天柳 天孜 9 天恭 5	天鯉 天蒄 天稜 10 破槖 1	天駉 天孚 2 天祛 5	天秦 天庚 6 天杜 10 天祥 5	天夬 天稜 9 天迷 1	天蕨 天武 3 天醜 1
五三垣	天欽 熛包 58 天格 2 天憮 9	天甫 天梗 35 天旭 4 天枯 29	天婁 文球 3 天奥 9 陣旗 上 3	天濫 天皿 59 天豊 4 天慝 1	天蘭 天規 2 四瀆 9 天倏 35	天爐 天柱 2 天庚 29	天魯 天戟 7 天宜 27
五四垣	天空 天允 1 天搠 2 天欽 5	天營 漂浪 358 天祥 4 天烏 29	天圍 天旺 1 天刁 25 彗星	天溟 天孜 1 天赧 9	天首 天康 6 天壽 27	天都 天昌 9 天畢 1	天督 天祥 1 勞草 9

五五垣	天甚 天寬 5 天怠 9	天敷 天護 3 天污 5	天亢 天武 29 天魁 1 天鶴 5	天斟 天稔 2 黃雲 29	天捌 天奇 6 天哭 9 天捫 5	天糠 天華 1 天歛 5	天煆 天煩 28 天浧 5 天榎 1
五六垣	天客 天鹿 59 天饒 8 天牧 258	天淵 天祥 9 天沛 1 天耗 58	天蝶 天旺 6 春狗 3	天碩 陸河 33 天機 4 天烏 1	天胃 天孚 1 天疑 9	娥宇 天貫 4 天壽 5 天霄 1	娥女 天臼 1 天浼 59
五七垣	天嗜 天蒜 9 天疑 1 天榛 3	天仇 天運 5 天政 28 天坌 1	天腋 天血 39 天廩 2 勞草 9	天印 天富 1 房空 9	穤 天財 4 天孤 58	關綣 天嫉 39 天田 1 天狗	首令 墺軍 上: 9 天谷 49 秋假 58
五八垣	黃廐 天庭 29 天赧 4	大戀 天康 6 天池 1 天侃 58	日朝 天錢 6 天刁 7	谷拋 天機 5 秋枯 9	天突 天勉 9 天揨 25	天種 天旭 5 秋空 8 彗星	天狗 天規 1 木豖 9
五九垣	天 天鬼 1 天耗 5	天苽 天疹 1 天敏 57 天兜 349	天茸 天奸 478 天武 5 天烏 9	天淫 天魁 1 天穆 10 天庫 1 天魋 7	天獵 天元 1 天浼 57	天枯 天同 1 天怠 5	天楝 天尒 8 天猜 9

六十垣	天房 天修 6 天孚 1	天臈 天瘦 2 天稜 1 天超 9	天窓 天貫 15 天河 1 天血 29	天霍 天稷 9 天散 8	天毀 八谷 9 天德 25	天呰 天牟 4 天樞 5	大梁 天床 1 天碎 5 天霍 9
六一垣	弘周 天彔 9 秋飢 8	折木 市樓 1 九龍 589	星紀 鳳閣 3 天喪 9 天妬 9 天茉 4	惶望 天勒 58 天貢 28 地空 9	天實 天油 8 天殑 5 天疹 29	天娶 天油 58 天貴 1 天糲 2	天祿 天唐 15 太寶 2 天祛 9
六二垣	實沉 天倉 積水 5 土空 69	玉漏 天牟 7 天財 1 天特 25	月紋 天貫 1 天扛 9	天達 天岑 58 天竅 9 天佯 1	天達 天厚 天運 29 彗星	天泰 天臼 9 天荒 5	天雙 天杵 2 積水 8 天妖 89
六三垣	天駕 天富 2 天碍 38	天忠 天稔 1 賢師 7 天勞 2	天露 天孜 5 天牡 28	天味 天庫 1 天馬 3 天苴 5	天悟 天瘦 2 天元 57 天杠 48	百結 天華 1 天佯 9	泓湏 天棔 26 天圍 78
六四垣	隆庫 天河 2 天谷 1	御馬 市樓 1 天簣 9	天 大穀 9 天 10 天掣 2	天隨 天蒜 8 天祛 9	卦舛 薊庫 1 天迷 9 天弻 1	木庵 天庭 9 營魁 28	綠筍 天油 6 天浼 17 彗星

六五垣	天曳 天妖 1,489 皇府 3 天倉 3	天迎 天蜜 天貫 天拗	天座 牽牛 1 天 5 天壽 289	天舘 天疹 27 天宜 7 天耗 8	天梨 天貫 7 天侃 289 天秀 1	天霧 天同 10 天赧 5 彗星	天狗 天政 1 天烏 8
六六垣	天復 天饒 1 天疑 9	天桃 猛濤 35 天康 58 天兜 49	仙雞 天旺 9 天耗 4	睦浦 天康 1 天沛 8 衆尸 58	白蓟 天昌 天拗 91	天擲 天豊 2 天雞 3	天蘭 天規 4 天令 589
六七垣	天休 天元 1 天漏 5	胡羊 天康 2 天斂 9	混建 天武 4 天散 8 天繁 28	天對 天允 5 天草 9	天滋 天廪 1 天馬 5	洛陽 天貫 2 天池 6 大鹿 39	洛元 天允 4 天刁 9
六八垣	萬禱 天修 1 天拗 6 天耗 9	百徒 天勉 2 天狗 38	天疑 天困 1 秋假 8	天俗 天饒 5 天侃 289	天炎 旗星 58 天奇 9 房空 1	天渠 波驪 579 天寬 1 天康 3589	天斂 天輿 57 天浼 48
六九垣	天匝 天敏 1 天怠 9	天柴 叛目 258 天華 1 木豕 6	天俾 大畘 158 天康 9 天散 28	天歆 天姤 58 天困 28 天旗 59	天貫 天禹 27 天庫 9 天岔 59	天孝 天田 6 天涔 1 金神 25	天迷 8 天孜 16 天列

七十垣	天甫 天壽 456 天油 2 天湖 6	天環 天康 9 武庫 1 土空 28	天聯 天妖 45 八谷 1 天苴 9	天砥 天貫 3 天枯 9 天巧 4	天脂 酌旗 49 天薊 57 天薄 29	天業 天炲 1 天收 589	天達 天厚 1 天荒 5
七一垣	天威 天洋 4 金馬 2 天攻 9	天佩 天財 6 天翻 5 天倏 1	天屹 天奸 258 天臼 1 天格 9 破槖 3	天耗 天床 9 天極 2 天愁 8 天濁 5	天燃 天牟 1 軍市 上 6 天篢 2 天令 25	天褐 積尸 5 天貢 4 天杠 9	天襪 伏睨 58 天俊 1 天稷 4 天珏 29
七二垣	天理 天富 9 天渭 1 天洋 8	條觀 天旭 1 天修 5 天靦 28	狩慝 天嗟 25 天規 6 破槖 1	頻陰 天旗 28 天掣 4 天炎 1	天炎 天武 28 天機 5 天怠 1	驪周 天祥 9 天汚 8	弘收 天邦 1 天同 28 天惻 9

升殿局 主君位 客五

太微十政二躔五奎
紫微一政四躔二十五箕
天穆十一政一躔十二井
天馬八政六躔二十七年
太乙三政一躔七胃
天德　　〃
天貴十一政二躔七胃
天斗十一政四躔六婁
王帝一政一躔一虛
帝座一政一躔二十亢
河魁五政四躔七胃
天顥十十政三躔二十亢
營室十二政七躔二十一氐
天寶十一政五躔十觜
三台五政四躔八昴
文昌十三政四躔十六張
太陵十二政九躔二十八女
紅鸞十四政三躔四壁
龍池十四政四躔一虛
金馬十五政二躔十二井
鳳閣十六政　五奎

河鼓十一致六躔十一參
天福十二政八躔七胃
天魁八政五躔十三鬼
少微十政九躔八昴
閣道十二政七躔八昴
天極十二政六躔二十亢
天常九政四躔十七翼
天市十政八躔四壁
天屏十二政八躔十六張
八座十二政七躔三室
皇府一政　五奎
天府九政五躔四壁
斬始十六政一躔九畢
天乙十七政三躔十一參
太寶十八政五躔十八軫
天赧十九政五躔二十八女
天部二十政四躔八昴
天獲二十一政四躔三室
天威二十一政九躔二十七牛
斗座八政七躔二十二井
　共四十一星

入沒局 主君位 主二

天沒十一政六躔十一參
天坳九政五躔四壁
天殄十二政七躔二十一氐
天亡十政三躔二十亢
天殃十二政七躔三室
天潰十一政二躔七胃
天蔽一政二躔二十亢
天禿八政六躔二十七牛
天浚五政四躔八昴
天杜十政九躔八昴

天削十四政四躔一虛
天凋十一政四躔六婁
天𪘲二十一政九躔二十七牛
積尸十二政八躔十六張
天恝十四政三躔四壁
天狗十七政三躔十一參
天淫刑㤼 三政一躔七胃
天碎九政四躔十七翼
天或十二政七躔八昴
天陷一政　五奎

天頹一政一躔一虛
天魋十六政一躔九畢
天鬼二十一政四躔三室
天刑十八政五躔十八軫
天盡二十政四躔八昴
天燐十三政四躔十六張
太恠十五政二躔十二井
天孛十九政五躔二十八女
天空十二政六躔二十亢
天崩十政二躔五奎

象尸十二政八躔四壁
天暗一政四躔二十五箕
天翻五政四躔七胃
天邪八政七躔十二井
天懷十一政一躔十二井
天昏十六政 五奎
天閉十一政五躔十觜
天伐十二政八躔七胃
天妖十三政九躔二十八女
天敗八政五躔十三鬼

兵星局 主天民兩位 客五上 甲子/甲戌 中 甲申/甲午 下 甲辰/甲寅

曳兵一政二躔二十三心
壞軍一政五躔十一參
馬戰六政六躔二十七牛
玄戈同天斬
天狼十二政七躔八昴
土兵十五政八躔二十八女
軍井十五政九躔二十五箕
天裁十六政 九畢
天炮一政三躔一虛
軍市九政五躔四壁
天戟十五政二躔二十一氐
浪寇十五政九躔十九角

陳旗一政五躔五奎
戈幕八政五躔十三鬼
天斬十一政一躔三室
天鉞同天斬
天攻十五政九躔九畢
天兵十五政八躔一虛
徒兵十六政 四壁
天鉞十六政五躔五奎
積耗八政六躔八昴
天亂同天斬
天陣十五政一躔五奎
天戟/天戈 軍門十六政二十一氐

勞星局 主天, 地物位 客五

天洋 婁尾	天沾 恭昴	太梁虛室氐	運水 亢參
天淵 張星	天瀛 鬼星	天河 女室克	天渭 畢氐
逆水 室牛翼	天涔 斗胃	積水 心角	河伯 亢奎觜
天溺 箕尾	天浚 觜翼	天淫 井壁	南河 房張
天江 柳箕	天洶 室參	天湖房胃	天池 畢胃
天漏 角婁	四瀆 斗星	天沛 壁虛	

穀星局 主地位 物位 客五

天穀 斗星	天補 壁張	牽牛 軫亢	大穀 柳亢

天政 氐翼
天昌 柳胃
天機 斗參
天康 張翼
天邦 角軫
天奇 虛星
天臼 女角
天倉 心壁
織女 井鬼
市樓 畢室
天牢 斗心
天武 室畢
天饒 婁虛
天允 觜滲
天孜 房斗
天敏 房虛

天庫 壁奎
天杵 房翼
天田 角虛
天錢 井胃
天油 觜昴
天唐 壁虛
天元 參鬼
天修 尾井
天國 畢張
天勉 虛畢
天興 心井
天廉 斗亢
天廩 危張
天蒜 心井
天貫 井婁
天庭 牛參

天㙜 張牛
天祥 箕角
天稜 角壁
天困 亢女
天旭 危婁
天寬 屢胃
天梵 女危
天床 亢斗
天衡 心柳
天財 房碧
天貢 角危
天叚 井昴
天同 斗女
天騂 奎觜
天稔 牛危
天規 奎心

天棓 牛女
天稷 氐翼
八棠 牛虛
天祿 奎昴
天宜 箕女
天厚 氐軫
蓟庫 畢尾
天孚 房心
天格 危星
天箴 奎虛
天豐 室鬼
狗國 心尾
天柱 房鬼
武庫 亢室
天富 虛危

歉星局 主地位 物位 客五

天勞 牛尾
天枯 鬼虛
天穮 角房
天杜 亢翼
天阻 亢胃
天掣 觜鬼
天偃 箕昴
天刁 氐壁
天赧 危翼
天超 箕室
秋枯 室觜
地空 張星
天荒 翼星
天慝 牛箕
天倖 參氐
天倏 尾參

天怠 房畢
天鶴 危軫
池空 壁尾
天散 角奎
秋慷 氐翼
井血 井星
下木 胃觜
天薄 角星
天祛 奎虛
天電 角心
天簣 畢張
天怎 張箕
天捫 斗昴
天坌 婁參
天鳥 昴尾
木豕 軫鬼

馬空 奎壁
秋飢 斗牛
土空 心亢
天窠 參危
天愁 畢井
天图 軫壁
天汚 女柳
天疑 鬼牛
天狗 危張
天畢 室女
春狗 亢牛
天恭 女井
天迷 柳牛
天苴 心婁
天覡 斗虛
天憮 昴房

天浼 星角
天猜 室底
天空 昴軫
秋空 斗翼
陰水 虛心
破棠 畢虛
耗稔 婁參
天碍 畢危
天醎 底躬
天圍 牛奎
天�факт 心虛
勞草 室女
天歉 星婁
天耗 女牛
秋假 亢畢

病星局 主民位 客五

天疾斗 天妖胃 天疹亢入役 天煩氐 天麗虛 煄包畢 大涔 張 天武 亢 醎腐箕 天后牛 積尸觜 天鬼氐 金神鬼 衆尸井 天魑心 叛目氐 天血虛 天瘦柳 天嗟翼 天蜜觜

淫星局 主天民 兩位 主二

酒旗 虛牛室 天奸 星角女 天淫 井鬼柳 天粗 軫壁參 旗星 箕心張 兩梗 星虛 天嫉 氐角胃

將星局 主民位 客五

營魁氐 黃曇角 天侃畢 天壽婁 九龍井 天兜斗 星壁女 天酷張 天旗軫 外屛鬼 長庚參 天禹張 天繁畢 天令觜 天德張 天壯角 天運底 天眞畢 天特婁 天牧鬼 天擔亢 天柱箕 天局心 天域虛 天撐壁

賢星局 主民位 客五

天尊九躔十三鬼 王善七政六躔一靈 太尊一政二十五箕 文殊七政六躔九畢 天座七政四躔十九角 文王五躔十三鬼 大賢八政一躔二危 天師七政二躔七胃 太微 紫微 文昌 小微 皇府 太乙 天貴 天屛 玉帝 天極 龍池 鳳閣 三台 八座 閣道 天乙 營室 紅鸞 等此 大吉星 逢政躔者爲升殿興隆○登君位眞入登位○登天位四節順序○登地位各穀大登○登相位官位民位逢升殿君臣爭唱太平歌 此星雖曰大吉而不入升殿與凡星同也

彗星局 主天位 客五除 五百四星類聚

天關 天茂 天焱 隔烟 天伸 天斥 天平 天俺 天農 天鏂 天理 天敉 天鞋 天倫 天絡 天直 天景 天神 天豊 天微 天彥 天敦 天棗 天領 天禪 天禡 天昊 天靖 天宋 天都 天敷 天室 黃曇 天達 洛陽 洛凡 天駕 台薊 天座 御馬
主象 登君位得二七數宮中生聖賢太子之象也 登相位得三八數生早忠孝登方伯位同 登民位得四九數民中賢人多出 登物位得五十數禾爲登豊 登天位得一六數雨順風調 此星無位與數不能造化眞凡星同也 數者洛書數也 客象 登君位得一六數生濟世眞人之象 登民位得二七數文學輩出民間 登天位得三八數之象 無眞位與數不能造化 眞凡星同也 以下諸星倣此
天魯 天均 天慶 天朝 天美 天呂 玉燭 天陛 天喆 天圝 天蔀 天鄭 天宮 局箕 天章 天祥 无亢 孺妙 天魁 天營 道令 天漏 局仙 天迎 天旱 主象
登君位得三八數生文章太子之象登民位得二七數民中生右脇胎生之象 登物位

得四九數黍粟登豊　登天位得五十數密雲不雨旱災之象　客象　登民位得三八數吏娼中生名賢之象 登物位得五十數年麥最登 登天位得一六數爲霜雹之災

天爨 天曼 天斜 天辭 白羊 天哥 天况 天劇 天瘟 天訊 天防 天匏 天祐 天督 天仇 天賁 泓渚 天禍　宿慝　主象　登君位得三八數有酷政虐民 登相位得四九數奸臣叛謀殺害非常 登民位得五十數民多亂倫謀叛 登物位得一六數各穀極凶 登天位得一六數積水運目　客象　登君位得一六數當有咀呪作凶福之象 登相位得二七數廷國有咀呪侵國之象 登官位同民位得二七數民心亂常有四方潰散之志 登物位得三八數禾粟寂凶 登天位得四九數夏之極熱冬之酷寒

天梵 天雄 天園 天玉 金堂 天阜 天幸 天黨 金蘭 天菊 天圖 天默 天獎 天需 天眞 天種 日朝 天欽 天輔 天轅 天建 天胎 天逵 弘牧 學規　主象　登君位得一六數國中生賢聖眞人之象　登相位得二七數文章輩出登民位得三八數賤役中生文章學士之象 登物位得四九數五穀豊登 登天位得五十數潦旱有序　客象　登君位得二七數文章各賢輩出 登官位得三八數名將輩出 登民位得四九數峽有名將輩出 登物位得五十數粟豆太稷木綿大登 登天位得一六數客水傷穀

天弘 天煦 羅候 天博 玉堂 國師 天空 天后 天尺 天藁 天札 天刪 天昔 天凜 天停 天使 天啓 天琴 天麥 天蘭 大梁 月紋 天佩 天孛 天忠 隆庫 天舘 睦浅　主象　登君位得一六數宮中生太子公主之象　登民位得二七數峽民安樂野民水傷輪疾四熾民尸滿坑 登物位得三八數乾田畓峽谷最凶 登天位得五十數大雨孺月山崩海溢久獸多傷　客象　登民位二七數文章輩出 登物位得三八數年麥唐耳吉峽粟吉野禾吉山果最登 木花及桑蠶登 登天位得四九數先旱後霖

天伩 天對 天特 天鷄 太令 天漢 天芮 天耐 天阬 天峙 天紇 天瓢 天喘 天喘 天炭 天蕩 天窄 惶望 天仄 天茶 卦舛 天燃 頻陰 天仞 天舊 折木　主象　登君位得五十數國中百病之象 登相位得一六數朝臣相爭有刑戮 登官位同民位得二七數賤民有右脇胎生 登物位得三八數早穀最凶晩穀吉 登天位得四九數先霖后旱 山獸傷人　客象　登君位得三八數國中生亂國之賊 登民位得四九數民心自動有亂倫殺戮之變 登物位得五十峽谷吉野禾凶 登天位得一六數大風連月陰氣秀成人民半傷

天訛 天沉 天刁 天猾 天眉 天姮 天佛 天姻 天尼 天殉 天虫 娥宇 蛾女 天浑 毛尖 天凝　主象　登君位得三八國中有淫行酒色奸疾之象　官相民三位同 登物位得一六　百谷半吉極傷彌月成川浦落之象　登天位得五十數狂風拔木各谷不實 山崩水溢之象　客象　登民位得三八數奸慝之民聚于島中成

群謀叛之象 登物位得五十數禾麥豆太牟麥吉餘極凶 登天位得四九峽有霜災野有旱災 天株 天憩 天姪 天鶩 天靈 天厰 天罄 天夷 天籍 天串 天爾 百徒天渠 驢周 主象 登民位得三八數峽巷有謀叛犯國之象 登物位得一六四九數各穀凶 登天位得一六陰雨終年 客象 登君位得四九數宮中有骨肉相爭之象 登相民位同 登物位得一六各穀凶 登天位得五十山獸傷人

一百二十運星局 置混元歲積以一百二十歸除得運去十用零

第一 天亡申九天蔽申三七徒兵九天同三列肆七四逆水二五六天災八文昌己丑七熒惑午一大陵

二 天氏五八九天渴二六三天狗四七討都午二五紫微午九天轉寅一黃鍾

三 九七一三天護二八市樓辰九天泣四六天妖五太乙未七一弘魁

四 三天危一大梁己九三五河魁己亥二四八紅鸞四五七天財二六七九天蟾

五 九三天床二六八天喪己一八徒兵一五七積尸四天聖

六 一九天府申一九天崩丑二五九羅候三八四瀆四六酒旗二五天淫七北河

七 五五天甍申一天鉞一天穀二七九天庙三八天善四天稷六天子三巨鼓

八 天喪一三七天悼二四六天迷五八土空子二七三台寅五天貴

九 五一天貢酉一北河二六九天刑三七狼寇四八軍門亥一太白

第十 九三斬垳一七天臼戌八九刁蟹二五天盜四六八天悵

十一 一金馬二七天彗三六八天空四九玉帝五天市亥丑五積水

十二 未五天潰未一天妖九七太寶一三八穀二五八座四六猛壽八天難

十三 五一織女二六七天離三八天皇四九天殃寅五天喪未巳八天妖

十四 九三玉堂一文曲七雲水二五八天狼四六天頹己一五天蠱

十五 戌五天敗一九淫亂卯一文記卯九天荒二五八天錢三四天感六七天泣子九三垳

十六 一天常二八軍門三五太乙四六文昌七積尸九天盡卯戌四六營室

十七 九七爲一三天漢二五天哭四六士兵八天饑酉丑五天杖午三天輿戌九狼寇

十八 五天衡一天檢六天勸二三七明堂四六九泓頴辰五天哭戌二河魁

十九 三九天庭一七薊庫二五叛陸四八兩梗六天斜己八五天穀子二天攻

第二十　未九天滔未一三七徒兵一太微申一天劫二四天疹五八九天空三六七天旱

二十一　九七天府一三大梁二五天泣四六天刑八天華巳丑五七彩鳳辰一閣道卯玄戈九北震

二　一玉帝一三天富二六秋飢四八天煦七九刁蟹子二天哀卯五八天崩

三　九三一七天斗亥一天洋二六八天斬四五積尸巳午九一天戟寅六文昌已八天哭

二十四　未六天炊未二八漓邦一九天甫子九天荒二五八天勞三六天安四七天燐

五　太陽丑一天枯二五八帝座三六九天悵四七天淫卯三八黃幡戌一天罝

六　五天香一天惻九七天穆酉一三天同二四六七天勞八天迷子七伏陵

七　一天泣卯一天庭五九天府卯五天常二六八羅候三四天暗七天盜丑一七天貴

八　九三七八(九三一七？)八穀二五六天危四八太乙申六太乙子午七九太白

九　一天庫二七九文昌三五八積水四六兩梗亥丑未八歲靑

三十　九七一三金馬二五八積水四六酒旗寅五熒惑

一　一四積尸五天屛二七九天福三六八太陽己九北辰丑七營師

二　九天哭一三七天切二五八天厨四六天牽申五關鎭申八破槖

三　九天關一天兗二七天府三五八雲水四六黃幡亥卯辰二朴

四　一天惻二五九天枯三八天河四六七天杲巳四漢陵

五　九天宜七一天斬三天油二四五八六天空

六　一五八天床二七九浪寇四六三軍市戌一天疾

七　一五三天熾午五天蔽二六八天勞四七九天富未一關鎭

八　九三七一天厨二五四八天盜紫微六午一天疹

九　一天斗二五九天鉞三六八天恕四七天甕

四十　九天洋給一三天谷二五八天刑四六天蒸

一　五二天倉三七九天安一天同四六八天飢未一天潰寅四天頓寅二六八天孛

二　四九天帝二三七大虛一九天華己一天感四五六八天弘子申七猛河

第四十三 上一天報 下一 積漏 二五七九 天灾 三六八四 豹尾 未一 天頹 未九 徒兵
四 九七天巷 一三 豹尾 二四六 天富 五八 天尊 午九 天○ 午一三七 天戟
五 九天憂 七 天關 一三 土兵 二五七八 太陽 四 少微 亥丑七 地空
六 一天帝 二八九 天感 酉五一 天厚 三七四 天疾 五六 天魋
七 九三天床 一七 天荒 二五八六 天廚 四 三台
八 一天荒 二五八 天臼 三六九 太乙 四七 河魁
九 九七天田 一三 二五八 天戟 四六 大帝 午八 熒惑
五十 五天油 三八 王奸 四六七 天報 一二 三台 九 天崩
一 一三天富 一七 天常 二八 天空 四五 天皇 六 天殃 子二九 爊苞
二 一九天廚 二五八 玉帝 三四七 天憂 六 積水 午戌三九 醎腐
三 六天哭 一 積薪 二五八 天馬 四七九 市樓 三 文昌 子亥二八
四 九天田 一七 積積 尸水 三 天甫 二五八 紫微 四六 天旱 子二 陸河
五 五天崩 午 五一天財 二七八 天勞 一三 少微 四六九 積水
六 二三天庫 一七 九 天吊 五四 天魁 六 天佐
七 一天甫 二八九 積水 三五七 閣道 四六 天勞 戌九 太白
八 九三天安 一 天倉 七 天部 四八 天陣 二五六 薊庫
九 五一天廚 二四六 天血 三九七 天淫 八 天乙
六十 九天宜 三七 天財 一四 天○ 二五八 天薄 六
一 一九漸圻 二八 天錢 三六七 天飢 四五 天狼
二 天穆 二六八 土空 三五七 天河 四九 華蓋 亥九 關鎖
三 九天煩 七 天刑 一 寇狼 三 天油 二五八 文昌 四六 金神
四 九天廚 一 天福 六七 天斂 三六四 積水 子午五 桴暗 八九 文曲
五 九天憂 三 天惻 一 天荒 七 天桴 二五四 天陣 六八 狼寇

第六十六 一天平二七九天勞五八四衆戶三六天屛

七 九天災一七天罝三天旱二五八太陽四六八座子八歲青

八 五天床一天豊二六八九天空三七天錢四太乙子九歲青

九 九天殃三天戮一天渡七天庫二五八天貴四六積水未一大鹿

七十 一天弘九天歉二八天船三七天庫四五天災六三台

一 一天蠱二五八太乙四七九天德二六天孛子午太白

二 九天安七天關一天疾三天渴二五六天福四八天戰卯辰戌九杜福

三 五天危一大梁二八九天公三六文昌四七太常丑一大涔

四 九天榮三天甫一天厚七天倉二六八天飢四五天彗未四天崩未二六八積戶

五 一天壽二七九積水三五八積戶四六天奸寅二大陋

六 六七天頹一三天煩卯九三酒旗卯一七天奸五八二四列肆九天柱

七 一大明辰一五壘陣五太乙二六八天艾四三七九天忒

八 九天恠三一天暗七天空二八天福四五天魁六天瘦

九 一九天勞二八五織女三七天狗四六天煦丑一刁蟹

八十 一天戰二五八天數三七九天勞四六天疾未九天蔽未一熒惑

一 九天陷七天殺一三天戟三五八咸州四六天漢申猛濤

二 五天變一天轉二六九天恠二一七四天淫

三 九文昌一天乙七天財二五八隔爛四六大弘丑卯九一天闌

四 五天杵一少微二六九天荒三七天勤四七雲水

五 九七天穆一天魁三積薪二四八天惆五六天變

六 二四天破六一太陽一二五九天刑七八天刑辰己二九杜福

七 之天數九紫微三一天祿七天田二四八大熟五天災

八 卯九天瘦二天馬一九天果五七八積水三六金神四天奸辰午熒惑

第八十九 一天陣五七天瘦六八河伯三四九天卯三三台辰五北辰

九十 九七天貫一三天德五八天劫二四積水六天禍

一 五天陸一積戶六天宣七九天廪三六列肆四二金馬

二 四天悵一天刼九三天常七五二天谷六八天賊卯一天崩卯九天陣

三 一天吊六七九天赧三四五六天府未八關鎖

四 九七天部一三狗國二六天牟四五天燐八天辟

五 五一天槍六九天伐四八天市三七河魁二一牽牛

六 九三天魑一七天枯四八二天粗五六彩鳳亥一桴暗

七 一九天孛五三七四天鬼二六八織女未五八熒惑

八 卯五天陷一五天飢二四六八天興三七玉堂九河魁未一天涔

九 九三軍市一七天貴五八二天煦四六天公丑一天敗

一〇〇 五天狗一天鉞二六九天亥三四七八太佐

一 六天亡一營室三七天果九天庭二四五八天氐

二 天恭五七九天蒸二三天江六八四天斗亥三太白

三 九七明堂一三天淵二五八八穀四六天惑巳九醎腐

四 一天皇五天座二八九羅候三四七天貢六天極

五 一天皇四七九八座二三六天煩五八天空卯一天頹卯九太佐

六 一九天安二五七八天庫三六四討都子二八爊包

七 九三天泣一七玉帝二六八太乙四五天狗

八 九七天床一三天廚二四五八天歉六天勞未二天陷未一三七天杖

九 五一天奸二四八九天荒三六七積水戍一天勒

一十〇 九一紫微三七天渴二五八天蓋四六天喪子九北辰

一 一太乙二五八九天壽三四天田六七天陣

第一一二 九天富 七三天燐 一天陣 二五八天孤 四六天船

三 五一太陽 二六八九天粗 三七四天咸 申一九大鹿

四 四天盡 一二天漢 九三天甫 五六八天枯 巳一太白

五 一九紅鸞 二五七天妖 三六八酒旗 四文曲 申一五七大陋

六 一文紀 五八九大谷 二六天勤 三四七黃幡 己九熒惑

七 九七一三天枚 二六天同 四八天較 五運水 巳一天闖

八 三五一咸州 二七焚穀 八九漸始 四六積漏 八十七北辰

九 一九華盖 三七武庫 二四五八天甍 六衆戶 子四天秀

一二〇 一淫亂 二七九太寶 三八逆水 四六太微 五雨梗

二十八宿 度數

角二星 十二度對奎 辰地
亢四星 九度對婁 辰地
氐四星 十五度對胃 卯地
房四星 五度對昴 卯地
心三星 五度對畢 卯地
尾九星 十八度對觜 寅地
箕四星 十一度對參 寅地
斗六星 二十六度對井 丑地
牛六星 八度對鬼 丑地
女四星 十二度對柳 子地
虛二星 十度對星 子地
危三星 十七度對張 子地
室二星 十六度對翼 亥地
壁二星 九度對軫 亥地

計三百六十五度四分度之一(經度一度는 宿度一度〇一四五에 該當)

奎十六星十六度對角戌地
婁 三星十二度對亢戌地
胃 三星十四度對氐酉地
昴 七星十一度對房酉地
畢 八星十六度對心酉地
觜 三星 二度對尾申地
參 十星 九度對箕申地
井 八星三三度對斗未地
鬼 五星 四度對牛未地
柳 八星十五度對女午地
星 七星 七度對虛午地
張 六星十八度對危午地
翼二二星十八度對室巳地
軫 四星十七度對壁巳地
(星宿一度는 經度〇九八五度에 該當)

二十八宿度數와 地球上經度와의 關係

角	十二	西經	一七二	女	十二	東經	〇九二	畢	十六	西經	三八
亢	九	東	一八〇	虛	一〇	東經	八〇	觜	二	西經	三九
		西	一八〇	危	十七	東經	七〇	參	九	西經	四八
氐	十五	東經	一七九	室	十六	東經	五六	斗	三三	西經	八一
房	五	東經	一六四	壁	九	東經	四〇	鬼	四	西經	八五
心	五	東經	一五九	奎	十六	東經	三一	柳	一五	西經	一〇〇
尾	一八	東經	一五四	婁	十二	東經	十五	星	七	西經	一〇七
箕	十一	東經	一三六	胃	十四	東	三	張	一八	西經	一二五
斗	二六	東經	一二六			西	十一	翼	一八	西經	一四五
午	八	東經	一〇〇	昴	十一	西經	二二	軫	一七	西經	一六〇

참고문헌

가노우 요시미츠,《중국 의학과 철학》, 한국철학사상연구회 기철학분과 옮김, 여강출판사.

葛洪,《抱朴子》, 正統道藏 제47책.

《鏡虛集》, 明正 譯註, 통도사 極樂禪院, 1990.

고준환,《하나되는 한국사》, 범우사, 1992.

권근,《入學圖說》, 을유문고 131권, 을유문화사.

권태훈,《백두산족에게 고함》, 정신세계사, 1989.

______,《천부경의 비밀과 백두산족 문화》, 정신세계사, 1989.

《金剛經》, 이기영 옮김, 한국자유교육협회.

김교헌,《神檀民史》, 고동영 옮김, 한뿌리, 1986.

______,《神檀實記》, 대종교 本司, 1914.

김낙필,〈權克中의 內丹思想〉, 서울대 대학원, 1990.

김범부,《花郞外史》, 이문출판사, 1981.

김상일,《한밝문명론》, 지식산업사, 1988.

김용운 외,《한국수학사》, 열화당.

김정빈,《丹》, 정신세계사, 1984.

김정휴,《田岡禪師評傳》, 노루.

《懶翁錄》, 선림고경총서 22권, 장경각.

《老子》, 우현민 옮김, 박영사.

大野勃,《檀奇古史》, 고동영 옮김, 한뿌리, 1986.

《大全奇》, 필사본.

《大學中庸諺解本》, 여강출판사.

라마나 마하리쉬,《나는 누구인가》, 청하.

馬濟人,《中國氣功學》, 중국도서간행사.

《滿空法語》, 덕숭산 能仁禪院.

멀치아 엘리아데,《요가》, 정위유 옮김, 고려원.

문정창, 《백제사》, 인간사, 1988.
______, 《한국고대사》, 인간사, 1988.
《般若經》, 이기영 옮김, 한국자유교육협회.
梵海, 《東師列傳》, 김윤세 옮김, 광제원.
《法寶壇經》, 印宗 옮김, 현문출판사.
普照 외, 《初發心自警文》, 법륜사.
《普照法語》, 심재열 講說, 보성문화사.
北崖子, 《揆園史話》, 신학균 옮김, 명지대학 출판부, 1975.
사마천, 《史記列傳》, 동서문화사.
《山海經》, 정재서 譯註, 민음사, 1984.
《書經》, 차상원 옮김, 명문당.
西山大師, 《禪家龜鑑》, 국민서관.
________, 《禪門撮要》, 백용성 옮김, 불서보급사.
서경덕, 《徐花潭文選》, 김학주 옮김, 명문당.
서대석, 《朝鮮朝文獻說話輯要》(1 -2), 집문당.
성백효, 《論語集註》, 전통문화연구회.
______, 《孟子集註》, 전통문화연구회.
______, 《中庸 大學集註》, 전통문화연구회.
《小學》, 한국자유교육협회.
孫武, 《孫子兵法》, 이종학 옮김, 박영문고 24권, 박영사.
송익필, 《龜峯集》, 한국의 사상대전집 11권, 동화출판공사.
狩野直喜, 《中國哲學史》, 오이환 옮김, 을유문화사.
《首楞嚴經註解》, 李耘虛 옮김, 동국역경원.
僧璨大師, 《信心銘》, 明本禪師闢義解/明正 옮김, 통도사 極樂禪院.
신규식, 《韓國魂》, 박영문고 45권, 박영사.
신채호, 《朝鮮史研究草), 을유문고 151권, 을유문화사, 1974.
______, 《朝鮮上古史》, 이만열 註釋, 단재 신채호 선생 기념사업회, 1983.
안호상, 《나라역사 육천년》, 한뿌리, 1987.

《延邊文化遺物略篇》, 연변인민출판사, 1987.
列禦寇, 《列子》,
《禮記》, 권오돈 옮김, 홍신문화사.
예내청, 《中國의 天文學》, 유경로 편역, 전파과학사.
《玉樞寶經》, 明代世宗肅皇帝御製筆寫本.
《溫城世稿》, 영인본.
窪德忠, 《도교사》, 최준식 옮김, 분도출판사.
요시오카 요시토요, 《중국의 도교》, 최준식 옮김, 민족사.
龍伯堅, 《黃帝內經概論》, 백정의 외 옮김, 논장.
袁珂, 《中國古代神話》, 이훈종 편역, 범문사.
圓仁, 《入唐求法巡禮行記》, 신복룡 옮김, 정신세계사, 1991.
魏伯陽, 《周易參同契》, 正統道藏 제34책.
魏夫人, 《黃庭經》, 正統道藏 7책.
劉安, 《淮南子》,
유마힐, 《維摩經》, 삼성문화문고 150권, 삼성문화사.
《六韜三略》, 이기석 옮김, 홍신문화사.
《陰符經》, 正統道藏 제4책.
이규경, 《五洲衍文長箋散稿 經史編》, 고전국역총서 154권, 민족문화추진위원회.
이규보, 《東明王篇》, 을유문고 160, 을유문화사.
이기동 외, 《한국고대사론》, 한길사, 1988.
이능화, 《朝鮮道教史》, 보성문화사.
______, 《朝鮮巫俗考》, 동문선.
이병도 외, 《한국상고사입문》, 고려원, 1989.
이상시, 《檀君實史에 관한 考證研究》, 고려원, 1990.
이수광, 《芝峯類說》, 을유문화사.
이승휴, 《帝王韻記》, 을유문고 160, 을유문화사.
李養正, 《道教概說》, 中華書局, 1989.
이은봉, 《단군신화연구》, 온누리, 1986.

이일영, 《震默大師小傳》, 보림사.
이제마, 《東醫壽世保元》, 이민수 옮김, 을유문고 188권, 을유문화사.
李志庸, 《中國氣功史》, 河南科學技術出版社.
이지함, 《土亭集》, 한국의 사상대전집 11권, 동화출판공사.
일연, 《三國遺吏》, 이동환 옮김, 삼중당, 1983.
張榮明, 《中國古代氣功與先秦哲學》, 上海人民出版社.
莊周, 《莊子》, 박일봉 옮김, 육문사, 1991.
전병훈, 《精神哲學通編》, 명문당.
정인보, 《陽明學演論》, 삼성문고 11권, 삼성문화사.
______, 《조선사연구》 정인보전집 3-4권, 연세대 출판부, 1983.
정재서, 〈神仙說話研究〉, 서울대 대학원, 1988.
정태혁, 《요가의 복음》, 까치.
《諸葛亮心書》, 강무학 옮김, 명문당.
조셉 니이덤, 《중국의 과학과 문명》, 이석호 외 옮김, 을유문화사.
《周易》, 김경탁 옮김, 명문당.
酒井忠夫, 《도교란 무엇인가》, 최준식 옮김, 민족사.
朱熹, 《近思錄》, 성원경 옮김, 삼중당.
____, 《周易參同契考異》, 正統道藏 제134책.
《中國當代氣功師》, 天則出版社.
曾先之, 《十八史略》, 자유문고
차주환, 《韓國道敎思想研究》, 서울대학교 출판부.
《參同契闡幽》, 이윤희 옮김, 여강출판사.
村山智順, 《朝鮮의 鬼神》, 노성환 옮김, 민음사, 1991.
최삼룡, 《韓國初期小說의 道仙思想》, 형설출판사.
최준식, 《한국의 스승》, 도서출판 窓.
최창록, 《韓國神仙小說研究》, 형설출판사.
최치원, 《四山碑銘》, 최영성 譯註, 아세아문화사.
崔希范, 《入藥鏡》, 正統道藏 제37책.

《韓國奇人傳/靑鶴集》, 이석호 譯註, 명문당.
한국도교사상연구회,《道敎思想의 韓國的 展開》, 아세아문화사
________________,《道敎와 韓國思想》, 아세아문화사.
________________,《韓國道敎思想의 理解》, 아세아문화사.
________________,《韓國道敎와 道家思想》, 아세아문화사.
《한국의 民俗宗敎思想》, 삼성출판사.
《한국의 佛敎思想》, 삼성출판사.
《한국의 儒學思想》, 삼성출판사.
한국정신문화연구원,《한국상고사의 제문제》, 1987.
《桓檀古記》, 임승국 譯註, 정신세계사.
《漢巖集》, 明正 譯註, 통도사 極樂禪院,1990.
한중수,《靈符作大典》, 명문당, 1987.
허목,《미수기언》, 고전국역총서 178-181권, 민족문화추진위원회.
허준,《東醫寶鑑》, 남산당.
洪萬宗,《旬五志》, 이민수 옮김, 을유문고 65권, 을유문화사.
______,《海東異蹟》, 이석호 옮김, 을유문고 241권, 을유문화사.
洪自誠,《菜根譚》, 학원사.
《華嚴經合論》, 金呑虛懸吐註解, 華嚴學硏究所.
《黃石公素書》, 강무학 옮김, 명문당.
《黃帝內經》, 正統道藏 제35책.
《曉峯語錄》, 曉峰門徒會 편.

찾아보기

ㅅ

ㅌ

ㅍ

ㅎ

감수자 봉우鳳宇 권태훈權泰勳

단기 4225년(1900년)에 서울 재동에서 태어났다. 소설《단丹》의 실존 주인공으로, 6세 때부터 정신수련을 시작했으며 19세 되던 해 당대 도계의 거인인 일송一松 선생으로부터 우리 민족의 정신수련법을 전수받았다.《단丹》,《백두산족에게 고告함》,《천부경의 비밀과 백두산족 문화》,《봉우일기》,《선도공부》 등 일련의 책을 통해 우리 민족 고유의 사상과 정신수련법을 펼쳐 왔으며, 민족의 뿌리 찾기와 후학양성에 힘쓰다가 1994년 95세로 돌아가셨다.

편저자 정재승鄭在乘

단기 4291년(1958년)에 대전에서 태어났다. 봉우 권태훈 선생님 문하에서 우리 민족 고유의 정신철학 및 심신수련법을 수학했다.《백두산족에게 고告함》,《천부경의 비밀과 백두산족 문화》,《봉우일기 1, 2》,《선도공부》,《봉우 선생님의 선이야기 1, 2, 3》,《세상속으로 뛰어든 신선》,《봉우선인의 정신세계》,《일만년 겨레얼을 찾아서》,《바이칼, 한민족의 시원을 찾아서》 등을 엮어 펴낸 바 있다. 봉우사상연구소 소장 www.bongwoo.org